**KiWi**
PAPERBACK
176

D0193406

tagen, KiWi 66, 1982. *Bericht vom Mittelpunkt der Erde*. Die Reportagen, KiWi 67, 1984. *Bild-Störung*. Ein Handbuch, KiWi 77, 1985. *Ganz unten*, 1985. *Reportagen 1963–1974*. Mit Materialien und einem Nachwort des Autors, 1987. *Vom Ende der Eiszeit und wie man Feuer macht*. Aufsätze/Kritiken/Reden. Herausgegeben von Dorlies Pollmann. Mit einem Vorwort von Hans Mayer, KiWi 142, 1987. Günter Wallraff/Eckart Spoo. *Unser Faschismus nebenan*. Erfahrungen bei Nato-Partnern, KiWi 114, 1987.

# Günter Wallraff
# Ganz unten

## Mit einer Dokumentation der Folgen

Kiepenheuer & Witsch

Verlag Kiepenheuer & Witsch, FSC®-N001512

21. Auflage 2011

Fotos: PAN-Foto, Günter Zint
Ursula Michels
Michael Koschewski
Privatarchiv Günter Wallraff
© 1985, 1988 by Kiepenheuer & Witsch, Köln
Umschlaggestaltung: Barbara Thoben, Köln
Umschlagmotiv: © Günter Zint/panfoto
Printed in Germany
ISBN 978-3-462-01924-7

*für*

*Cemal Kemal Altun*
*Semra Ertan*
*Selcuk Sevinc*
*und all die anderen*

Allen Freunden und Mitarbeitern, die beim Zustandekommen dieses Buches geholfen haben, möchte ich danken.

Levent Direkoglu und Levent (Ali) Sinirlioglu, die mir ihre Namen liehen

Mathias Altenburg, Frank Berger, Anna Bödeker, Emine Erdem, Hüseyin Erdem, Sükrü Eren, Paul Esser, Jörg Gfrörer, Bekir Karadeniz, Röza Krug, Klaus Liebe-Harkort, Barbara Munsch, Hans-Peter Martin, Werner Merz, Heinrich Pachl, Franz Pelster, Dorlies Pollmann, Frank Reglin, Ilse Rilke, Harry Rosina, Ayetel Sayin, Klaus Schmidt, Hinrich Schulze, Günter Zint

Besonderer Dank auch Herrn Prof. Dr. Armin Klümper, Freiburg, der mir mit seiner ärztlichen Kunst »den Rücken stärkte«, so daß ich die Schwerstarbeit trotz eines Bandscheibenschadens durchhielt.

Nachträglich bedanke ich mich bei den Rechtsanwälten Dr. Heinrich Senfft und Joachim Kersten (Hamburg), Lothar Böhm (Düsseldorf), Alfred Bongard (Köln), Dr. Hans Schmitt-Lermann (München), Dieter Hawerkamp (Dortmund), Rolf Oetter (Duisburg), Heinrich Hannover (Bremen), die mir in zahlreichen Prozessen, insbesondere gegen den Thyssen- und McDonalds-Konzern, beistanden und denen ich zu verdanken habe, daß die Zensurversuche gegen »Ganz unten« verhindert wurden.

# Inhalt

# Die Verwandlung

Zehn Jahre habe ich diese Rolle vor mir hergeschoben. Wohl, weil ich geahnt habe, was mir bevorstehen würde. Ich hatte ganz einfach Angst.

Aus Erzählungen von Freunden, aus vielen Veröffentlichungen konnte ich mir ein Bild machen vom Leben der Ausländer in der Bundesrepublik. Ich wußte, daß fast die Hälfte der ausländischen Jugendlichen psychisch erkrankt ist. Sie können die zahllosen Zumutungen nicht mehr *verdauen*. Sie haben kaum eine Chance auf dem Arbeitsmarkt. Es gibt für sie, hier aufgewachsen, kein wirkliches Zurück in ihr Herkunftsland. Sie sind heimatlos.

Die Verschärfung des Asylrechts, der Fremdenhaß, die zunehmende Gettoisierung – ich wußte davon und hatte es doch nie erfahren.

Im März 1983 gab ich folgende Anzeige in verschiedenen Zeitungen auf:

> **Ausländer,** kräftig, sucht Arbeit, egal was, auch Schwerst- u. Drecksarb., auch für wenig Geld. Angebote unter 358 458

Viel war nicht nötig, um mich ins Abseits zu begeben, um zu einer ausgestoßenen Minderheit zu gehören, um *ganz unten* zu sein. Von einem Spezialisten ließ ich mir zwei dünne, sehr dunkel gefärbte Kontaktlinsen anfertigen, die ich Tag und Nacht tragen konnte. »Jetzt haben Sie einen stechenden Blick wie ein Südländer«, wunderte sich der Optiker. Normalerweise verlangen seine Kunden nur blaue Augen.

Ein schwarzes Haarteil verknotete ich mit meinen eigenen,

inzwischen spärlich gewordenen Haaren. Ich wirkte dadurch um etliche Jahre jünger. So ging ich als Sechsundzwanzig- bis Dreißigjähriger durch. Ich bekam Arbeiten und Jobs, an die ich nicht herangekommen wäre, wenn ich mein wirkliches Alter – ich bin inzwischen dreiundvierzig – genannt hätte. So wirkte ich in meiner Rolle zwar jugendlicher, unverbrauchter und leistungsfähiger, aber sie machte mich gleichzeitig zu einem Außenseiter, zum *letzten Dreck*. Das »Ausländerdeutsch«, das ich für die Zeit meiner Verwandlung benutzte, war so ungehobelt und unbeholfen, daß jeder, der sich die Mühe gemacht hat, einem hier lebenden Türken oder Griechen einmal wirklich zuzuhören, eigentlich hätte merken müssen, daß mit mir etwas nicht stimmte. Ich ließ lediglich ein paar Endsilben weg, stellte den Satzbau um oder sprach oft ganz einfach ein leicht gebrochenes »Kölsch«. Um so verblüffender die Wirkung: niemand wurde mißtrauisch. Diese paar Kleinigkeiten genügten. Meine Verstellung bewirkte, daß man mir direkt und ehrlich zu verstehen gab, was man von mir hielt. Meine gespielte Torheit machte mich schlauer, eröffnete mir Einblicke in die Borniertheit und Eiseskälte einer Gesellschaft, die sich für so gescheit, souverän, endgültig und gerecht hält. Ich war der Narr, dem man die Wahrheit unverstellt sagt.

Sicher, ich war nicht wirklich ein Türke. Aber man muß sich verkleiden, um die Gesellschaft zu demaskieren, muß täuschen und sich verstellen, um die Wahrheit herauszufinden.

Ich weiß inzwischen immer noch nicht, *wie* ein Ausländer die täglichen Demütigungen, die Feindseligkeiten und den Haß verarbeitet. Aber ich weiß jetzt, *was* er zu ertragen hat und wie weit die Menschenverachtung in diesem Land gehen kann. Ein Stück Apartheid findet mitten unter uns statt – in unserer *Demokratie*. Die Erlebnisse haben alle meine Erwartungen übertroffen. In negativer Hinsicht. Ich habe mitten in der Bundesrepublik Zustände erlebt, wie sie eigentlich sonst nur in den Geschichtsbüchern über das 19. Jahrhundert beschrieben werden.

So dreckig, zermürbend und an die letzten Reserven gehend die

12

Arbeit auch war, so sehr ich Menschenverachtung und Demütigungen zu spüren bekam: es hat mich nicht nur beschädigt, es hat mich auf eine andere Weise auch psychisch aufgebaut. In den Fabriken und auf der Baustelle habe ich – anders als während der Arbeit in der Redaktion der *Bild*-Zeitung – Freunde gewonnen und Solidarität erfahren, Freunde, denen ich aus Sicherheitsgründen meine Identität nicht preisgeben durfte.

Jetzt, kurz vor Erscheinen des Buches, habe ich einige ins Vertrauen gezogen. Und es gab keinen, der mir wegen meiner Tarnung Vorwürfe gemacht hat. Im Gegenteil. Sie haben mich verstanden und empfanden auch die Provokationen innerhalb meiner Rolle als befreiend. Trotzdem mußte ich zum Schutz meiner Kollegen ihre Namen in diesem Buch zum großen Teil verändern.

Günter Wallraff
Köln, 7. Oktober 1985

# Die Generalprobe

Um zu testen, ob meine Maskerade auch kritischen Blicken standhält und mein äußeres Erscheinungsbild stimmt, besuchte ich einige Kneipen, in denen ich auch sonst verkehre. Niemand erkannte mich.

Trotzdem, um mit der Arbeit beginnen zu können, fehlte mir die endgültige Sicherheit. Immer noch hatte ich Angst, im entscheidenden Augenblick enttarnt zu werden.

Als am Abend des 6. März 1983 die Wende gewählt wurde und die CDU-Prominenz mit denen, die von dieser Wahl profitierten, ihren Sieg im Konrad-Adenauer-Haus in Bonn feierte, nutzte ich die Gelegenheit zur Generalprobe. Um nicht schon am Eingang Verdacht zu erregen, versah ich mich mit einer gußeisernen Handlampe, schloß mich einem Fernsehteam an und gelangte so in das Gebäude. Der Saal war überfüllt und bis in den letzten Winkel in gleißendes Scheinwerferlicht getaucht. Mittendrin stand ich, bekleidet mit meinem einzigen dunklen Anzug, inzwischen schon fünfzehn Jahre alt, und leuchtete abwechselnd diesen oder jenen Prominenten mit meinem kümmerlichen Lämpchen an. Einigen Beamten kam das merkwürdig vor; sie fragten nach meiner Nationalität, wohl, um sicherzugehen, daß ich nichts mit einem Anschlag zu tun hatte, der von Iranern angekündigt war. Eine Frau in eleganter Abendgarderobe fragte mit abfälligem Seitenblick: »Was hat der denn hier zu suchen?« Und ein älterer Beamtentyp: »Das ist ja hier ganz international. Sogar der Kaukasus feiert mit.«

Mit der Prominenz verstand ich mich prächtig. Bei Kurt Biedenkopf stellte ich mich als Abgesandter von Türkes, einem führenden Politiker der türkischen Faschisten, vor. Wir plauderten angeregt über den Wahlsieg der Union. Der Arbeitsminister Norbert Blüm machte auf Völkerverständigung, hakte sich spontan bei mir unter und sang schunkelnd und lauthals mit den anderen: »So ein Tag, so wunderschön wie heute.«

Als Kohl seine Siegesrede hielt, kam ich ganz nah an sein Podest heran. Nachdem er sich und die Seinen genügend gefeiert hatte und heruntersteigen wollte, war ich drauf und dran, ihm meine Schulter anzubieten und ihn als jubelnden Sieger durch den Saal zu tragen. Um unter der schweren Last dieses Kanzlers nicht zusammenzubrechen, verzichtete ich jedoch lieber auf mein Vorhaben.

Die zahlreichen Sicherheitsbeamten, alle auf Enttarnung trainiert, hatten meine Maskerade nicht durchschaut. Jetzt, nachdem ich diesen Test bestanden hatte, war meine Angst vor den kommenden Schwierigkeiten gemildert. Ich fühlte mich sicherer und souveräner und brauchte fortan nicht mehr zu befürchten, daß mich von den zahlreichen Menschen, denen ich begegnen würde, jemand identifizieren könnte.

# Gehversuche

Tatsächlich bekam ich auf meine Anzeige hin einige »Stellen«-Angebote: fast alles Drecksarbeiten mit Stundenlöhnen zwischen fünf und neun Mark. Keiner dieser Jobs wäre von Dauer gewesen. Einige davon habe ich ausprobiert, geprobt habe ich dabei auch meine Rolle.

Da ging es zum Beispiel um die Renovierung eines Reitstalls in einem Kölner Villenvorort. Für sieben Mark pro Stunde wurde ich (Ali) für die Überkopf-Arbeit eingeteilt, das heißt, ich mußte auf Gerüsten herumbalancieren und die Decken streichen. Die anderen Kollegen dort waren Polen, alles illegale Arbeiter. Entweder war eine Verständigung mit ihnen nicht möglich oder sie wollten einfach nicht mit mir reden. Ich wurde ignoriert und isoliert. Auch die Chefin, die nebenbei noch einen Antiquitätenladen betreibt, vermied jeden Kontakt mit mir (Ali). Nur kurze Arbeitsbefehle gab es: »Mach dies, mach das, dalli-dalli, hopp-hopp«. Natürlich mußte ich auch meine Mahlzeiten alleine, getrennt von den anderen, einnehmen. Mit einer Ziege, die dort im Reitstall herumlief, hatte ich engeren Kontakt als mit den Arbeitern; sie nagte an meiner Plastiktüte, fraß von meinen Butterbroten.

Natürlich war der Türke schuld, als eines Tages die Alarmanlage des Betriebs ausfiel. Auch die Kripo, die nach langen Untersuchungen schließlich eingeschaltet wurde, verdächtigte mich (Ali). Die Nichtbeachtung schlug in offene Feindseligkeit um. Nach einigen Wochen kündigte ich.

Meine nächste Station war ein Bauernhof in Niedersachsen, in der Nähe des Atomkraftwerks Grohnde. Die Bäuerin und ihre Tochter, Ostflüchtlinge, bewirtschafteten den Hof alleine und suchten nun wieder eine männliche Kraft. Sie hatten früher schon einmal einen türkischen Knecht beschäftigt, wußten

Ali in seiner Unterkunft auf dem Bauernhof. Der Eimer dient als Toilette

also, wie man mit so einem redet: »Ist uns egal, was du angestellt hast. Auch wenn du einen umgebracht haben solltest, wollen wir das nicht wissen. Hauptsache, du machst deine Arbeit. Dafür kannst du bei uns essen und wohnen, und ein Taschengeld kriegst du auch noch.«

Auf das Taschengeld wartete ich vergeblich. Dafür mußte ich täglich zehn Stunden lang Brennesseln roden und Bewässerungsgräben voll Schlamm reinigen. Und was die Wohnung anbetrifft: die durfte ich mir sogar aussuchen. Die Bäuerin bot mir einen alten rostigen Wagen an, der vor ihrem Haus stand, oder einen verfallenen, stinkigen Stall, den ich mir mit einer Katze zu teilen gehabt hätte. Ich akzeptierte die dritte Wahl: ein Raum auf einer abgebrochenen Baustelle, dessen Boden noch mit Schutt bedeckt war und der nicht einmal eine abschließbare Tür hatte. Im Bauernhaus standen einige warme und saubere Zimmer leer.

17

Vor den Nachbarn wurde ich (Ali) versteckt. Niemand sollte das Anwesen einen »Türkenhof« schimpfen können. Das Dorf war für mich (Ali) tabu, weder beim Kaufmann noch in der Kneipe durfte ich mich blicken lassen. Ich wurde wie ein Nutztier gehalten – aber für die Bäuerin war das offensichtlich ein Akt christlicher Nächstenliebe. In ihrem Verständnis gegenüber meiner »mohammedanischen Minderheit« ging sie sogar so weit, mir ein paar Küken zu versprechen. Die sollte ich mir aufziehen, weil ich ja kein Schweinefleisch essen durfte. Vor so viel Barmherzigkeit ergriff ich bald die Flucht.

Fast ein Jahr lang hatte ich so versucht, mich mit den verschiedensten Jobs über Wasser zu halten. Wäre ich wirklich nur Ali gewesen, hätte ich kaum überleben können. Dabei war ich doch bereit, buchstäblich jede Arbeit anzunehmen: für einen Wuppertaler Großgastronomen und Kinokettenbesitzer wechselte ich die Bestuhlungen aus und half beim Renovieren seiner

Bars, in einer Husumer Fischverarbeitungsfabrik schaufelte ich Fischmehl, und im bayrischen Straubing versuchte ich mich als Drehorgelmann. Stundenlang hab ich umsonst georgelt. Überrascht hat mich das nicht. Der alltägliche Ausländerhaß hat keinen Neuigkeitswert mehr. Da war es schon wieder bemerkenswert, wenn einem mal keine Feindschaft entgegenschlug. Kinder vor allem waren gegenüber dem seltsamen Leierkastenonkel mit seinem Schild »Türke ohn Arbeit, 11 Jahr Deutschland, will hierbleiben. Dank« sehr nett – bis sie von ihren Eltern weggezerrt wurden. Und dann gab es noch ein Gauklerpärchen, das sich auf dem Straubinger Marktplatz mir genau gegenüber postiert hatte. Auch sie hatten eine Drehorgel dabei. Sie luden mich, Ali, ihren Konkurrenten, in ihren Zirkuswagen ein. Es wurde ein sehr schöner Abend.

Oft genug ging es weniger gemütlich zu. Zum Beispiel an jenem Faschingstag in Regensburg. Keine deutsche Kneipe braucht ein Schild an der Tür »Ausländer unerwünscht«. Wenn ich, Ali, ein Wirtshaus betrat, wurde ich meist ignoriert. Ich konnte einfach nichts bestellen. So war es schon eine Überraschung für mich, daß ich in dieser Regensburger Kneipe voll christlicher Narren mit lautem Hallo angesprochen wurde. »Du schmeißt jetzt für uns eine Runde!« rief einer der Gäste. »Nee«, antwortete ich (Ali), »ihr mir ein geb' aus. Ich arbeitslos. Ich für euch hab auch mitarbeit, hab auch für euch Beitrag für Rent' zahlt.« Mein Gegenüber lief rot an und pumpte sich auf wie ein Maikäfer (so, wie es auch Strauß oft macht) und stürzte dann in wahnwitziger Wut auf mich los. Der Wirt wollte sein Mobiliar retten und rettete mich (Ali) damit. Jedenfalls wurde der unberechenbare Bayer von mehreren Gästen aus dem Lokal geschleppt. Einer, der sich später als kommunalpolitische Größe zu erkennen gab, saß derweil ruhig und scheinbar besonnen am Tisch. Kaum war die Situation geklärt, zog er ein Messer und rammte es in die Theke. Ich »dreckiges Türkenschwein« solle endlich verschwinden, brach es aus ihm heraus.

Trotzdem – solche Wut habe ich selten erlebt. Aber schlimmer war fast die kalte Verachtung, die täglich mir (Ali) entgegenschlug. Es schmerzt, wenn im überfüllten Bus der Platz neben einem leer bleibt.

Wenn die vielbeschworene Ausländerintegration schon nicht in öffentlichen Verkehrsmitteln zu verwirklichen ist, wollte ich zusammen mit einem türkischen Freund es wenigstens mal mit einem türkischen Stammtisch in einem deutschen Lokal probieren, mit einem »Türk Masasi«. Unter unserem selbstgebastelten Wimpel mit der zweisprachigen Aufforderung »Serefe! Prost!« wollten wir uns regelmäßig in irgendeiner Kneipe zu irgendeiner beliebigen Zeit treffen. Und wir wollten viel verzehren, so versprachen wir den Wirten. Keiner von ihnen, und wir fragten Dutzende, hatte einen Tisch frei.

Mein siebenundzwanzigjähriger Kollege Ortgan Öztürk macht solche Erfahrungen seit fünfzehn Jahren. Als Zwölfjähriger kam er in die Bundesrepublik. Inzwischen spricht er ein fast akzentfreies Deutsch. Er sieht gut aus, um seine Herkunft zu verleugnen, hat er sich sogar die Haare blond gefärbt. Aber in all den Jahren ist es ihm nicht gelungen, die Bekanntschaft eines deutschen Mädchens zu machen. Wenn er seinen Namen nennt, ist es aus.

Ausländer werden in der Regel nicht beschimpft. Jedenfalls nicht so, daß sie es hören. Hinter ihrem Rücken wird gern über den angeblichen Knoblauchgestank gestöhnt. Dabei essen deutsche Feinschmecker heutzutage bei weitem mehr Knoblauch als die meisten Türken, die sich höchstens noch am Wochenende mal eine der gesunden Zehen genehmigen. Sie verleugnen sich, um akzeptiert zu werden. Aber die Kontaktsperre bleibt.

Dennoch kommt es auch in deutschen Kneipen vor, daß Ausländer zuvorkommend bedient werden. Wenn sie von Ausländern bedient werden. Ich hatte solch ein Erlebnis im Kölner Gürzenich, bei einer Prunksitzung im Karneval. Daß ich als Türke dort eingelassen wurde, hatte mich schon sehr gewundert. Und als ich dann von jugoslawischen Kellnern besonders

Ali im Berliner Olympia-Stadion

freundlich behandelt wurde, fühlte ich (Ali) mich fast schon wohl. Bis die Schunkellieder anfingen. Ich saß inmitten der Tollheiten wie ein Fels in der wogenden Schunkelei. Keiner wollte sich bei mir einhaken.

Von Zeit zu Zeit aber bricht der Ausländerhaß offen aus. Fast regelmäßig bei Fußball-Länderspielen. Schlimmste Befürchtungen gab es schon Wochen vor dem Spiel Deutschland–Türkei im Sommer 1983 im Westberliner Olympia-Stadion. Geradezu flehend wandte sich Richard von Weizsäcker übers Fernsehen an die Bevölkerung: »Wir wollen dieses deutsch-türkische Fußballspiel zu einem Zeichen des guten und friedlichen Zusammenlebens der Deutschen und Türken in unserer Stadt machen. Wir wollen es zu einem Beweis der Völkerverständigung machen.« Hierfür wurde eine nie dagewesene Polizeistreitmacht aufgeboten.

21

Auch ich (noch: Ali) will mir das Spiel ansehen und besorge mir eine Karte für die deutsche Kurve. Eigentlich wollte ich mich da als Türke nicht verstecken, hab sogar einen Türkenhut mit Halbmond und Fähnchen mitgebracht. Beides hab ich schnell verschwinden lassen. Ich geriet in einen Block junger deutscher Neonazis. Was heißt Neonazi? Jeder einzelne von ihnen kann ein netter Kerl sein, die meisten haben offene, sympathische Gesichter. Aber in dieser Menge waren sie verhetzte Masken. Zitternd habe ich mich an diesem Tag zum ersten- und letztenmal als Türke verleugnet, habe sogar mein holpriges Idiom aufgegeben und mit den fanatisierten Fans Hochdeutsch gesprochen. Trotzdem hielten sie mich nach wie vor für einen Ausländer, warfen mir Zigaretten ins Haar, gossen mir Bier über den Kopf. Nie zuvor im Leben wirkten herannahende Polizisten auf mich beruhigend. Daß ich sie tatsächlich einmal als Ordnungsmacht erleben würde, hätte ich mir nicht träumen lassen. So wurde »Sieg heil« gebrüllt, »Rotfront verrecke!« und ununterbrochen gröhlten Sprechchöre »Türken raus aus unserm Land« und »Deutschland den Deutschen!«. Zum Glück floß kein Blut – es gab kaum mehr Verletzte als bei »normalen« Länderspielen. Nicht auszudenken, was passiert wäre, wenn die deutsche Mannschaft verloren hätte. Ich bin alles andere als ein Fußballfan. Aber dort im Olympia-Stadion hab ich das deutsche Team angefeuert. Aus Angst.

# Rohstoff Geist

Ali beim Passauer Aschermittwochs-Spektakel mit dem CSU-Chef Strauß vor 7000 Gästen – ich weiß nicht, ob einem Zigeuner, der eine Naziveranstaltung im Münchner Bürgerbräukeller besuchte, nicht ähnlich zumute gewesen sein muß. Zumindest hab' ich ein wenig davon gespürt. Ali blieb der Aussätzige, von dem man abrückte.

9 Uhr früh in Passau. Die Nibelungenhalle brauche ich nicht zu suchen. Aus allen Straßen strömen Strauß-Fans – darunter ausgesprochen viele Nicht-Bayern – dem Saalbau zu. Um 11 will Strauß seinen »Politischen Aschermittwoch« eröffnen, schon zwei Stunden vorher sind die Bänke vor den langen Tischen fast voll besetzt. Bereits jetzt ist die Luft in der riesigen Halle verraucht, zwei, drei Maß Bier hat hier wohl schon jeder getrunken. Fisch und Käse werden in Mengen geordert. Heute beginnt die Fastenzeit.

Ich (Ali) steuere auf einen der wenigen freien Plätze zu. Bevor ich mich knapp auf das Bankende hinquetschen kann, macht sich mein Tischnachbar extra breit. Und so werde ich von ihm begrüßt: »Ja mei, wo sammer denn? Hat mer net amal hier a Ruah vor diesen Mulitreibern. Wißt ihr net, wo ihr hieghört?«

Von allen Seiten werde ich angestiert. Dem politisch engagierten Staatsbürger links neben mir läuft das Bier aus den Mundwinkeln – so voll ist er schon. Ich (Ali) versuche, gute Stimmung zu machen: »Ich bin groß Freund von euer Strauß. Is ein stark Mann.« Donnerndes Lachen als Antwort. »Ja geh', habt's ihr des ghört? A Freind vom Strauß willer sein. Des is fei guad.« Erst als eine dralle Kellnerin vorbeikommt, läßt man von mir ab. Ihr tief ausgeschnittenes Dirndl und vor allem der flüssige Nachschub sind interessanter.

Einen Schluck Bier hätte ich jetzt auch ganz gut vertragen können. Ich bekomme nichts, die Bedienung ignoriert mich. Also
gehe ich selber zum Ausschank. Aber auch dort wird meine
Bestellung nicht angenommen. Nach dem dritten Anlauf zischt
mich der Zapfer an: »Geh, schleich dich, aber hurtig.«
Unter Getöse ist Strauß inzwischen – zum Tschinderas-
sassa des bayrischen Defiliermarschs – in die Halle eingezogen. Durch ein tobendes Spalier kämpfen ihm Ordner eine
Gasse zum Podium. Vor allem die Nicht-Bayern recken ihre
Transparente (»Wir Peiner zum 8. Mal hier«) und gröh-
len.
Die ersten Worte des CSU-Führers gehen noch im Lärm unter.
Drei Stunden dauert die Rede. Ihr zu folgen, ist inmitten dieser
schwitzenden Menge nur schwer möglich. Auch die Logik er-
schließt sich wohl erst nach drei Maß Bier so richtig: »Wir sind
eine Partei intelligenter Leute, wir haben intelligente Wähler-
schichten, und darum haben wir auch die Mehrheit im Land.

Wenn unsere Wähler nicht so intelligent wären, hätten wir keine
Mehrheit.« Tosender, trampelnder Beifall. Der Saal kocht.
Die Toiletten schaffen den Andrang nicht mehr, der Drang vieler Besucher ist stärker. Auf den Gängen bilden sich Rinnsale
von Urin, und auch im Saal erleichtert sich schon mal einer
durchs Hosenbein.
Der da vorne redet viel vom Geist: »Wir müssen von unserem
Rohstoff Geist, den wir ja Gott sei Dank haben, trotz des Ge-
schwafels mancher Umverteilungsfunktionäre, einen besseren
Gebrauch machen.«
Vorerst jedoch müssen Bierleichen umverteilt werden. Sanitä-
ter und Rotkreuz-Helferinnen haben schwer zu schleppen. Auf
den Tischen liegt Informationsmaterial: »Wir und unsere Partei.« Da werden CSU-Anhänger in Selbstdarstellungen präsentiert. Zum Beispiel ein ziemlich dicker Lebensmittelhändler:
»Also Komplexe habe ich noch nie gehabt, weil ich ein Rechter
bin. Ich weiß keine Partei, die mir mehr taugt als die CSU. Die
paßt einfach zu mir, wie mir der Strauß auch paßt. Den mag ich
auch von der Figur her. Da sind wir ähnlich. Wenn mich überhaupt was aus der Ruhe bringt, außer vielleicht Fußball, dann
sind es die Steuern.«
Oder vielleicht ein Türke, der in der weißblauen Nibelungenhalle Durst bekommt. Fast erschleichen muß ich (Ali) mir mein
Bier. Als der Zapfer am Schanktisch wegschaut, nehme ich mir
eine Maß und hinterlege fünf Mark. Strauß dröhnt: »Bei uns
muß wieder an den normalen Bürger, an die normale Frau, an
den normalen Mann gedacht werden und nicht an einige Außenseiter.« Und wie er später vom »Mischmasch anonymer
Menschenmassen« spricht und von der »nationalen Identität«,
die er »bewahren« will, da weiß ich, Ali, daß ich nicht gemeint
bin, wenn er von »Freiheit und Würde für alle Menschen in
Deutschland« schwadroniert.
Ich will mich wieder setzen, finde noch zwei freie Plätze. Der
Platz neben mir bleibt frei, auch als das Gedränge unerträglich
wird. »Der stinkt nach Knoblauch.« – »Du Türk?«

Der »glückliche Bayer« (Strauß über Strauß) kommt mit seiner Fastenrede endlich zum Schluß. Fünf, sechs Stunden haben seine Bewunderer durchgehalten. Vor seinen Fans wird Strauß bei seinem Abgang abgeriegelt. Auch Autogrammwünsche können nicht erfüllt werden. Jedenfalls nicht an Ort und Stelle. Wer ein Autogramm haben möchte, kann einen entsprechenden Zettel in einen der Körbe werfen, die im Saal herumgereicht werden. Ich (Ali) finde trotzdem meinen Weg zum Bayern-Führer. Ganz einfach.

Ich (Ali) gebe mich als Abgesandter und Kongreßbeobachter des türkischen Faschisten-Chefs Türkes von den Grauen Wölfen aus. Dieser Türkes, ein glühender Hitler-Verehrer, hatte sich schon vor einigen Jahren heimlich in München mit Strauß getroffen. Damals, so Türkes, sicherte ihm der CSU-Vorsitzende zu, »daß die Zukunft für die MHP (eine neofaschistische türkische Organisation, G. W.) und die Grauen Wölfe ein günstiges politisches Klima in der Bundesrepublik mit entsprechender Propaganda geschaffen« werde. Türkes' Kriegsruf: »Tod allen dreckigen Juden, kommunistischen Hurensöhnen und griechischen Hunden.«

Als dessen Beauftragter werde ich (Ali) gleich bei Strauß vorgelassen. Er begrüßt mich herzlich und klopft mir auf die Schulter, so behandelt ein mächtiger Pate einen seiner ärmlichen Verwandten aus der Provinz. Die Festschrift »Franz-Josef Strauß – Ein großer Bildband« versieht er für mich mit einer persönlichen Widmung:

»Für Ali mit herzlichem Gruß – F. J. Strauß«.

Die versammelten Fotografen lassen sich diesen Schnappschuß nicht entgehen.

Strauß sei, so heißt es im Vorwort zu diesem Prachtband, »Politiker geworden in Erfüllung seiner instinktiv verstandenen Pflicht« (der Vorsehung?). – Für mich jedenfalls war es das hautnahe Zusammentreffen mit einem der machtbesessensten, demokratiefeindlichsten Politiker der Nachkriegszeit, der mich schon einige Male vor Gericht gebracht hatte. Vor über zehn

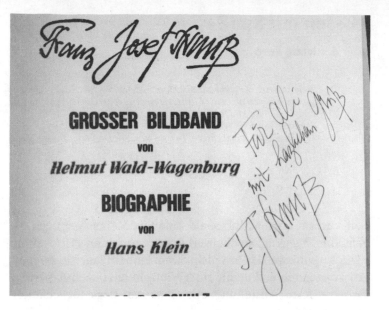

GROSSER BILDBAND

von

*Helmut Wald-Wagenburg*

BIOGRAPHIE

von

*Hans Klein*

Jahren bin ich ihm zum erstenmal persönlich begegnet; bei einer Podiumsdiskussion der Katholischen Akademie München (Thema: »Journalist oder Agitator«) saß ich zwischen ihm und dem SPD-Politiker Wischnewski. Strauß war in Sonntagslaune und wollte vor dem eher liberalen Akademie-Publikum glänzen und offensichtlich sogar bei mir gut Wetter machen: »Da hab' ich ja endlich die Gelegenheit, Sie mal zu fragen: Sind's mit dem Pater Josef Wallraff von den Jesuiten verwandt?« Ich wollte nicht, daß es ihm mit solchen Vertraulichkeiten gelingt, vor den Zuhörern seine Feindschaft gegenüber Leuten wie mir zu kaschieren. »Ja«, hab' ich ihm geantwortet, »ich bin ein unehelicher Sohn von ihm. Aber bitte nicht weitersagen.« Für den Rest der Diskussion blieb Strauß sich dann treu.

# »Essen mit Spaß«

## oder der letzte Fraß

*Viele unserer Kritiker sind wahre Meister im Blindekuh-Spielen.*
*Sie machen sich nicht die Mühe, richtig zu recherchieren, geschweige*
*denn hinter die McDonald's-Kulissen zu schauen.*
*Wer nicht hinsieht, wird eben blind der Wahrheit gegenüber.*
*Text in einem ganzseitigen Inserat von McDonald's in der Zeit,*
*10.5.1985*

Seit kurzem startet McDonald eine Großoffensive gegen die
Kritiker aus Verbraucherverbänden und Gewerkschaften:
»Die Angriffe werden uns nicht daran hindern, auch in Zukunft
zu expandieren und damit einer Vielzahl jetzt noch Arbeitslo-
ser eine feste Anstellung mit allen Aufstiegsmöglichkeiten
anzubieten.«
Eine Chance für Ausländer und Asylanten? Nichts wie hin,
denke ich (Ali) mir. 207 Mc Donald's gibt es schon bei uns. In
Kürze sollen es doppelt so viele sein. Ich (Ali) versuche mein
Glück in Hamburg: Am Gänsemarkt, in einer der größten Filialen Deutschlands, und werde genommen. Jetzt darf mir (Ali)
der Spaß nicht mehr vergehen, denn unser Leitsatz heißt: »Essen mit Spaß«. So steht es jedenfalls im Begrüßungsprospekt.
Was das bedeutet?
»McDonald's ist ein Familienrestaurant, in dem man gut und preis-
wert speisen kann. In blitzsauberer Umgebung, wo man sich wohlfühlt
und Spaß hat – das Erlebnis Mc Donald's ... Wir freuen uns sehr, daß
Sie bei uns sind und wünschen Ihnen in unserem Team viel Spaß und
Erfolg!«

In einem so fröhlichen Team ziehe ich es vor, mich als Sechs-
undzwanzigjähriger auszugeben. Mit meinem tatsächlichen Alter (43) hätte ich sonst wohl nichts zu lachen gehabt.
Wie der Hamburger bekomme auch ich (Ali) eine McDo-

nald's-Verpackung verpaßt: Papierhut, dünnes Hemdchen und eine Hose. Überall steht »McDonald's« drauf. Es fehlt nur noch, daß sie uns vorher auch auf den Grill legen. Meine (Alis) Hose hat keine Taschen. Bekomme ich (Ali) mal Trinkgeld, gleitet die suchende Hand mit den Münzen erfolglos an der Hosennaht entlang, bis ich (Ali) die Groschen endlich dahin gebe, wo die Firma sie haben will: in die Kasse. Das schneiderische Meisterstück verhindert allerdings auch, daß du ein Taschentuch einstecken kannst. Und wenn die ›Nase läuft‹, dann läuft sie auf den Hamburger oder es zischt auf dem Grill.

Der Manager gibt sich gleich zufrieden mit mir und lobt mich (Ali), wie ich die Hamburgerscheiben am Grill wenden kann. »Das machen Sie aber gut. Das geht ja richtig schnell. Die meisten machen am Anfang riesige Fehler.« – »Das kommt vielleicht daher, daß ich Sport treibe«, antworte ich (Ali) ihm. – »Welchen denn?« – »Tischtennis.« –

Der Hamburger, diese verschwitzte bräunliche Scheibe mit mindestens 98 Millimeter Durchmesser und 145 bzw. 125 Gramm Gewicht, springt wie ein Plastikjeton, wenn man ihn auf den Grill wirft. Im gefrorenen Zustand klingt er wie eine Münze, die auf Glas trifft.

Gebraten bzw. gegrillt wird ihm eine sogenannte »Haltezeit« von 10 Minuten zugebilligt, aber er ist meist lange vorher schon weg. Liegt er eine Zeitlang aufgetaut herum, fängt er an zu stinken. Also wird er vom gefrorenen gleich in den gegrillten Zustand gebracht und mit den bekannten Beigaben und Zutaten in die beiden Hälften der schaumstoffweichen Weizenflade eingedeckelt und in der Styroporkiste zugesargt.

»Es ist so viel Grazie in der sanft geschwungenen Silhouette eines Hamburger-Brötchens. Es erfordert schon einen ganz besonderen Geisteszustand, um das zu erkennen«, meint der Firmengründer Ray Kroc ernsthaft.

Der Arbeitsplatz hinter der Theke ist eng, der Boden schmierig und glatt, die Grillplatte glühend heiß bei 180 Grad Celsius. Es gibt keinerlei Sicherheitsvorkehrungen. Eigentlich müßte man

### Der Big Mäc

»Die Liebe ist wie die Herstellung eines Big Mäc: Die Körper
sind beide aus Fleisch in harmonischer Bewegung. Das köstli-
che Brötchen umschließt den Körper in liebevoller Umarmung.
Die Küsse sind wie ein feuchter Schuß Tatarsauce. Die sich an-
betenden Herzen sind heiß wie die Zwiebeln. Die Hoffnungen,
noch Kinder, sind grün wie der Salat. Der Käse und die Gurke
geben den Geschmack nach mehr.« – Auszug aus der hauseige-
nen McDonald's-Zeitung *Quarterao* der Filiale in Rio de Ja-
neiro (April 1983).

Handschuhe bei der Arbeit tragen, das schreiben jedenfalls die
Sicherheitsbestimmungen vor. Aber es gibt keine, und sie würden die Arbeit nur verlangsamen. So haben viele, die dort länger arbeiten oder gearbeitet haben, Brandwunden oder Nar-
ben von Brandwunden. Ein Kollege mußte kurz vor meiner
Zeit ins Krankenhaus, weil er in der Hektik direkt auf den Grill
gefaßt hatte. Ich (Ali) hole mir gleich in der ersten Arbeits-
nacht Blasen wegen der aufspritzenden Fettropfen.
Naiverweise glaube ich (Ali), meine erste Schicht sei wie vereinbart um halb drei Uhr morgens zu Ende. Ich (Ali) bemerke,
wie man über mich, den Neuling, zu reden beginnt. Der Manager fährt mich (Ali) an, was mir denn einfalle, vor der Zeit zu
gehen. »Ich habe mich nur an die Anweisung gehalten.« – Ich
hätte mich persönlich bei ihm abzumelden, warnt er mich (Ali)
und fragt mit drohendem Unterton, ob ich denn draußen wirklich schon saubergemacht hätte. Da ich bereits kurz vorher im
dünnen Hemd in die Kälte der Dezembernacht hinausgeschickt
worden war, antworte ich (Ali), daß alles total sauber sei. Eine
besonders aufmerksame Angestellte bemerkt aber, daß noch
Papier herumliegt.
Es ist mittlerweile kurz vor drei Uhr morgens. Der Manager
meint, ich (Ali) würde die richtige Einstellung vermissen las-

sen, ich (Ali) engagiere mich nicht. Auch mein Gesicht sähe nicht sehr froh aus. Ich solle nicht denken, ich würde nicht kontrolliert. Beispielsweise hätte ich heute fünf Minuten an derselben Stelle gestanden. »Wieso«, erwidere ich (Ali), »kann nich sein, ich flitzen hin und her, weil ich dies Arbeit auch als Sport seh'.«

Nacht- und Überstunden, lerne ich (Ali), werden einer vertraulichen Arbeitsanweisung zufolge nur in vollen Stunden abgerechnet. Das heißt, bis zur halben Stunde wird ab-, danach aufgerundet. Aber meist wird abgerundet. Gestempelt wird nicht, wenn man kommt, sondern wenn man umgezogen am Arbeitsplatz erscheint. Und wenn man geht, ist es ebenso: erst stempeln, dann umziehen. So klaut man dir die Zeit doppelt.

Es ist Vorweihnachtszeit. Der Andrang ist enorm, in Stoßzeiten werden Rekordumsätze erzielt. Ich (Ali) bekomme 7,55 DM brutto Stundenlohn für eine Tätigkeit, die sich mit jeder Fließbandarbeit vergleichen läßt. Außerdem wird mir (Ali) pro Arbeitsstunde noch eine Mark Essensgeld angerechnet. Nach acht Stunden läßt mich der Manager wissen, daß ich mir (Ali) jetzt aus dem McDonald-Sortiment ruhig etwas aussuchen dürfe. Als ich (Ali) nach dem Besteck frage, wird es richtig lustig. Besteck bei McDonald's, ein Wahnsinnswitz. Alle lachen und lachen.

Mein (Alis) Arbeitsplatz ist nach vorne hin offen. So wie ich (Ali) die Kunden sehe, sehen sie auch mich. Ich (Ali) habe keine Möglichkeit, mich kurz zurückzuziehen und vielleicht in der Hitze einen Schluck zu trinken. Dabei machen das Braten und Garnieren und vor allem der viele Senf sehr durstig.

Eine Gurke beim Hamburger, zwei Gurken beim Big Mäc, dann eine Käsescheibe und die verschiedenen Spritzen mit den Soßen, Fischspritzen, Chickenspritzen, Bic Mäc-Soße.

Man ist ständig überfordert, weil es dauernd irgendwo klingelt, man muß noch eine Apfeltasche auflegen oder einen Fisch Mäc. Und mit dem Finger voll Fisch geht's gleich wieder zum nächsten Hamburger.

31

In den Pausen organisiere ich (Ali) mir ein Testessen. Als ich (Ali) Hühnchen esse, diese Nuggets, werde ich auf Anhieb mißtrauisch: das könnte auch Fisch sein. Das hat so einen leichten Nachgeschmack. Bei der Apfeltasche habe ich (Ali) auch den Eindruck: Mensch, ist da nicht wieder Fisch im Spiel?

Erst nach einiger Zeit merke ich, woran das liegt. In unseren Riesenbottichen ist siedendheißes Fett. Abends wird das Fett aus jeder Wanne durch den gleichen Filter geleert und weiterverwendet. Das heißt, Apfeltaschenfett, Fischfett, Hühnerfett, alles durch denselben Filter. Das gleiche Filterpapier wird für zehn Wannen gebraucht.

Vollends hektisch wird es, wenn sich in der Stoßzeit Schlangen vor der Theke bilden. Zurufe von vorne, warum es nicht schneller geht. Ich (Ali) denke also, daß es gut wäre, die Hamburger etwas früher herauszunehmen. Aber der Manager, er hat als einziger keinen Papphut auf, weist mich (Ali) zurecht: »Sie haben hier überhaupt nichts zu denken, das besorgen die Maschinen. Also erst 'rausnehmen, wenn es piepst, und nicht der Maschine zuvorkommen wollen.« Ich (Ali) mache es so. Es dauert keine fünf Minuten, und der Manager kommt wieder. »Wieso geht das nicht schneller?« – »Man hat grade sagt, daß Maschine denkt, und jetzt ich warten.« – »Aber die Kunden, verdammt, sollen die warten?« – »Wer hat jetz hier Sage, Sie oder die Piep-Maschin? Wo soll's langgehn? Sie sage und ich mache.« – »Sie müssen warten, bis die Maschine ›piep‹ macht, verstehen Sie?« – »Alles klar.«

Das Zauberwort heißt Service-Schnelligkeit. Als sogenanntes »Service-Ziel« wird vorgegeben, daß ›keiner zu keiner Zeit anstehen soll‹. Den Filialmanagern werden Tricks empfohlen. Die Devise lautet: »Eine Minute Wartezeit an der Theke ist zu lange. Dies ist das äußerste Maximum für jemanden in der Warteschlange. Setze ein Ziel von 30 Sekunden. Schnellerer Service in deinem Restaurant ist Einstellungssache. Während der nächsten 30 Tage konzentriere dich auf Service-Schnelligkeit. Streiche ›langsam‹ aus dem Vokabular. Zwei Prozent deines Umsatzes hängen davon ab, wie du reagierst. Hoch lebe die Schnelligkeit.«

»Fast-food« ist hier wirklich Minutensache, obwohl einige Kollegen, die nicht so gut Englisch verstehen, glauben, »Fastfood« hieße nicht »schnell«, sondern »Beinahe«-Essen.

Unsere Filiale ist bekannt für Rekordumsätze. Ich (Ali) darf miterleben, wie unser Manager vom McDonald's Bezirksleiter einen Pokal mit der Inschrift überreicht bekommt: »Für hervorragende Leistungen in Sachen Profit.«

Ganz besonders hat's McDonald's auf Kinder abgesehen. Die Marketing-Abteilung in der Münchener Zentrale stellt in einem internen Papier fest: »Fast-food ist nicht nur ein junger Markt. In Deutschland ist es primär auch ein Markt der Jugend ... Und behaupte einer, sie haben kein Geld!«

Die ganze Einrichtung ist darauf abgestimmt, alles ist fast auf Kinderhöhe: Türklinken, Tische, Stühle. Spezielle Anweisung an McDonald's-Lizenznehmer: »Kinder vervielfachen ihren Umsatz!« Sie erhalten fertige Programme, um die Kleinen, und damit natürlich ganze Familien, zu ködern. Allem voran der »McDonald's Kindergeburtstag«. Da wird der Spaß voll durchprogrammiert:

»Die 7 Etappen einer Geburtstagsparty:

| | |
|---|---|
| 1. Etappe: Die Vorbereitungen | Zeit ca. 15 Min. |
| 2. Etappe: Die Begrüßung | Zeit ca. 10 Min. |
| 3. Etappe: Bestellung aufschreiben | Zeit ca. 5 Min. |
| 4. Etappe: Bestellung abholen | Zeit ca. 10 Min. |
| 5. Etappe: Essen mit Spaß | Zeit ca. 15 Min. |
| 6. Etappe: Spielen bzw. Storetour | Zeit ca. 10 Min. |
| 7. Etappe: Sich verabschieden ... | |

Anschließend Evaluationsdaten eintragen ...« (McDonald's intern).


Nach Brat-, Grill- und Thekenarbeit werde ich (Ali) am dritten Arbeitstag zur gut funktionierenden »Lounchkraft« ausgebildet: ich (Ali) muß Verpackungs- und Eßreste von den Tischen räumen und abwischen. Hier arbeitet man mit zwei Lappen, der eine für die Tischplatte, der andere für die Aschenbecher. In der gebotenen Eile kommt es aber häufig vor, daß man die Tischlappen nicht mehr auseinanderhalten kann. Doch das stört hier niemanden; denn häufig muß man mit demselben Lappen auch noch die Klos putzen. Der Nahrungskreislauf schließt sich damit wieder. Mir graust. Als ich einen weiteren Lappen haben möchte, sagt man mir (Ali) in barschem Ton, daß meine reichen müssen. Einmal schickt der Manager einen Kollegen direkt vom Royal-Grill zu einem verstopften Klo. Der nimmt dazu den Grillschaber, den er gerade in der Hand hat, um den Auftrag schnellstens und gewissenhaft auszuführen, erhält dann allerdings einen gewaltigen Rüffel vom Submanager. Auf die Sauberkeit draußen vor der Tür wird streng geachtet. 50 Meter rechts und links der Eingangstür muß ständig zusammengeräumt werden, weil dort jede Menge Verpackungsmaterial weggeworfen wird. Also werde ich (Ali) mit meinem dünnen Hemdchen von der Wärme in die Kälte geschickt.

Im Pausenraum witzeln wir über die Kakerlaken, die anscheinend nicht mehr zu vertreiben sind. Zuerst waren sie nur im Keller, jetzt findet man sie auch schon mal in der Küche. Eine ist neulich direkt auf den Grill gefallen. Einmal fand ein Kunde ein gut entwickeltes Exemplar auf seinem Big Mäc.

Manche jüngeren Gäste, vor allem die leicht angetrunkenen Popper, lassen mir (Ali) ihre Tüte mit den restlichen Pommes frites vor die Füße fallen. Die fettigen Kartoffelstäbchen verteilen sich auf dem Boden und werden festgetreten. Ich muß gleich naß aufwischen gehen.

Eine türkische Kollegin hat es besonders schwer. Sie wird als Frau angemacht, als Ausländerin verspottet und bekommt manchmal randvolle Aschenbecher vor die Füße geknallt. Einmal wirft auch mir jemand einen Aschenbecher vor die Füße. Als ich die Scherben aufkehre, höre ich hinter mir schon den nächsten auf dem Boden klirren und dann noch einen und noch

**Wohl bekomm's!**

Daß alles ähnlich schmeckt, hat einige Gründe. Die Verbraucherzentrale Hamburg urteilt über die McDonald's-Produkte: »Der Geschmack entsteht vielfach durch künstliche Aromastoffe. Damit die Getränke möglichst lange haltbar sind, werden sie mit Konservierungsstoffen versehen.« Ein Milchshake enthält 22 Prozent Zucker, das entspricht etwa 16 Würfeln oder 40 bis 45 Gramm. Alles wird »aufgepeppt«, um genießbar zu wirken. Edmund Brandt, ein Kenner der US-Fleischindustrie, berichtet, daß bei der Herstellung der Fleisch-»Patties« nicht einfach mageres Schulter- oder Nackenfleisch verwendet werden könne. Dann würde der Hamburger auseinanderfallen. Das Fleisch wird deshalb einer speziellen Behandlung durch »Salz und Flüssigproteine« unterzogen. »Ist das Fleisch zu frisch«, so Brandt, »dann ist es für die Patty-Produktion zu wäßrig.« Ist es zu alt, dann verliert es an Farbe: »Die nehmen dann Eiswürfel, werfen die in den Fleischwolf, und dadurch wird das Fleisch wieder rötlicher.« Und obwohl es äußerlich recht mager wirkt, ist im fertigen Hamburger-Fleisch noch 25 Prozent Fett drin. Von der breiten Palette der »Fastfood«-Tricks erfahren McDonalds-Kunden in der aufwendigen Werbung kein Wort. Die industrielle »Als-Ob-«Mahlzeit ist ungeheuer geschickt verpackt – eine Art *Bild*-Zeitung zum Essen. So wie *Bild*-Leser oft auch ohne Hintergrundinformationen instinktiv wissen, daß sie betrogen werden sollen, gibt es auch bei McDonald's Gäste, die nach einer Probemahlzeit angewidert das Lokal verlassen. Beim putzen finde ich (Ali) eine beschriebene Serviette: »McDonald's – kotz dich frei!« steht drauf, und: »Zum erstenmal ist das schlechter, was reinkam, als das, was rauskommt!«

»Fastfood« ist Mangelernährung, die schwere gesundheitliche Schädigungen nach sich ziehen kann: Ernährungswissenschaftler in den USA haben nachgewiesen, daß bei Kindern, die häufig in Schnellrestaurants essen, erhöhte Aggressivität, Schlaflosigkeit und Angstträume festzustellen sind. Der Grund: Das süße »Fastfood« baut »Thiamin«-Vorräte im Körper ab, die Folge ist Vitamin-B1-Mangel, der das Nervensystem angreift.

einen. Ich (Ali) kann nicht erkennen, wer es tut. Im Lokal wird gelacht. Spaß muß eben sein.

Auch in der Pause gehöre ich (Ali) dem Betrieb. Auswärts ein Bier oder einen Kaffee zu trinken, ist nicht gestattet. Man habe schlechte Erfahrungen gemacht: einer sei einmal ins Bordell gegangen.

Eine junge Kollegin erzählt mir, daß ihr in der achtstündigen Arbeitszeit sehr oft keine Pause zugestanden wurde. Als sie fragte, bekam sie nur die Antwort: »Weiter! Weiter!«

Wer zum Arzt will, bekommt vom Manager zu hören: »Das bestimme ich, wann hier jemand zum Arzt geht.«

Einmal frage ich (Ali), ob ich jetzt meine Erholungszeit einlegen kann. Die Antwort kenne ich schon: »Wann Sie Pause haben, bestimme ich.«

Einen Betriebsrat gibt es nicht.

Vor sechs Jahren riet schon McDonalds Personalchef für die Bundesrepublik in einem Rundschreiben: »Wenn Sie aus dem Gespräch entnehmen können, daß der Bewerber organisiert ist, das Gespräch nach weiteren Fragen abbrechen und dem Bewerber eine Entscheidung in einigen Tagen zusagen. Natürlich auf keinen Fall einstellen.«

Firmengründer Ray Kroc weiß, was er will: »Ich erwarte Geld, wie man Licht erwartet, wenn man den Schalter anknipst.«

Und der US-General Abrams findet bei McDonald's die eigentliche Schule der Nation: »Für einen jungen Menschen ist es sehr gesund, bei McDonald's zu arbeiten. McDonald's macht aus ihm einen effizienten Menschen. Wenn der Hamburger nicht ordentlich aussieht, fliegt der Typ raus. Dieses System ist eine still dahinarbeitende Maschinerie, dem unsere Armee nacheifern sollte.«

# Die Baustelle

Als ich um 6 Uhr morgens in der Franklinstraße im Düsseldorfer Stadtteil Pempelfort eintreffe, stehen schon sechs Arbeitssuchende vor der Tür der Subfirma GBI. Auch sie wurden für diese Zeit hierherbestellt, nachdem sie auf eine Zeitungsanzeige hin angerufen hatten. Ein Angestellter öffnet. Gleich im Erdgeschoß das Büro: zwei aneinandergeschobene Schreibtische, ein Telefon. Keine Akten, keine Regale, selbst die Tische wirken wie abgeräumt. Am Schwarzen Brett ein Schild: »Diese Firma meldet ihre Arbeitnehmer ordnungsgemäß an!« Doch niemand fragt mich (Ali) nach meinen Arbeitspapieren, nicht mal den Namen brauche ich zu nennen.

Bevor wir nach und nach zu unseren Einsatzorten gefahren werden sollen, müssen wir in einer angrenzenden Zwei-Zimmer-Wohnung warten, die als Aufenthaltsraum dient und mit herabhängenden Tapeten, schmierigen Fenstern und ohne Toilette auf ihre Art signalisiert, welchen ›Status‹ wir hier einnehmen. »Siggi«, ein bulliger Typ mit gelocktem Haar und sehr viel Gold an Händen und um den Hals, sucht vier Helfer »für einen schönen Hochbau in Köln«. Ich (Ali) melde mich und werde der Kolonne zugeteilt.

Unterwegs im Auto werden wir über unseren Stundenlohn und über die Arbeitsbedingungen informiert. »Der Polier will, daß ihr zehn Stunden am Tag arbeitet«, erklärt uns »Siggi«, »dafür zahle ich euch auch 9 Mark – also 90 Mark am Tag.«

»Hier entstehen schicke Stadtwohnungen und reizvolle Maisonettewohnungen mit Blick auf den ruhigen Park«, lese ich auf dem Schild, als wir eine halbe Stunde später unsere Baustelle am Kölner Hohenstaufenring erreichen. Ein Kolonnenschieber, der schon längere Zeit für die GBI auf dieser Baustelle tätig ist, weist uns in die Umkleidekabinen ein. Wir sind gerade umgezogen, als »Siggi« noch einmal hereinkommt. »Ich brauche doch noch eure Namen für den Polier«, sagt er. »Ali«, sage ich. Das genügt.

Unsere Kolonne wird einem Polier der Firma »Walter Thosti BOSWAU« (WTB) unterstellt, das sechstgrößte Bauunternehmen der Bundesrepublik, wie ich später erfahre. Auch an den folgenden Tagen erhalten wir unsere Arbeitsanweisungen ausschließlich von diesem Polier, und das Werkzeug – angefangen vom Besen bis zum Schaleisen – wird ebenfalls von WTB gestellt. Die GBI vermittelt eben Arbeiter »pur«, hat kaum eigenes Werkzeug und auch keine eigenen Baustellen.

Keiner von uns hat seine Papiere bei der GBI abgegeben, wir arbeiten ohne Ausnahme »schwarz«. Nicht einmal krankenversichert sind wir. Ich frage einen Kollegen: »Was passiere, wenn is Unfall?« – »Dann tun die so, als wärste erst drei Tage hier, wirst einfach rückwirkend bei der Krankenkasse angemeldet«, sagt er, »insgesamt haben die ja ein paar hundert Leute, davon ist höchstens die Hälfte angemeldet.«

In den Pausen sitzen wir mit fünfzehn Leuten dichtgedrängt im Bauwagen, der vielleicht 12 Quadratmeter faßt. Ein Zimmermann, der vom Kölner Büro der GBI hierher vermittelt wurde, sagt: »Ich bin schon dreißig Jahre auf dem Bau, aber daß mir der Polier sagt, ich soll mich gefälligst vorm Scheißen abmelden, das hab ich noch nie erlebt!« Einige erzählen, daß sie mit An- und Abfahrten täglich fünfzehn Stunden auf den Beinen sind. »Bezahlt bekommst du aber nur die zehn Stunden, die du hier arbeitest, für die Fahrzeit gibt's keinen Pfennig extra.«

Ein etwa fünfzig Jahre alter türkischer Kollege wird von unserem WTB-Polier besonders schikaniert. Obwohl er seine Arbeit mindestens doppelt so schnell wie die deutschen Kollegen erledigt, beschimpft ihn unser Arbeitsanweiser als »Kümmeltürken«: »Wenn du nicht schneller arbeiten kannst, lasse ich dich beim nächsten Mal zusammen mit dem Bauschutt abtransportieren!«

38

Freitags warten wir nach Feierabend meist ein paar Stunden auf unseren Lohn. Das Geld muß erst von außerhalb herbeigeschafft werden. Woher diese Lohngelder kommen, scheinen einige Leiharbeiter zu wissen: »Der Klose fährt doch jetzt erst mal nach Langenfeld«, belehrt uns ein illegaler deutscher Stammarbeiter von GBI, als wir alle gemeinsam im Bauwagen sitzen, »da haben die nämlich ihr Konto, und da holt er die Kohlen für uns ab.« Wieso die Gelder nicht bei einer Kölner oder Düsseldorfer Bank abgehoben werden, weiß der Kollege auch: »Das Konto in Langenfeld läuft wohl über irgendeinen Privatmann, der da die Schecks von der WTB und anderen Baufirmen gutschreiben läßt. In Düsseldorf könnten die doch gar kein Konto mehr aufmachen, da würde sofort das Finanzamt kommen und alles wegpfänden.«
Zwei Stunden müssen wir noch nach der Schicht auf unser Geld warten, natürlich unbezahlt.
Nicht nur die Firmenkonten bleiben im Dunkeln, alles läuft konspirativ genug, um unsere Arbeit auf der Baustelle zu verheimlichen: als wir ausgezahlt werden, müssen wir zwar eine Quittung unterschreiben, aber einen Durchschlag oder eine schriftliche Lohnabrechnung bekommen wir nicht. Selbst die Zettel, auf denen der Polier unsere Arbeitszeiten einträgt, nimmt er sofort nach der Auszahlung wieder an sich. Das hat seinen Grund, denn im Baugewerbe ist Leiharbeit, die nach Stunden abgerechnet wird, gesetzlich untersagt. Um das Verbot zu umgehen, arbeiten Subs wie die GBI mit Scheinwerkverträgen, rechnen offiziell etwa »40 Quadratmeter Beton« bei den Baufirmen ab – kassieren aber für 40 Stunden Leiharbeit (in vielen Fällen verfügen die Poliere über kaschierte Tabellen, mit denen die Arbeitsstunden der Leiharbeiter in Quadratmeter Beton oder Kubikmeter Erde umgerechnet werden). Um später beweisen zu können, daß auch auf unserer Baustelle Stundenzettel geheim geführt werden, lenke ich (Ali) den Polier bei einer passenden Gelegenheit ab und nehme seinen Zettel an mich: »WTB Bau AG«, hat der Polier darauf notiert,

## Bei uns in Palermo

Allein im Baugewerbe sind schätzungsweise 200000 Türken, Pakistani, Jugoslawen und Griechen beschäftigt, die illegal vermittelt werden. Jährlich bedeutet das einen Ausfall von Steuern und Sozialversicherungsbeiträgen in der Höhe von 10 Milliarden Mark.

Die Menschenhändler genießen oft genug politischen Schutz, um Strafen zu entgehen. Die Gesetze sind sehr lasch. Doch die Bundesregierung zögert, diesen Machenschaften einen Riegel vorzuschieben. Nur am Bau ist der Personalverleih seit 1982 verboten. Die von der Union regierten Bundesländer weigern sich, den illegalen Handel als Straftatsbestand anzuerkennen. Darum bleibt das Vermitteln von Deutschen und Ausländern aus der EG (Europäische Gemeinschaft) rechtlich nicht mehr als eine Ordnungswidrigkeit.

Polizei, Fahnder des Arbeitsamtes und Staatsanwälte bekommen selbst die kleinen Mitläufer der Baumafia nur selten zu fassen: »Wir kriegen das Problem kaum mehr in den Griff«, klagt beispielsweise der Kölner Oberstaatsanwalt Dr. Franzheim. Allein in Nordrhein-Westfalen laufen zur Zeit 4000 Ermittlungsverfahren. Verleiher prellten illegal Beschäftigte um ihren Lohn oder machten sich »arbeitsunwillige« Ausländer durch Prügel und Drohungen gefügig. Die Ermittlungen – etwa beim Landeskriminalamt in Düsseldorf – erstrecken sich sogar auf Schutzgelderpressungen und Mordverdacht.

Es sind nicht nur private Bauunternehmer, die oft über weitere Zwischenhändler auf die Verleihfirmen zurückgreifen. Auch bei öffentlichen Aufträgen sind die »Subs« mit im Geschäft.

Beim Bau des Düsseldorfer Landtags kam es 1984 zu mehreren Razzien – verschiedene Menschenhändler hatten dort arbeiten lassen.

Beim Neubau des Münchner Arbeitsamtes wurden 50 illegal Beschäftigte bei einer Kontrolle festgenommen. Nicht einmal der Polizei ist bislang bekannt, daß auch zum Erweiterungsbau der Bundeswehrkaserne in Hilden Leiharbeiter herangezogen wurden, ebenso für den Neubau des Bundespostministeriums in Bonn (Bad Godesberg).

Weil es Postminister Christian Schwarz-Schilling unterließ, beim Bauauftrag entsprechende Kontrollen vorzuschreiben, gelang es zumindest einer illegalen Leiharbeiterfirma, ganz ordentlich mitzuverdienen. Ein Erkenntnisinteresse der Behörden vorausgesetzt, hätte das Geschäft leicht auffliegen können. Über die Düsseldorfer Menschenhändlerfirma DIMA GmbH wurden die Leute an den sechstgrößten deutschen Baukonzern, die WTB, vermittelt, die am Bau des Postministeriums maßgeblich beteiligt war. Die DIMA wiederum ging aus der GBI hervor, für die ich schon als Illegaler in Köln gearbeitet hatte.

30 Arbeitsstunden mit Tagesdaten und seiner Unterschrift. Mit Alis erstem Arbeitseinsatz soll von Anfang an klargestellt werden, wo er hingehört. Bei den Arbeiterklos sind einige seit über einer Woche verstopft. Die Pisse steht fast knöchelhoch. »Nimm Eimer, Schrubber und Aufnehmer und bring das in Ordnung. Aber dalli.« Ich (Ali) lasse mir an der Werkzeugausgabe gegen Quittung die Sachen geben. – »Genügt, wenn du mit drei Kreuzen unterschreibst«, sagt der verantwortliche deutsche Kalfaktor, der in seinem Werkzeug-Container eine verhältnismäßig ruhige Kugel schiebt.

Es stinkt bestialisch im Container-Toilettenraum. Die Urinrinne ist ebenfalls total verstopft. Diese Arbeit empfinde ich als Schikane. Denn solange die Ursache – verstopfte Rohre – nicht fachmännisch beseitigt wird, kommt es sofort wieder zu Überschwemmungen. Auf der Baustelle gibt es genug Installateure, aber deren Arbeitszeit ist zu kostbar. Sie sind dazu da, die Luxussanitärräume der künftigen Besitzer zu installieren.

Die Bauführer wie Poliere haben ihre eigenen Toiletten in einem gesonderten Container. Sie sind abschließbar, den Arbeitern ist der Zutritt verboten, und Putzfrauen halten sie täglich sauber.

Ich (Ali) spreche den Bauleiter darauf an, daß meine Arbeit keinen Sinn hat und erst mal Installateure ran sollten. »Du hast hier keine Fragen zu stellen, sondern zu tun, was man dir sagt. Das Denken überläßt du besser den Eseln, denn die haben größere Köpfe«, stellt er klar. Nun gut, tu ich (Ali) also, was unzählige andere Ausländer auch ohne Widerspruch zu tun gezwungen werden, wobei sie froh sein dürfen, überhaupt Arbeit zu haben. Der Gedanke daran hilft mir ein wenig – und auch in späteren Situationen –, meinen Ekel zu überwinden und aus einer ohnmächtigen Demütigung und Scham eine solidarische Wut werden zu lassen.

Die Deutschen, die die Toiletten benutzen, während ich (Ali) die Schiffe mit Aufnehmern, Schwämmen und Eimern wegwische, machen schon mal ihre Bemerkungen. Ein Jüngerer freundlich: »Da haben wir endlich eine Klofrau bekommen.« Zwei ca. Fünfundvierzigjährige unterhalten sich von Toilette zu Toilette: »Was stinkt schlimmer als Pisse und Scheiße?« – »Die Arbeit«, antwortet der eine. – »Nee, die Türken«, dröhnt es laut durch die andere Klotür.

Allerdings gibt's auch einen deutschen Kollegen, der, während er schifft, sich nach Alis Nationalität erkundigt, und als ich »Türk« antworte, sein Mitgefühl dokumentiert: »Typisch wieder, man läßt euch für uns die Scheiße wegmachen. Da würde sich jeder deutsche Bauarbeiter weigern.«

Ab und zu kommt der Polier Hugo Leine vorbei, um mich (Ali) zu kontrollieren. Es ist günstig, daß er mit einem Sprechgerät ausgestattet ist, denn da piepst's, knattert's und schnattert's raus, so daß man sein Herannahen meist früh genug wahrnimmt und einen Zahn zulegen kann. »Tempo, tempissimo, amigo«, sport er Ali an, und als ich (Ali) ihn freundlich darauf hinweise, daß ich nicht »Italiano«, sondern »Türk« bin, wird er schon etwas schroffer: »Dann mußt du mit der Arbeit längst fertig sein, weil du dich dann ja auskennst. Ihr habt doch dauernd verstopfte Klos.«

Hugo Leine hat schon Ausländer fristlos gefeuert, weil sie während der Arbeit ein wichtiges Telefongespräch von der Telefonzelle direkt vor der Baustelle führten.

In den nächsten Tagen schleppen wir bei 30 Grad Hitze Gasbetonplatten bis zum 6. Stockwerk hoch. Wir sind billiger als der Kran, der zu einer anderen Baustelle transportiert wird. Leine achtet darauf, daß wir keine zusätzliche Pause machen. In der kommenden Woche wird Ali zum Betonfahren abkommandiert. Mit »Japanern«, so heißen die halbrunden überdimensionalen Schubkarren, muß ich (Ali) den Fertigbeton über den Bauhof zum Gießen eines Fundaments schleppen. Es reißt einen an den Armen, und man muß sich mit aller Gewalt gegen die Karre stemmen, damit sie einem nicht nach vorne wegkippt. Der Vorarbeiter Heinz – auch ein GBI-Mann – genießt es, Ali die Karre immer besonders voll zu machen, um zu sehen, wie er sich damit abmüht, das Umkippen durch Ausbalancieren eben noch zu verhindern. Die Karre wird immer schwerer. Ich (Ali) schreibe es bei der Hitze meiner Erschöpfung zu. Als ein Brett im Weg liegt und die Karre leicht springt, kann ich sie nicht mehr halten. Sie kippt um, und der Beton ergießt sich auf den Bauhof. Andere müssen hinzueilen, um ihn wieder in den »Japaner« zu schippen, solange er noch nicht zu hart ist. Der Polier erscheint und brüllt mich (Ali) an:
»Du verdammtes Stinktier. Es reicht, daß ihr nicht mal bis drei zählen könnt. Da solltet ihr wenigstens geradeaus gucken können! Noch einmal und du kannst wieder nach Anatolien und mit dem Finger im Sand rühren!«
Bei der nächsten Ladung grinst mich der Vorarbeiter genüßlich an und füllt meine Karre trotz Protest bis zum Rand voll, daß sie beim Anrucken leicht überschwappt. Verdammte Scheiße, trotz aller Anstrengung, ich krieg die Karre nicht ausbalanciert. In der ersten Kurve reißt sie mich fast um, und die ganze Ladung kippt wieder in den Dreck. Großes Hallo einiger deutscher Kollegen. Sie stehen untätig herum, während ich (Ali) mich abrackere, den Betonmatsch in die Karre zu schaufeln. Wie wild schaufele ich drauflos, mich umblikkend, ob Hugo Leine nicht naht. Zum Glück ist der Polier

irgendwo im Bau verschwunden. Ein deutscher Kollege weist mich darauf hin, daß der Reifen meines »Japaners« einen Platten hat. Ein Nagel steckt drin. Das ist auch der Grund dafür, daß die Karre umkippte. Von weitem feixt der Vorarbeiter. Als ich (Ali) wieder an ihm vorbeikomme, stellt er triumphierend fest: »Ihr solltet langsam merken, daß ihr hier nichts zu suchen habt.« Auf der Toilette ertappe ich ihn später einmal, als er mit Filzstift auf die Wand kritzelt: »Tod allen Tü...« Als ich (Ali) versuche, ihn zur Rede zu stellen, spuckt er vor mir aus und verläßt die Pißbude, ohne sein Werk vollendet zu haben.

Wenige Tage später – ich (Ali) fege und schaufle im 5. Stockwerk Bauschutt weg – stürze ich fast in einen Elektroschacht, der mit einer Styroporschicht unauffällig abgedeckt war. Ich habe Glück und rutsche nur mit einem Bein 'rein. Nur eine leichte Verstauchung und ein aufgeschrammter Knöchel. Ich hätte mir das Genick brechen können, denn es geht acht Meter tief runter! Ganz zufällig kommt aus einem Nebenraum Heinz, der Vorarbeiter, raus und sagt: »Da hast du ja ein verdammtes Schwein gehabt. Stell dir vor, du wärst da 'runtergestürzt, da wär wieder eine Stelle frei geworden.«

Als einem deutschen Kollegen aus seinem Spind die Brieftasche mit 100 DM gestohlen wird, gerate ich (Ali) in Verdacht: »Hör mal, du warst doch während der Arbeit eine Viertelstunde weg, wo warst du da?« Ein Deutscher: »Der soll mal sein Portemonnaie aufmachen.« – Ein anderer Deutscher, Alfons, auch Alfi genannt, kommt mir zu Hilfe. »Und wenn er 100 Mark drin hat, sagt das doch nichts. Das kann jeder von uns fünfzehn gestohlen haben oder auch ein Fremder von draußen. Wieso gerade Ali?«

Alfi ist es auch, der mich ermutigt, besser Deutsch zu lernen (während er mir aufmunternd auf die Schulter klopft): »Du sprichst viel besser Deutsch, als du selber glaubst. Versuch's nur mal! Du mußt nur die Worte umdrehen, und dein Deutsch

ist gar nicht so schlecht. Sag einfach: ›Ich bin ein Türke‹ und nicht: ›Türk ich bin.‹ Ist doch ganz einfach!« –

Alfi war mehrere Jahre arbeitslos und wurde dann vom Arbeitsamt Düsseldorf an den Unternehmer »Bastuba« vermittelt. Für den stand er den ganzen Tag im kalten Wasser, machte

Gewässer- und Uferreinigung, im Auftrag des Landes Nordrhein-Westfalen. Erst später merkte er, daß »Bastuba« ihn nicht angemeldet hatte und genauso illegal beschäftigte wie seine Kollegen – jugoslawische Arbeiter. Als er seinen Chef damit konfrontierte, schmiß der ihn raus. Einige Zeit später gab ihm ein Freund die Adresse von der GBI.

Als ich (Ali) den Zweigstellenleiter von GBI, Köln, Klose, einmal im Beisein von Kollegen nach der Bedeutung des Kürzels GBI fragte, gibt er uns die Erklärung: »Das ist die Abkürzung von ›Giraffe‹, ›Bär‹ und ›Igel‹.« – So bindet er uns seinen Bären auf, und die meisten nehmen's ihm sogar ab. Es ist schon einiges seltsam mit unserer Firma, und die Namen wechseln so oft, daß auch diese Bedeutung geglaubt wird.

Wir haben einen neuen deutschen Kollegen. Fritz, zwanzig Jahre, blond, hat sich freiwillig zu den Feldjägern gemeldet und brennt darauf, eingezogen zu werden. Die Zeit der illegalen Bauarbeit sieht er nur als Überbrückung. Er führt ein Groschenwurfspiel ein, das wir während der Pausen in den Kellern des Baus spielen. Wer mit seinem Groschen am nächsten an die Wand trifft, kassiert die Groschen der anderen. Ich (Ali) habe Glück und gewinne ständig. Fritz, verärgert: »Ihr Türken seid immer auf unser Geld aus. Ihr seht nur immer euren Vorteil und betrügt uns, sobald wir euch den Rücken kehren.«

Ein andermal: »Wir Deutschen sind klug. Ihr vermehrt euch doch wie die Karnickel auf unsere Kosten.«

Und zu den anderen: »Ab und zu bricht bei dem der Urwald durch!«

Ein Dachstuhl brennt, die Dachdecker waren nicht vorsichtig genug. Mehrere Feuerwehrwagen rücken an, auch Polizei. Ali wird mit anderen Kollegen aufs noch schwelende Dach geschickt, um aufzuräumen. Die Sohlen der Turnschuhe fangen dabei an zu schmoren, ein paarmal krachen angebrannte Balken unter mir (Ali).

Eine Gruppe von Polizeibeamten und Feuerwehrleuten steht

neben uns und sieht zu, wie wir die schwelenden Sachen in den Bauhof runterwerfen. Wir turnen vor ihnen rum, ohne Schutzkleidung. Alles Illegale. Ich kann mir vorstellen, sie wissen oder ahnen es zumindest. Aber sie sagen nichts. Auch sie profitieren von uns, wir machen für sie die gefährliche Dreckarbeit.

Ein deutscher Kollege, Hinrich, zwanzig Jahre, verheiratet, ein Kind, mit Mietschulden, läuft schon seit Tagen mit geschwollenem Gesicht herum. Er hat hohes Fieber. Mehrere Zähne sind vereitert. Tagelang erpreßt man ihn, nicht zum Zahnarzt zu gehen. Er verlangt von Klose, dem Kölner GBI-Mann, einen Krankenschein. Hinrich ist sich bisher gar nicht bewußt, daß er nicht angemeldet und damit ein Illegaler ist. Er ist ganz außer sich! »Das ist verboten, das zeig ich an.« – Klose: »Du kannst verduften. Wir wollen dich hier nie wieder sehen. Wer behauptet, hier werde schwarz gearbeitet, der kriegt einen Schadensersatzprozeß wegen übler Nachrede angehängt. Hast uns deine Papiere zu spät abgeliefert, so daß wir dich nicht anmelden konnten. Du hast dich selbst strafbar gemacht.« – Hinrich traut sich daraufhin nicht, zur Polizei zu gehen. Am nächsten Tag wird er mit dem Notarztwagen zur Klinik gebracht. Blutvergiftung. Lebensgefahr!

Eines Freitags, nach Schichtschluß – wir ziehen uns gerade um – erscheint der Polier von WTB, Hugo Leine: »Wir sind jetzt hier aus dem Gröbsten raus, wir brauchen euch nicht mehr.«

Nach sechs Wochen ist Alis Zeit auf dem Bau vorbei. Ein paar Illegale der GBI-Stammannschaft werden von der gleichen Firma unter dem neuen Namen DIMA auf eine andere Großbaustelle nach Bonn/Bad Godesberg geschickt. Der Bundespostminister läßt ein neues Ministerium bauen. Leider ist Ali nicht mit dabei.

**Ein moderner Unternehmer**

Der Düsseldorfer Alfred Keitel, fünfzig, gehört zu den Unternehmern, die es in den letzten Jahren zu einem kaum abschätzbaren Vermögen gebracht haben. 1971 gründete er mit einem Kompagnon die »Keitel und Frick GmbH« und vermietete als Subunternehmer (kurz: »Sub«) Menschen an Baufirmen. Seit 1982 ist das verboten. Kurz zuvor legte sich Keitel die »Gesellschaft für Bauausführungen und Industriemontage« (kurz: GBI) zu und machte weiter.

Als ich im Sommer 1984 für die GBI in Köln arbeitete, waren längst die Steuerfahnder hinter Keitel her. Das illegale Geschäft lief jedoch noch ausgezeichnet. Die Ermittlungen ergaben, daß Keitel mehr als 11 Millionen DM an Umsatz- und Lohnsteuern sowie mehrere Millionen Mark Sozialversicherungsbeiträge hinterzogen haben muß. Keitel kam in Untersuchungshaft, Ende 1984 wurde er zu einer Freiheitsstrafe von 4½ Jahren verurteilt. Daß er so glimpflich davonkam, verdankte er einem Gutachten, das ihm eine »krankhafte Spielleidenschaft« attestierte. Gemeint waren damit seine häufigen Casinobesuche, nicht das Spiel, das er mit den 500 Menschen trieb, die nach Angaben der Steuerfahndung gleichzeitig für ihn anschafften.

Freimütig bekennt sich Keitel immer noch zu seinem Gewerbe: »Ich kenn ja nun alles in diesem Bereich, das ist klar. Alle Baufirmen natürlich, die ganzen Praktiken ... nur, wenn man mal mit denen zusammengearbeitet hat, tut man die ja nicht mit reinziehen.«

Doch dann tut er es doch:
»Große Bauprojekte, da gibt es keines mehr ohne Subunternehmen. Das sind ja dann die ARGEN (Arbeitsgemeinschaften bei Großbauten – G. W.), und die arbeiten alle mit Subs, alle. Es gibt kein Gebäude mehr, das ohne Subs gebaut wird in größerem Stil.«

Keitel über sich selbst: »Wenn ich nicht verraten worden wäre, dann wär ich jetzt noch groß im Geschäft.

Die ganzen Geschäftspraktiken – das sieht kein Finanzamt, keine AOK, das sieht kein Mensch: außer, wer damit zu tun hat. Das ist ja das Schöne bei Prozessen, daß keiner feststellen kann, wie die einzelnen Firmen zusammenhängen. Die Verträge mit den Großen kann man doch so machen, wie man sie braucht: Ich kann doch praktisch einen Stundenlohn abmachen statt einer Pauschale, mache aber einfach einen anderen Vertrag, weil Stundenlöhne doch verboten sind. Wer will das kontrollieren? Wie will da das Arbeitsamt dahinterkommen? Vor Gericht kannste sagen: Beweisen Sie mal das Gegenteil!

Von außen kommen Sie da überhaupt nicht ran. Bei mir wäre von außen auch nichts passiert, wenn mein Partner, der da ja mitgemacht hat, nicht durchgedreht wär. Da war ja vorher schon Steuerfahndung dran und Polizei. Die haben es aber nicht geschafft.«

Auch über die Gewinnspannen war Keitel bereit, Auskunft zu geben:

»Die Arbeitnehmer, die kriegen ja auf die Hand, schönes Geld, ne, schön auch nicht immer, aber Hauptsache, die kriegen's auf die Hand.

Die Baufirmen zahlen pro Arbeitsstunde zwischen 22 und 33 Mark. Was dem Subunternehmer da bleibt, das kommt darauf an, was er seinen Leuten zahlt. Wieviel er anmeldet. Ob er alle anmeldet oder nur ein paar.

Der Bruttolohn für Facharbeiter liegt heute eigentlich bei 16 Mark. Ausländer werden immer ausgequetscht, die arbeiten für billiges Geld, aber kein Deutscher. Deutsche wissen ihre Rechte, ungefähr.

Aber Ausländer ... zehn Mark, acht Mark ... egal.«

Eine kleine Hochrechnung ergibt folgendes Bild:

Pro Arbeitsstunde blieben Keitel zwischen 14 und 25 Mark. Auf dem Bau werden in der Regel 10 Stunden täglich gearbeitet. Macht zwischen 140 und 250 Mark pro Mann und Tag. Bei 500 Leuten sind das zwischen 70 000 und 125 000 DM *täglich*. Von diesen Einnahmen sind die minimalen Transport- und Buchhaltungskosten abzuziehen. Und die Steuern bzw. Sozialversicherungsbeiträge. Oder auch nicht.

# Die Umtaufe

## oder »Kopfabmachen ohne Segen«

> *»Ich war fremd und obdachlos, und ihr habt mich aufgenommen.*
> *Wahrlich ich sage euch: Was ihr einem unter den Geringsten meiner*
> *Brüder getan habt, das habt ihr mir getan.«*
> *(Christus nach Matthäus 25, Vers 31 ff)*

Ali versucht sein Glück bei der katholischen Kirche. Er hat davon gehört, daß Jesus auch aus seinem Heimatort ausgewiesen wurde, daß er mit den Fremden und Verfolgten seiner Zeit zusammenlebte und sich deswegen selber schweren Anschuldigungen und Verfolgungen aussetzte. Dennoch kommt Ali – was naheläge – nicht als Bittsteller. Er verlangt kein Obdach und keine materielle Hilfe. Es ist nicht seine Absicht, Gottes Beamte zu überfordern oder gar in Versuchung zu führen. Was er will, ist nur die Taufe!

a) Weil er dazu gehören will, nicht aus Opportunismus, sondern weil er Leben und Werk Christi schon seit längerer Zeit kennengelernt hat und überzeugend findet.

b) Sollte es schnell gehen, da er seine deutsche katholische Freundin nur heiraten kann, wenn er zur Glaubensgemeinschaft der Katholiken gehört, so verlangen es deren Eltern.

c) Hofft er, so auch eine drohende, kurz bevorstehende Ausweisung verhindern zu können.

(Die aufgesuchten Pfarrer und Würdenträger sollen anonym bleiben. Die Gespräche mit den Kirchenfunktionären sind authentisch.)

Ali ist als Arbeiter zu erkennen. Seine Kleidung ist ärmlich. Aus seiner Umhängetasche guckt eine Thermosflasche hervor.

*1. Vorsprache.* Pfarrei in besserem Wohnviertel, parkähnlicher Garten.

Ein ranghöherer Pfarrer, ca. sechzig, öffnet die mit schmiedeeisernem Gitter verzierte schwere Eichentür des Pfarr-

hauses einen Spalt breit und blickt recht reserviert auf Ali.
Pfarrer: »Hier ist nichts zu holen, geh zum Sozialamt.« Damit
habe ich nicht gerechnet. Der Pfarrer hat meine Bestürzung
bemerkt – und bevor ich mein Anliegen vorbringen kann, wiederholt er unmißverständlich: »Weil mich so viele ausnehmen
wollen, gibt's hier grundsätzlich nichts. Wir sind hier ein Pfarr-
amt und kein ...«
Ich unterbreche ihn: »Ich kein Geld wollen, nur die Tauf.«
Die Tür öffnet sich ein wenig mehr, er mustert mich neugierig-
kritisch, sagt: »Ach so, es kommen hier so viele Arbeitsscheue,
die auf Kosten anderer leben wollen ... Wo wohnen Sie denn?
Wie alt ist das Kind, und wann soll die Taufe sein?«
Ich nenne ihm »meine« Adresse, und da es so eine noble Straße
ist, in der Ali, so wie er daherkommt, kaum auch nur für eine
Woche die Miete würde aufbringen können, füge ich hinzu:
»Ich wohnen da in Keller.« Und: »Kein Kindtauf. Ich Türk, bis
jetzt bei Mohammed. Ich für mich Tauf will. Weil Christus besser. Aber muß schnell gehe, weil ...«
Er starrt mich fassungslos und ungläubig an, als hätte ich bei
ihm nicht um das Sakrament der heiligen Taufe, sondern um
meine eigene Beschneidung nachgesucht.
Er schließt die Tür wieder bis auf einen kleinen Spalt: »So
schnell schießen die Preußen nicht ... Das ist nicht so einfach.
Da sind zuerst einmal zahlreiche Voraussetzungen zu erfüllen ...« Und mit einem geringschätzigen Blick auf mein abge-
rissenes Äußeres: »Wir nehmen auch nicht jeden in unsere
Gemeinde auf.« Als ich der Dringlichkeit meines Anliegens
wegen drohender Ausweisung Nachdruck verleihen will, beeindruckt ihn das keineswegs: »Nicht so eine jüdische Hast. Ich
werde das zunächst mit dem Gemeindevorstand besprechen
müssen. Zuerst einmal bringen Sie mir eine ordnungsgemäße
polizeiliche Anmeldung.«
Als ich es wage zu antworten: »Aber der Christus hat auch nicht
fest Wohnung und Bleib!«, muß er das als eine Art Gottes-
lästerung empfunden haben, denn mit einem Ruck knallt er

ohne weitere Erklärung die Tür zu. Als ich daraufhin Sturm klingele, um zu dokumentieren, wie ernst es mir mit meinem Entschluß ist, vollwertiges Mitglied in der Gemeinschaft der Gläubigen zu werden, reißt er die Tür wieder auf, um mich abzukanzeln: »Wir sind hier kein Asyl. Wenn Sie nicht augenblicklich Ruhe geben, ruf' ich die Polizei!« Ich versuche ein letztes Mal, ihn an sein christliches Gewissen und seine berufliche Aufgabe zu erinnern, indem ich niederknie und ihn mit gefalteten Händen anflehe: »In Name Christi, Tauf!« Statt einer Antwort donnert die Tür krachend ins Schloß.

Damit hat Ali nicht gerechnet. Er ist ganz offensichtlich an die falsche Adresse geraten. Schwarze Schafe, die gibt's überall. Und in diesem Villenvorort, wo die Reichsten der Reichen unter sich bleiben wollen, ist Ali ganz offensichtlich fehl am Platz.

Ali gibt nicht auf. Er geht zum nächsten Pfarrer in die Nachbargemeinde. Dort verstecken sich die Villen nicht hinter hohen Mauern, und die Gärten erstrecken sich nicht hinter den Häusern, es sind kleine Rechtecke vor den Haustüren, jedermann zugänglich, oft kaum größer als ein Wohnzimmer. Hier wohnt der Mittelstand, und in etlichen Wohnblocks leben auch Arbeiter.

Ali, durch die erste feindselige Abwimmlung verunsichert und vorsichtig geworden, bittet seinen türkischen Arbeitskollegen Abdullah, ihn als Zeugen, aber auch zum Schutz zu begleiten. Nachmittags, 17 Uhr.

Die Kirche ist menschenleer. Die Glocken läuten vollautomatisch zur Andacht. Aber kein Gläubiger hat sich zum Gottesdienst eingefunden. Vielleicht, daß es ihnen auch zu kalt ist. Die Kirche ist ungeheizt, die klirrende Kälte hat das Weihwasser bis auf den Grund des Beckens gefrieren lassen. Als wir gemessenen Schrittes und etwas befangen in Richtung Altar gehen, bemerkt uns der alleingelassene Pfarrer.

Er hat sich wohl schon auf Feierabend eingestellt, denn er versucht, sich vor uns in die Sakristei zu verdrücken. Aber ich bin schneller.

»Tschuldigung«, verstelle ich ihm den Weg, »ein Frag nur, will
Tauf habe und Christ werde, bin Türk.«
Er starrt uns entgeistert an: »Nein, ausgeschlossen. Das kann
ich nicht. Das geht nicht!«
Er spricht im Flüsterton, blickt uns nicht an dabei, vielmehr
über uns hinweg gen Himmel, als ob ihm da sein oberster Chef
sein unchristliches Verhalten absegnen könnte.
»Warum nich?« will ich wissen.
»Das geht nicht, das erfordert einen Unterricht von einigen
Jahren«, raunt er.
»Ich kenn aber Christbuch genau, hab immer wieder lese ...«
»Nein, das kann ich nicht, ohne die Genehmigung des Kardi-
nals darf ich das gar nicht.«
»Aber kann nicht jede Pastor Tauf gebe?«
»Nein, auf gar keinen Fall.«
»Nich darf?«
»Nein, nein, nein, nein. Offiziell eine Taufe würde ja eine Auf-
nahme in die katholische Kirche mit sich ziehen, nicht ...«
»Ah, Sie sin gar kein Pfarrer?« provozier ich ihn.
Es wird ihm sichtlich unangenehm. Er ist in seiner Eitelkeit
getroffen.
»Dooooch«, antwortet er fest und selbstbewußt.
»Hier Chef von der Kirch?« insistier ich.
»Ja«, sagt er bestimmt.
»Ja, aber dann darf doch auch Tauf' mache«, laß ich nicht locker.
»Na ja, Kindertaufe«, gibt er zu. »Aber zur Erwachsenentaufe
brauche ich die Genehmigung des Erzbischofs von Köln, und
das setzt voraus einen Unterricht von mindestens ...« –
er zögert, scheint begriffen zu haben, daß ich ganz so ahnungs-
los nicht bin – »allermindestens von einem Jahr.«
»So lang, ein Jahr mindes ...?«
Meine ängstlich bekümmerte Frage gibt seinem Abwimm-
lungsversuch wieder Auftrieb (nicht ohne Genugtuung):
»Kann aber auch noch länger dauern. Es erfordert ein ganz
allmähliches, stufenweises Hineingleiten ...«

Auf das Taufbecken weisend demonstriere ich ihm meine Sachkenntnis.

»Da dann Tauf. Muß ganz rein oder nur Gesicht?«

In seinen Augen bin ich wohl der letzte Wilde. Mit einem kargen »Nö« überhört er meine frevlerische Bemerkung.

»Aber vielleicht kann Chef, der Erz, gut Wort einlege?«

Er läßt erst gar keine Illusionen aufkommen: »Das glaub ich kaum! Das glaub ich kaum!«

Ich begreif es immer noch nicht. Nach einer Erklärung für seine Abweisung suchend: »Sin' denn so viel, die jetzt neu komm wolle in Kirch'?«

Das scheint nicht der Fall zu sein: »Das nicht, das nicht, aber ...« Das »aber« bleibt so in der frostigen Kälte der Kirche stehen, es folgt keine weitere Erklärung.

Da ihm im transzendentalen Bereich so völlig die Argumente ausbleiben, komm ich ihm von der praktischen Seite. Auf die geschlossene Eisdecke im Weihwasserbecken weisend: »E bißche Frostschutz rein, und man kann wieder Kreuz mit mache.«

Aber auch dieser konstruktive Vorschlag rührt ihn nicht. Er verläßt die Kirche. Wir weichen ihm nicht von der Seite. Ich erreiche vor ihm das neben der Kirche gelegene Pfarrhaus und klingele. Wie in einer Nachtapotheke öffnet sich eine schmale Klappe, und eine ältere Pfarrhelferin schaut heraus. Als der Pfarrer hinter uns merkt, daß wir uns nicht so einfach abwimmeln lassen, sondern im Gegenteil ich meine wilde Entschlossenheit zur Schau stelle, mit dem heiligen Sakrament der Taufe versehen zu werden, läßt er uns in sein Pfarrbüro.

»Damit Sie Ruhe geben, such ich Ihnen rasch eine Adresse heraus, wo Sie sich hinwenden können. Aber wie gesagt, geben Sie sich keinen Illusionen hin, das braucht seine Zeit.«

Schwerfällig verschanzt er sich hinter einem mächtigen Schreibtisch und blättert umständlich in einem kirchlichen Adreßbuch. Er ist etwa Mitte fünfzig, wirkt gesund und ausgeruht, kein Menschenverächter und Scharfmacher wie sein Kollege aus der Nachbargemeinde, eher gutmütig, aber bequem, strahlt er die Saturiertheit des Beamten auf Lebenszeit aus, der noch hinter dem Schalter mit Publikumsverkehr seine Zeit absitzt, obwohl seit Jahren die Briefmarken ausverkauft sind, kein Sonderstempel mehr gefragt ist und sein Schild *»vorübergehend geschlossen«* sicherheitshalber noch den letzten verirrten Kunden in die Schranken weist.

Ich will nicht, daß er sich so leicht aus der Verantwortung stiehlt, zumal er auf mein Ansinnen wie auf einen – in seinen Augen – wohl unsittlichen Antrag reagiert.

»Wenn ich jetzt noch Kind, geht schneller?« setz ich ihm wieder zu.

»Ja, wenn Sie also ein Baby wären auf dem Arm der Mutter, dann, ja dann. Aber auch nicht so schnell! Da muß dann erst einmal die katholische Erziehung gesichert sein.«

*Ich (Ali):* »Obwohl doch heut viel Tauf, wo Eltern gar nicht richtig sein katholisch!«

*Pfarrer* (stirnrunzelnd, streng): »Ja, wir nicht. Bei uns nicht.«

*Ich (Ali):* »Ich hab Kolleg bei der Arbeit, die getauft, aber gar nicht richtig sin katholisch, die lache, weil ich glaub an Christus und red über die Buch von Christus. Wir habe doch auch alle ein Gott.«

*Pfarrer* (läßt sich nicht aus dem Konzept bringen, ganz formell: »Um Erwachsene zu taufen, brauche ich also die Genehmigung des Erzbischofs von Köln, Kardinal Höffner.«

*Ich (Ali):* »Und der is gut?«

*Pfarrer:* »Nein. Der erteilt also die Genehmigung, wenn, wenn ein Unterricht von ... stufenweise ... wird mindestens ein Jahr dauern ...«

*Ich (Ali)* (erfreut): »Macht der auch dann die Tauf?«

*Pfarrer* (kategorisch): »Nein.«

*Ich (Ali):* »Ich hab hört, daß jeder kann tauf' ...«

*Pfarrer* (während er erfolglos weiter nach der Adresse blättert): »Ja, ja, schon, aber ...«

*Ich (Ali):* »Bei mir is auch Problem: ich will heiraten, aber Eltern lasse Mädchen nicht mit Mohammed ... Und wenn ich hab' Mädchen heirat, dann kann auch hier bleibe, sonst muß raus, Ausweisung in Türkei.«

Mein Kollege Abdullah springt mir bei und verdeutlicht dem Pfarrer das Problem eindringlich: »Er muß ins Gefängnis, wenn sie ihn zurück in Türkei schicken.«

Der Herr Pfarrer überhört die lästige Feststellung, kramt ungerührt und seelenruhig im kirchlichen Adreßbuch – (ungehalten): »Na, wo ist denn die FELICITAS?«

*Abdullah:* »Er muß deswegen ganz schnell getauft werden.«

*Ich (Ali):* »Am besten wär gleich, oder komm morgen nach Feierabend.«

*Pfarrer:* »Ausgeschlossen, das geht nicht!«

*Ich (Ali):* »Kann auch was zahle.«

*Pfarrer:* »Nee, das kostet sowieso nix. Taufen kostet nix. Sakramente kosten kein Geld.«

*Ich (Ali):* »Aber wenn mache für die Heidenkinder Spend, geht dann nich schneller?«

*Pfarrer:* »Nee, nein, da ist gar nichts zu machen, nicht das allergeringste.«

*Abdullah:* »Er will keinen Militärdienst machen.«

*Ich (Ali):* Ich will nich schieße, kann keine Mensch töte. Es is jetzt bei uns in Türkei so bißche wie früher Deutschland unter Hitler. Türkei is Diktat...«

*Pfarrer:* »Das hat nichts mit Taufe zu tun. Das sind äußere Gründe, die jedoch keine Gesinnung bedeuten.«

*Ich (Ali):* »Wird da auch groß Fest gemacht, wenn Tauf is mit groß Gemeind zusammen und so?«

*Pfarrer* (desillusionierend): »Nö.«

*Ich (Ali):* »Ich mein', wird da groß Feier auch, tanze und so?«

*Pfarrer:* »Nööö. Nö, nö. Bei uns nicht...«

*Ich (Ali):* »Ich kann alles, ich hab hier Bibel les, vorn, hinte, hinte nach vorn...«

*Pfarrer:* »Das meint jeder, daß er alles kennen würde...«

*Ich (Ali):* »Dann frag mich. Irgendwas!«

*Pfarrer:* »Ja, wozu?«

*Ich (Ali):* »Nur mal sehn, ob ...«

*Pfarrer:* »Nein, also es geht ja um Vorschriften, nach denen Erwachsene in die Kirche aufgenommen werden. Was soll ich denn fragen?«

*Ich (Ali):* »Was von Christ ...«

*Pfarrer* (so als würde ich etwas total Abwegiges ansprechen): »Von Christus?«

*Ich (Ali):* »Über sein Leben oder so ...?«

*Pfarrer* (als hätte Christus nie gelebt): »Ach, Leben? Ja, hm, hm ... so warten Sie mal, ja ... (und wie aus der Pistole geschossen):
»Wie hat er die Kirche gegründet?«

*Ich (Ali)* (ohne lange zu überlegen): »Christus einfach zu Petrus sagt: du machs Kirch jetzt für mich.«

*Pfarrer:* »Hm, ja, könnt man sagen, ja.«

*Ich (Ali):* »Und noch ein mehr schwer Frag'!«

*Pfarrer:* »Nee, hilft uns ja nicht, hilft uns nichts, ich mach Ihnen ja dann nur Hoffnungen.«

*Ich (Ali):* »Bitte! Ein Frag' noch!«

*Pfarrer* (mit großer Überwindung): »Ah so ... also: warum gibt es denn heute mehrere Kirchen, die sich auf Christus berufen?«

*Ich (Ali):* »Ja, weil der Luther war der andere, hat Revolution macht, hat nicht mehr glaubt an de Papst. Dann gibt's viel Kirch, die sind gut. Wolln Christus lebe, aber wisse zu wenig. Wolle eigen Kirch mache, weil sie nich richtig geleit sind, ham de Hirte verlore ...«

*Pfarrer* (erstaunt): »Ja, das ist schon richtig.«

*Ich (Ali):* »Ich hab alles les. Auch dazu Begleitbuch. De Katesch... wie heißt?«

*Pfarrer:* »Katechismus. Ist schon richtig. Ich glaub Ihnen das auch ohne weiteres. Aber das nützt uns hier gar nichts, weil ich die Genehmigung zur Taufe von Erwachsenen vom Erzbischof brauche.«

*Ich (Ali):* »Wenn ich aber jetzt ... Herz nicht mehr schlägt und sag: bitte, jetzt mich tauf?«

*Pfarrer:* »Im Todesfall, na ja. Also in direkter Todesgefahr ...«

*Ich (Ali):* »Und wenn ich jetzt plötzlich Schmerz hab, dann ist doch möglich ... Herz is bei mir nich gut.«

*Pfarrer:* »Herz is nicht gut, hm?«

*Ich (Ali):* »Immer so aussetz. Wenn schwer Arbeit, bekomm ich ganz schwarz vor Aug. Auch schon mal Krankenhaus. Wie heiß: Intensivabteil ...«

*Pfarrer* (korrigiert): »Intensivstation, hm. Aber das soll jetzt kein Grund sein, daß man den Unterricht abkürzt. Erst im Unterricht zeigt sich, wieweit Sie im christlichen Glauben beheimatet sind und ob Sie wirklich ganz dazu gehören.«

*Ich (Ali):* »Aber was nutz, wenn ich dann muß vorher gehn. Wenn ich Mädchen nich kann heirat, werd' ich in Türkei zurückgeschick. Und dann muß vielleicht sterb' ohn Tauf' und bin nich bei Christus im Himmel.«

*Pfarrer* (stöhnt): »Das ist nicht gesagt. Da gibt's schon mal Ausnahmen.«

*Ich (Ali)* (erfreut): »Dann doch schnell Tauf?«

*Pfarrer* (leicht verzweifelt über meine Begriffsstutzigkeit): »Nein, mein Gott. Auch wenn Sie ungetauft sterben, heißt das nicht unbedingt, daß Sie auf alle Ewigkeit verdammt sein müssen. Dann zählt unter Umständen die unbewußte Taufe. Christus in seiner unermeßlichen Güte hat auch Heiden und Andersgläubigen, die in seinem Sinne leben, eine echte Chance gegeben ...«

*Ich (Ali):* »Aber nich sicher genug. Besser doch mache gleich Tauf'. Komm. Jetz Herz nich gut.«

*Pfarrer* (eher gleichgültig): »Ja, ne, das hat seine Schwierigkeit.«

*Ich (Ali):* »Aber Hauptsach, bin dann schon katholisch.«

*Pfarrer* (verzweifelt): »Ja, könnte man sagen, aber es zählt nicht, da gibt's keinen Stempel für. Nein und noch mal nein, weil ich weiß, daß Sie das provoziert haben.«

*Ich (Ali):* »Aber stimmt doch, können Doktor holen.«

*Pfarrer:* »Nein, ausgeschlossen, unter Umständen mach ich mich sogar strafbar.«

*Ich (Ali):* »Da is aber bei Mohammed einfach. Der sagt bei jede, der will Mohammedaner werde, erstmal ja dazu.«

*Pfarrer* (nicht ohne Verachtung): »Mohammed hat es euch auch verdammt leicht gemacht.«

*Ich (Ali):* »Der irgendwie mehr tolerant.«

*Pfarrer* überhört den Vorwurf und schweigt.

*Ich (Ali):* »Aber früher, wo kam Missionar mit Erober in fremd Land, ham gesagt: du katholisch, du katholisch, du katholisch! Ob se woll oder nich! Warum heut dauert so lang?«

*Pfarrer:* »Ja, aber wie katholisch! Man hat früher die Dinge, ähm, wie soll ich sagen, sehr mechanisch gemacht. Karl der Große hat so gesagt bei den Sachsen: entweder Taufe oder Kopf ab!« (lacht genüßlich)

*Ich (Ali):* »Alles zack, zack?«

*Pfarrer:* »800 nach Christi war das.«

*Ich (Ali):* »Indianer mußte auch, zack Tauf, und wußte nicht, wie kam dazu.«

*Pfarrer:* »Aber was ist auch daraus geworden!«

*Pfarrer:* »Die hatten hinterher nichts anderes als einen wütenden Haß auf alle Christen.«

*Ich (Ali):* »Und haben selbst dann (Kopf-ab-Geste) bei Christen gemacht?«

*Pfarrer:* »Jaa.«

*Ich (Ali):* »Und Papst hat dafür Segen geben?«

*Pfarrer:* »Segen? Braucht er kein Segen geben. Kopf abmachen kann man auch ohne Segen.«

Sein sonst eher gutmütiger Gesichtsausdruck weicht einem infantil-inquisitorischen Grinsen.

*Ich (Ali):* »Und Papst hat sein Okay geben ...«

*Pfarrer:* »Das weiß ich nicht, wie die Stellung der Päpste damals war, die wußten ja nicht, was die Missionare da in Amerika machten.«

Der Pfarrer wechselt das Thema und besinnt sich auf mein ursprüngliches Anliegen: »Wer will Sie aus Deutschland ausweisen?«

*Ich (Ali):* »Hier, die Ausländerpolizei.«

*Pfarrer* (stark beeindruckt): »Aha, die Ausländerpolizei.«

*Ich (Ali):* »Gucke sogar, wenn wir heirat deutsch Frau, komme in Schlafzimmer, ob liege zusamme.«

*Pfarrer:* »Wir haben ja viele Türken auf der Schule hier bei uns. Die haben an meinem Religionsunterricht immer teilgenommen, aber die wollten gar nicht ... die wußten nicht mal, was katholisch ist.«

*Ich (Ali):* »Aber jetzt wisse und wolle auch Tauf?«

*Pfarrer* (entsetzt): »Nein, im Gegenteil, kein einziger ...«

*Ich (Ali):* »Muß ich auch viel lerne, Gebet, Singe und so?«

*Pfarrer:* »Sie müssen inwendig lernen, nicht auswendig, inwendig, inwendig.«

Ich fange an, das »Vaterunser« aufzusagen. Als ich ende: »Und erlöse uns von alle Schlimme«, unterbricht er und beleidigt Ali aufs neue: »Als Mohammedaner sind Sie gewohnt, wie die Kinder lange Gebete vor sich her zu plappern, immer wieder, ohne sie zu verstehen.«

»So jetzt aber Schluß im Dom«, erhebt er sich, um mich endlich loszuwerden, und drückt mir einen Zettel in die Hand: »Da ist die Adresse der Glaubensberatungsstelle FELICITAS drauf, die entscheiden dann weiter.«


Der Leiter der katholischen Glaubensberatungsstelle FELICITAS ist ein älterer schlanker, hochgewachsener Priester. Er hat das distanziert vornehme Auftreten eines Aristokraten. Er erinnert mich ein wenig an El Grecos Darstellung des Großinquisitors.

Ich habe nicht den Eindruck, daß diese kirchliche Institution für taufbegierige Konvertiten besonders frequentiert wird. Ich bin der einzige im Wartesaal, und der Durchblick in menschenleere, saalartige Büros, in denen alte repräsentative

Möbel Eindruck machen, läßt nicht gerade auf Arbeit schließen.

Ali in seinen abgewetzten Arbeitsklamotten kommt sich ein wenig armselig und deplaziert hier vor. Nachdem er die Besonderheit seines Falles eindringlich und etwas hilflos vorgetragen hat, appelliert er aufgrund seiner Notsituation an den Chefpriester, eine schnelle, unbürokratische Entscheidung zu treffen.

*Ich (Ali):* »Bitte, darum ich brauch' Tauf ganz schnell.«

*Priester* (nimmt Alis Anliegen nicht ernst, reagiert leicht spöttisch): »So! Wie schnell meinen Sie denn? In einer Stunde oder so?«

*Ich (Ali)* (tut erfreut): »Ja, wenn geht, gleich. Viele Dank. Sonst späteste in paar Woch, weil ja sonst Gefängnis in Türkei. Wann is Tauf?«

*Priester* (wird knapp und förmlich): »Kann ich nicht sagen. Ich bin Spezialist.«

*Ich (Ali):* »Ja, dann mich frag'. Ich hab all Red' von Christus les und find gut.«

*Priester* (davon unbeeindruckt): »Wer hat Sie überhaupt hierher geschickt?«

*Ich (Ali)* (nenne ihm den Namen des Pfarrers, der mir – um mich loszuwerden – seine Adresse heraussuchte): »Und er sag, kann er nich selber mache, muß hier frag' und Stempel kriege.«

*Priester:* »Wie lange sind Sie in Deutschland?«

*Ich (Ali):* »Zehn Jahr. Und will hier bleib'. Weil ich bin Kurd, und in Türkei muß in Gefängnis. Ich hab politisch Arbeit gegen Diktatur gemacht.«

*Priester:* »Ja, wenn Sie doch in Deutschland bleiben, dann brauchen Sie doch nicht in die Türkei!«

*Ich (Ali):* »Muß raus, weil ich hab' kei Arbeit mehr und hab' nur Stempel für drei Monat. Aber find auch Christus besser als de Mohammed, is nich soviel Verbot. Christus is mehr für de Verfolgte auch.«

*Priester* (scheint von einem anderen Christusverständnis auszugehen): »Aha, na ja. Kennen Sie denn außer Ihrer Braut noch andere Christen?«

*Ich (Ali):* »Ja, ware Kolleg bei Arbeit, die auch Tauf. Nur habe immer gelach, wenn ich ihne von Christus erzählt. Habe immer *Bild*-Zeitung les', wenn ich in de Paus' hab' Bibel les.«

*Priester* (ignoriert die Realität): »Es kommt vor allem auf die guten Kontakte zu den anderen deutschen Christen an. Es gibt da kein Lernen, sondern es gibt ein Tun! Es gibt ein Leben, nicht ein Lernen.«

*Ich (Ali):* »Ich ja gern will tun und lebe. Und was ich muß tun, damit ich dabei bin?«

*Priester:* »Mit der Kirche leben.«

*Ich (Ali):* »Tun?«

*Priester:* »In die Kirche gehn.«

*Ich (Ali)* (stolz): »Tu ich. Ich geh Sonntag inne Kirche immer.« (Damit er's mir auch glaubt, nenne ich ihm die Pfarrei und den Namen der Kirche.)

*Priester:* »So, so.«

*Ich (Ali):* »Ja, kann auch schon bete. Und singe kann ich gut.«

*Priester:* »Wieviel mal gehen Sie in die Kirche?«

*Ich (Ali):* »Einmal Sonntag.«

*Priester:* »Und wie lange jetzt so in den vergangenen zwei Jahren?«

*Ich (Ali):* »War jetzt schon vier Monat immer jede Sonntag.«

*Priester* (geringschätzig): »Vier mal vier sind sechzehn.«

*Ich (Ali):* »Aber früher auch schon mal. Aber oft muß arbeit' an de Feiertag. Ich find Feier in de Kirch schön. Und Christus ich richtig Freund.«

*Priester* (scheint selber ein distanzierteres, weniger freundschaftliches Verhältnis zu seinem »Herrn« zu haben): »Aber es ist schwer, an Christus zu glauben.«

*Ich (Ali)* (mit dem Brustton der Überzeugung): »Nee!«

*Priester* (ungläubig): »Nicht?«

*Ich (Ali):* »Er hat vorgeleb' und zeig', wie man macht, nicht nur inne Buch, sondern selbs mache, nicht nur sagt, sondern lebt für uns. Aber mal Frag' jetzt, ob richtig kann ...«

*Priester:* »Ja, das können wir nicht so wie in einer Schule, sondern durch Zusammenkommen und Leben und zusammen sprechen, lernen wir den Kandidaten kennen.« (leicht vorwurfsvoll) »Wenn Sie vor zehn Jahren gekommen wären, wäre jetzt alles okay.«

*Ich (Ali):* »Und mache kein Frag', daß Sie sehe, daß ich kann?«

*Priester:* »Das Problem ist nicht das Lernen, man kann nicht mit einem Kunstdünger eine Pflanze schneller wachsen lassen, alles hat seine Zeit.«

*Ich (Ali):* »Als die erste Christe kame in neue Land, habe ganz schnell gemacht Tauf, oft ohne daß die Leut wollt.«

*Priester:* »Ja, na ja, aber da hatte die Kirche auch eine andere Kraft und eine andere Erleuchtung. Heute kommt es ganz drauf an, wie die Kontakte sind, Kontakte zu den Christen.«

*Ich (Ali):* »Wir nicht viel Kontakt, weil de Deutsche wolle nich mit de Türke zusammeleb.«

*Priester:* »Das ist Vorschrift vom Bischof. Wir müssen alle eine gleiche Disziplin haben.«

*Ali* unternimmt einen letzten verzweifelten Versuch, den Priester zum unbürokratischen Handeln zu veranlassen:

»Aber kann ich nich Stempel schon mal habe. Ausländerpolizei macht sonst Abschiebehaft, und ich muß zurück in Türkei in Gefängnis und vielleich Folter ...«

*Priester:* »Also ich kann unter dem Druck, unter einer solchen politischen Notsituation keine Taufe spenden! Das ist unverantwortlich. Das kann kein Bischof verantworten.«

*Ich (Ali):* »Wenn ich selbs frag' Bischof?«

*Priester:* »Sie kommen nicht zum Bischof.«

*Ich (Ali):* »Der wohnt aber auch hier.«

*Priester:* »Aber Sie kommen nicht zum Bischof.«

*Ich (Ali):* »Aber wenn ich anruf und frag ihn selb.«

*Priester* (mit Verachtung): »Da wird jemand wie Sie gar nicht vorgelassen. Der sitzt nicht zu Hause rum und hat Langeweile und wartet darauf, daß mal so eben einer anruft. Der Bischof ist der oberste Herr von weit über eine Million Katholiken im Bistum. Der hat einen Terminkalender wie ein Ministerpräsident. Steht ungefähr auf der gleichen Ebene.«

*Ich (Ali):* »Aber der kann auch tauf, wenn er will?«

*Priester* (eingeschnappt): »Der Bischof kann jederzeit taufen.«

*Ich (Ali):* »Und wenn er geht spaziere und ich frag ihn.«

*Priester:* »Kann er auch nicht, nein. Sie können ihn ja nicht abschnappen auf'm Spaziergang, der ist immer mit Polizei umgeben.«

*Ich (Ali):* »Aber mal ein Frag. Ob richtig versteh Christus...?«

*Priester* (stöhnt, überlegt lange, dann): »Ist Jesus Gott?«

*Ich (Ali):* »Er is e Gott und e Mensch gewese und mit ihm der heilige Geist. Einer in drei Person...«

*Priester* (verblüfft): »Ah, das ist schon gut, die Antwort ist gut. Die Antwort als solche ist gut.«

*Ich (Ali)* (lasse nicht locker): »Und Christus sag, er liebt alle Mensch, auch die nich sind bei de Kirch, sogar die Feind solle die Christe liebe, nur sie mache nich bei de Türk... Ich sag, Christus für de Verfolgte. De Kurd bei uns, so wie de frühe Christe auch, komm in Gefängnis, weil sie wolle ihr eigen Kultur. Und Christus für sie auch is.«

*Priester* (total sauer, erhebt sich steif und förmlich): »Schon gut, also wir müssen das jetzt abbrechen. Wenn Sie so freundlich sind und sich in das erste Zimmer wieder begeben. Meine Sekretärin wird Sie dann hinausgeleiten...«

Anders als der Grobian bei der ersten Vorsprache schmeißt mich der Hohe Priester auf die vornehm aristokratische Art 'raus. Auch hier ist Ali unerwünscht. Obwohl eine absolute Ausnahme – es gibt so gut wie keine Türken, die zum katholischen Glauben überzutreten beabsichtigen (kein Wunder auch bei diesen offenen und verdeckten Feindseligkeiten und Erniedrigungen, die ihnen von den Dienern Christi entgegengebracht werden) – will man ihn unter keinen Umständen in der

Gemeinschaft der saturiert satten selbstgerechten »Kresten«-gemeinde in der Amtskirche dulden. Es reicht, wenn wir sie in unseren Schulen, Vorstädten und Bahnhöfen ertragen müssen, unsere Kirchen – und sind sie auch noch so leer – sollen türkenfrei und sauber bleiben.

Ein weiterer Pfarrer, bei dem Ali vorspricht, hat sein mehrstöckiges Pfarrhaus mit LKW-Spiegeln gespickt. Neben jedem der etwa ein Dutzend Fenster ist ein Spiegel montiert, über den der Besucher an der Eingangstür vorher anvisiert werden kann.

Nachdem Ali beim ersten Klingeln die Tür nicht geöffnet wird, versucht er's eine halbe Stunde später erneut, indem er sich nach dem Klingeln sofort fest an die Haustür klemmt und so in einen toten Winkel des Spiegels gerät.

Der Türöffner wird betätigt, und im ersten Stock hat sich ein Pfarrer mittleren Alters verschanzt. Er hört sich das Anliegen unbeteiligt, ohne Regung an und bittet Ali nicht herein.

»Das ist eine fixe Idee«, kanzelt er mich (Ali) ab. »Wer hat Sie überhaupt darauf gebracht?«

»Christus hat mich ruf'«, antworte ich ihm im Stil von Heiligengeschichten für Kinder. »Ich will folg' ihm.«

»Sie wollen sich nur tarnen, um leichter eine Aufenthaltsgenehmigung zu bekommen. Geben Sie zu, daß es politische Gründe sind, die Sie veranlassen, um Aufnahme in unsere Kirche nachzusuchen. Sie verfolgen nur Ihre persönlichen Vorteile.«

»Christus auch politisch Verfolgt' helf«, antworte ich.

»Wenn Sie sich gegen staatliche Gesetze auflehnen, werden Sie überall verfolgt. Das ist bei uns in Deutschland nicht anders«, belehrte er mich.

»Türkei nicht Demokratie, Diktatur«, halt ich dagegen.

»Das sind doch alles nur Schlagworte«, klärt er mich auf, »jedes Volk hat die Staatsreform, die es verdient. Es gibt Völker, die sind noch nicht reif für die parlamentarische Demokratie.«

Er besinnt sich. »Was wollen Sie überhaupt, Sie haben in der Türkei doch ein gewähltes Parlament.«

»Von Militär eingesetz«, sag ich, »demokratisch Parteien verbot und verfolg.«

»Das geschah ja alles nicht ohne Grund«, politisiert er weiter, »nur so konnte dem offenen Terror und Aufruhr Einhalt geboten werden.«

»Polizei und Militär macht die Terror und folter die politisch Gefangenen«, erwidere ich.

»Geben Sie's zu, Sie sind Kommunist und wollten sich bei uns zum Zweck der Tarnung einschleichen. Wir betreiben Gefangenenseelsorge in Gefängnissen und stehen dem letzten Sünder bei, sofern er bereut. Für gewissenlose Elemente aber ist bei uns kein Platz ... Am besten Sie gehen dahin zurück, wo Sie herkommen!«

Ich blicke ihn fassungslos an.

»Sollte ich mich in Ihnen getäuscht haben«, lenkte er ein, »können Sie nach Ostern noch mal um einen Termin bei mir nachsuchen. Dann werde ich mir die Zeit nehmen, Ihnen etwas genauer auf den Zahn zu fühlen und Ihre Haltung zu Christus eingehender zu überprüfen.«

Ali nimmt's zur Kenntnis. Ihm reicht's. Eine zweite Vorsprache hält er für zwecklos. Das Christusverständnis dieses Pfarrers erscheint ihm ebenfalls eindeutig genug.

»Gruß an Herr Christus, wenn Sie ihn sehe«, verabschiedet sich Ali, besinnt sich und mehr zu sich selbst: »Ne, der ist doch lang tot hier.« Und indem er den Pfarrer verwirrt stehen läßt, pfeift er, während er die Treppe runtergeht, sein Liebingslied »Großer Gott wir loben Dich ...«


Ali gibt noch nicht auf. Es muß sich doch ein Priester finden lassen, der seinen christlichen Auftrag ernst nimmt und nicht aus Bequemlichkeit, Vorurteilen und kaum verhohlenem Fremdenhaß die Selbstverständlichkeit einer möglichst raschen und unbürokratischen Taufe vornimmt.

Aber auch zwei weitere Priester, die er aufsucht, ignorieren die Dringlichkeit seiner Notlage. Ein jüngerer Kaplan wimmelt ihn ab: »Wir verzichten auf Leute, die katholisch werden, weil es andere wollen und weil es gerade günstig auskommt. Wir sind nämlich kein Versicherungsunternehmen, müssen Sie wissen.« Ein anderer älterer Priester, der in einem palastartigen Pfarrhaus residiert, als Seelenhirte der Oberschicht, läßt Ali das »Vaterunser« aufsagen und »Gegrüßest seist Du, Maria« vorbeten und sich noch dazu ein Kirchenlied vorsingen. Ali entscheidet sich für Christof von Schmids: ». . . dann ging er hin zu sterben, mit liebevollem Sinn, das Heil uns zu erwerben, . . .«, um dann zuguterletzt doch abgewiesen zu werden.

Er bringt mich zusätzlich in Verlegenheit, als er wissen will, was Meßdiener auf türkisch heißt. »Gurul, Gurul«, erfinde ich. »Gurul, Gurul«, wiederholt er recht beeindruckt.

*Pfarrer:* »Wo wohnen Sie denn?«

*Ali* nennt eine Adresse, fügt hinzu: »Da in de Keller bei Familie Sonne. Darf keiner wisse, weil se dürfe de Keller – kei Fenster und nicht trocke – gar nicht vermiete.«

*Pfarrer:* »Sind Sie denn überhaupt polizeilich angemeldet?«

*Ich (Ali)* (zögernd): »Nee, wolle de Familie Sonne nich. Und hier an Türk keiner richtig Wohnung vermiet.«

*Pfarrer* (streng): »Dann kann ich Sie unter gar keinen Umständen in den Pfarrunterricht aufnehmen. Besorgen Sie sich zuerst eine ordnungsgemäße Anmeldebescheinigung. Und dann allermindestens ein Jahr wird die Vorbereitung dauern. Sie werden selber sehen, daß der Unterricht sehr gut tut. Daß man da wirklich im christlichen Glauben beheimatet wird und weiß, jetzt gehör ich wirklich ganz dazu.«

Mein Einwand: »Was nutz, wenn dann schon Gefängnis Türkei«, läßt ihn kalt. »Das sind sekundäre, politische Gründe, die uns in unseren Entscheidungen nicht beeinflussen sollten.«

Ali will schon aufgeben. Ihm fällt das Bibelwort ein: »Es ist leichter, daß ein Kamel durch ein Nadelöhr geht, als daß ein

Reicher in den Himmel kommt«, und findet, daß es ebensogut auf katholische Priester anwendbar ist.

Bisher hat sich Ali die Pfarreien ganz zufällig ausgesucht, in der weiteren Umgebung seines Wohnortes und wo er sich von früher her auskannte. Diesmal fährt er etwa 100 km aufs Land, und wo er den Ort am armseligsten und die Kirche am schäbigsten empfindet, macht er halt. Er steuert aufs Pfarrhaus zu. Ein jüngerer Mann öffnet.

*Ich (Ali):* »Kann ich de Pfarrer spreche?«

»Ja, ich bin es«, sagt der junge Mann in Zivil und mit offenem Hemd. Das erste Mal, daß Ali einen katholischen Geistlichen ohne Dienstuniform erlebt. Der junge Mann bittet ihn in sein Amtszimmer.

Ali fängt an, sein Problem zu schildern. Noch bevor er zu Ende ist, unterbricht ihn der Priester: »Ich kann Sie gut verstehen. Und jetzt möchten Sie um Taufe bitten?«

*Ich (Ali):* »Ja.«

*Priester:* »Ja, selbstverständlich. Das können wir machen. In den nächsten Tagen. Dann sind Sie katholisch, und dann schreib ich Ihnen einen Taufschein aus. Fertig!«

Ohne wenn und aber, ohne Vorschaltbischof, ohne bigotte, heuchlerisch-pseudochristliche inquisitorische Fragen, erkennt er den Ernst der Lage, weiß, was für Ali auf dem Spiel steht, und handelt spontan christlich.

»Wir sollten vorher noch ein Gespräch miteinander führen«, sagt er, »und dann sind Sie ja erstmal Mitglied unserer Gemeinde, und wir werden uns mit der Zeit noch besser kennenlernen. Und sollte es trotzdem noch Probleme mit der Ausländerpolizei geben, können Sie mit mir rechnen. Das wird schon alles klargehen«, ermutigt er mich, »dann haben Sie keine Schwierigkeiten.«

Ich bedanke mich bei ihm. Es fällt auf, daß der junge Priester, der so gar nicht wie ein Beamter wirkt, einen leicht östlichen Akzent spricht. – Wie ich später erfahre, ist er vor vier Jahren erst aus Polen ausgereist. Vielleicht hat ihm seine eigene Biografie ermöglicht, sich mit einem verfolgten Ausländer zu identifizieren, zumindest sich in dessen Situation einzufühlen, vielleicht hat er auch in seinem Heimatland zu spüren bekommen, was Verfolgung heißt, zumindest hat er dort nicht unter einer total verfetteten, saturierten Amtskirche gelebt und gearbeitet. Vielleicht hat er sein Einfühlungsvermögen aber auch erst hier bei uns im »freien Teil Deutschlands« erworben, da man ihn selbst als unwillkommenen Ausländer behandelte.

Jedenfalls ziehe ich es vor, auch ihn in seiner Anonymität zu belassen, da ich befürchten muß, daß das Öffentlichmachen seines so menschlichen und christlichen Handelns bei seinen Oberen als schweres Dienstvergehen angesehen und entsprechend geahndet werden könnte.

P. S.: Mehr zufällig erfahre ich, daß das Sakrament der Taufe in anderen Fällen sehr freigiebig und unbürokratisch vergeben werden kann. Wenn ein »gottloser« Nichtkatholik als Bewerber für die Leitung eines von der katholischen Kirche geleiteten Gymnasiums ansteht und man in bestimmten Gesellschaftskreisen über den Kandidaten Einigkeit erzielt hat, wird in wenigen Tagen die karrierefördernde Aufnahme in die katholische Kirche vollzogen.

Das gleiche geschieht ebenso ohne Taufunterricht und ohne Prüfung auf Bibelfestigkeit, wenn der vorgesehene Leiter eines katholischen Krankenhauses ungetauft ist. Innerhalb von drei Tagen kamen hier schon Blitztaufen zustande gegen eine kleine, ganz freiwillige Spende in die Kirchenkasse.

Man wird mir – Ali – unter Umständen den Vorwurf machen, protestantische Geistliche verschont zu haben. Dies hat vielleicht seinen Grund in meiner eigenen Biographie und hängt u. a. damit zusammen, daß ich als fünfjähriges Kind ganz unnötig und gezwungenermaßen eine höchst peinliche katholische Taufzeremonie über mich ergehen lassen mußte.

Das kam so: Mein Vater lag mit einer Sepsis in einem katholischen Krankenhaus. Er war aufgegeben und seit drei Wochen in ein winziges sogenanntes Sterbezimmer ausrangiert. Das

Pflegepersonal – Nonnen – setzte ihm als Taufscheinkatholiken entsprechend zu, daß er sich an seinem Herrgott schwer versündigt habe, indem er nicht katholisch geheiratet und mich, seinen einzigen Sohn, protestantisch habe taufen lassen. Im Angesicht des Todes ließ er mit sich geschehen, daß dies alles noch revidiert wurde, und in einem winzigen Zimmerchen wurde ein Hochzeitsritual vollstreckt und ich zum zweiten Mal, diesmal katholisch, getauft. Ich empfinde die Verkrampftheit und Verlogenheit der Situation noch heute. Mir wurde ein Taufkleid umgehängt, eine Kerze in die Hand gedrückt, und ein Trappist erklärte, daß ich fortan Johannes hieße. Ich protestierte noch und erklärte, ich heiße Günter, doch das Ritual nahm ohne Unterbrechung seinen Lauf.

Ein auch nach katholischen Glaubensgrundsätzen total überflüssiger Akt, denn es gilt: einmal getauft, bleibt getauft.

Übrigens: Mein Vater wurde wenige Wochen nach diesem Spektakel wieder gesund. Die Nonnen im Krankenhaus sprachen aufgrund der »tätigen Reue« meines Vaters von einem Wunder. Sie verschwiegen allerdings, daß sich der Chef des Krankenhauses dafür stark gemacht hatte, daß mein Vater von der amerikanischen Militärregierung als einer der ersten Patienten Kölns mit Penicillin erfolgreich behandelt wurde.

Jedenfalls so kam es, daß ich katholisch wurde.


**Diesseits von Eden**

Weil sie immer so heiter und friedfertig aussehen und mit ihren ovalen Holzbilderrähmchen auf ihrer roten Kleidung unbeschwert wie die Kinder daherkommen, macht Ali noch einen Abstecher zu den Jüngerinnen und Jüngern Bhagwans.

Eine neue Bewegung, die sich als Weltreligion versteht, in der neue Formen des Zusammenlebens und -arbeitens erprobt werden und Sexualität nicht wie in den meisten anderen Religionen verdrängt, tabuisiert oder zum ausschließlichen Zweck der Fortpflanzung verkümmert ist, vielmehr spielerisch, leicht und zwangfrei und nicht auf Zweisamkeit beschränkt ausgelebt werden kann. Hier erwartet Ali, daß ihm als Ausländer keine Vorurteile entgegengebracht werden. Sein Freund und Kollege Abdullah begleitet ihn.

Abdullah, der im Gegensatz zu Ali von Anfang an keine falschen Erwartungen und Illusionen in das von der Amtskirche verwaltete Christentum setzte, ist diesmal vorurteilsfreier mit von der Partie und will sich ebenfalls um Aufnahme bei den Bhagwans bemühen.

Eine Anlaufstelle ist das Zentrum in der Lütticher Straße, ein besseres Wohnviertel, ziemlich zentral gelegen. Hier gehören zahlreiche Häuser der Verwaltungsstelle der »Rajneesh Bau Koch & Partner GbR«. Der Empfangsraum ist mit hellem, edlem, geschmackvollem Mobiliar ausgestattet. Nichts Miefigkitschiges, wie es sonst bei Sekten häufig anzutreffen ist.

Zwei Sannyasins telefonieren gerade an zwei Apparaten, als wir eintreten. Sie übersehen uns total, so sehr nimmt sie das Telefonieren in Anspruch. Es geht allem Anschein nach weder um Missionierung noch um Glaubensfragen. Der eine gibt Umsatzzahlen durch und rechtfertigt sich mehrmals, weil die durchgegebenen Summen offenbar unter den Sollzahlen liegen. Der andere scheint seinem Gesprächspartner einen Schnellkurs in Vermögensanlage zu erteilen. Von »vordatierter Schenkung« ist die Rede und »völlig legaler Umgehung der Erbschaftssteuer«. Ferner »vom ganz heißen Tip, frisch aus USA: Dollar im nächsten halben Jahr unbedingt verkaufen und rein ins Gold!«

Die beiden Sannyasins wirken wie Jung-Manager oder besser noch Börsianer von der lockeren, flockigen Sorte, überhaupt nicht verbissen, jedoch in der Sache knallhart. Sie lassen uns gut zehn Minuten stehen, bis der eine mit dem Durchgeben der Umsatzzahlen fertig ist und so tut, als würde er uns jetzt erst bemerken: »Was gibt's?« begrüßt er uns.

»Will Mitglied werden«, sag ich.

Er mustert uns abschätzig: »Mitglied werden? Aber das geht nicht so einfach.« Und leicht lauernd: »Ihr wollt Wohnung und Arbeit haben?«

»Wenn geht auch«, sag ich, »aber nich nur wegen Geld. Nich mehr so allein sein. Also so richtig zusammeleb.«

*Er:* »Das wird aber lange dauern. Ich glaub, das wird bei euch einige Zeit in Anspruch nehmen.«

*Ich (Ali):* »Wie lang?«

Er will sich nicht festlegen. »Das ist ganz unterschiedlich. Das machen wir nicht zur Regel. Es kommt eben darauf an, wieviel Erfahrung man überhaupt mit Bhagwan hat und wie stark der Wunsch ist, dahin zu kommen.«

*Ich (Ali):* »Ganz, ganz stark.«

*Er* (mißtrauisch): »Warum ist dir das so eilig?«

*Ich (Ali):* »Will alles hinter mich lasse. Müsse auch sonst in Türkei raus und Gefängnis.«

Ich erzähle die Geschichte der politischen Verfolgung.

Er reagiert, obwohl jung und undogmatisch und, wie er wohl selbst glaubt, auf dem rechten Weg der Erleuchtung, ausgesprochen pfäffisch: »Also ich versteh ein bißchen so, daß du damit einen Handel eingehen willst, daß du dir irgendwas dadurch erhoffst, was mit deinem Beruf oder deinen politischen Status zu tun hat. Stimmt das?«

*Ich (Ali):* »Nee. Wolle nur hierbleibe und dazugehör.«

*Er:* »Ja, willst du zu uns kommen, weil du hier bleiben möchtest?«

*Ich (Ali):* »Auch.«

*Er:* »Das ist kein Grund. Dann werden wir dich auf keinen Fall nehmen.«

*Ich (Ali):* »Nee. Is aber auch für zusammeleb. Nich jeder für sich mache Geld, sondern Kommun. Fraue auch nich für jede extra, sondern all zusamme.«

*Er:* »Ich glaub, es ist besser für dich, du bleibst da, wo du herkommst. Das ist ein zu weiter Weg für dich zu uns.«

Da hab ich wieder voll ins Fettnäpfchen getreten. Die wilde Kommunephase war in den Anfängen der Bhagwanbewegung angesagt, sozusagen als Köder für allerlei Frustrierte aus Mittel- und Oberschichten aus aller Welt. Inzwischen predigt der große Meister – selber durch gewisse Zipperlein gehandicapt und wohl auch aus Angst vor Aids – mehr Enthaltsam- und Zweisamkeit. Seine neue Devise heißt nicht mehr Gruppensex, vielmehr gefrorene, abgefuckte Ersatzlust: Luxuskonsum um des Luxus willen. Z. B. Rolls Royce. Angestrebtes Ziel: täglich ein anderer, 365 verschiedene im Jahr, Stückpreis: 300000 DM. Nicht einmal für seine Anhänger, sondern größenwahnsinnig ganz für sich allein.

Für den kleinen Bhaggie war mein Ansinnen zu unverschämt-anmaßend. Mit gewissen halbbekehrten Gurus der Linken (siehe Bahro) mag man sich ja noch kommunemäßig zusammentun, aber bei einem hergelaufenen armseligen türkischen Malocher kommt die ganze Vorurteilsstruktur der ehemaligen Herrenrasse zum Vorschein.

Erneute Vorsprache im Bhagwan-Zentrum Venloerstraße, Nähe Friesenplatz. Hinter dem Empfang zwei Frauen und ein jüngerer Mann.

Die beiden Frauen tuscheln und kichern, als sie die beiden türkischen Kandidaten hereinkommen sehen. Als wir vor ihnen stehen, ignorieren sie uns erst einmal und blättern in Akten.

Also sehen wir uns weiter um. In einem größeren Raum sitzen und stehen etwa dreißig Bhagwan-Anhänger und starren gebannt auf einen Fernseher. Jedoch keine Fußballübertragung und auch kein Boris-Becker-Match ist zu sehen. Eine Video-Kassette des großen Meisters aus Oregon läuft. Er ist umringt von einer begeisterten Anhängerschar, die ihm stehend Ovationen entgegenbringt. Er selbst wird im Schrittempo im Rolls Royce kutschiert, hat das Fenster heruntergelassen und winkt mit sparsamer Handbewegung und töricht eitlem Gesichtsausdruck gnädiglich zu seinen Fans.

Das Ganze ist unterlegt mit einer heiteren, auf der Stelle tretenden Lalala-Schunkelmusik und im gleichen locker-entspannten Rhythmus wie die Anhänger in Oregon wiegen sich auch die Sannyasins in Köln in den Hüften, und einige klat-

schen sich dabei den Takt. Es wird kein Wort gesprochen
dabei.

Um ihre Andacht nicht zu stören, begeben wir uns wieder
zum Tresen am Empfang, und ich bewerbe mich erneut.
Nachdem wir längere Zeit scheinbar unbeobachtet, jedoch
aus den Augenwinkeln genau registriert, stehen gelassen
werden, wendet sich der ca. dreißigjährige Mann uns zu. Abdullah trommelt schon einige Zeit nervös mit den Fingern auf
dem Tresen.

Nachdem ich (Ali) mein Problem dargelegt habe, locker – an-
tiautoritäre Gegenrede: »Nee, so läuft das nicht. Das ist hier
kein Verein, wo du Mitglied bist. Da mußte erstmal Meditation
anfangen. Das braucht seine Zeit, da kostet jede Dynamische
5 Mark (er meint pro Stunde, G. W.). Wenn du das lang genug
gemacht hast, dann haste erst ein Gespräch mit der Center-
Koordinatorin über Sanyas-name.«

*Ich (Ali):* »Was ist das?«

*Er* (kurz angebunden, orakelhaft): »Das ist das, was wir hier
    machen.«

Der in den USA lebende indische Sektenführer Shree Rajneesh hat sein langes Schweigen gegenüber der Öffentlichkeit gebrochen und in einem Interview der Fernsehgesellschaft ABC im Juli 85 erklärt, er sei der »Guru des reichen Mannes«, vornehmstes Ziel der Bewegung sei die »Bereicherung«. »Alle anderen Religionen kümmern sich um die Armen«, sagte der Bhagwan auf die Frage, warum er sein beträchtliches Vermögen nicht zur Bekämpfung von sozialem Elend verwende, sondern lieber in seine Rolls-Royce-Flotte investiere. »Lassen Sie mich bitte in Ruhe, wenn ich mich um die Reichen kümmere.«
Allein in Deutschland schaffen ein gutes Dutzend Diskotheken, eine Kette vegetarischer Restaurants, Kioske und Bauunternehmen für den Bhagwan an.

*Ich (Ali):* »Wir Türk immer viel allein, wolle lieber in Kommun mit Deutsch und ander zusammeleb.«

*Er* (abweisend): »Ja, das kannst du selbst gar nicht beurteilen, was gut für dich ist. Das bestimmen nachher andere für dich. Du mußt erstmal das Gefühl für alles andere kriegen ...«

*Ich (Ali):* »Aber Gefühl ist da ...«

*Er:* »Du hast überhaupt keine Kriterien, dir da ein Urteil zu erlauben.«

*Ich (Ali):* »Euer Chef, der Bhag, is doch auch Ausländer.«

*Er* (eingeschnappt): »Bhagwan ist unser Meister aus Indien.«

*Ich (Ali):* »Dann auch viel dabei aus Indien.«

*Er* (überlegt): »Nein, eigentlich nicht. Mehr Deutsche und Amerikaner.« (Es gibt keine indischen Bhagwan-Anhänger. In seinem eigenen Kulturkreis gilt er als Scharlatan. Von daher ist Indien für ihn auch ein »physisch und geistig totes Land«. G. W.)

*Ich (Ali):* »Wo leb' Bhag?«

*Er:* »Der lebt jetzt in Amerika. Man kann nach Amerika fahren, um ihn zu besuchen.«

(Regelmäßig werden die Anhänger massenweise nach USA gechartert (3000 DM für 10 Tage in Bhagwans Kasse und noch unentgeltliche harte Feldarbeit, bei ihnen Andacht genannt.)

*Ich (Ali):* »Ich weiß, daß die Deutsch bei euch zusammen leb' in Kommun. Warum könnt ihr kein Türk nehm?«

*Er:* »Es geht nicht darum, daß wir zusammen leben. Hier geht es uns darum, daß Bhagwan unser spiritueller Meister ist. Alles andere ist nicht wichtig. Das ist das Wichtigste. Du kannst alleine leben und hast draußen 'ne Arbeit und arbeitest, und einmal im Jahr darfst du nach Oregon, zum Beispiel, fahren. Die in der Kommune leben, müssen schon zusammenpassen und sich auch vorher besonders bewährt haben.«

*Ich (Ali):* »Wir habe kein Arbeit und nix zu wohne. Und dazugehöre is gut. Brauche ganz wenig Geld nur.«

*Er:* »Ja, so läuft das bei uns nicht. Das ist kein Grund, daß du keine Wohnung oder kein Geld hast, sondern daß du einfach mit Bhagwan sein willst. Und das ist ein anderer Grund. Verstehst du, das kommt aus einer anderen Ecke, als was du sagst. Ich möchte fast sagen, wir passen nicht so richtig zusammen.«

# Das Begräbnis

**oder lebend entsorgt**


Ali, von den Angestellten Gottes – bis auf eine Ausnahme – zurückgewiesen und abgewimmelt, von den Monomanen der Bhagwansekte geschulmeistert und verhöhnt, will irgendwo dazugehören und angenommen werden. Da er bei den Lebenden so sehr auf »*Befremden*« stößt und von ihnen »*totgeschwiegen*« wird, versucht er sein Glück diesmal gleich bei den Toten. Ihm ist danach! Wie heißt das deutsche Sprichwort: »Sie nehmen's von den Lebenden . . .« Um die Reise ins Totenreich vorzubereiten, zieht er (Ali) sich seinen dunklen Sonntagsanzug an: um seine Hinfälligkeit zu unterstreichen, leiht er sich einen Rollstuhl, und ein Begleiter fährt ihn zum größten und angesehensten Totenausstatter der Stadt.

Ali kommt unangemeldet. Er wird hereingerollt, und die Inhaberin des Bestattungssalons empfängt ihn höflich. Die bestimmt auftretende Enddreißigerin wirkt auf den ersten Blick nicht unsympathisch. Ali schildert sein Problem. Als Folge seiner Arbeit in der asbestverarbeitenden Industrie (Jurid-Werke) hat er Bronchial- und Lungenkrebs. Der Arzt hat ihm eröffnet, daß er in zwei Monaten sterben muß. Er ist hier, um seine eigene Einsargung und Überführung in die Türkei in die Wege zu leiten und auszuhandeln.

Das folgende Gespräch (leicht gekürzt, aber wortwörtlich wiedergegeben) gerät zum Dokument eines makabren, seelenlosen und unmenschlichen Totenkults unserer Zeit, in dem der noch Lebende bereits wie ein totes Objekt, als Nichtmehrmensch, wie ein Stück Unrat *entsorgt* wird. Die Bestatterin fragt mich (Ali) nicht einmal, wie es mir geht, obwohl ich (Ali) keineswegs todkrank aussehe. Sie verliert kein Wort darüber, ob man mir vielleicht noch medizinisch helfen könnte. Irgendeine Form von Mitgefühl will sie nicht zeigen. Dafür kommt sie schnell zur Sache:

*Bestatterin:* »Bei der Flugzeugüberführung geht es also auch nach Ihrem Gewicht. Da muß der Sarg in eine Transportkiste, und alles zusammen wird gewogen. Der Preis richtet sich nach dem Gewicht und wohin es geht ...«

*Ich (Ali):* »Is ganz weit in Türkei, Gebirg Kaşgar bei russisch Grenz'.«

*Bestatterin:* »Da wird es sich wahrscheinlich drum stechen, ob wir mit dem Auto fahren oder ob geflogen wird. Wir müssen Sie ja zum Flughafen fahren, und wir müssen Sie da auf dem Flughafen auch wieder abholen, denn sonst stehen Sie auf dem Flughafen. Und wenn wir durchfahren, können wir Sie gleich bis zum Beerdigungsort fahren ... Wie werden Sie denn geführt in der Krankenkasse?«

*Ich (Ali):* »Normal.«

*Bestatterin:* »Als Arbeiter noch oder als Rentner?«

*Ich (Ali):* »Krank sein über ein Jahr.«

*Bestatterin:* »Haben Sie zuletzt noch gearbeitet und dann krank?«

*Ich (Ali):* »Ja, in Asbestfabrik, bekam kein Mask' ...«

*Bestatterin* (unterbricht ungehalten): »Das tut hier nichts zur Sache. Die Frage ist, wollen Sie mit dem Auto gefahren werden oder wollen Sie fliegen. Beim Fliegen ist es eine Frage des Gewichts.«

*Ich (Ali):* »Ich nich schwer. Und Doktor sag, in zwei Monaten, wenn tot, ganz leich wie Kind. Weil werd' immer weniger.«

*Bestatterin:* »Ja, aber die Länge bleibt doch oder etwa nicht? Beim Kind ist nicht so viel, weil das ja einen kleineren Sarg hat, und der Sarg muß dann nochmal in eine Transportkiste, damit für die Passagiere und die Leute auf dem Flughafen nicht erkenntlich ist, daß da eine Leiche transportiert wird.«

*Ich (Ali):* »Und wenn ich nicht in Sarg, sondern mach Feuer?«

*Bestatterin:* »Verbrennen? Dann würden Sie hier eingeäschert, und die Urne kann auf dem Postwege dann verschickt werden.«

*Ich (Ali):* »Das ist nicht so viel Geld?«

*Bestatterin:* »Das ist viel weniger, denn da fällt ja der ganze Transport weg. Wenn wir Sie einäschern hier, das wären, wenn wir alles zusammenrechnen würden, vielleicht zweieinhalbtausend Mark, und dann der Versand auf dem Postwege, der würde die Postgebühren kosten.«

*Ich (Ali):* »Und kann Bruder nich mitnehmen in 'ner Plastiktüt'?«[*]

*Bestatterin:* »Nein, das geht auf keinen Fall, das wird hier nicht ausgehändigt. Das muß zum Ort, wo beigesetzt wird, das muß auch da dann erst beantragt werden, da muß praktisch aus dem Heimatort, wo die Urne beigesetzt wird, hier ans Krematorium die Genehmigung kommen, daß die Urne da beerdigt wird. Und wenn dieses Papier da ist, dann wird das erst rübergeschickt.«

*Ich (Ali):* »Und da kann man nich machen, unter Hand, bißchen Geld?«

*Bestatterin:* »Nein, ausgeschlossen. Es wird hier nicht ausgehändigt an Privatpersonen.«

Die Dame ist geschäftstüchtig und nimmt die *Sache* selbst in die Hand. Sie schiebt mich (Ali) im Rollstuhl zu den Särgen hin. Als ich (Ali) mich bei ihr erkundige: »Was is schöner, Feuerkaste oder groß Sarg?«, stellt sie sich erstaunlich schnell auf die sprachliche Unbeholfenheit ein und lenkt das Interesse auf die

---

[*] Diese Frage ist gar nicht so weit hergeholt und hat einen aktuell-realistischen Hintergrund, allerdings nicht im Türkenmilieu. Im Gegenteil: Ein Düsseldorfer Fabrikant, mit Zweigstellen im Ausland, Multimillionär und strenggläubiger Katholik, brachte kürzlich seinen plötzlich im Ausland verstorbenen Bruder in der Plastiktüte durch den Zoll. Das heißt, dessen Asche in einer Billig-Urne, eingepackt in einer Duty-free-shop-Plastik-Tüte.

kostspieligeren Überführungssärge. »Sie meinen Urne oder Sarg? Also, wenn Sie mich fragen: von einem Sarg haben Sie doch viel mehr. Das ist doch was ganz anderes. Geben Sie mal her«, sagt sie zu meinem deutschen Begleiter und beugt sich über mich im Rollstuhl, um Maß zu nehmen. Die schwere Schiebetür im Sarglager ächzt, und aus einem Nebensaal ist das Sägen des Schreiners zu hören. »Das beste ist, Sie schauen sich selber einmal um, was Ihnen am ehesten zusagt, die Geschmäcker sind ja verschieden.« – Wie sie das sagt, klingt es nach: ›Sie können sich ja mal zur Probe reinlegen, in welchem Sie sich am wohlsten fühlen‹.

Sie klopft gegen einen schlichten Eichensarg. »Das hier ist jetzt die Standardausführung. Allerdings, wenn Sie etwas Gediegeneres und Stabileres haben wollen ... wie würde Ihnen denn dieser hier gefallen?« Ihre Stimme bekommt einen weicheren einschmeichelnden Klang, so als würde sie mir zur Hochzeit das Ehebett fürs Leben verkaufen wollen. »Echte deutsche Eiche, schwer massiv. Das ist im Moment der schwerste, den wir hier stehen haben. Alles massives Eichenholz«, betont sie noch mal. »Und ganz in Seide ausgeschlagen.«

»Mal reingucke«, sag ich. Sie reagiert ein wenig penibel, so als verlangte ich, im Möbelgeschäft im Ehebett probezuliegen. »Willi, komm' doch mal helfen«, ruft sie nach ihrem Geschäftspartner und/oder Ehemann im Nebenraum. Willi kommt rasch herüber. Er gibt sich distinguiert, wirkt aber etwas befangen. »Es geht um seine Überführung in die Türkei. Er hat nur noch zwei Monate zu leben und will mal eben in den Sarg reinschauen«, stellt sie mich (Ali) vor. Zu zweit hieven sie den schweren Sargdeckel hoch.

Innendrin rohes Holz. »Aber kein fein Stoff«, reklamier' ich. »Du doch sag, schön weich da liege.«

Wie ertappte Betrüger schauen sich die beiden an. »Das käme auf jeden Fall noch rein, da können Sie sich absolut drauf verlassen«, sagt Willi gewichtig, »da übernehmen wir die volle Garantie.«

80

»Was kost?«

»4795 Mark«, entnimmt Willi einer Preisliste. Ich (Ali) befühle das Holz und klopfe mit dem Handknöchel gegen die Eiche, daß es dröhnt.

»Hält auch lang?« will ich (Ali) wissen.

»Ja, das ist eine erstklassige Schreinerarbeit, das dauert fünf, sechs Jahre, bis der zusammenbricht«, beruhigt er mich.

Aber Ali hat noch nicht das Richtige gefunden. Im Leben, wo man ihm nie die Wahl ließ – jetzt will er wenigstens beim Tode die freie Auswahl haben. »Gibt es nich e Sarg, der nich so aussieht wie so traurig Sarg? Der so richtig bunt is und e bißche macht Spaß? Weißte, ganz dunkel und naß Wohnung hab immer leb, jetzt will wenigs in schön Sarg, verstehst?«

Die beiden wechseln kurze Blicke, überspielen jedoch geschäftig ihr Konserniertsein. »Ja direkt bunt ist etwas schwierig, schon sehr ausgefallen, aber wie wär's denn mit diesem hier?« sagt Willi. Die Frau rollt mich zu den glanzlackierten Protzmahagonisärgen. Einer scheußlicher und angeberischer als der andere, denkt sich Ali und fragt:

»Is der Plastik?«

»Garantiert echt Mahagoni«, beeilt sich Willi zu versichern, »eines unserer ausgefalleneren und wertvollsten Modelle.«

»Bißche mehr Schnitz«, verlangt Ali.

»Mhm . . ., ach so, Sie meinen Schnitzereien. Ja, wie gefällt Ihnen denn hier unser französisches Modell? Den haben wir im Sonderangebot. Der kostet jetzt nur noch 3600 Mark. Vorher weit über 4000.«

*Ich (Ali):* »Kommt aus der Frank?«

*Bestatter Willi:* »Ja, der ist aus Frankreich.«

*Ich (Ali):* »Was findst du schöner?«

*Bestatter Willi:* »Das ist Geschmackssache. Das ist eine ganz andere Art hier.«

*Ich (Ali):* »Und Leut, die Geld habe – was für Sarg die Deutsche nehm?«

*Bestatter Willi:* »Ja, meistens die deutschen Särge – Eiche und so.«

*Ich (Ali):* »Und wer nimmt so?«

*Bestatter Willi:* »Für Überführungen oft. Ins Ausland. Franzosen oder auch Italiener.«

*Ich (Ali):* »Und der, hälte lang?«

*Bestatter Willi:* »Ja – wir müssen aber für die Türkei auch einen Zinksarg, einen Zinkeinsatz rein...«

*Ich (Ali):* »Ach so, Blech ...«

*Bestatter Willi:* »Also, Sie werden ganz eingelötet innen drin, weil wir sonst mit Ihnen nicht über die Grenze kommen. Das wird dann hier praktisch zugelötet, und dann kommt erst der Holzdeckel drauf.«

*Ich (Ali):* »Was kost?«

*Bestatter Willi:* »Ja, mit Zinkeinsatz und Verlöten rund 6000 DM.«

*Ich (Ali):* »Kann man nich Rabatt kriege?«

*Bestatter Willi:* »Über den Preis können wir uns unterhalten, wenn Sie das im voraus festmachen und im voraus bezahlen. 5 % können wir Ihnen da entgegenkommen, das wären dann nur noch 5700 Mark. Aber nur, wenn Sie's auch direkt bezahlen.«

*Ich (Ali)* (erschrocken): »Und wenn nachher gar nicht sterb, krieg de Geld zurück?«

*Bestatter Willi:* »Nein, da gibt's kein Rückgaberecht, das wäre dann ja ein Sonderdiskont-Preis als Entgegenkommen von uns. Aber es hieß doch, wenn ich es recht verstanden habe«, tröstet er mich, »daß es bei Ihnen ganz sicher ist ... nur noch zwei Monate bis ...« Er stottert. Es ist ihm peinlich, das Wort Tod in meinem Beisein auszusprechen: »... Ja, dann müßten wir noch wissen, wo wir den Sarg hinliefern in der Türkei, da müßten wir ja auch für Ihre Überführung einiges rechnen.«

*Ich (Ali):* »Wir ganz hoch da, Gebirg nach Rußland, schön Land da, kannste bei mein Familie Ferien mache, kost nix.«

Er zeigt keine Regung und läßt sich nicht darauf ein: »Ich würde da sowieso nicht mitfahren. Da engagieren wir einen Fahrer und müssen ... (er stockt und rechnet) ... ja, 1,30 DM pro Kilometer müßten wir schon berechnen. Und zwar für Hin- und für Rückfahrt.«

Er will wissen, wo Kaşgar liegt, und kommt auf etwa 10 000 DM allein für den Autotransport. »Wenn ich jetz, wo noch leb, schon dahin fahr, is nich billiger? Und dann mach erst de Verbrenn oder Sarg?« bring' ich ihn in Verlegenheit. »Dafür sind wir nicht zuständig«, stöhnt er. »Wir dürfen Sie nur mit offiziellem Totenschein durch einen Arzt übernehmen, und bei Feuerbestattung muß noch einmal ein Amtsarzt extra vorher zur Untersuchung kommen.«

»Wenn tot, is tot«, sag' ich, »egal.«

Ich (Ali) zeig' auf ein besonders hübsch gestaltetes Ausstellungsstück, eine zierliche Urne, funktional gestaltet und nicht so ein häßlicher Pott wie die übrigen Totenbehälter. »Hier, wenn Feuer mach, kann ich nich rein?«

»Nein, um Gottes willen, das würde nicht passen. Das ist Keramik. Das ist nur eine Ausstellung. Das ist unverkäuflich. Das ist ein altes Stück von früher.«

Ich (Ali) habe verstanden. Während mich mein Begleiter hinausrollt, wird mir versichert, daß das Unternehmen zur zuständigen Krankenkassenstelle »einen Draht hat« und man sich »unter der Hand schon mal erkundigen wird, daß wir wissen, wie hoch das Sterbegeld von der Kasse wäre. Dann sehen wir weiter.«

# Im letzten Dreck

**oder »vogelfrei, ich bin dabei.«**

> *Ich glaube nicht, daß es möglich ist, ernstliche Änderungen zu erreichen, ohne irgendwie mit im Dreck zu stecken. Ich hege ein furchtbares Mißtrauen gegen jede Aktion »außerhalb«, die Gefahr läuft, nichts als leeres Geschwätz zu sein.*
>
> *aus Odile Simon, Tagebuch einer Fabrikarbeiterin*

Ich (Ali) versuche gerade, eine Stelle in den Jurid-Werken in Glinde bei Hamburg zu bekommen, Asbestverarbeitung, Bremsbeläge. Türkische Freunde berichten mir, daß an den gesundheitsschädlichsten Arbeitsplätzen vorwiegend Türken beschäftigt sind. Die strengen Sicherheitsbestimmungen für Asbestverarbeitung seien hier außer Kraft. Mit Luft würde der krebs- und todbringende Faserstaub hochgewirbelt. Feinstaubmasken würden manchmal nicht getragen. Ich lerne einige ehemalige Arbeiter kennen, die nach halb- bis zweijähriger Arbeit dort schwere Bronchien- und Lungenschädigungen davongetragen haben und jetzt – bisher erfolglos – um die Anerkennung dieser Gesundheitsschäden als Berufskrankheit kämpfen.

Das Problem ist nur: zur Zeit ist Einstellungsstopp. Einzelne haben es zwar immer wieder geschafft, dennoch eingestellt zu werden: über Bestechungsgelder an bestimmte Meister oder über »Geschenke«, echte Teppiche aus der Türkei oder eine wertvolle Goldmünze. Einen entsprechenden Familienschatz in Form einer Goldmünze aus dem alten osmanischen Reich habe ich über eine Münzhandlung bereits aufgetrieben, als ich durch einen Zufall auf das viel Näherliegende gestoßen werde. Ich erfahre, daß die August-Thyssen-Hütte (ATH) in Duisburg schon seit längerer Zeit die Stammbelegschaft abbaut. Zwischen 1974 und 1985 wurden nach Eingeständnis der Konzernleitung 16 500 Stammarbeiter entlassen. Insgesamt hat Thyssen allein in Duisburg 400 sogenannte Subunternehmerfirmen unter Vertrag. Subfirmen stellen billige, willige und schnell zu heuernde und auch zu feuernde Leiharbeiter ein. Ich lerne einen siebenundzwanzigjährigen türkischen Arbeiter kennen, der über das Arbeitsamt an das Subunternehmen Adler vermittelt wurde. Adler, erfahre ich, verkauft Arbeiter an das Unternehmen Remmert, Remmert wiederum an die ATH. Er erzählt von Arbeitsbedingungen und Ausbeutungsmethoden, die – nur berichtet und nicht erlebt und belegt – niemals geglaubt und allenfalls in die Zeit des finsteren Frühkapitalismus verwiesen würden. Warum also in die Ferne schweifen, liegt das Schlimme doch so nah.

3 Uhr früh aufstehen, um um 5 Uhr auf dem Stellplatz der Firma Remmert, Autobahnabfahrt Oberhausen-Buschhausen, zu sein. Remmert ist ein expandierendes Unternehmen. Auf zeitgemäßem grünen Firmenschild steht »Dienstleistungen«. Remmert beseitigt Schmutz in jedweder Form.

Fein- und Grobstaub, Giftschlamm und -müll, stinkende und faulende Öle, Fette und Filterreinigung bei Thyssen, Mannesmann, MAN und sonst wo immer. Allein der Wagenpark der Firma Remmert ist an die 7 Millionen DM wert. In die Firma Remmert integriert ist wiederum die Firma Adler: wie die Puppe in der Puppe. Adler verkauft uns an Remmert, und Remmert vermietet uns weiter an Thyssen. Den Hauptbatzen, den Thyssen zahlt – je nach Auftrag und Staub-, Schmutz- oder Gefahrenzulage zwischen 35 und 80 DM pro Stunde und Mann – teilen sich die Geschäftspartner. Ein Almosen von fünf bis zehn DM wird von Adler an den Malocher ausgezahlt.

Die Remmert- beziehungsweise Adler-Arbeiter werden bei Thyssen häufig auch fest in der Produktion eingesetzt. Dann arbeiten – in der Kokerei zum Beispiel – Remmert- oder Adler-Arbeiter zusammen mit oder neben Thyssen-Arbeitern. Außerdem vermietet Remmert noch über 600 Putzfrauen in verschiedenen Städten der Bundesrepublik an die Großindustrie.

Ein Vorarbeiter steht vor einem abfahrbereiten schrottreifen Kleinbus und hakt auf einer Liste Namen ab. »Neu?« fragt er mich (Ali) kurz und knapp.

»Ja«, ist die Antwort.

»Schon hier gearbeitet?«

Mir ist nicht klar, ob die Antwort nützlich oder hinderlich für meine Einstellung sein könnte, darum zucke ich (Ali) vorsichtshalber mit den Schultern. »Du nix verstehn?« geht er auf mich ein.

»Neu«, geb' ich das Stichwort zurück.

»Du gehn zu Kollega in Auto«, sagt er und zeigt auf einen klapprigen Mercedes-Kleinbus. Das war alles. So einfach erfolgt eine Einstellung in einem der modernsten Hüttenwerke Europas. Keine Papiere, nicht mal nach meinem Namen wird gefragt, auch meine Staatsbürgerschaft scheint vorerst keinen in diesem internationalen Unternehmen von Weltrang zu interessieren. Mir ist es nur recht so.

In der Karre sitzen neun Ausländer und zwei Deutsche zusammengequetscht. Die beiden Deutschen haben es sich auf dem einzigen festmontierten Sitz bequem gemacht. Die ausländischen Kollegen sitzen auf dem kalten ölverschmierten Metallboden des Wagens. Ich setze mich zu ihnen, sie rücken zusammen. Auf türkisch spricht mich ein etwa Zwanzigjähriger an, ob ich Landsmann sei. Ich antworte auf deutsch, »türkische Staatsbürgerschaft«. Ich sei jedoch in Griechenland (Piräus) bei der griechischen Mutter aufgewachsen. »Mein Vater war Türk, ließ mein Mutter mit mir allein, als ich ein Jahr war.«

Deshalb brauche ich auch so gut wie keine Türkisch-Kenntnisse zu haben. Das klingt plausibel, und die Legende hält auch das gesamte kommende halbe Jahr meiner Arbeit auf Thyssen stand. Wenn ich (Ali) nach dem Wohnort meiner Kindheit gefragt werde, kann ich von Piräus einiges erzählen. Immerhin war ich dort während der faschistischen Militärdiktatur 1974 2½ Monate inhaftiert. Einmal sollte ich in Verlegenheit kommen, als türkische Kollegen unbedingt von mir den Klang der griechischen Sprache hören wollen. Hier half mir die Verirrung meiner Schulzeit, als ich mich statt für Französisch für Altgriechisch entschied. Noch heute kann ich Teile der *Odyssee* auswendig: »ándra moi énepe moúsa ...«[*]

Es fällt nicht auf, obwohl das Altgriechische vom Neugriechischen weiter entfernt ist als das Althochdeutsche vom Deutsch unserer Zeit.

Vollgepfropft, scheppernd und schlingernd setzt sich der Bus in Bewegung. Eine Bank ist aus der Verankerung gerissen, und in Kurven schleudert sie mehrfach gegen die ausländischen Kollegen am Boden. Dann fallen ein paar übereinander. Die Heizung ist defekt, und die hintere Tür schließt nicht, sie ist mit Draht umwickelt. Wenn einer bei plötzlichem Bremsen dagegen geschmissen wird, kann die Tür nachgeben, und er stürzt auf die Straße. Durchgerüttelt und durchgefroren endet für uns die Geisterfahrt nach fünfzehn Minuten erst einmal hinter Tor 20 bei Thyssen. Ein Kolonnenschieber stellt mir eine Stempelkarte aus, ein Werkschutzmann von Thyssen einen Tagespassierschein. Er nimmt Anstoß an meinem Namen: »Das ist doch kein Name. Das ist eine Krankheit. Das kann doch kein Mensch schreiben.« Ich muß ihn mehrfach buchstabieren: S – i – n – i – r – l – i – o – g – l – u. Er notiert ihn dennoch falsch als »Sinnlokus« und setzt ihn an die Stelle des Vornamens. Aus meinem zweiten Vornamen Levent wird der Nachname gemacht. »Wie kann man nur so einen Namen haben!« beruhigt er sich bis zuletzt nicht, obwohl sein eigener »Symanowski« oder so ähnlich für einen Türken wohl auch seine Schwierigkeiten hätte und auf polnische Vorfahren schließen läßt. Die polnischen Arbeitsemigranten, die im vorigen Jahrhundert ins Ruhrgebiet geholt wurden, waren im übrigen ähnlich verfemt und erst einmal ghettoisiert wie heutzutage die Türken. Es gab

* »Nenne mir, Muse, den Mann, den listenreichen, der vielfach wurde verschlagen ...«

Städte im Ruhrgebiet, in denen zu über 50 % Polen lebten, die lange Zeit ihre Sprache und Kultur beibehielten.

Während ich mich beim Stempeln etwas schwertue, bemerkt ein deutscher Arbeiter, der durch mich einige Sekunden aufgehalten wird: »Bei euch in Afrika stempelt man wohl auf dem Kopf!«

Der türkische Kollege Mehmet hilft mir und zeigt, wie man die Karte richtig herum reinsteckt. Ich spüre, wie die anderen ausländischen Kollegen die Bemerkung des Deutschen auch auf sich beziehen. Ich merke es an ihren beschämt-resignierten Blicken. Keiner wagt, etwas zu entgegnen. Ich erlebe immer wieder, wie sie auch schwerste Beleidigungen scheinbar überhören und wegstecken. Es ist wohl auch Angst vor einer provozierten Schlägerei. Die Erfahrung lehrt, daß die Ausländer dann meistens als die Schuldigen hingestellt werden und unter diesem Vorwand ihre Stelle verlieren. Da lassen sie lieber das tägliche Unrecht an sich geschehen, wenden sich ab, um keinen Vorwand zu liefern.

Wir werden weiter durch die Fabrikstadt gerüttelt und kurz darauf auf einem Container-Stellplatz abgeladen. Hier läßt man uns allmorgendlich im Freien bei klirrender Kälte, Regen oder Schnee stehen, bis der »Sheriff« im Mercedes erscheint, ein Oberaufseher, bullig und kräftig, der selbst jedoch keinen Finger rührt, sondern ausschließlich dazu da ist, »seine Leute« einzuteilen, anzutreiben und zu kontrollieren. Zentel, Anfang bis Mitte dreißig, festangestellt bei Remmert, wird hin und wieder auf Adlerfeste eingeladen und gilt als dessen V-Mann und Vertrauter. Es ist jetzt kurz nach 6 Uhr. Neue Kollegen klettern aus weiteren Remmert-Wagen, steifgefroren zittern wir uns in der Dunkelheit einen ab. Der Container ist Aufbewahrungsort für die Werkzeuge, für Schubkarren, Schaufeln, Hacken, Preßluftgeräte und Absaugrohre, für uns bleibt da kein Platz.

Um uns herum ein Fauchen, Stöhnen und Zischen, ein an- und wieder abschwellendes Brüllen aus den umliegenden

Fabrikhallen. Hier siehst du keinen richtigen Himmel, nur das rötliche Zucken der Wolken. Aus hohen Schloten fackelt ein bläuliches Licht. Eine Fabrikstadt aus Rauch und Ruß, weit in die umliegenden Wohnviertel übergreifend. In der Längsachse erstreckt sich das Werk über 20 km, in der Breite bis zu 8 km.

Es kommt Bewegung in unseren Haufen. Der Sheriff, in seinem khakifarbenen Dress einem Söldner ähnelnd, hat das Fenster seines Mercedes ein wenig heruntergekurbelt und ruft die Namen zum Zählappell auf. Er teilt die Arbeitskolonnen täglich neu ein. Jedesmal werden sie anders zusammengewürfelt. Dadurch kann nie eine gewachsene Gruppe auf einer Vertrauensbasis entstehen. Immer wieder ein neues Sichaufeinandereinstellenmüssen, auch neue Rang- und Rivalitätskämpfe. Vielleicht ist es Gedankenlosigkeit oder Willkür, vielleicht aber auch beabsichtigtes Kalkül. In einer Gruppe, in der keiner den anderen richtig kennt, ist solidarisches Handeln kaum durchsetzbar, überwiegen Konkurrenz, Mißtrauen und Angst voreinander.

Mein Name wird aufgerufen. Von hinten zieht mich jemand heftig am Ohr. Es ist der Kolonnenschieber, der mir auf diese Weise klarmachen will, wo's langgeht, welchem Trupp ich mich anschließen soll. Er grinst mich (Ali) dabei an und meint's wahrscheinlich gar nicht böse, obwohl ich es erstmal so empfinde. Wir werden behandelt wie Haus- oder Arbeitstiere.

Wir werden an einem Förderturm abgesetzt, und im Halbdunkel kraxeln wir mit Schippen, Hacken, Schubkarren und Preßluftbohrer etliche Etagen hoch, um unter Förderbändern übergelaufene und aneinandergepappte Erdmassen loszukloppen. Der Wind bläst bei mehr als zehn Grad minus durch und durch, und wir legen von selbst ein Mordstempo vor, um uns von innen etwas aufzuwärmen. Als sich nach einer Stunde unser Kolonnenschieber verdrückt, weil er mehr symbolisch mit anpackt und deshalb schneller durchfriert, versuchen wir ein Feuer zum

Aufwärmen zu entfachen. Das ist leichter gesagt als getan. Ringsum lodert das Feuer auf der Hütte, die Glut ergießt sich automatisch in riesige Waggons, die aussehen, als ob sie mächtige Bomben transportierten, oder schießt als glühender Strang in vorgesehene Rinnen.

In Bottichen von der Höhe eines mehrstöckigen Hauses brodelt die gleißende Glut, aber hier auf unserem Förderturm ein kleines Feuerchen zu machen, erfordert Anstrengung und Phantasie. Koksbrocken suchen wir uns zwischen den Förderbändern, einige Holzplanken – sie dienten anderen Kollegen als Sitzgelegenheit in der Pause – zerkleinern wir mit dem Preßluftbohrer. Aber am Papier scheitert's erst einmal. Schließlich finden wir doch ein paar leere Zigarettenschachteln und einige angerotzte Tempotaschentücher, und so ganz allmählich, unter Zuhilfenahme eines Preßluftblasrohrs, entfachen wir die Glut in einer Schubkarre. Bevor das Feuer uns jedoch wärmen kann, werden wir wieder abkommandiert. Der Vorarbeiter erscheint und befiehlt: »Alles runter, Werkzeuge mitnehmen, zack, zack.« Wir versuchen das Feuer noch zu retten, aber es geht nicht, die Schubkarre ist inzwischen glühend heiß. Ich kann mich einfühlen in die Probleme der Steinzeitmenschen, die das Feuer gehütet haben wie das kostbarste, heiligste Gut. Wieder in die alte Karre gekrochen, hocken wir zusammengepfercht und aneinandergekauert, werden wieder durch die Finsternis geschüttelt, die hie und da von fahlen Produktionsblitzen erhellt wird. Immer noch innerhalb des Fabrikgeländes, aber in einem ganz anderen Ortsteil, in Schwelgern, werden wir abgeladen, im Bereich der Koksmühle. Es geht mehrere Treppenabsätze in die Tiefe, das Licht sickert spärlicher, es wird immer düsterer, immer staubiger. Du meinst, es ist bereits jetzt ein wahnsinniger Staub, den man kaum aushalten kann. Aber es geht erst los. Du bekommst ein Preßluftgebläse in die Hand gedrückt und mußt damit die fingerdick liegenden Staubschichten auf den Maschinen und in den Ritzen dazwischen aufwirbeln. Im Nu entsteht eine solche Staubkonzentration, daß du die Hand nicht mehr vor den Augen siehst. Du atmest den Staub nicht nur ein, du schluckst und frißt ihn. Es würgt dich. Jeder Atemzug ist eine Qual. Du versuchst zwischendurch die Luft anzuhalten, aber es gibt kein Entfliehen, weil du die Arbeit machen mußt. Der Vorarbeiter steht wie der Aufseher eines Sträflingskommandos am Treppenabsatz, wo ein wenig Frischluft reinzieht. Er sagt: »Beeilung! Dann seid ihr in zwei, drei Stunden fertig und dürft wieder an die frische Luft.«

Drei Stunden, das bedeutet über dreitausendmal Luft holen, das bedeutet die Lunge vollpumpen mit dem Koksstaub. Es riecht zudem nach Koksgas, man wird leicht benommen. Als ich nach Atemschutzmasken frage, klärt Mehmet mich auf: »Bekommen wir keine, weil Arbeit dann nicht so schnell und Chef sagt, haben kein Geld für.« Selbst die Kollegen, die schon länger hier sind, zeigen Angst. Helmut, ein knapp dreißigjähriger Deutscher, der aussieht, als sei er bald fünfzig, erinnert sich: »Vor einem Jahr sind durch plötzlich auftretendes Gas im Hochofenbereich sechs Kollegen totgegangen. Statt runterzuklettern sind sie in Todespanik hoch, das Gas steigt mit hoch. Ein guter Kumpel von mir, der in der gleichen Kolonne arbeitete, ist nur dadurch davongekommen, weil er am Abend vorher gesoffen hatte und noch morgens so stramm war, daß er verpennte.«

Während wir, in Staubschwaden stehend, den Staub vom Boden in Plastiksäcke schaufeln, stürzen Thyssenmonteure, die einige Meter unter uns arbeiten, an uns vorbei und laufen die Treppe hoch ins Freie. »Ihr seid bekloppt, in so'nem Dreck kann man doch nicht arbeiten!« ruft uns einer im Vorbeilaufen zu. Und eine halbe Stunde später beehrt uns ein Sicherheitsbeauftragter der Thyssenhütte mit seinem Besuch. Im Vorbeihasten und während er sich die Nase zuhält, teilt er uns mit: »Die Kollegen haben sich beschwert, daß sie in dem Dreck, den ihr macht, nicht mehr arbeiten können. Macht gefälligst mal schnell, daß ihr damit fertig werdet.« Und schon ist er wieder weg. Die Arbeit dauert bis Schichtschluß. Die letzte Stunde heißt's, die schweren Staubsäcke auf dem Rücken die eiserne Treppe hoch ins Freie zu schleppen und in einen Container zu schmeißen. Trotz der schweren Knochenarbeit empfinde ich es wie eine Erlösung, oben kurz »frische Luft« schnappen zu können.

In einer zwanzigminütigen Pause setzen wir uns auf die Eisentreppe, wo etwas weniger Staub ist. Die türkischen Kollegen bestehen darauf, daß ich von ihren Broten mitesse, als sie sehen, daß ich nichts dabei habe. Nedim, der älteste von ihnen, gießt mir aus seiner Thermoskanne warmen Tee ein. Sie geben untereinander von ihrem Wenigen ab und gehen insgesamt miteinander sanft und freundlich um, wie ich es bei deutschen Arbeitern selten erlebt habe. Es fällt auf, daß sie während der Pause meist getrennt von den deutschen Kollegen sitzen und nur selten Türkisch miteinander reden. Meist verständigen sie sich in sehr schlechtem Deutsch oder sie schweigen, während die deutschen Kollegen das große Wort führen. Nedim klärt mich später einmal über den Grund auf: »Die Deutschen meinen, wir reden schlecht über sie. Und ein paar meinen, wir werden zu stark, wenn wir Türkisch zusammen reden. Sie wollen alles mitkriegen, damit sie uns besser kommandieren können.« Ich erlebe es später selbst, als Alfred, ein Wortführer der Deutschen, einmal wutentbrannt dazwischenfährt, als die türkischen Kollegen in der Pause miteinander Türkisch reden: »Sprecht gefälligst deutsch, wenn ihr was zu sagen habt. In Deutschland wird immer noch anständiges Deutsch gesprochen. Eure Arschsprache könnt ihr noch lange genug bei euch am Arsch der Welt sprechen, wenn ihr hoffentlich bald wieder zu Hause seid.«

Als ich mit Nedim später darüber rede, bringt er mir ein Papier eines türkischen Arbeitskollegen aus Lünen mit, der es aus dem »Haus der Jugend«, einer kommunalen Einrichtung, mitgenommen hat. In den »Verhaltensrichtlinien für ausländische Besucher« steht, daß

- »in Anwesenheit von Deutschen deutsch gesprochen werden (sollte), zumindest wenn über Deutsche gesprochen wird.«
- »Wir hier in Deutschland für zwei Tage nicht in die Gesellschaft von anderen Menschen (gehen), wenn wir Knoblauch gegessen haben, und wir erwarten dasselbe von unseren Gästen.«
- Wenn die ausländischen Jugendlichen glauben, sie hätten »ein Nutzungsrecht für das Haus der Jugend, weil sie, ihr Vater oder irgendein Onkel hier in Deutschland Steuern zahlen, stimmt dies auch in etwa, soweit sich diese Jugendlichen in die hiesigen Sitten und Gepflogenheiten integrieren, aber nur dann!«

Solche ausgedruckten Richtlinien gibt es bei Thyssen nicht, jedoch die Erwartungshaltung ist bei vielen Deutschen ähnlich, und die türkischen Kollegen verhalten sich meist entsprechend, nehmen sich zurück, nur um nicht zu »provozieren«.

Am nächsten Tag Arbeit in zehn Meter Höhe im Freien bei siebzehn Grad Kälte. Überall Totenkopfschilder mit der Aufschrift: »UNBEFUGTEN ZUTRITT NICHT GESTATTET!«, »VORSICHT, GASGEFAHR!« Und an einigen Stellen: »ATEMSCHUTZGERÄT TRAGEN!«

Keiner hat uns über die Gefahren aufgeklärt, und »Schutzgeräte« gibt's auch nicht. Und ob wir zu den »Befugten« oder »Unbefugten« gehören, wissen wir selber nicht.

Unser Stoßtrupp hat auf Metallbühnen halbgefrorene Matschberge loszuhacken und wegzuschaufeln, die aus mächtigen Rohren herausgequollen sind.

Ein eisiger Wind pfeift hier oben, die Ohren frieren einem fast ab, und die Finger sind taub vor Kälte unter den Arbeitshandschuhen. Kein Thyssen-Arbeiter braucht bei diesen Temperaturen im Freien zu schuften, in der gesamten Bauindustrie gibt's Schlechtwettergeld, wir müssen 'ran. Mit großen Hacken rücken wir erstmal den äußeren Verkrustungen zu Leibe, es springen einem ständig kleinere Stücke ins Gesicht. Eigentlich brauchte man eine Schutzbrille, aber da wagt schon keiner mehr nach zu fragen. Aus dem Dreck steigen beißende Rauchschwaden, die einem manchmal die Sicht nehmen. Mit Schubkarren befördern wir die Matsche zu Fallrohren. Ständig verbiegen sich unter der Last die Schippen, und selbst die Schubkarren müssen wieder geradegekloppt werden. Ein tosender Lärm dringt aus den umliegenden Maschinenräumen, so daß man sich kaum verständigen kann. Diesmal braucht's den Aufpasser nicht, der sich in irgendeine Kantine verpißt hat. Wir werden von selbst zu Höchstleistungen angetrieben, weil bei der kleinsten Pause die Kälte unerträglich wird. Hin und wieder stiehlt sich schon mal einer weg von uns und stürzt sich in einen kleinen Maschinenraum. Dort tost und donnert es wie im Innern der Niagarafälle, aber die Maschinen sind warm. Da pressen wir uns gegen die Maschine und umarmen sie regelrecht, um etwas Wärme mitzukriegen. Es ist nicht ganz ungefährlich, weil da gleichzeitig eine Pleuelstange rotiert. Man muß schon aufpassen, daß einem nicht ein Finger abgerissen wird. Als ich an das falsche Blech fasse, gibt's ein grauenhaftes Krachen und Kreischen, und Funken stieben, als ob da im nächsten Augenblick alles auseinanderfliegt.

Dann wieder die Fronarbeit draußen, zitternd und blau angelaufen. Jussuf, ein tunesischer Kollege, bringt es nach sechsstündiger Arbeit auf den Punkt. Er sagt: »Kalte Hölle hier.« Und: »Auf Sklaven früher hat man mehr Rücksicht genommen. Sie waren noch was wert, und man wollte ihre Arbeit möglichst lang haben. Bei uns egal, wie schnell kaputt. Genug Neue da und warten, daß Arbeit kriegen.«

Zwischendurch kommt ein Sicherheitsingenieur von Thyssen vorbei und fuchtelt mit einem Kasten an den Rohren herum. Er klopft dran herum, murmelt »kann überhaupt nicht sein« und schaut erschreckt zu uns hin.

Ich (Ali) sprech ihn an: »Was is für komisch Kasten? Was is da drin?« – »Damit meß ich Gas«, erklärt er und: »Habt ihr etwa kein Meßgerät hier? Dann dürft ihr eigentlich hier nicht arbeiten.« – Er erklärt, wenn der Zeiger über eine bestimmte Markierung hinausschlägt, sei höchste Gefahr und wir müßten den Bereich sofort verlassen, da man sonst sehr schnell ohnmächtig werden könnte. Der Zeiger weist aber die ganze Zeit knapp über die Markierung hinaus. Als ich (Ali) ihn darauf hinweise, beruhigt er mich: »Das kann überhaupt nicht sein. Das Gerät ist defekt. Ich hol ein neues.« – Er holt ein neues. Es dauert eine halbe Stunde, bis er zurück ist, und der Zeiger auf dem neuen Meßgerät schlägt wiederum bis knapp oberhalb der Markierung an. Ungehalten klopft er am Gerät herum und versucht, mich (Ali) zu beruhigen: »Das gibt's doch nicht. Das Scheißding tut's auch wieder nicht.« – Als ich (Ali) ihn zweifelnd anschaue: »Selbst wenn es korrekt anzeigt, wäre bei diesem Wert noch kein Grund zur Panik. Außerdem bläst der Wind das Gas ja weg.« Und er zieht mit seinem Zauberkasten wieder von dannen, und wir trösten uns mit dem eisigen Wind über den eventuellen Gasaustritt hinweg.

Der türkische Kollege Helveli Raci erlebt ein paar Wochen später am gleichen Arbeitsplatz ähnliches:

»Da gab es so einen Apparat, der gab plötzlich Signale. Ich hab danach gefragt, was das für Signale sind. Und die haben geantwortet, wenn Gas ausströmt, daß die Apparate dann Signale geben. Und dann sagte ich, es gibt ja hier Gas, der Apparat gibt Signale, sollen wir aufhören? Der Meister sagte, auf keinen Fall, macht mal weiter. Wir haben weiter gearbeitet, und der hat den Apparat mitgenommen. Und später kam er wieder mit demselben Apparat, hat er wieder angelegt, und der Apparat gab weiter Signale. Ich sag', hier stimmt was nicht. Da sagt er, der Apparat muß kaputt sein. Und deshalb nahm er den Apparat nochmal mit, kam nachher und versuchte, mit dem Apparat was zu machen, daß der nicht läutet. Aber später läutete er nochmal und gab nochmal Signale. Ja, und so verbrachten wir den ganzen Tag da oben.

Es wurde einigen von uns schlecht, aber wir mußten weiterarbeiten. Die geben uns keine Gasmasken. Und wir von den Sub-

unternehmerfirmen, wir dürfen da arbeiten, so frei und so frei
da atmen, kannst du von kaputtgehen. Die interessiert das
nicht. Die interessiert nur, daß Arbeit fertiggemacht wird und
sonst nichts.«

Das Tragen von Sicherheitsschuhen mit Stahlkappe vorne ist
Vorschrift bei Thyssen. Ebenso das Tragen von Schutzhelmen.
Nach den gesetzlichen Bestimmungen müßte uns Adler diese
Sachen stellen, ebenfalls Arbeitshandschuhe. Adler spart jedoch auch hier. Er betrügt im großen wie im kleinen. »Viel
Kleinvieh gibt auch Mist«, ist eine seiner Devisen. – Wenn
»Leute« rar sind, drücken die Vorarbeiter und Thyssenmeister
ein Auge zu und lassen Neue von Adler auch schon mal in Turnschuhen arbeiten, obwohl bei unserer Arbeit ständig Gefahren
drohen, zum Beispiel durch herunterfallende Teile, umkip-
pende überladene Schubkarren, Hubwagen oder vorbeifah-
rende Gabelstapler. Ich habe bis zuletzt keine ordnungsgemä-
ßen Arbeitsschuhe mit Stahlkappen getragen, etliche andere
Kollegen ebenfalls. Ich habe Glück gehabt, daß nichts passiert
ist.

Die Arbeitshandschuhe suchen wir uns in Abfalleimern oder
Müllcontainern zusammen. Meist ölverschmierte oder einge-
rissene von Thyssen-Arbeitern, die sie weggeschmissen haben,
nachdem die Hütte ihnen neue gegeben hat.

Die Schutzhelme müssen wir uns kaufen oder man hat das
Glück, mal einen stark ramponierten, weggeworfenen zu finden. Die Köpfe der deutschen Kollegen werden schützenswer-
ter und wertvoller als die der Ausländer eingeschätzt. Zweimal
riß mir (Ali) Vorarbeiter Zentel meinen Helm vom Kopf, um
ihn deutschen Kollegen zu geben, die ihren vergessen hatten.

Als ich (Ali) beim ersten Mal protestierte: »Moment, hab ich
gekauft, gehört mir«, wies mich Zentel in die Schranken: »Dir
gehört hier gar nichts, höchstens ein feuchter Dreck. Du kannst
ihn dir nach der Schicht wiedergeben lassen.« – Da wirst du
ruckzuck enteignet, ohne gefragt zu werden. Beim zweitenmal
wurde ich mit einem neuen Deutschen eingeteilt, der seinen

Helm kostenlos von Remmert gestellt bekommt, aber im Augenblick noch ohne Helm arbeitete. Wieder sollte Ali seinen Kopf für ihn hinhalten. Diesmal weigerte er sich: »Is privat, gehört mir. Mach ich nich. Kann entlasse werd, wenn ich ohn Helm arbeit.« Darauf der Vorarbeiter: »Du ihm Helm geben. Sonst ich dich entlassen. Und zwar auf der Stelle!« – Darauf beugte sich Ali der Gewalt und arbeitete die ganze Schicht ohne Helm in einem Abschnitt der Brammenstraße, wo einige Meter von uns entfernt mehrfach noch glühende Erzbrocken niederdonnerten. Wären sie mir auf den Kopf gefallen, hätte ich zumindest Verbrennungen davongetragen.

Der deutsche Kollege Werner nahm es mit der größten Selbstverständlichkeit hin, daß sein Schutz zu meinen Lasten ging. Als ich (Ali) ihn darauf anspreche, meint er nur: »Kann ich auch nichts dran ändern. Ich tu' nur, was man mir sagt. Mußt du dich woanders beschweren, bin ich die falsche Adresse für.« – Später läßt er Ali auch noch seine Verachtung spüren: »Ihr Adler-Leute seid doch rein gar nichts. Euch kann doch keiner für voll nehmen. Für die paar Mark würde ich keine Schaufel in die Hand nehmen.« Das heißt soviel wie: du hast doch keinerlei Rechte. Dich gibt's doch offiziell gar nicht hier. Du hast weder Papiere noch einen Arbeitsvertrag noch sonst was. Und deshalb blickt er auf uns herab. Er als Deutscher ist bei Remmert privilegiert. Er erhält Überstunden- und Feiertagszuschläge ausbezahlt und als Stundenlohn 11,28 DM brutto. (Schmutzzulagen allerdings zahlt Remmert nicht, obwohl meist in schmierigem Fett, altem, stinkendem Öl, dickstem Metallstaub gearbeitet wird.)

Wir bei Adler sollen dieselbe Arbeit für noch weniger Lohn machen – wie wenig, soll sich noch herausstellen.

Ich (Ali) miete mir in der Duisburger Dieselstraße eine kleine Anderthalb-Zimmer-Wohnung. Ich will die Annäherung an Ali ein Stück weiter entwickeln, will wirklich leben wie ein türkischer Arbeiter in der Bundesrepublik, nicht nur lange Aus-

Alis Wohnung in der Dieselstraße Nr. 10 Duisburg-Bruckhausen.
Im Hintergrund die Kokerei der August-Thyssen-Hütte.

flüge an die Arbeitsplätze machen. Ich identifiziere mich mehr
und mehr mit der Rolle. Nachts spreche ich jetzt oft im Schlaf in
gebrochenem Deutsch. Ich weiß jetzt, wieviel Kraft es kostet,
für einige Zeit zu ertragen, was die ausländischen Kollegen ihr
ganzes Leben lang ertragen müssen. Es ist nicht besonders
schwer, diese Wohnung zu finden, denn Bruckhausen ist ein
sterbender Stadtteil. Jahrelang hatten hier fast nur Türken gelebt, viele von ihnen sind inzwischen in ihre Heimat zurückgekehrt. Zahlreiche Häuser stehen leer oder sind so verslumt,
daß sie nicht mehr bewohnbar sind. Die Wohnung hat weder
Spüle noch Dusche, Toilette im Flur für mehrere Mietparteien,
und kostet 180 Mark Miete. Bei der Renovierung leiste ich mir

Ali unmittelbar nach der Arbeit auf dem Balkon seiner Wohnung.

einen grandiosen Luxus: mitten im Zimmer installiert mir ein
Freund eine Badewanne.
Ich versuche, mir mein neues Zuhause etwas schöner zu gestalten. Zwei Müllcontainer Schutt und Dreck räume ich aus dem
Vorgarten. Die Nachbarn hatten hier ihren Unrat abgeladen,
weil das die »Lebensqualität« der Gegend auch nicht mehr weiter verschlechtern konnte. Dieses Bruckhausen liegt unmittelbar neben der Hütte. Wer hier alt werden will, muß eine ausgesprochen robuste Gesundheit haben. An vielen Stellen gibt es
Aushänge, die dazu auffordern, eine bestimmte Telefonnum-
mer zu wählen, wenn es mal wieder besonders schlimm stinkt.
Aber hier stinkt es fast immer besonders schlimm.

Trotzdem will ich mich in Bruckhausen niederlassen. Noch bin ich hier nicht ganz allein. Vielleicht kann man ja auch mal in meinem wiederhergerichteten winzigen Garten ein Sommerfest mit den Nachbarn oder Kollegen feiern ...

**Es ist Not**
Es gibt Kollegen, die arbeiten monatelang durch, ohne einen freien Tag. Sie werden gehalten wie Arbeitstiere. Sie haben kein Privatleben mehr. Sie werden nach Hause gelassen, weil es für die Firma billiger ist, daß sie ihre Schlafstellen selber bezahlen. Sonst wäre es für sie praktischer, gleich auf der Hütte oder bei Remmert zu nächtigen. Es sind in der Regel jüngere. Spätestens nach ein paar Jahren im Thyssendreck sind sie verbraucht und verschlissen, ausgelaugt und krank – oft fürs Leben. Für die Unternehmer sind sie Wegwerfmenschen, Austauscharbeiter, es gibt ja genug davon, die Schlange stehen, um Arbeit zu bekommen und für jede, wirklich jede Arbeit dankbar sind. Dieser Verschleiß erklärt auch, warum selten jemand länger als ein, zwei Jahre diese Arbeit aushält. Oft genügen ein, zwei Monate, um einen Schaden fürs Leben zu bekommen. Besonders, wenn Doppel- und Dreifachschichten angesagt sind. Ein knapp zwanzigjähriger Kollege arbeitet regelmäßig seine 300 bis 350 Stunden monatlich. Die Thyssenmeister wissen es, die Hütte profitiert davon, die Beweise werden auf Thyssen-Stempeluhren gedrückt und aufbewahrt.
Thyssen fordert die Stoßtrupps von Remmert oft sehr plötzlich an. Da kommt es vor, daß Kollegen nach anstrengender Arbeit von Duisburg nach Oberhausen zurückverfrachtet, bereits unter der Dusche stehen und der Sheriff sie dort wegholt und für eine Anschlußschicht wieder in den Dreck zurückschickt. Oder Leute werden über Telefon aus den Betten geklingelt und zur Arbeit kommandiert, wenn sie gerade nach totaler Erschöpfung den ersten Schlaf gefunden haben. Die meisten, auch jüngere und recht kräftige, die man fragt, sagen, länger als 15 oder 16 Schichten in der Woche hält man das nicht aus.

Wenn man dann mal ein Wochenende frei hat, schläft man die freie Zeit wie ein Toter durch. Da gibt's den jungen F., der fast jeden Samstag, Sonntag durcharbeitet, zwei Schichten hintereinander. Er läßt alles mit sich machen, beschwert sich nie. Er kriecht in die dreckigsten Löcher, ohne zu murren, kratzt triefende, stinkende und heiße Fettschichten, den Rotz der Maschinen, weg und ist nachher selbst mit glitschigem Fett überzogen. Er ist immer wie entrückt, hat ein altes, verklärtes Gesicht und redet selten zusammenhängend. Er ist der älteste von zwölf Geschwistern, vier sind außer Haus. Er lebt mit seinen acht Geschwistern bei seinen Eltern in einer 100-Quadratmeter-Wohnung. Er ist immer hungrig; wenn einer seine Brote nicht ißt, dann ist F. zur Stelle. Er gibt bis auf 100 Mark monatlich sein ganzes Geld zu Hause ab, damit die Familie über die Runden kommt.

Immer wenn sich welche über die Arbeit beschweren, hält er dagegen: »Wir können froh sein, daß wir überhaupt Arbeit haben« und: »Ich mach' alles.« Als wir einmal beim Pausemachen von einem Thyssenkontrolleur entdeckt wurden, war er der einzige, der malochte. Von dem Aufpasser wurde er deshalb auch lobend erwähnt.

Er berichtet, daß sein Rekordarbeitseinsatz 40 Stunden beträgt, mit fünf bis sechs Stunden Pause dazwischen. Vor ein paar Wochen noch, erzählt er, arbeitete er 24 Stunden am Stück durch. Er schaut ständig in Papierkörbe und Container 'rein und sammelt verdreckte Arbeitshandschuhe ein, die Thyssen-Arbeiter da 'reingeschmissen haben. Auch ein einzelner Handschuh ist für ihn von Interesse. Irgendwann findet er schon ein passendes Gegenstück. Er sammelt und sammelt, hat schon einen ganzen Stoß, an die zwanzig Stück. Ich (Ali) frage ihn: »Was machst du damit? Soviel Handschuh kannst du doch gar nicht alle tragen.« Er: »Weiß man nicht. Wir kriegen ja keine Handschuhe. Kannst froh sein, daß sie hier liegen. Mensch, was meinst du, was ich sammle. Brauchst auch immer mehrere Schutzhelme, wenn dir mal 'was auf den Kopf fällt.« Er tut mir leid. Er strahlt immer.

Einige Wochen später erlebe ich, daß F., der wieder mal zur Doppelschicht am Wochenende eingeteilt werden soll, den Sheriff anfleht: »Ich kann nicht mehr! Ich kann nicht, ich schaff's nicht.« – »Was, du hast hier doch immer durchgehalten!« – »Bitte, heute nicht. Bitte, bitte.« Der Sheriff: »Ich werd's mir merken. Bisher war auf dich immer Verlaß.« – Ich (Ali) gratuliere ihm nachher: »Find' ich gut, daß du heut' ›nein‹ sag has, bis ja auch kaputt.«

Er konnte einfach nicht mehr. Er konnte kaum noch laufen und sich auf den Beinen halten. Er war aschfahl im Gesicht, und seine Hände zitterten.

Ein Kollege erzählt, daß sie im vorigen Jahr über die Osterfeiertage 36 Stunden ohne Schlaf durchgearbeitet haben: »Damals hat der Remmert den Auftrag gehabt, ein Farbband bei Opel in Bochum zu reinigen. Die Arbeit mußte unbedingt fertig werden, da am Dienstag nach Ostern um 6 Uhr die neue Schicht weiterarbeiten sollte.« Die Marathonschicht in dem Auto-Werk war aber für den Kollegen noch nicht der stundenmäßige »Höhepunkt«. »Vor zwei Jahren haben wir mal in einem Sport-Hotel in der Nähe von Frankfurt gearbeitet. Mit der Kolonne, mit der wir da 'runtergefahren sind, haben wir bis zum Umfallen geschuftet – ungefähr 50 Stunden lang.«

Der deutsche Kollege Hermann T., ca. fünfunddreißig, ist einer der eifrigsten »Stundenmacher« bei Remmert. Man sieht es ihm an. Grauweiß im Gesicht. Ganz ausgelaugt und spindeldürr. Er war eine Zeitlang arbeitslos und ist einer der wenigen, die dankbar sind, bis zum Umfallen arbeiten zu dürfen. Seitdem er im Februar '85 angefangen hat, arbeitet er Monat für Monat wie ein Besessener, im April '85 erreicht er nach eigenen Angaben erstmals 350 Monatsstunden. Auch im Juni hat er wieder »alle Stunden mitgenommen« – am 25. 6. kommt er bereits auf fast 300 Stunden, »und der Monat ist noch nicht rum«. Hermann T.: »In der letzten Woche habe ich von Freitag auf Samstag vier Schichten hintereinander gemacht. Freitagmorgen bin ich mit euch um 6 Uhr bei Thyssen reingefahren, und am Samstagmittag habe ich dann um 14.15 am Werkstor gestempelt.« Solche Marathon-Arbeitszeiten sind für Hermann nichts Ungewöhnliches, und damit die drastischen Verstöße gegen die Arbeitszeitverordnung nicht auffallen, wird er auf dem riesigen Thyssen-Gelände von Schicht zu Schicht zu einem anderen Einsatzort kommandiert. »Freitag morgen war ich auf meiner Baustelle in Ruhrort, so 'ne kleine Halle, wo wir absaugen mußten. Mittags war ich dann im Oxy 1, während der Nachtschicht habe ich im Kraftwerk Voerde gearbeitet und Samstagmorgen war ich dann wieder auf meiner Baustelle in Ruhrort.« Völlig erschöpft und mit weichen Knien sei er schließlich nach Hause gewankt: »Ich hab' dann noch was gegessen, so richtig Hunger hatte ich nicht mehr, und bevor ich mich dann hingelegt hab', habe ich noch zu meiner Frau gesagt, weck mich um 20.15 Uhr, ich würde gerne den Spielfilm sehen. Aber das war nichts – ich hab bis Sonntag mittag durchgeschlafen, ohne einmal wachzuwerden.«

Er erzählt, wie sie bei Thyssen gearbeitet haben: »Jeden Tag 16 Stunden, 12 Stunden, 13 Stunden, jeden Samstag und jeden Sonntag, jeden Feiertag – immer durch. Ostern und Pfingsten waren wir auch noch da, da ging das vielleicht rund. Der ganze Hochofen hat ja stillgelegen, da mußte alles sauber gemacht werden, was meinst du, was wir da rummalocht haben, egal ob Wind, ob Schnee, ob Regen, ob kalt. Da waren deine Klamotten ständig feucht und naß und immer 10 bis 15 Leute von Remmert, auch Adler-Leute waren dabei. Insgesamt haben wir da fast fünf Monate gearbeitet.«

Der türkische Kollege Sezer O. (44) beansprucht, den Rekord im Dauerarbeiten zu halten. Beim U-Bahnbau in München mußten sie 72 Stunden im Schacht unter der Erde arbeiten und sackten in ihren kurzen Pausen schon mal eine halbe Stunde weg. Viele verunglückten bei diesen Marathonarbeiten, berichtet er, alles Ausländer.

Ich (Ali) bin dabei, als uns der Sheriff regelrecht zwingt – juristisch erfüllt es den Tatbestand der Nötigung –, wieder mal eine Doppelschicht zu machen. Wir werden gerade im Bus zum Sammelplatz gefahren. Wir sind fix und fertig. Einige sind im Sitzen schon eingeschlafen, als der Vorarbeiter unseren Bus stoppt und mehr beiläufig sagt: »Es wird weitergearbeitet! Doppelschicht!«

Einige protestieren, müssen, wollen nach Hause, sind total kaputt.

Es wird ihnen klargemacht, Thyssen verlangt das, es wird weitergearbeitet.

Der algerische Kollege T., der unbedingt nach Hause muß, wird auf der Stelle entlassen. Er wird aus dem Bus 'rausgeholt und auf die Straße gesetzt. Er kann sehen, wo er bleibt.

Der folgende authentische Dialog war vorausgegangen:

*Sheriff*: »Ihr müßt länger machen heute, bis 22 Uhr.«

*Algerischer Kollege*: »Arschlecken. Ohne mich, ich bin doch kein Roboter.«

*Sheriff*: »Ihr müßt *alle* länger machen.«

*Algerischer Kollege*: »Ich muß nach Haus, dringend.«

*Sheriff*: »Da brauchst du gar nicht mehr zu kommen. Das ist jetzt Not.«

*Algerischer Kollege*: »Ich muß aber nach Hause.«

*Sheriff*: »Da brauchst du morgen auch nicht mehr zu kommen. Dann geh' 'raus. Dann ist hier Ende für dich. Für immer.«

*Sheriff* (zu den anderen, die ängstlich schweigen): »Ich brauch' vierzig Mann, morgen auch! Verlangt Thyssen von uns! Ich möchte auch Feierabend machen, ich muß, mich fragt man auch nicht. Ich hab' heute nachmittag einen Termin für meine Jacket-Kronen. Das geht auch nicht. Ende. Was wollt ihr überhaupt? Im Krieg, da ist alles noch viel schlimmer!«

## »Besser: nichts verstehn«

Während der Pause in einem der kilometerlangen düsteren und menschenleeren Gänge in der Sinteranlage III kommt ein Thyssenmeister in Begleitung eines Vorarbeiters auf uns zu. Sie kontrollieren, was wir bisher an Matsch und Sinterstaub weggeräumt haben, denn vor allem an uns liegt es, ab wann die Anlage wieder anfahren kann. Der jüngere Meister fühlt sich durch das orientalische Aussehen Jussufs angeregt, in Ferienerinnerungen zu schwelgen: »Bist du aus Tunesien?« Jussuf bejaht. Meister: »Ein tolles Land. Da fahren wir wieder hin dieses Jahr – ich und meine Frau, in Urlaub. Da kannst du dich phantastisch erholen. Und alles viel billiger als hier.«
Jussuf lächelt ihn dankbar und freundlich an. Es passiert nicht häufig, daß sich ein deutscher Vorgesetzter herabläßt, mit einem Ausländer außerhalb der Arbeit zu reden, und es ist geradezu eine Seltenheit, daß er sich auch noch positiv über dessen Heimatland äußert. Jussuf erklärt, daß seine Eltern in der Nähe des Meeres ein Haus haben, nennt die Adresse und lädt den Meister ein, wenn »er demnächst in Tunesien ist, sie zu besuchen«. Der Meister geht auch sofort darauf ein: »Verlaß' dich drauf, ich komme. Du mußt mir nur ein paar Adressen besorgen. Du weißt schon, was ich meine. Bei euch gibt's doch tolle Frauen zum Ficken. Das ist doch unheimlich da. Was kostet das im Moment bei euch?« Jussuf antwortet: »Weiß ich nicht.« »Für 20 Mark kann man doch bei euch schon alles kriegen!«
Jussuf ist ganz offensichtlich in seinem Stolz verletzt und antwortet: »Hab' ich keine Ahnung.« Der Meister ist immer noch in seinem Element und läßt nicht locker. (Während er seinen Daumen durch Zeige- und Mittelfinger steckt): »Hör mal, das sind doch ganz scharfe Frauen da bei euch. So richtige Wildkatzen. Wenn man denen erst mal den Schleier 'runterreißt, dann sind die doch echt geil. Hast du denn keine Schwester? Oder ist die noch zu jung? Bei euch muß man ja immer gleich heiraten.«

Jussuf versucht, seine Demütigung vor uns anderen Kollegen zu überspielen, und sagt: »Aber Sie fahren doch mit Ihrer Frau dahin!« Meister: »Das macht doch nichts. Die liegt doch den ganzen Tag am Strand und kriegt nichts mit. Ganz tolles Hotel. Genau wie hier das ›Interconti‹. Kostet nur knapp über 2000 für zwei Wochen. Mit allem Drum und Dran. Wir haben da mal einen Abstecher gemacht in das andere Land, na, sag' schon, wie heißt das noch?« Jussuf (höflich): »Marokko.« – Meister: »Ja klar, Marokko, das war mir gerade entfallen. Auch tolle Weiber da. Hör mal, wie sprecht ihr überhaupt? Sprecht ihr Spanisch?« – Jussuf erträgt's nicht länger. Er wendet sich ab, rechtfertigt sich aber noch und sagt: »Nein, Arabisch. Ich muß zu Toilett.« –

Der Vorarbeiter nimmt's zum Anlaß, sich bei uns niederzulassen, um ebenfalls in Urlaubsstimmung und ins Schwärmen zu geraten. Er räkelt sich. »Jetzt im Süden sein. Keine Arbeit. Immer Sonne. Und Frauen, Frauen.« Zu mir (Ali) gewandt: »Hab' ich recht? Bei euch in Anatolien kann man doch schon für eine Ziege eine Frau kaufen.« Als ich (Ali) unbeteiligt in eine andere Richtung schaue, fordert er mich: »Stimmt etwa nicht? Wie bist du denn an deine Alte geraten?« – »Die Deutsche meine immer, könn alles kauf«, antwortet Ali. »Aber die schönst' Sache auf der Welt kriegs nicht für Geld. Darum die Deutsch' auch so arm, trotz ihr viel Geld.« Der Vorarbeiter fühlt sich angegriffen und zahlt's Ali heim: »Eure anatolischen Haremsdamen, die möcht ich nicht geschenkt haben. Die sind doch dreckig, die stinken. Die muß man erst einmal gründlich abschrubben. Und wenn man die erstmal ausgezogen hat, den ganzen Plunder 'runter, dann ist man doch schon wieder schlapp.«

Jussuf nimmt mich (Ali) anschließend zur Seite und sagt: »Is nicht gut, daß wir Deutsch gelernt und verstehen. Immer viel Ärger. Besser so tun, als ob wir nich verstehn.« – Er erzählt von jüngeren tunesischen Kollegen, die aufgrund ähnlicher Erfahrungen und Demütigungen die deutsche Sprache ganz bewußt nicht weiter erlernen und »egal, was Meister sagt, immer ›ja Meister‹ sagen, so gibt auch kein Palaver.«

Viele Toiletten in der Thyssen-Fabrik sind mit ausländerverachtenden Parolen und Phantasien beschmiert. Auch auf den Fabrikwänden sind häufig ausländerfeindliche Graffitis gesprüht, und keiner sieht sich veranlaßt, sie zu entfernen. Nur ein paar typische Beispiele von Hunderten – Scheißhausparolen aus dem Oxygen I-Werk:

»SCHEISSE AM STIEL = EIN TÜRKE MIT HOLZBEIN.

An die Kantine in der Nähe ist gesprüht:

»TÜRKEN 'RAUS. DEUTSCHLAND BLEIBT DEUTSCH!

Daneben hatte ein Tierfreund sinnigerweise einen Aufkleber mit einem Pandabär draufgeklebt und dem Spruch: »Schützt aussterbende Tierarten.« Zwanzig Meter weiter große Aufschrift: TOD ALLEN TÜRKEN! – Oder in den Toiletten an der Kaltwalzstraße im Bereich der Verzinkung. Ich hab' mir ein paar Sprüche notiert, sie sind vergilbt, also stehen sie dort schon recht lange:

---

LIEBER 1000 RATTEN IM BETT ALS EINEN TÜRKEN IM KELLER
HÄNGT ALLE TÜRKEN AUF UND ALLE DEUTSCHEN MÄDCHEN,
DIE SICH MIT IHNEN ABGEBEN

Dann in einer anderen Handschrift:

SCHEISSTÜRKEN, KÖNNEN NICHT HOCH GENUG HÄNGEN, ICH
HASSE SIE ALL
TÜRKENSAU, ICH KNALL EUCH ALLE AB

andere Handschrift:

ICH BIN FROH EIN DEUTSCHER ZU SEIN
DEUTSCHLAND UNS DEUTSCHEN

Und weiter:

LIEBER EIN SS-SCHWEIN ALS EINE TÜRKENSAU SEIN
ES GAB NIE EINEN BESSEREN DEUTSCHEN ALS ADOLF HITLER.
LIEGT EIN TÜRKENSCHWEIN TOT IM KELLER, WAR DER DEUT-
SCHE WIEDER MAL SCHNELLER.

---

**Pausengespräch**

Die deutschen Kollegen Michael (34), Udo (26) und der Wortführer Alfred (53) haben sich im Tiefbunker unter der Brammstraße eine Holzbohle organisiert und über zwei Fässer gelegt. Dort sitzen sie zusammen, teilen Zigaretten und Getränke miteinander. Ihnen gegenüber auf einer auseinandergefalteten türkischen Zeitung *Hürriyet* (zu deutsch: Freiheit) sitzt Ali, zur Zuhörerrolle verurteilt. Immer wieder wird das Gespräch durch das tosende Klatschen herunterdonnernder Erzbrocken unterbrochen.

*Alfred:* »Glaub mir, bei Adolf Hitler wurde Kameradendiebstahl, und ob es bloß ein Schnürsenkel war, an die Wand gestellt und erschossen. Glaubt mir das. Mehr ist er nicht wert. Wer einen Kumpel bestiehlt – entweder totschlagen oder erschießen. So muß man im Leben sein. Man nimmt beim anderen Kollegen nichts weg, das macht man nicht!«

*Ich (Ali):* »Aber Chef kann dir wegnehme?«

*Alfred:* »Das ist 'ne ganz andere Sache, aber wer Kumpels in die Pfanne haut oder bestiehlt ...«

*Ich (Ali):* »Aber wär auch Chef erschosse worde, wenn er klaut?«

*Alfred* (leicht drohend): »Hätt's mal früher bei Hitler hier sein sollen, da war Europa noch in Ordnung.«

*Ich (Ali):* »Viele erschosse worde?«

*Alfred:* »Hätt'ste mal hier sein soll'n.«

*Udo:* »Aber da konnten alte Leute noch über die Straße laufen.«

*Alfred:* »Hör mal, da konnt 'ne alte Oma von siebzig Jahren mit 10 000 Mark in der Tasche nachts auf der Straße laufen, der is nichts passiert.«

*Ich (Ali):* »So viel Geld, die is nich allein über Straß gange, die fuhr mit Auto ...«

*Alfred:* »Mein Vadder in der Großstadt, in 'ner Riesengroßstadt – Leipzig, Messestadt, wo ich herkomm – der hatte Motorrad, Auto und Fahrrad. Das Fahrrad, das hat das ganze Jahr aufm Hof gestanden, wenn das verrostet war, dann hat er sich 'en neues gekauft – dann stand das wieder auf 'em Hof. Das war nie weg ...«

*Ich (Ali):* »War kaputt sicher – Fahrrad.«

*Alfred* (redet mir weiter ins Gewissen, so als ob er alle Ausländer für potentielle Diebe hält): »Hör dir das mal ruhig mit an und schreib es dir hinter die Hammelohren.«

*Ich (Ali):* »Wieso?«

*Alfred:* »Von Klemm und Klau. Paß auf, früher war das ja nicht so, daß jeder so'ne vollautomatische Waschmaschine hatte. Wir hatten 'ne Waschfrau, die Frau Müller, weil wir 'nen Geschäftshaushalt hatten. Alle vier Wochen war große Wäsche, verstehste? Im Winter wurde aufm Boden getrocknet und im Sommer aufm Hof. Da hing unsere gesamte Wäsche, von der Bettwäsche angefangen, alles aufm Hof. Da hat nicht ein Taschentuch gefehlt, nicht eins hat da gefehlt.«

*Ich (Ali)* (zu den anderen): »Ich will sein verrotzte Taschentücher gar nich, ich nehm Tempo.«

*Alfred* (unbeirrt): »Nicht ein Taschentuch.«

*Ich (Ali):* »Aber die Ausländer ging nich so gut da?«

*Alfred:* »Hör' mal, da hat in Deutschland noch Zucht und Ordnung geherrscht.«

*Ich (Ali):* »Aber die Jude, die habt ihr tot gemacht.«

*Alfred:* »Scheiß von deinen Juden. Das wurde uns anerzogen. Das Alter muß geehrt werden, das war ein Satz, das wurde uns eingebläut. Vom Lehrer, von der Schule als Gemeingut und vom Elternhaus. Du meinst doch nicht, daß wir es uns als junge Bengels erlaubt haben, uns hinzusetzen in der Bahn. Das haben wir ja eingetrichtert gekriegt, da stand man für eine ältere Person auf, das war eine Selbstverständlichkeit.«

*Ich (Ali):* »Du meins, war besser Staat als jetz ...«

*Alfred:* »Das war 'ne Totaldiktatur, aber die hab ich als besser empfunden wie heute – den Sauhaufen, wo ich heute bin.«

*Ich (Ali):* »Hör'ma, warum habt ihr alle Jude mord?«

*Udo* (will Alfred das Stichwort geben): »Weil se Ausländer war'n.«

*Alfred:* »Weißt du warum – weißt du warum?«

*Ich (Ali)* (stellt sich dumm): »Nee, nee.«

*Alfred:* »Einen Fehler hat Hitler gemacht. Der hätte noch fünf Jahre länger existieren müssen, daß keiner von denen mehr leben würde, nicht einer. Wo der Jude seine Finger im Spiel hat, da ist nur Theater in der Gesamtwelt, ob das arme Juden sind oder reiche. Es gibt ja die reichen Juden, wie Rockefeller, Morgenthau u.s.w. Das sind die, die in der Weltgeschichte nur Unheil, Unfrieden und Terror anstiften. Die haben das Geld, um die Forschung laufen zu lassen, die haben das Geld, die haben die Macht über Leben und Sterben – das sind die Leute. Und hör mal, wenn der Hitler noch fünf Jahre gemacht hätte und das Ding irgendwie zu seinen Gunsten ausgegangen wär, da gäb's von der Sorte Menschen keinen mehr, da glaub' man dran – keinen mehr.«

*Ich (Ali):* »Zigeuner habt ihr auch tot gemacht.«

*Michael:* »Die nicht rassisch deutsch waren, hat der alle umgebracht, nur rassige Deutsche nicht.«

*Udo:* »Ja, war ja nicht nur Hitler!«

*Ich (Ali):* »Der hätt' mich auch kaputt gemacht?« (keine Antwort)

*Alfred:* »Hör mal, wer hat denn mit KZ angefangen? Jetzt mal ganz ehrlich.« Gibt sich selbst die Antwort (laut): »Der Engländer.«

*Udo:* »Der Ami, der Ami hat damit angefangen.«

*Alfred* (beharrt): »Der Engländer war's, der Engländer. Der Churchill, ja, der Churchill war Oberleutnant in der englischen Armee. Hört mal, der Churchill war – im Kolonialkrieg war der Oberleutnant, ja, also Sarschent.«

*Michael:* »Der Hitler hätte dat nicht machen sollen.«

*Alfred:* »Un weißte, was der Churchill gemacht hat?«

*Michael* (beharrt darauf): »Ne, dat war 'ne Sauerei.«

*Alfred:* »Der hat ja auch auf zwei Fronten gekämpft.«

*Michael:* »Dat is egal, Sauerei is dat, hör' mal, dat is ...«

*Alfred* (unterbricht ihn): »Der hat uns Südwest-Afrika weggenommen als Kolonialstaat. Und da ist der und hat die Buren – haste von denen schon mal was gehört, die Buren? Der hat Frauen und Kinder in der Wüste eingeschlossen in Zeltlager, und der hat sie alle verrecken lassen, Frauen und Kinder, alle kaputt ...«

*Michael:* »Auch nicht richtig. Aber Hitler war der größte Massenmörder aller Zeiten ...«

*Alfred* (verunsichert, daß ihm von seinem Kollegen Michael Widerspruch entgegengebracht wird. Geht daraufhin frontal auf Ali los): »Hör mal, du bist doch nicht dumm?«

*Ich (Ali):* »Kommt drauf an ...«

*Alfred:* »Was ist der Unterschied zwischen den Türken und den Juden?«

*Ich (Ali):* »Alles Mensche, kei Unterschied.«

*Alfred* (triumphierend): »Doch! Die Juden haben's schon hinter sich!«

*Udo* meldet sich zu Wort. Zu Alfred: »Du, da kenn' ich noch einen viel besseren.«

*Alfred:* »Schieß' los!«

*Udo zu mir (Ali):* »Wieviele Türken gehen in einen VW?«

*Ich (Ali):* »Weiß nich.«

*Udo:* »Zwanzigtausend. Glaubste nicht?«

*Ich (Ali):* »Wird schon stimme, wenn du sags.«

*Udo:* »Willste wissen, wieso?«

*Ich (Ali):* »Lieber nich.«

*Udo:* »Ganz einfach. Vorne zwei, hinten zwei, die anderen in den Aschenbecher.«

*Alfred* (trocken): »Haha. Da kann ich schon lange nicht mehr drüber lachen. Der hat so'n Bart. Den hab ich mindestens schon hundertmal gehört. Kennt ihr den neuesten: ›Da trifft

111

ein Türkenjunge – der geht gerade mit einem deutschen Schäferhund spazieren – einen erwachsenen Deutschen. Der fragt: ›Wohin willst du denn mit dem Schwein?‹ – Der Türkenjunge: ›Das ist doch gar kein Schwein, das ist ein echter deutscher Schäferhund, hat sogar'n Stammbaum.‹ – Sagt der Mann: ›Halt's Maul, dich hab ich doch gar nicht gefragt.«

Prustendes Lachen von Alfred und Udo.

*Michael* sagt: »Find ich nicht gut. Daß ihr den erzählt, wo der Ali dabei ist. Der kann den doch falsch verstehen.«

*Ich (Ali):* »Kann nich drüber lache. Auch über Judenwitz is nichts zu lache. (Zu Alfred) Warum haben die Deutsch so wenig zu lache, daß sie immer ihr Witz auf Koste von ander mache müsse?«

*Alfred* (böse): »Spaß muß sein. Mischt ihr euch mal nicht in unsere Angelegenheiten ein, sonst habt ihr nämlich bald nichts mehr zu lachen.«

Und herausfordernd zu mir: »Kennst du den Dr. Mengele?«

*Ich (Ali):* »Ja, der Mörder-Doktor aus KZ.«

*Alfred:* »Ach, der Mengele, der war gar nicht mal so doof. Jedenfalls für seine Versuche hat er sich keine Türken genommen. Willste wissen, weshalb nich?«

Ich ziehe es vor zu schweigen.

»Weil«, blickt er mich haßerfüllt an, »weil ihr rein gar nichts taugt und nicht mal für seine Menschenversuche zu gebrauchen gewesen wärt.«

*Michael:* »Aber weißte, wenn ich die Berichte seh und hör, dann schäm ich mich, ein Deutscher zu sein, so was, ehrlich.«

*Alfred* (genüßlich): »Dann hat er sie da rein gestellt und dann hat er geguckt, wie lange die leben, wenn die da in dem Eis hocken.«

*Alfred* zu mir: »Hör mal, was bist du noch genau für'n Landsmann? Du bist doch gar kein richtiger Türke. Deine Mutter kommt doch von den Hottentotten oder so?«

*Ich (Ali):* »Ich hab griechisch Mutter, Vater Türk.«

*Alfred:* »Ja, was biste jetzt, Türke oder Grieche?«

*Ich (Ali):* »Beides. Und auch was deutsch. Weil schon zehn Jahr' hier.«

*Alfred* zu den anderen: »Hört euch diesen Idioten an. Der meint, er ist von allem etwas. So ist das, wenn die Rassen durcheinander zwitschern. Dann ist nachher nichts Genaues. Der kennt kein Vaterland. Sowas ist Kommunist. Da, wo der herkommt, da wimmelt es von Kommunisten. Sowas gehört verboten. Weißte, was die bei Mannesmann gemacht haben? Alle Türken raus. Hier bei Remmert, da sind etliche Türken, die kannste alle verbrennen, du, wenn du die Leute schon siehst, dann geht dir schon die Galle hoch ... Was ich gestern noch gesagt hab (zu türkischen Kollegen, G. W.), wenn du jetzt nicht langsam spurst, dann tret ich dich im Arsch und schick dich nach Hause. Oh, den hab' ich aufm Kieker.«

*Michael:* »Die haben hier gearbeitet, ihr habt hier gearbeitet – ist gut – wir haben euch gebraucht – Ende. Ihr seid hier! Was sollen wir dagegen machen, ne?«

*Ich (Ali):* »Wir sin ja nich von allein gekomm. Man hat uns ja auch geholt. Und damals immer sagt: Kommt! Kommt! Hier viel verdiene. Wir brauche euch. Wir sin ja nicht einfach gekomm.«

*Michael:* »Ha, dat is auch richtig. Wir sollen sie abfinden.«

*Udo:* »Ja, guck mal, wie Mannesmann das macht.«

*Michael:* »Im Moment sind doch so viele Arbeitslose, wir stekken doch selbst in der Krise.«

*Udo:* »Mannesmann hat sofort gesagt: hier alle Mann 10–30 000 Mark.«

*Ich (Ali):* »Nur wenn jetzt alle gehe würde, da würd ihr jetzt kein Rent' mehr kriege, wär für euch ganz Rent' kaputt. Wenn wir alle gehe, krieg wir all unser Geld. Un' Ihr habt kein Rent mehr.«

*Alfred:* »Ach, alles Quatsch. So viele Türken sind gar nicht da.«

*Ich (Ali):* »Doch, 1,5 Millione. Da seid ihr pleite.«

*Alfred:* »Weißte, wie das in der Schweiz ist? Wenn du in der Schweiz als Gastarbeiter arbeitest, dann läuft dein Arbeitsvertrag elf Monate und der zwölfte ist Urlaubsmonat. Und in diesem Monat, in dem du zu Hause bist und Urlaub hast, informieren sie dich brieflich, ob du wieder arbeiten darfst oder zu Hause bleiben kannst. So regelt das die Schweiz. In dem Monat entscheiden die, ob du wiederkommen kannst oder dir als Kameltreiber die Zeit vertreiben darfst.«

**Mehmets Odyssee**

Mehmet, ein älterer Kollege, fällt mir (Ali) immer wieder durch seine ruhige Art auf. Er besitzt eine fast stoische Ausgeglichenheit, mit der er die härtesten Arbeiten auf sich nimmt, und auch die gefährlichsten. Er ist freundlich und wirkt mit ergrautem Haar und dem runden, etwas faltigen Gesicht recht väterlich. Ich (Ali) erschrecke ein bißchen, als Klaus, ein anderer Remmert-Mann, erzählt, Mehmet sei gerade erst neunundvierzig Jahre alt. Ich hatte ihn für sechzig gehalten.

Eines Tages verabschiedet sich Mehmet für »fünf Wochen Urlaub« in der Türkei. Ich (Ali) frage andere Kollegen: »Gibt viel Urlaub bei Remmert? Adler frage nach fünf Woche Urlaub, geht aber nich, gleich Entlassung.« – »Kannst bei uns normal auch nicht machen, fünf Wochen«, sagt einer, »der Mehmet hatte doch drei Unfälle in einem Jahr. Da ist der Alte mal großzügig gewesen.« Ich frage nach: übereinstimmend berichten die Kollegen von schweren Verletzungen, die Mehmet erlitten hat. Der erste Unfall habe sich dabei noch nicht mal bei Thyssen ereignet, sondern in Remmerts Millionen-Villa in Mülheim. Mehmet und ein deutscher Kollege sollten dort eine Sauna im Keller installieren. Dafür mußte Erdreich ausgehoben werden, und Mauern waren teilweise abzutragen. »Dabei ist es passiert. Der deutsche Kollege war unten am buddeln, und der Mehmet hat gemerkt, wie die eine Mauer runterkommt. Da hat der den Kollegen rausgezogen, sonst wäre der vielleicht tot gewesen, aber Mehmet hat die Mauer noch voll auf der linken Schulter abgekriegt.« Der Arzt röntgte die zersplitterten Knochen und bescheinigte Mehmet eine 46prozentige Schwerbehinderung.

Mehr als zwei Monate mußte Mehmet im Krankenhaus bleiben. Eine Entschädigung oder eine Rente erhielt er von Remmert nicht. Dafür versprach ihm der Menschenverkäufer Remmert trotz der schweren Verletzung, daß er bei Thyssen weiterschuften darf. Bei Smogalarm und eisiger Kälte wird Mehmet im Februar wieder eingesetzt: in der Nachtschicht. In der Sinteranlage rutscht er bei Glatteis aus und fällt unglücklich, weil er instinktiv versucht, sich mit dem gesunden Arm abzustützen. Dabei verstaucht er sich das Armgelenk so stark, daß es in Gips gelegt werden muß. Kaum ist Mehmet, der eine Frau und drei Kinder zu versorgen hat, von denen eins seit Geburt schwerbehindert ist, wieder halbwegs gesund, fährt er eine Nachtschicht nach der anderen. Nach vierzehn Nächten hintereinander fällt Mehmet todmüde ins Bett. Zwei Stunden später ruft man bei ihm an und verlangt, gleich noch eine Tagesschicht dranzuhängen. Mehmet kommt. Als Mehmet abends um acht Feierabend machen will, ordnet der Vorarbeiter an: nach dem Essen soll Mehmet gleich wieder auf die Hütte kommen, zur nächsten Nachtschicht. Mehmet kommt.

In einem Kellergewölbe reinigt Mehmet Kanäle, in die immer wieder glühendes Eisen fällt und dabei einen Dampf verursacht, bei dem die eigene Hand vor den Augen nicht mehr zu sehen ist. Übermüdet und erschöpft rutscht Mehmet mit einem Bein in ein Bodenloch. Die Diagnose im Krankenhaus: Bänderriß. Auch nach zwei Operationen ist Mehmets Bein noch nicht wieder in Ordnung. Trotzdem arbeitet er weiter. Aus seinem Urlaub zurück, sagt er mir: »Was soll ich machen? Muß Arbeit machen. Kinder, Schulden ...«

Es ist schwierig, mit Mehmet ins Gespräch zu kommen. Er ist bereits nach wenigen Tagen wieder total überarbeitet und übermüdet. Die Zeit teilt er nur noch in Schichten ein, erinnert sich oft nicht mehr an bestimmte Monate, sondern nur noch daran, ob es bei Thyssen besonders kalt oder schmutzig war. Obwohl er bereits seit 1960 in der Bundesrepublik ist, spricht er nur ein sehr gebrochenes Deutsch. Der Überlebenskampf hat ihm nicht mal Zeit gelassen, die Sprache richtig zu lernen (ein türkischer Kollege half deshalb bei der Übersetzung der Gespräche, G. W.). Reden ist auch nicht gefragt, sondern »anpakken«.

Mühsam hat Mehmet versucht, was bei jedem Deutschen als Tugend gilt: sich und seiner Familie eine neue Heimat zu schaffen.

Er erzählt, daß er die ersten zehn Jahre überall gearbeitet hat, wo es Arbeit gab. Quer durch's Land. Schließlich, 1970, gelang es ihm, bei Thyssen in Duisburg eine feste Anstellung als Gabelstaplerfahrer zu bekommen: »Da hab' ich zwischen 1600 und 1700 Mark netto verdient, in Wechselschicht. Nebenbei auch noch gearbeitet, Autosattlerei ...« Mit jahrelang Erspartem und Bankkrediten kaufte Mehmet sich und seiner Familie ein halbverfallenes Reihenhaus in Duisburg-Mettmann. »Hätt' ich Arbeit behalten bei Thyssen, wär' jetzt alles bezahlt.« Doch sein deutscher Vorarbeiter machte einen Strich durch die bescheidene Rechnung: »Hab' ich Urlaub gemacht, 1980. Kommt der Vorarbeiter, sagt zu allen Türken: Bringt mir mal einen Teppich mit aus der Türkei, aber echten Teppich! Hab' ich gesagt: Hör mal, echter Teppich kostet bei uns mindestens 5000 Mark, gute Qualität. Soviel Geld hab' ich nicht. Da sagt der: Bringst du mir keinen mit, wenn du wiederkommst, wirst du was erleben!« Als Mehmet aus der Türkei zurückkam, schikanierte ihn der Vorarbeiter tagelang mit schweren Arbeiten als »Strafe« für das ausgebliebene »Geschenk«. »Dann er hat gesagt: Komm' in mein Büro! Bin ich in sein Büro gegangen, hat er bißchen geschimpft, hab' ich nichts gesagt. Dann, drei Stunden später, da hab' ich wieder gearbeitet, kommt Werkschutz, nimmt mich, sagt, ich soll nach Hause gehen. Ich hätte den Vorarbeiter geschlagen. Aber das stimmte überhaupt

116

nicht.« Mehmet wurde, ohne genaue Prüfung des Vorfalls, nach zehn Jahren bei Thyssen fristlos entlassen. Tatsächlich gab es nicht einmal eine Anzeige gegen ihn, etwa wegen »Körperverletzung«. Weil aber Thyssen diesen Grund in der Kündigung (»Tätlicher Angriff auf einen Kollegen«) angegeben hatte, weigerte sich das Arbeitsamt zunächst, ihn zu unterstützen. Mehmet mußte erst einmal Zeugen beibringen. Übereinstimmend sagten mehrere Kollegen, darunter auch deutsche, beim Arbeitsamt aus, daß der Kündigungsgrund ganz offenbar eine Farce sei. Mehmet: »Das war ein richtiger Schock, alles. Dann bin ich gelaufen und gelaufen, neue Arbeit suchen. Zwei oder drei Monate nichts gefunden. Dann endlich Arbeit bei einer Spanplattenfirma, Duisburg-Homberg. Auch wieder als Gabelstaplerfahrer. Da war ich fünf Monate, war alles ok, kein Problem. Nur dann hab' ich ein Telegramm gekriegt. Daß meine Mutter gestorben war, stand da drin. Bin ich zum Chef gegangen, hab' gefragt, ob ich eine Woche frei haben kann, um zu der Beerdigung zu fahren. Hat der gesagt: Wieso, nach fünf Monaten gibt's bei uns noch keinen Urlaub! Hab' ich gesagt: aber meine Mama ist tot. Hat er nur gesagt, interessiert ihn nicht. Da bin ich trotzdem gefahren und nach einer Woche, komm ich zurück, Kündigung.« Unter dem Druck der Schulden für sein Häuschen sucht Mehmet neue Arbeit – vergeblich. Wieder drei Monate Arbeitslosigkeit. »Dann hab' ich Führerschein Klasse zwei gemacht, für Lastwagen, mich beworben, überall. Dann endlich konnte ich Lieferwagen fahren, für eine kleine Firma, wenig Geld. Nach zwei Tagen Arbeit kommt ein Brief von Firma ›Rheinperle‹. Da hatte ich mal Planen repariert für die Wagen. Bin ich da hin, sagt Chef: Du kannst sofort anfangen bei uns, Gabelstapler fahren. Später vielleicht auch Lkw, bin ich vier Jahre geblieben.« Ein »noch besseres« Angebot verlockt Mehmet, die Firma zu wechseln: 13 Mark Stundenlohn bei einer Düsseldorfer Spedition. »Dazu 18 Mark Spesengeld, hab' ich gleich gemacht, ist doch klar.« Doch nach nur fünf Monaten kommt die Kündigung: »Arbeitsmangel«.

»Bin ich wieder gerannt. Arbeitsamt sagt: Komm' in drei Monaten wieder oder in vier, gibt keine Arbeit. Wieder bei Firmen gefragt, überall. Dann erzählt mir ein Nachbar, Remmert braucht Fahrer. Ich sag': Wo ist Remmert? Sagt er: Bei Mannesmann fragen. Ich zu Mannesmann. Eine Woche lang, jeden Tag, hab ich auf den Chef gewartet von den Remmertleuten. Aber der kam nicht. Ich immer wieder Tor vier rein, zu den Remmertleuten, warten. Dann hab ich einen Schweißer gefragt: Wo ist das Büro? Sagt er: Oberhausen. Ich sofort Oberhausen, nachmittags, drei oder vier Uhr. Vorarbeiter sagt nur: kannst sofort anfangen, bei uns gibt's Dreck, schwere Arbeit. Ich sag: ich arbeite gerne, egal Dreck oder schwer, muß arbeiten. Brot verdienen, muß doch.«

Mehmet bezahlt mit seiner Gesundheit, Remmert mit 12 Mark 24 brutto die Stunde.

**Auch anderswo**

Adler möchte eines Tages »so groß werden wie Remmert«. Das ist sein Traum.

Tatsächlich ist der Abstand von einem Adler zu einem Remmert nicht gerade unüberwindlich. Der Abstand entspricht etwa dem von der Unterwelt zur Halbwelt: während Adler seine Leute ohne jede behördliche Genehmigung verkauft, arbeitet Remmert wenigstens manchmal legal.

Firmeninhaber Alfred Remmert hat es so weit gebracht, daß er beinahe nur noch das Geld zu zählen braucht, das seine beiden Betriebe durch den Arbeiterverleih »einspielen«: 170 beschäftigt er in seiner sogenannten *Industriereinigung GmbH* (an die wiederum Adler Menschen verkauft), und zusätzlich läßt er etwa 660 Putzfrauen und Reiniger über sein Gebäudereinigungsunternehmen *SWI* für sich arbeiten.

Auch für die extrem anstrengende Arbeit bei Thyssen oder auch Mannesmann, die am ehesten noch mit Abbruch- und Bauarbeiten zu vergleichen ist, zahlt Remmert Löhne nach dem Tarif für Gebäudereiniger: 11,28 DM. Wer die Arbeit länger als ein Jahr aushält, bekommt etwa 60 Pfennig mehr. Der Tarif für Baufacharbeiter würde 14,09 DM betragen.

Die 36 Ausländer bei Remmerts »*Industriereinigung GmbH*« sind noch schlechter dran. Ein Türke, der für Remmert bei Mannesmann arbeiten mußte, berichtet, daß der Betriebsleiter die Arbeiter mit falschen Versprechungen zu höheren Leistungen anspornt: »Man hat uns gesagt, wenn ihr mehr als 20 Tonnen am Tag brennt, dann zahlen wir euch für jede weitere Tonne 2 Mark zusätzlich. Wir haben dann besonders reingehauen, und am Monatsende hatten wir 1600 Tonnen zusätzlich gebrannt, das wären 3200 Mark gewesen. Für jeden Brenner, wir waren da acht türkische Kollegen und drei deutsche, hätte es knapp 300 Mark mehr geben müssen. Tatsächlich hat uns der Remmert aber keinen Pfennig extra bezahlt.«

Yilmaz G.: »Die Kollegen, die als Leiharbeiter von Remmert in der Kokerei gearbeitet haben, waren auch mit ihrem Lohn unzufrieden, weil dort 'ne Menge Arbeiter von anderen Firmen für die gleiche Arbeit mehr Geld bekamen. Da gab es Leute, die von einer Abbruchfirma aus Duisburg kamen, die kriegten bis zu 3,50 Mark mehr pro Stunde.«

Genau wie bei Thyssen werden auch bei Mannesmann regelmäßig Überstunden »gefahren«. Yilmaz schätzt die monatliche Arbeitszeit der Remmertleute bei Mannesmann auf 230 bis 250 Stunden.

Auch bei Mannesmann werden die Leute wie Desperados »verheizt«, auch hier Staub, Qualm, Unfallgefahren, wo auch immer die Leute reingeschickt werden. Ein Betriebsrat bei Mannesmann: »Wer zum Beispiel als Flämmer in der Hütte eingesetzt wird, arbeitet den ganzen Tag über in einer unnatürlichen, gebückten Haltung. Dazu kommt die ständige Hitze durch das Flammengerät.« – »Das ist fast wie früher auf den Galeeren«, sagt Ali K., »wenn du schlapp machst, werfen sie dich über Bord. Wir hatten einen türkischen Kollegen, der für Remmert als Brenner bei Mannesmann gearbeitet hat. Eines Tages ist dem Mehmet beim Eisenverladen eine Kette vors Knie geschlagen – da hat er sich beide Beine gebrochen. Der Kollege mußte dann sechs bis sieben Monate ins Krankenhaus, und der Remmert hat ihn nach kurzer Zeit rausgeschmissen. Nachdem Mehmet wieder einigermaßen gesund war, ist er mal bei uns im Betrieb gewesen und hat gefragt, ob man ihn für vier oder fünf Stunden wieder einstellen würde, weil er nach dem Unfall nicht mehr so lange stehen kann. Der Betriebsleiter hat ihn noch nicht mal ausreden lassen – ihn einfach wieder weggeschickt.«

Dabei sind Unfälle oft durch häufige Doppel- und Dreifachschichten, die Remmert seinen Leuten abverlangt, vorprogrammiert. Die Firma Remmert transportiert beispielsweise auf der Hütte Schlacke mit Lastwagen. Von Kollegen wird erzählt, daß Leute auf diesen Lastzügen bis zu 36 Stunden hintereinander unterwegs gewesen sind. Das ist nicht nur für die Remmertleute gefährlich, sondern auch für alle, die zu Fuß auf der Werksstraße unterwegs sind. »Wenn dort einer rumkurvt, der schon 36 Stunden auf dem Bock sitzt, ist doch nur eine Frage der Zeit, bis es zu einem schweren Unfall kommt«, fürchtet sich Ali K.

Die Duisburger Firma Staschel – neben Remmert ein weiterer Verleiher auf dem Mannesmanngelände – machte auch schon morgens mit ihren Leiharbeitern eine Schicht auf der Kokerei, nachmittags eine im Hüttenwerk und am Abend die Nachtschicht in einer Nebenstelle der Röhrenwerke in Mülheim. Die Leute arbeiteten 24 Stunden durch.

Bei Mannesmann begann der Sklavenhandel, nachdem der Konzern reihenweise türkische und andere ausländische Stammarbeiter aus dem Betrieb gedrängt hatte. Um sie loszuwerden, bot Mannesmann ihnen bis zu 40 000 Mark ›Rückkehrhilfe‹, man wollte dadurch 600 Leute einsparen. Gleichzeitig hat die Firmenleitung bei den Deutschen die Angst geschürt, daß auch ihre Arbeitsplätze in Gefahr wären, wenn nicht genug Ausländer in ihre Heimat zurückgingen. Diese Drohung führte zu einer äußerst gereizten Stimmung im Betrieb, viele

Kollegen wollten, daß die Türken verschwinden, damit zum Beispiel die eigenen Söhne, die als Lehrlinge im Werk ausgebildet wurden, ihren Arbeitsplatz behalten. Ältere Türken wurden einem deutschen Sprachtest unterzogen, ein Versuch, ihnen mangelnde Qualifikation nachzuweisen. Wer dann immer noch nicht ›rückkehrwillig‹ war, wurde mit der Aussicht auf Kurzarbeit und Kündigung über einen Sozialplan unter Druck gesetzt. Auf diese Weise verließen über 1000 Türken Mannesmann. Das Startsignal für Subs wie Remmert, bei Mannesmann einzusteigen.

### Der Verdacht

»Alles, was Adler ist, mal herkommen.« Der Sheriff klatscht in die Hände und zitiert uns in einer Arbeitspause zu sich. »Damit ihr Bescheid wißt, Herr Adler will euch heute nach der Arbeit 16 Uhr im Lokal »Sportlereck«, Skagerrakstraße, treffen, um mit euch über Arbeitsorganisation und eure dauernden Geldforderungen zu reden. Ihr sollt pünktlich sein, denn er hat nicht viel Zeit, soll ich euch sagen.«

Es ist unsere unbezahlte Freizeit. Nachdem wir nach der Arbeit über eine Stunde herumgesessen haben, begeben wir uns zu dem angegebenen Lokal. Wir warten eine Viertelstunde, wir warten eine halbe Stunde, wer nicht kommt, ist Adler. »Der verarscht uns doch nur«, sagt Mehmet, »gehn wir nach Haus.« Die einzigen, die noch bleiben, sind Adlers getreue Vorarbeiter, Wormland und dessen Bruder Fritz (23), und ich (Ali).

Wir stehen an der Theke, als zwei Polizisten in Uniform und einer in Zivil das Lokal betreten, prüfend in die Runde der etwa zwanzig Gäste schauen. Einer fragt: »Ist hier eben jemand 'reingekommen, ca. vierzig Jahre, blond, etwa 1,70 groß? Die Commerzbank hier um die Ecke wurde überfallen und 40000 DM geraubt.«

Kichern meines deutschen Nachbarn an der Theke, eines etwa Sechzigjährigen, der beim achten Bier angelangt ist: »Würd' ich doch nicht verraten, würd' ich keinem was sagen, wenn ich's wüßte«, sagt er laut, so daß die Polizisten es hören können. »Der müßte mit mir halbe-halbe machen. Dafür würd' ich auch dichthalten.« – »Wem gehört draußen der grüne VW-Passat mit Kölner Kennzeichen?«, so die strenge Frage des älteren der Polizisten. Ich blicke durchs Fenster und sehe, wie ein Polizei-Mannschaftswagen direkt vor meinem Wagen parkt und einige Polizisten neugierig meine total verbeulte, leicht angerostete Karre betrachten. Verflucht, wenn sie mich hier identifizieren, ist alles vorzeitig geplatzt. Den Wagen hatte ich zwar vorsorglich auf einen anderen Namen ummelden lassen, aber ich habe keine falschen Papiere bei mir.

Mein Wagen sieht wirklich ziemlich heruntergekommen aus – für mich ist ein Auto lediglich ein Fortbewegungsmittel und Gebrauchsgegenstand, kein Prestigeobjekt –, daß er genau in das Polizistenklischee zu passen scheint: wer so einen Wagen fährt, hat's auch nötig, eine Bank zu überfallen.

Ich reagiere nicht und schaue in eine andere Richtung. Mein deutscher Arbeitskollege Fritz stößt mich an und sagt: »Hör mal, das ist doch dein Wagen, warum sagst du das denen nicht?!« – »Halt Schnauze«, schalte ich (Ali), »der Auto hat nicht TÜV, gibt Straf'.« – Fritz nutzt Alis Notlage blitzschnell zum eigenen Vorteil: »Was krieg ich, wenn ich dichthalte? 100 Mark, oder ich sag's.« Er blickt demonstrativ zu den Polizisten hin. – »Soviel hab' ich nicht«, sag' ich (Ali) und handele ihn auf einen Kasten Bier herunter.

Die Polizisten haben inzwischen begonnen, die Gäste einzeln zu befragen, wem der verdächtige Wagen gehört, und einer kommt auch auf uns zu. Aber wir können auch nicht weiterhelfen. Der Polizeitrupp verschwindet wieder. Ich atme schon erleichtert auf und denke, gerade noch mal davongekommen, als kurz darauf ein neuer Polizeitrupp erscheint, diesmal drei Uniformierte und zwei Zivile. Es scheint wohl eine schlecht organisierte Großfahndung in Gang zu sein, wo die eine Hand nicht weiß, was die andere gerade tut, denn der Einsatzleiter stellt die gleiche Frage, wie schon sein Kollege vorhin, ob hier ein etwa Vierzigjähriger, blond, etwa 1,70 Meter groß, 'reingekommen sei, mit weißer Plastiktüte, in der Scheine im Wert von etwa 40 000 DM seien. Einige Gäste lachen laut und nehmen das Ganze für einen gelungenen Scherz. »Ja, der ist grade zum Pinkeln auf die Toilette gegangen«, sagt ein etwa Vierzigjähriger, leicht Angetrunkener, auf den von der Haarfarbe und Körpergröße her die Täterbeschreibung zutreffen könnte. – »Lassen Sie gefälligst den Unfug!« Der Einsatzleiter versteht keinen Spaß: »Sonst lasse ich Sie wegen Irreführung und Störung einer Amtshandlung festnehmen.«

Sein Blick schweift in die Runde und bleibt auf mir (Ali) haften. Ich bin der einzige Ausländer im Lokal, sehe in meinen Arbeitsklamotten leicht abgerissen aus, und die schwarze Ölschmiere im Gesicht ist nicht ganz 'runtergegangen. »Du kommst mal mit!«, der Einsatzleiter zeigt mit spitzem Finger auf mich (Ali), und seine zwei jüngeren Untergebenen kommen tatendurstig auf mich zu. Mir wird ganz flau, und ich sehe meine Arbeit schon endgültig platzen. Einen Moment lang überlege ich, an ihnen vorbei nach draußen zu rennen und mein Heil in der Flucht zu suchen. Aber draußen wimmelt es von Polizisten, und irgendein Scharfmacher könnte mich von hinten erschießen. Jetzt ganz, ganz ruhig bleiben, suggerier' ich mir, nur keine Nervosität zeigen, das Recht hab' ich allemal auf meiner Seite. Was können sie mir schon anhaben? »Wieso mich mitnehme?« geh' ich (Ali) gleich in die Offensive. »Bin jung Mann, achtundzwanzig Jahr und einsachtdrei groß und Haar schwarz. Der klaut, is' mehr alt und viel klein«, weise ich sie auf das offensichtliche Mißverhältnis hin. Dem Einsatzleiter ist nicht nach Logik zumute. Er scheint, durch mich (Ali) inspiriert, auf einer heißen Spur zu sein. »Mitkommen«, sagt er barsch und: »Du hast nur zu antworten, wenn du gefragt wirst.« – Einer seiner Konsorten will mich am Arm packen, aber ich schüttle ihn ab und sage: »Tu nix, komm ja mit.«

Vor der Kneipe umringen mich weitere Polizisten, auch zivile darunter. Verdammte Scheiße, wie komm' ich da nur wieder 'raus? Die sind frustriert, da ihnen der echte Täter durch die Lappen gegangen ist; jetzt brauchen sie ein Ersatzopfer. »Zeig Papiere«, verlangt der Einsatzleiter. »Ich nix hab'«, sage ich (Ali), »Chef Adler uns wegnehme, jede Tag bei Thyssen arbeit lasse und kei Geld gebe«, versuch' ich etwas Verwirrung zu stiften, um von mir abzulenken. Aber er geht nicht darauf ein. »Name, wo wohnen?« verhört er mich.

Ich (Ali) buchstabiere ihm umständlich meinen türkischen Namen »S-i-n-i-r-l-i-o-g-l-u«, lächele ihn freundlich an dabei, als er wegen der Kompliziertheit des Namens flucht, und versuche, ihn aufzumuntern: »Ich weiß, schwer Nam. Kanns auch Ali zu mir sag.« – Das scheint ihn keineswegs zu versöhnen, er blickt nur um so finsterer. Ich nenne ihm meine Adresse, »Dieselstraße 10«, wo ich allerdings bisher noch nicht polizeilich gemeldet bin. Über Funk erfolgt auch prompt die negative Bestätigung, daß dort kein Ali Sigirlioglu gemeldet ist. Der jüngere Polizist faßt mich (Ali) wieder am Arm, sagt: »Dann fahren wir zu dir nach Haus', dann kannst du uns ja deine Papiere zeigen.« Ich versuche abermals die Flucht nach vorn: »Papier hat Chef, kommt gleich. Der is groß Gangster, klaut uns Geld, gehört in Gefängnis, den sollt mitnehm.« Und ich (Ali) lenke wieder auf Thyssen über: »Könnt mit mir fahr, Tor 20, da is mei Stempelkart, könnt sehe, daß ich da arbeit.« Sie sind etwas irritiert, denken aber nicht im entferntesten daran, sich Alis Chef näher anzuschauen, obwohl alles stark nach Sklavenhändler riecht. Die Koppelung mit dem Namen Thyssen scheint für sie keinen Tatbestand herzugeben, da wollen sie sich allem Anschein nach nicht die Finger dran verbrennen.

Ein Beamter schlägt dem Einsatzleiter vor: »Das beste, wir fahren ihn zur Bank und machen Gegenüberstellung.« – »Ja, prima, gern«, geht Ali sofort begeistert darauf ein und schickt sich an, mit seinen ölverschmierten, fetttriefenden Arbeitsklamotten in den Streifenwagen zu klettern. Der Einsatzleiter reißt mich (Ali) zurück und brüllt: »Raus! Du versaust uns mit der Schmiere die ganzen Sitze.« – Inzwischen hat sich ein Menschenpulk um uns herum gebildet. »Der hat versucht, ein deutsches Mädchen zu überfallen«, geifert eine etwa fünfzigjährige Hausfrau mit prall gefüllter Einkaufstasche, die sie hinter sich an die Hauswand gestellt hat.

»Was der für kalte, stechende Augen hat«, pflichtet ihr ein etwa Fünfundsechzigjähriger bei, »so sehen geisteskranke Amokläufer aus. Gut, daß sie ihn geschnappt haben.« – »Der hat doch nur die Bank überfallen«, korrigiert sie ein etwa Fünfundzwanzigjähriger, der an sein Fahrrad gelehnt dasteht. – Es entsteht ein Streit in der Gruppe. Die Mehrzahl pflichtet dem jungen Mann bei, andere beharren jedoch auf der Vergewaltigungstheorie, eine will sogar das überfallene Mädchen noch »schreien« gehört haben, als es »mit dem Krankenwagen abtransportiert« worden sei.

Etwa zwanzig Minuten lang verhören sie mich (Ali) auf der Straße – in der Zeit hat sich der echte Bankräuber wohl in Ruhe absetzen können –, bis der Einsatzleiter eine Entscheidung trifft: »Du gehst jetzt wieder in das Lokal zurück und wartest, bis wir mit den Zeugen zwecks Gegenüberstellung zurück sind. Wag es nur nicht abzuhauen. Ein Polizist wird vor der Tür stehen bleiben und aufpassen, daß du nicht türmst.« Ich (Ali) warte fast eine Stunde, aber es kommen keine Zeugen. Der Verdacht muß ihnen nachher selbst so absurd vorgekommen sein, daß sie sich vor den Zeugen wahrscheinlich nicht blamieren wollten. Als der wacheschiebende Polizist vor der Tür weg war, schlich ich mich vorsichtig zu meinem Wagen und machte mich, erleichtert wie selten, davon.

Vorher wandte ich (Ali) mich noch an die deutschen Gäste im Lokal: »Habt ihr mitkrieg. Nur weil ich Ausländer, muß mit. Der echt war doch blond und nur 1,70 m und mehr alt.«

»Ja, du könntest ja auch eine Perücke aufgesetzt haben«, erlaubt sich ein etwa fünfzigjähriger Finanzbeamter an der Theke einen Scherz, und die ganze Kneipe stimmt in schallendes, prustendes Gelächter ein. »Ich hab' das draußen mitbekommen«, vertraut mir der leicht angetrunkene Finanzbeamte noch an, »daß ihr da so schwarz auf der Hütte arbeitet. Da seid ihr nicht die einzigen. Uns kommt das immer wieder zu Ohren, aber da wagen sich meine Vorgesetzten doch nicht ran, selbst wenn ich das jetzt melden würde.«

Eine zweite brenzlige Begegnung mit der Polizei erlebe ich drei Monate später. Ich (Ali) komme ziemlich übermüdet von Adler, setz' mich in meinen Wagen, der ein paar Straßen weiter um die Ecke geparkt ist, und ramme beim Zurücksetzen einen nagelneuen VW-Golf.

Im Nu hat sich ein Menschenpulk um Ali herum gebildet. Die Besitzerin des Wagens kommt aufgeregt hinzu, und Ali erklärt sich für schuldig, will sofort für den entstandenen Schaden aufkommen und ihr das auch schriftlich geben. Im Hintergrund rufen unbeteiligte Deutsche: »Glauben Sie ihm nicht, das ist ein Ausländer, der betrügt Sie. Rufen Sie sofort die Polizei.«

Ich bin lediglich im Besitz eines Führerscheins, ausgestellt auf einen türkischen Arbeiter, dessen Foto allerdings dem Aussehen Alis überhaupt nicht ähnlich sieht. Auf diese Weise von der Polizei identifiziert zu werden, wäre ein allzu banaler und platter Schluß der gesamten Aktion. Also fleht Ali die Dame an: »Bitte nicht Polizei. Gibt Punkt in Flensburg und hab' schon da. Gibt Straf', vielleicht Führerschein weg und sogar Ausweisung nach Türkei.« Die Frau zögert noch, aber aus dem Pulk, wo einstimmig die Auffassung vertreten wird: »Polizei muß her«, eilt schon jemand ins gegenüberliegende Geschäft, um die Polizei anzurufen.

Kurz darauf erscheint ein älterer Polizist, betrachtet mich (Ali) äußerst mißtrauisch, nimmt den Unfallvorgang auf und fordert mich auf, mit ihm zur naheliegenden Polizeiwache zu kommen. »Sollte irgendwas gegen ihn vorliegen, benachrichtige ich Sie sofort«, beruhigt er die Dame. Er vergleicht das Foto des Führerscheins mit Alis Aussehen, nickt, so als wollte er sagen:

»Stimmt überein«, obwohl überhaupt keine Ähnlichkeit besteht.

Die anderen Angaben überprüft er über Computercheck und scheint selbst erstaunt, daß von dort alles o. k. gemeldet wird.

»Liegt nichts vor, können gehen«, entläßt er mich (Ali).

»Gut' Arbeit«, gratulier ich ihm, »in Türkei dauert so ein bis zwei Tag'.«

»Wir sind hier auch in Deutschland«, belehrt er mich nicht ohne Stolz.

»Hab' gemerk'«, erwider' ich, »trotzdem Glückwunsch«, und bin heilfroh, als ich wieder draußen bin.

## Die Geländer
### von my und muh

Zur Abwechslung hat Adler etwas ganz Besonderes für mich (Ali). »Du meldest dich morgen 7 Uhr bei Firma Theo Remmert, ist der Bruder von unserem Remmert, und wirst im Akkord Geländer streichen.« – »Wieviel Arbeit is?« will Ali wissen und: »Wie lang?« – »Och, reichlich«, meint Adler, »kannst du ein Jahr dran arbeiten.« – »Und was verdien?« – Daß ich nach so etwas Abwegigem frage, bringt Adler in Verlegenheit. Er tut so, als rechne er, und überschlägt: »Ja, wollen wir mal sagen, 'ne Mark pro Meter.«

Der Meister in der Fabrikhalle, bei dem ich (Ali) mich am nächsten Morgen vorzustellen habe, weiß Bescheid. Mit einem milden Lächeln nimmt er zur Kenntnis, daß Adler mich geschickt hat, und erkundigt sich nach dem vereinbarten Lohn. Als er 1 DM pro Meter hört, sagt er: »Da mußt du dich aber verdammt 'ranhalten, wenn du da was bei verdienen willst. Pausen kannst du dir da nicht bei leisten.« Es hat den Anschein, als ob die Firma Theo Remmert unter Termindruck steht. Die von Remmert gefertigten Eisengeländer sollen für eine neue Anlage bei der Ruhrchemie schon in allernächster Zeit geliefert und montiert werden.

Es wird fast eine Woche lang eine unheimliche Schinderei.

Wenn ich (Ali) von morgens bis abends durcharbeite – allenfalls mal zehn Minuten Pause mache –, komme ich auf höchstens fünfzig Meter am Tag. Die Geländer sind 1,25 Meter hoch, drei Rundstangen sind mit Pinsel zu streichen und unten noch mal eine größere Leiste. Mit kleinen Pinseln mußt du noch in jede winzige Ritze und Ecke 'rein. Zwischendurch noch die Geländerteile mit Kran von einer anderen Ecke der Halle herschaffen und fertiggestrichen wieder zurücktransportieren. Diese Zeiten bezahlt Ali keiner. Ebenfalls nicht, wenn der Meister kommt und reklamiert, einige Geländer seien nicht sorgfältig genug gestrichen, an ein paar winzigen Stellen fehle die Farbe. Das bedeutet, die schweren Dinger über Kran noch mal hin und her bewegen.

Ich (Ali) versuche, mit zwei Pinseln gleichzeitig herumzuwirbeln, um Zeit zu sparen. Aber es bringt nicht viel. Ein deutscher, bei Remmert fest angestellter Arbeiter, der die Geländer vor mir im Zeitlohn gestrichen hat, blickt mich mitleidig an und meint: »So'n Tempo hält doch keiner tagelang aus. Da gehst du bei kaputt. Laß dir doch Zeit.« – Als er hört, wie der Akkordlohn aussieht, schüttelt er den Kopf: »Da würd' ich doch hinschmeißen. Da würd' ich keinen Pinselstrich für machen.« – Er bekennt offen, daß er höchstens die Hälfte von Alis Pensum schafft und dafür im Zeitlohn 13 DM pro Stunde bekommt. Bei Alis Tempo kämen ungefähr 5 bis 7 DM in der Stunde raus.

Trotz der miserablen Bezahlung entwickelt man im Akkord eine total andere Einstellung zur Arbeit. Trotz Dauerstreß ist der Druck ein anderer. Es steht nicht dauernd einer hinter dir, der dich antreibt. Die Angst vor Vorgesetzten, Meistern, Kontrolleuren ist nicht da. Du gehst mit etwas angenehmerem Gefühl zu dieser Arbeit als zu Thyssen. Obwohl du auch ganz schön geschafft nach Hause kommst. Wenn du auf die Uhr schaust, bist du ganz erschrocken, daß es schon so spät ist. Es wäre einem lieber, es wäre noch früher. Bei Thyssen ist es genau umgekehrt. Die Stunden zerdehnen sich. Du bist verdammt froh, wenn sie vorbei sind. Du zählst jede einzelne und bist entsetzt, wenn du auf die Uhr schaust und es sind immer noch vier endlose, qualvolle Stunden bis Schichtschluß. Akkord ist die unterste, verkümmertste Stufe des vermeintlichen Selbständigseins, ohne irgendwelche wirklichen Vorteile, die damit verbunden sein sollten.

Jeden Tag kontrolliert der Remmertmeister mein Tagespensum und nimmt die Arbeit ab. Manchmal muß ich noch Teile nachstreichen oder Nasen, die sich gebildet haben, wieder abschmirgeln und neu überpinseln. Auch diese Zeit bezahlt einem keiner. – Als ich (Ali) den Meister darauf anspreche, daß ich unmöglich auf meinen Lohn kommen kann und mir mit 5 bis 6 Mark in der Stunde total ausgenutzt vorkomme, winkt er ab: »Da haben wir nichts mit zu tun. Wir zahlen an Adler. Der kriegt einen guten Preis dafür. Mußt du dich an den halten.« Wie hoch dessen Profit in diesem Fall ist, will er Ali nicht verraten. Ich schätze jedoch, daß er mindestens das Drei- bis Fünffache für die reine Vermittlung seines Sklavenarbeiters kassiert, ohne auch nur einen Finger dafür zu rühren.

Nachdem ich 210 Meter Geländer von vorne und hinten, oben und unten und rundum mit Ockerfarbe gestrichen habe und Schuhe, Hose und Hemd zwangsläufig halb mit, ist der Auftrag erst mal erledigt. Der Remmertmeister erklärt, daß die von mir gestrichenen Geländer so bald wie möglich auf einer neuen Werksanlage der Ruhrchemie von Remmertleuten montiert würden. Erst in einigen Wochen werden neue Geländer zusammengeschweißt.

Von wegen ein Jahr Dauerarbeit, wie Adler versprach. – Als ich (Ali) ihm die Situation am Telefon schildere, erklärt er: »Macht gar nichts. Meld' dich morgen 5 Uhr früh wieder in der Thyssen-Kolonne.« Und auf Alis Frage nach der Bezahlung fürs Geländerstreichen meint er: »Wir rechnen ab, sobald ich mein Geld dafür von Remmert bekommen habe.« Und: »Du kannst ja dann an den Wochenenden immer weiter Geländer streichen gehen.«

Als ich (Ali) drei Wochen später immer noch nicht meine

210 Mark für den harten Sondereinsatz erhalten habe, stelle ich Adler zur Rede. »Du hast die Geländer nicht richtig gestrichen«, behauptet er dreist und: »Ich kann dir das nicht bezahlen, denn durch dich hab' ich da große Schwierigkeiten bekommen und erhalte mein Geld nicht.« Auf meine Frage »Weshalb?« faselt er was davon, daß die »My-Zahl« nicht stimmt, was wohl heißt, daß die Dicke der Farbschicht nicht korrekt sei. – Ich halte es für einen seiner üblichen Vorwände und Tricks, aber selbst wenn es zutreffen sollte, meine Schuld ist es nicht. Meine Arbeit wurde vom Remmertmeister kontrolliert und ordnungsgemäß abgenommen. Also macht sich Ali auf den Weg, bei Herrn Remmert persönlich sein Geld einzufordern. Um Remmert etwas zu erschrecken, geht er unmittelbar nach der Thyssen-Schicht im Arbeitszeug und im Gesicht total verdreckt und schwarz zum Verwaltungsgebäude der Theo-Remmert-Werke. In der Vorhalle des Treppenhauses prangt unübersehbar ein großgerahmter Wandspruch, die Lebensweisheit des Inhabers der Remmert-Werke, Theo Remmert:

> »Es gibt Leute, die halten den Unternehmer für einen räudigen Wolf, den man totschlagen müsse. Andere wiederum meinen, der Unternehmer sei eine Kuh, die man ununterbrochen melken könne. Nur wenige sehen in ihm den Mann, der den Karren zieht.«

Ali, Staubschlucker, Eisenwichser, Lastenträger und Kuli, macht sich auf zum Karrenzieher und Sprücheklopfer Remmert. Unbemerkt gelingt es ihm, an der Dame am Empfang vorbeizukommen und in die Chefetage vorzudringen. Remmert selbst ist außer Haus, aber einer seiner Direktoren telefoniert gerade über einen Millionenauftrag. Er erstarrt, als er mich (Ali) hereinkommen sieht. »Was ist mit Muh?« stell' ich

(Ali) ihn zur Rede. »Hab' mein' Arbeit gemacht, Meister sagt o. k., und jetzt kein Geld.« – »Sie meinen ›My‹, das ist die Dicke der Farbe«, korrigiert er Ali, »weiß ich nichts von, geh zu Adler, der soll dir dein Geld geben.«

Das Verwirrspiel geht weiter. Adler schickt Ali zur Ruhrchemie zum »Nachstreichen«, wie er sich ausdrückt: »Sonst kein Geld.« – Stundenlanges Suchen am Rande von Oberhausen in einem unübersichtlichen, stinkenden weitläufigen Industriegelände der Ruhrchemie, bis Ali endlich in schwindelnder Höhe auf einem Stahlgerüst seine Geländer bereits festmontiert entdeckt. Er will hochklettern, aber eine Aufsichtsperson hält ihn zurück. »Lebensgefahr, da müssen erst noch Laufgitter montiert werden.« – Er weiß nichts von »Muh« oder »My«. Er sagt: »Das ist doch scheißegal. Hauptsache, das Geländer steht.« – Noch mal Beschwerde bei Adler (telefonisch): »Ja, noch mal der Ali. Meister sagen, mit de Muh egal. Geländer steht, und keiner kann mehr 'runterfalle.« – Adler braust auf: »Erst nachstreichen, nächste Woche wieder hin, sonst kein Geld.« – Auch die nächste Visite bei der Ruhrchemie führt zu keinem Ergebnis. Falls ich (Ali) wirklich das montierte Geländer noch mal gestrichen hätte, wäre mein Stundenlohn auf 2 DM zusammengeschmolzen, denn beim Herumklettern in der Höhe hätte die Arbeit wesentlich länger gedauert.

Wie auch immer, für diesen Sondereinsatz gab's bis zuletzt für Ali keinen Pfennig. Und es war ein hartes und stolzes Stück Arbeit. Aneinander montiert, würde sein Geländer die Hälfte eines Fußballplatzes einzäunen.

**Wie im wilden Westen**

Es bedarf enormer Anstrengungen, um wenigstens an einen Teil unseres Lohns zu kommen.

Adler wohnt in einem gepflegten hübschen Villenvorort Oberhausens, etwa fünfzehn Kilometer von der August-Thyssen-Hütte entfernt, wo der Industriedreck durch einen nahegelegenen Waldgürtel gefiltert wird. Die Busverbindungen von den grauen schmutzigen Arbeitersiedlungen zu Adlers Domizil sind mit mehrmaligem Umsteigen verbunden, und so häufig fahren die Busse nicht. Die Kollegen nehmen lange Wartezeiten in Kauf. Manch einer, der sich vorher bei Adler telefonisch angemeldet hat, steht vor verschlossener Tür. Sicherer ist es, sich überraschend bei ihm anzupirschen und so zu klingeln, daß er einen vom Fenster aus nicht sehen kann. Adler hat immer wiederkehrende Standardformeln, um seine Leute abzuwimmeln: »Ich kann das jetzt nicht nachvollziehen.« – »Ich bescheiße keinen um eine Stunde.« – »Ich habe keine Scheckformulare hier und Bargeld sowieso nicht.« – »Ich bin schon seit Tagen hinter Ihnen her. Die Lohnabrechnung ist am Montag fertig.« (Ist sie natürlich nicht. G. W.) »Ich hab' ja mein Büro normalerweise in Dinslaken. Da hab' ich ja noch einen Stahlbaubetrieb. Da hab' ich alles liegen.« – Und er bestellt einen für einen anderen Tag dahin und erscheint nicht. – Oder zu mir (Ali) sagt er: Wenn das so weiterläuft wie bisher, dann bin ich der letzte, der nicht noch 'ne Mark zulegt oder irgendwas. Da können Sie sich drauf verlassen. Da reden wir im nächsten Monat noch mal miteinander.« – Er legt nie zu. Statt den Lohn, wie versprochen, um eine Mark zu erhöhen, zieht er Ali zwei Monate später eine Mark ab. Er erklärt, warum er keine Überstundenzuschläge zahlen will – selbst wenn Ostern, Pfingsten und Weihnachten gearbeitet wird:

»Weil wir preiswerter arbeiten. Darum holt Thyssen kleinere Firmen oder mittlere Firmen, so wie wir eine sind, 'ran, weil wir in der Regel preiswerter arbeiten können als die eigenen Thyssenleute. Darum machen die das doch nur! Die würden am liebsten noch mehr Thyssenleute entlassen und noch mehr Firmen wie uns reinholen, weil so Firmen wie wir preiswerter sind.« Er empfiehlt Tricks, um den Behörden gegenüber den Anschein von Legalität zu erwecken: »Aushilfsquittung! Da gibt es in Deutschland ein Gesetz, danach darf man einen Nettobetrag bis zu 390 Mark monatlich steuerfrei verdienen, und wenn man dann noch einen Verwandten beibringt, der einem seinen Namen gibt, dann sind es schon 780 Mark netto Aushilfe. Das ist also vollkommen legal.« Oder er meldet jemanden, der krank wird, rückwirkend bei der AOK an.

Um sich vor längst fälligen Zahlungen zu drücken, verlangt er immer wieder von seinen Arbeitern: »Stundenzettel! Vom Vorarbeiter Zentel unterschrieben vorlegen, sonst gibt's kein Geld! Kann ich sonst nicht nachvollziehen.« Mein Eindruck, er hat dieses Spielchen mit Zentel abgesprochen, denn der weigert sich in der Regel, uns nach der Arbeit Stundenzettel zu unterschreiben. »Hab' für so was keine Zeit«, wimmelt er meist ab. »Kriegt der Adler sowieso jeden Tag von mir genau, wieviel Stunden jeder von euch gearbeitet hat.« So laufen wir oft hin und her, ohne die verlangten Stundenzettel und damit den Lohn zu bekommen. Obwohl unsere Arbeitszeit auf den Thyssen-Stempelkarten ebenfalls exakt dokumentiert ist, läßt Adler sie nicht als Beleg gelten: »Interessiert mich überhaupt nicht. Die Stempelkarten sind für mich kein Beweis.«

Mit Osman zusammen geh' ich (Ali) unangemeldet zu Adler; vorsichtshalber erst um 18.30 Uhr, um ihn auch zu Hause anzutreffen. Es ist Osmans letzter Tag in der Bundesrepublik. Er hat aufgegeben und fährt am nächsten Tag mit dem Bus endgültig in die Türkei zurück. Am Vortag war er vergeblich zu Adler rausgefahren, obwohl er sich telefonisch angemeldet hatte.

Als Adler mich (Ali) sieht, erschrickt er: »Wie sehn Sie denn aus? Is ja schlimm.« Ich (Ali): »Ja, is so bei de Arbeit. Immer Dreck und Staub, müsse ja sauber mache, geht nich richtig von waschen weg. Is zu viel Dreck, geht in die Haut.« – Adler (besorgt um seine Tapeten): »Kommen Sie weg von meiner weißen Wand, halten Sie mindestens einen Meter Abstand, sonst lehnen Sie sich noch dran. Sie torkeln ja vor Müdigkeit.« – Zu Osman: »Kommt hier einfach an. Die haben doch wohl den Arsch auf. Unverschämtheit! Kommen hier noch um sieben Uhr abends angedackelt.« Osman: »Aber ich fahr doch morgen schon in die Türkei zurück und wollt mir noch was kaufen. Hab überhaupt kein Geld.« – Adler: »Kann ich nichts ändern. Ist doch eine Sauerei, so was.« Er kriegt sich gar nicht mehr ein, und diesmal ist seine Empörung nicht nur vorgespielt. Er wiederholt noch mindestens dreimal, daß es eine »Sauerei« sei, um sich dann noch mehr reinzusteigern: »Nachher kommt ihr noch um zehn oder elf Uhr abends.« – »Nee, nee, kei Angst«, sag' ich (Ali), »so spät nich, wir müsse ja auch mal schlaf'.« Adler läßt sich aber nicht besänftigen: »Ihr habt den Arsch auf, habt ihr. Kommen die um sieben Uhr in mein Haus angeschissen. Ist eine Unverschämtheit. Riskieren Sie das nicht noch mal. Bin doch hier nicht Karl Arsch für die. Fährt morgen in die Türkei. Das ist doch auch gelogen. Belügen laß ich mich nicht.« – Ich (Ali): »Doch stimmt, ich bring' ihn zu Bus hin.« Adler: »Was geht dich das denn überhaupt an? Halt dich da gefälligst raus. Um sieben oder viertelsieben wird man von denen besucht. Wir leben hier doch nicht im wilden Westen.«

Osman läßt nicht locker: »Aber Herr Adler, wie soll ich das denn machen. Ich bin doch morgen nicht mehr da, dann hab ich ja praktisch umsonst gearbeitet.«

»Ich auch über Wochen kei Geld. Gebe Se was zu esse.«

Adler: »Ja, meinst du, ich bin ein Wiederkäuer. Raus jetzt, ihr lästigen Kerle.«

Draußen auf der Straße treten Osman Tränen in die Augen: »Der hat mich um mein Geld betrogen. Jetzt bin ich für immer in Türkei und kann nichts mehr machen.«

**Yüksels Wut**

Wieder bei Thyssen. Gespräch mit Yüksel Atasayar (20 Jahre) nach der Arbeit, erschöpft und bis in die letzte Pore staubverkrustet, auf unseren Abtransport wartend.

*Yüksel:* »Ich spiele für 30 bis 40 Mark Lotto. Nicht immer.«

*Ich (Ali):* »In einer Woche?«

*Yüksel:* »Manchmal, vielleicht hab' ich Glück. Besser so 30 bis

134

40 Mark als für Zigaretten ausgeben. Überleg mal. Jeden
Tag Zigaretten. Im Monat? Rechne: 4 mal 30.«

*Ich (Ali):* »Ja, 120 Mark. 1440 im Jahr. In zehn Jahren 14000,
und wenn du dann noch sagst mit Zinsen, da hast du in zwanzig Jahren fast 30–40000 Mark.«

*Yüksel:* »Auch was Schönes ... Wenn wir noch zwanzig Jahre
leben.«

*Ich (Ali):* »Nich, wenn wir den Dreck machen. Kannst du in
zwei Jahren weg sein. Krebs kriegen. Kommt nich immer
gleich, manchmal erst fünf Jahr später.«

*Yüksel:* »Ja, erst mal Schmerzen und so und auf einmal tot.
Wenigstens ein bißchen sparen und dann voll ausgeben, bevor du stirbst. Wenn ich mal 'n bißchen Mut habe, dann
mach' ich vorher Schluß. Wie lang' willst du leben? So'n
Scheiß-Leben! Glaubst du an Gott?«

*Ich (Ali):* »Nee. In uns selbst, nicht draußen. Kannst du dich
nich drauf verlasse, der hilft dir nicht.«

*Yüksel:* »Wenn es Gott gibt, ne, warum hat Gott erschaffen
Adler?«

*Ich (Ali):* »Fehlkonstruktion. Wollt' was ganz anderes und is
ihm mißrate.«

*Yüksel:* »Wenn es Gott ist, ne, der macht keinen Fehler, wenn's
ihn gibt. Gott ist Gott. Darf keinen Fehler machen, also,
kann keinen Fehler machen.«

*Ich (Ali):* »Vielleicht 'n Bekloppter, 'n Wahnsinniger. Irgendwann durchgedreht. Sonst gibt's Adler nich und nich die
Scheißarbeit hier.«

*Yüksel:* »Mensch – ich verfluche alles!«

Der zwanzigjährige Yüksel Atasayar ist einer der genauesten
Beobachter unter den türkischen Kollegen. Er weiß, wer von
den Deutschen Vorurteile gegen Türken hat, auch wenn der es
nicht offen ausspricht. Er erkennt sogar die Tagesstimmung der
deutschen Vorarbeiter und Kolonnenschieber und warnt seine
Freunde rechtzeitig vor deren Launen und drohenden Schika-
nen. »Paß auf, der Zentel braucht heute ein Opfer«, sagt er

morgens auf dem Stellplatz, als der Sheriff noch in seinem Mercedes sitzt und döst. Er spürt an winzigen Anzeichen das Gewitter aufziehen, und tatsächlich, einige Stunden später kriegt Zentel einen Tobsuchtsanfall und schickt einen türkischen Kollegen nach Hause, weil der es gewagt hat, während seiner unbezahlten Pause den Arbeitsplatz zu verlassen und Zentel ihn bei seinem Kontrollgang nicht antraf.

Yüksel Atasayar ist nur dem Namen nach Türke. Er ist in Deutschland aufgewachsen, spricht akzentfrei Deutsch und fühlt sich auch als Deutscher. Auch äußerlich entspricht er überhaupt nicht dem Klischee eines Türken. Er hat mittelblondes Haar und graublaue Augen. Sein Vater ist russischer Abstammung. Sein Name allein stößt ihn in die Gruppe der türkischen Kollegen, mit denen er Verständigungsschwierigkeiten hat. Hätte er einen deutschen Namen, würde er sich wohl kaum den Haß vom Kolonnenschieber Alfred zuziehen, der ständig wegen Kleinigkeiten seine Aggressionen an ihm und anderen Ausländern ausläßt.

Als Yüksel einmal wagt, Alfred, der wieder mal wie ein Besessener drauflos arbeitet und die Zeit total vergessen hat, daran zu erinnern, daß eigentlich schon längst Pause ist, pflanzt sich Alfred vor ihm auf und brüllt ihn an: »Erst wird die Arbeit fertiggemacht, und dann wird Pause gemacht. Das war in Deutschland schon immer so. Wir Deutschen sind so aufgewachsen. Und weißt du, was du für mich bist? Du bist ein riesengroßes Arschloch für mich, ein Arschloch bist du.« Und während der Pause steigert sich Alfred erneut in einen Wutausbruch hinein:

»Weißt du, wenn du mal den Mengele triffst, weißt du, wer das ist, das war einer unserer besten Forscher in der Medizin, der lebt nämlich noch, den haben sie nicht kaputt gekriegt. Wenn der an der Rampe steht und du kommst vorbei, dann sagt der garantiert zu dir: Rechts raus! Ab ins Gas! Mit dir kann ich keine Versuche machen. Und weißt du auch, warum?« Yüksel ist ganz blaß und wagt keine Widerrede. Er sagt nur: »Nein, wieso?« – »Weil man mit dir überhaupt nichts anfangen kann. Du bist ja nur hierher gekommen, um dich vor der Militärdiktatur zu drücken, um hier im deutschen Kindergarten groß zu werden, um hier großgepäppelt zu werden. Wärste dageblieben, dann hättste mal gelernt, was das heißt, anständig zu leben. Ihr Türken, ihr habt noch nie eine Demokratie erlebt. Ihr wißt gar nicht, wie das ist, ihr müßt erst mal lernen, mit der Militärdiktatur zu leben, und euch nicht hier durchwurschteln auf unsere Kosten.«

Yüksel hat es aufgegeben, sich gegen derartige Ausbrüche zur Wehr zu setzen. Er weiß aus anderen Erfahrungen, wie dicht hier die Grenze zum Faustrecht ist. Er zieht es vor, weiteren Beschimpfungen aus dem Weg zu gehen, nimmt wortlos seine Brote und setzt sich außer Hör- und Sichtweite in einen entfernten Winkel der Fabrikhalle. Als er nach fünfzehn Minuten wieder zur Arbeit erscheint, sind in seinem vom Staub total schwarzen Gesicht unterhalb seiner Augen hellere verwischte Streifen wie von Tränen zu sehen.

Yüksel ist übrigens der einzige, dem nicht entgeht, daß ich mir in kurzen Pausen häufiger Notizen mache. Es kommt vor, daß Yüksel mir zublinzelt, als ob er mir signalisieren will, daß ich sein Einverständnis habe und es auch in seinem Sinne geschieht. Trotzdem verunsichert und beunruhigt es mich. Ich weiß nicht, ob er am Ende mit anderen Kollegen darüber spricht.

Eines Tages, nach besonders anstrengender und heißer Arbeit im Hochofenbereich, als wir erschöpft draußen vor der Fabrikwand auf der Erde sitzen und darauf warten, mit dem Kleinbus abgeholt zu werden, fragt er mich: »Schreibst du das alles auf?« – »Bitte, sag keinem ein Wort«, nehm ich die Gelegenheit wahr, »ich kann jetzt noch nicht drüber sprechen, aber später wirst du alles erfahren.«

Er merkt, wie erschrocken ich bin und wie ernst es mir ist, und fragt nicht weiter nach. Er hält die ganzen Monate über dicht.

»Du mußt alles genau festhalten, was die Schweine hier mit uns machen«, flüstert er mir noch zu. »Du mußt dir alles genau merken.« – Er scheint zu ahnen, was ich vorhabe, und unterstützt mich häufig mit gezielten Informationen, ohne von mir Genaueres wissen zu wollen. Er ist eher unpolitisch, doch er hält – obwohl fast ein Kind noch – die Disziplin des Schweigens über sein Wissen ein, aus einer tiefen Verletztheit und Verzweiflung heraus und einem daraus resultierenden Solidaritätsgefühl.

Yüksel Atasayar schildert seine Situation:

»Als meine Eltern nach Deutschland gegangen sind, war ich gerade geboren, vor zwanzig Jahren. Wir kommen von Amassia. Wo das eigentlich liegt, weiß ich nicht so genau. Auf jeden Fall Richtung Armenien, ganz genau weiß ich das auch nicht, ganz ehrlich.

Zu Hause bei uns wird türkisch gesprochen, so die einfachen Dinge. Aber richtig gut kann ich das nicht. Bei einem richtigen Thema, da würd ich nicht mitkommen. Zeitung, also türkische Zeitung, da versteh' ich auch nur die Hälfte. Aber meine Eltern, die sprechen perfekt Türkisch, die verständigen sich nur auf türkisch. Nur gut Deutsch, das können die wieder nicht. Ich fühle mich mehr als Deutscher wie als Türke.

Mein Vater ist bei Thyssen beschäftigt, in der Walzendreherei, direkt bei Thyssen. Der verdient auch sehr wenig. 1200, 1300 Mark.

Wie ich dahingekommen bin? Durch einen Kollegen, der hat mich dahin vermittelt. Da hab ich mich nur bei dem Vorarbeiter vorgestellt. Der Kollege hat gesagt, ich soll da Arbeitsklamotten anziehn. Hab' ich auch angehabt. Ich hab' gefragt, ob sie noch Leute brauchen. Haben die gesagt, ja, kannst in den Bus einsteigen. Dann bin ich da in den Bus eingestiegen, der ging dann weiter zu Thyssen, dann wurden wir da wieder verteilt. An die verschiedenen Baustellen.

Der erste Tag war beschissen. Total der Dreck, total staubig, Qualm, alles mögliche. Also gesundheitsmäßig total beschissen. Ganz schlecht. Wir haben da in der Gießereianlage sauber gemacht, die Geräte, die Maschinen, und den ganzen Staub und Qualm hat man immer mitgekriegt. Das ging also bis zum Erbrechen, und einer ist ohnmächtig geworden. Manche sind schon umgefallen da, die haben keine Luft mehr gekriegt.

Wut haben wir, wenn man da so dreckig arbeitet. Noch nicht mal Arbeitsschuhe stellt der uns. Der Adler, das ist einer, der mit Menschen bestimmt kein Mitleid hat, also, dem egal ist, ob da einer krepiert. Oder wenn da einer umkommt, das ist dem egal. So die Redensart von ihm auch, zum Beispiel über Geld. Du brauchst doch gar nicht so viel, meint er, bist ja ledig, sei froh, daß du arbeiten tust hier!

Dem ist das egal, wie es einem geht. Dem ist das scheißegal, ob da einer kaputtgeht, so 'ne Art Zuhälter ist das. Hauptsache, wir bringen Geld für ihn. Dat is so 'n sauberer Gangster, der selbst immer im Hintergrund ist.

Ich krieg' nie mein richtiges Geld von ihm. Im Moment müßte ich noch über 800 Mark von ihm kriegen.

Manche Tage ist das sehr anstrengend, da geht das richtig aufs Kreuz. Und wegen dem Staub und dem Qualm ist das eigentlich immer schlimm. Das hat einen richtig mitgenommen, da ist eigentlich jeder Tag schlimm. Das geht schon richtig an die Lunge, merk' ich richtig. Ich bin eigentlich so ein sportlicher Typ. Früher bin ich immer mal mindestens eine Stunde gelaufen. Aber wenn ich jetzt mal 'n Dauerlauf ein paar Minuten nur mach, merk ich das richtig, so Lungenreizen. Auch die älteren Kollegen da, die sehn ganz schön schlimm aus. Auch die von Remmert.

Da sind welche drei, vier Jahre da, die sehn richtig mitgenommen aus, die sind so zwischen dreißig und vierzig, aber die sehn aus wie fünfzig. Oder sogar sechzig. Keine Haare mehr am Kopf, abgefallen, im Gesicht so mager, so schmal, ganz weiß.

Ich glaub manchmal, daß ich Krebs kriege, Lungenkrebs; bei dem, was wir da einatmen, kann man manchmal die Hand vor Augen nicht sehen. Die Oxy-Anlage ist ja total schlimm manchmal. Ich hab Angst, daß man da qualvoll endet, davor hab ich Angst.

Einmal hab' ich so ein Gefühl gehabt, als wenn da ein Atomkrieg gewesen wär, so sah das aus. Der ganze Staub und Qualm und so – ich weiß nicht, das ist total schlimm gewesen. Wie man das aus Filmen kennt, Krieg, fast vergleichbar.

An manchen Stellen sind gefährliche Arbeiten, an einer zum Beispiel ist Gasgefahr. Da kann man bei kaputtgehn. Da müssen wir in solchen Kammern arbeiten, wo das total gefährlich ist. Sind Schilder, daß man da kaputt gehn kann, wenn zuviel Gas ausströmt. Und von dem Gas konnte man nichts merken, konnte man nichts riechen. Da war so 'n kleiner Prüfer gewesen, so 'ne Anlage, und daraus konnte man das ablesen. Mir ist auch öfter schwindlig geworden. Brechreiz hab ich auch gehabt. Also, manche Tage kann man nicht gut aushalten. Manche Tage hatte ich auch überhaupt keinen Hunger, brachte keinen Bissen runter, hab nur Staub gefressen. Das konnte man so richtig essen, das hat man richtig geschluckt, war so dick in der Luft. Blei, Kadmium und was das ist, ich weiß nicht, was da alles drin ist. Manchmal bin ich in 'ne Ecke gegangen, hab' ich mich da erstmal übergeben und hingesetzt, erst mal, um zu' atmen.

Man muß das schon selber erlebt haben, auch wenn man sich nachher geduscht hat, in der Lunge, das setzt sich ja alles fest, das bleibt. Du bist dann zwar äußerlich sauber, aber innen, das ist alles drin. Und du stehst praktisch nur in der Scheiße und machst Scheiße weg. Aber am nächsten Tag ist die Scheiße wieder da, ist immer wieder dasselbe.

Und so wenig bezahlt, ich versteh das nicht. Die wollen so reich werden wie möglich und nichts abgeben und sind schon so reich. Wenn Adler in 'n Knast gehn würde, tja, Firma Remmert macht ja weiter, kaputt geht man trotzdem. Und Thyssen weiß das ja auch, Thyssen beschäftigt ja die Leute, der muß ja wissen.

Für mich ist Leben eigentlich gar nichts. Hat doch normalerweise nichts Sinnvolles. Am Anfang, wo man so vierzehn, fünfzehn ist, also langsam erwachsen wird, hat man ein Mädchen

und so, willst gern im Bett schlafen mit der, ja und? Haste gemacht – was solls? Nee, das ist nicht das Größte. Also, wenn
man von sich selber aus, im Kopf so, was erreichen will, in der
Zeit hat das einen Sinn, das Leben, aber sonst halt nix. Da hat
man auch Lust, was zu machen und so – aber sonst im ganzen
hat das Leben doch keinen Sinn. Was ist das denn?
Wann ich am glücklichsten war? So im Leben überhaupt? Das
war, wo ich Urlaub gemacht habe, als ich zwölf war, mit meinen
Eltern in der Türkei. Das war klasse. Total anderes Gefühl gehabt. Und das Schlimmste? Ja, wo ich jetzt hier am Arbeiten
bin bei Firma Adler auf Thyssen, das ist das Schlimmste überhaupt, da bist du lieber tot.«

## Not-Brause

Mindestens einmal pro Woche werden wir in die Oxygen-Anlage geschickt, um den sich dort ständig ablagernden Staub zu
beseitigen.

In 50 oder 57 Meter Höhe müssen wir in geschlossenen Räumen den Staub auf den Maschinen mit Luft hochwirbeln, bis er
sich absetzt, und ihn dann zusammen mit einer dicken, pulvri-
gen ca. 1–3 Zentimeter hohen Staubschicht zusammenfegen
und mit Schubkarren wegbefördern. Die Staubschwaden legen
sich schwer auf Bronchien und Lungen. Es ist viel Blei in diesem Staub, der außerdem höchst schädliche Schwermetalle wie
Mangan und Titan enthält und natürlich jede Menge feinen Eisenstaub.* Staubmasken gibt es nur auf Materialschein des
Vorarbeiters bei der Magazinverwaltung. Den muß man aber
erstmal kriegen. Ein Thyssenmeister hat einmal im Aufzug
Yüksel auf die Frage nach einer Staubmaske geantwortet,
nachdem er ihn in die Oxygen-Anlage eingewiesen hatte: »Das
ist gut für die Lunge. Da sind Mineralien drin. Eisen und so.«
Und: »Wenn du lange genug Eisenstaub schluckst, kannst du dir
einen Magnet auf die Brust setzen, und der bleibt garantiert
hängen.« – Yüksel, dem es überhaupt nicht nach Scherzen zu-

* s. Anhang »Die Folgen« S. 259

mute war, erkundigt sich später bei unserem Vorarbeiter, ob das mit dem Magnet stimmt, und wird vor versammelter Mannschaft als »dummer Türkendepp« bezeichnet und ausgelacht.

Während unserer Arbeit warnen uns immer wieder Alarmsirenen und rote Warnlichter, den Bereich sofort zu verlassen. Zur Verstärkung blinken ständig noch Leuchtschilder: »Bei Blasbetrieb den gesamten Bereich des blasenden Konverters sofort verlassen!« An anderer Stelle heißt es: »Sauerstoff! Vorsicht Brandgefahr!« – Wir müssen dennoch weiterarbeiten. Einem türkischen Kollegen, der es mit der Angst zu tun bekam und sich aus der Gefahrenzone entfernen wollte, wurde von einem Thyssen-Meister in aller Deutlichkeit klargemacht, daß er gefälligst weiterzuarbeiten habe. Wenn nicht, sei das Arbeitsverweigerung und er könne nach Hause gehen.

Ein Vorarbeiter erklärt uns später den Sinn der häufigen und regelmäßigen Warnungen aus seiner Sicht: »Dadurch, daß früher im Konverterbereich mal was passiert ist, sind die Hüttenwerke verpflichtet, dieses Alarm- und Warnsystem anzubringen. Wenn unter ungünstigen Umständen wieder mal was passieren sollte, ist Thyssen nicht verantwortlich. Ihr wurdet ja deutlich genug gewarnt, dort nicht zu arbeiten.«

Das heißt, die August-Thyssen-Hütte ist damit die Verantwortung los. Wenn was passiert, sind wir selber schuld. Die Warnung ist überdeutlich, also ist es unsere eigene Dummheit. Aber zu unserer Beruhigung sind in diesem Gefahrenbereich an verschiedenen Stellen Duschen installiert, unter die man sich stellen kann, wenn man Feuer gefangen hat. Und damit es auch Ausländer begreifen, die der deutschen Sprache nicht mächtig sind, ist auf Emaille-Schildern der Schattenriß eines Arbeiters abgebildet, an dem Flammen züngeln und der in voller Montur und mit Schutzhelm unter einer Dusche steht mit der Aufschrift »NOT-BRAUSE«.

Endlich mal eine angenehme Arbeit in der Nähe von Sinter III. Wir stehen auf einem Dach und lassen an Tauen Staub- und Matscheimer in einen Container runter. Die Arbeit ist zwar

körperlich anstrengend und man kommt ziemlich schnell ins Schwitzen dabei, aber die Luft ist erträglich, und man kann in die Industrie-Landschaft schauen, in der Ferne sogar den Rhein sehen. Es ist gleich ein ganz anderes Lebensgefühl, aus den düsteren unterirdischen Staubverliesen einmal heraus ins Freie zu kommen. Selbst den Regen nimmt man gern in Kauf. Wir genießen den freien Blick und das Ausbleiben der Erstikkungsanfälle und fühlen uns, als seien wir aus einem Gefängnis entlassen worden. Nachdem wir uns fast drei Stunden dieser relativen Freiheit erfreuen durften, werden wir plötzlich wieder abgezogen in Richtung Oxygen-Anlage. Mit ziemlichem Karacho, auf Werkzeugen und Schubkarren hockend, geht's im Mercedesbus dahin. An einer unübersichtlichen Stelle wird ein älterer türkischer Arbeiter von uns fast überfahren. Kommentar des Kolonnenschiebers zu unserem türkischen Fahrer: »Gib ruhig Gas, gibt Prämie, weil ein Türke weniger.« – Vorarbeiter Zentel klärt uns auf, was Sache ist. Die Roheisenfähre, ein gigantisches Ungetüm, ist festgefahren. Die ganze Produktion steht still. Jede Minute ein Riesenverlust für die Hütte. Infolge der Blockierung ist auch noch ein Maschinenteil gebrochen, ein neues ist bereits herbeigeschafft und wird gerade montiert. Unsere Aufgabe soll es sein, uns in engste Staubkanäle zu quetschen und zu sehen, wie wir das Ding freikriegen. »Beeilt euch und klotzt ran«, sagt der Sheriff, »ihr dürft erst wieder raus, wenn die Anlage wieder läuft. Ich will, daß das bis spätestens 13 Uhr geregelt ist.«
Über wacklige Leitern turnen wir in nicht mal schulterbreite Spalten rein und versuchen, das festgepappte verkrustete Eisenerz mit Brecheisen, riesigen Vorschlaghämmern und Schüppen freizuklopfen. Aber es löst sich so gut wie nichts, so hart ist die Verkrustung. Unser Kolonnenschieber Alfred treibt uns an und bekommt wahre Wutausbrüche, als er sieht, daß sich die Pampe nur bröckchenweise löst. »Ihr verfluchten Hottentotten, ihr Scheißkanaken, ihr Kümmeltürken und Knoblauchjuden«, umschreibt er alle ihm bekannten Nationalitäten

auf einmal. »Euch kann man doch vergessen, euch sollte man alle an die Wand stellen und Genickschuß geben!« Er tobt regelrecht, wird fast handgreiflich und schmeißt unserem neuen indischen Kollegen eine Brechstange an den Kopf, die den glücklicherweise nur streift. »Bleib nächstens zu Hause«, brüllt er ihn an. »Ich geh ja auch nicht zu euch in die Türkei arbeiten.« – »Der Kolleg' ist aus Indien«, versuch' ich (Ali) ihn zu korrigieren. Aber Alfred beharrt darauf: »Ich seh' jedem von weitem an, ob er aus Anatolien kommt. Und der hat den gleichen bescheuerten Ausdruck im Gesicht. Jedem seh' ich das an, ob er aus Anatolien kommt, wo sie's Licht mit dem Hammer ausmachen.«

Einem deutschen Arbeitskollegen gegenüber hatte Alfred auch von mir (Ali) steif und fest behauptet, daß ich aus Anatolien käme. »Der stellt immer so bekloppte Fragen, die hältst du im Kopf nicht aus.« Auf seine Frage, warum ich nicht gefälligst in der Türkei geblieben sei, hatte ich einmal geantwortet: »Aus politische Gründe, weil da Militärdiktatur.« Das veranlaßte ihn, dem deutschen Kollegen zu sagen: »Der Ali arbeitet hier, weil er nicht in die Türkei zurück kann, weil die da ihren verrückten Khomeni haben.«

Nach einer Stunde sinnloser Antreiberei und Schinderei durch einen Remmert-Vorarbeiter erscheint der Sheriff und überzeugt sich, daß es mit unserem primitiven Werkzeug nicht vorangehen kann. Er läßt Preßlufthämmer und -meißel heranschaffen und lange Kratzer, mit denen wir den ineinandergepappten Eisenstaub aufbrechen sollen. Unter ständigen Beschimpfungen und seitlich auf dem Boden liegend kriechen wir in dem Eingeweide der Maschine 'rum. Der Lärm der donnernden Preßluftgeräte dröhnt in den engen Stahlgängen schmerzhaft in den Ohren. So was wie Gehörschutz ist unbekannt. Die Augen brennen, und alle rotzen, husten und röcheln um die Wette. Es ist die Hölle. in solchen Situationen, erzählt mir später Mehmet, wünscht man sich, lieber Monate im Gefängnis zu sitzen, als das noch stundenlang ertragen zu müssen. In solchen

144

Arbeitskollegen

Die Internistin Dr. Jutta Wetzel berichtet über ihre ausländischen Patienten:

»Im allgemeinen werden ausländische Arbeitnehmer unter besonders ungünstigen Arbeitsbedingungen eingesetzt. Es sind nicht nur die berühmten Dreckarbeiten, es sind – und das wiegt schwerer – oft Tätigkeiten, die in mehrstündigen körperlichen Zwangshaltungen ausgeübt werden müssen. Vorzeitige Verschleißerscheinungen an der Wirbelsäule und den Gelenken sind die Folge. Gleichzeitig intensive Staub- und Rauchentwicklung fördern das Auftreten von Bronchitis und Gastritis. Hinzu kommt die erhöhte Gefährdung durch Arbeiten mit gesundheitsschädigenden Stoffen (z. B. Asbest).

Diese Arbeitsplätze kenne ich allerdings nur aus den glaubhaften Schilderungen einiger Patienten. Gezeigt wurden sie mir bei Besichtigungen auch auf meinen ausdrücklichen Wunsch hin nicht. Trotz der hohen Arbeitslosigkeit finden die Firmen für diese Arbeiten nur selten Deutsche. Die Unternehmen (z. B. Hütten, Bergwerke, Straßen- und Automobilbau, Werften, Chemieindustrie) sind dermaßen auf ausländische Arbeitskräfte angewiesen, daß der relativ hohe Krankenstand in Kauf genommen wird. In diesem Zusammenhang ist es unbedingt notwendig, den Krankenstand deutscher und ausländischer Arbeitnehmer in Relation zu ihren unterschiedlichen Arbeitsbedingungen zu setzen.«

Situationen denkt man sich die schlimmsten Todesarten für Adler aus, und in solchen Situationen sind schon Entschlüsse gefaßt worden, alles auf eine Karte zu setzen, einen lohnenden Einbruch oder sogar einen Banküberfall zu begehen. Denn wer hier drinsteckt, hat nichts mehr zu verlieren, für ihn hat selbst das Gefängnis seine Schrecken verloren. – Die Knie sind – durch die Arbeitshose hindurch – blutig geschrammt und die Arbeitshandschuhe aufgerissen. Die Fähre kommt und kommt nicht frei. Es wird 13 Uhr, 14 Uhr, 15 Uhr. Wir müssen mit unseren schweren Geräten draufloshauen. Wir geben schon unser Letztes, denn jeder von uns sehnt nichts mehr herbei, als hier möglichst bald wieder rauszukommen. »Ihr bleibt solange drin, bis die Anlage wieder läuft«, befiehlt der Vorarbeiter, »und wenn es zwanzig Stunden sind.«

Um 18.15 Uhr, nach 12 Stunden endlich, endet diese mörderische Schicht für uns. Im Wagen nicken die meisten erschöpft ein, in unbequemen Haltungen auf den Werkzeugen hockend. Seit diesem Arbeitseinsatz sind bei mir (Ali) die Bronchien fast schon chronisch geschädigt. Und wenn ich heute – sechs Monate später – nach einem Hustenanfall ausspucke, ist der Speichel oft immer noch schwarz.

NOT-BRAUSE

**Bleischwere Glieder**

Obwohl die Staubbelastung in verschiedenen Arbeitsbereichen so extrem ist, daß wir den Dreck nicht nur einatmen, sondern regelrecht fressen müssen, hält es niemand für nötig, unseren Gesundheitszustand und die Substanzen wenigstens zu überprüfen. Ab und zu geben sie uns etwas Milch. Das ist alles. Heimlich sammle ich (Ali) Proben des in allen Farben glitzernden Staubs. Eine Handvoll wiegt so schwer wie ein Stein. Das Material wird dem industrieunabhängigen Bremer Umweltinstitut an der dortigen Universität übergeben. Untersuchungen dieser Art zählen in Bremen seit Jahren zur Routinearbeit. Beispielsweise wurden dort auch Proben vom Gelände der Berliner Batteriefabrik »Sonnenschein« ausgewertet. Dadurch geriet der Betrieb, der früher dem Bundespostminister Schwarz-Schilling persönlich gehörte und jetzt im Besitz seiner Frau ist, in die Schlagzeilen. Kurz bevor das Buch in Druck ging, lagen die ersten Ergebnisse der Untersuchung des Thyssenstaubs vor. Noch nie hat das Institut bisher so hochgefährliche Schadstoffkonzentrationen feststellen müssen. Schon die Analyse der ersten Probe machte den Wissenschaftlern Schwierigkeiten, weil die empfindlichen Geräte mit den extremen Konzentrationen kaum fertig wurden. Was gefunden wurde, liest sich wie das »Who's who« aus der Welt der Schwermetalle: Astat, Barium, Blei, Chrom, Eisen, Gadolinium, Kobalt, Kupfer, Molybdän, Niob, Palladium, Quecksilber, Rhodium, Rubidium, Ruthenium, Selen, Strontium, Titan, Vanadium, Wolfram, Yttrium, Zink und Zirkonium – insgesamt 25 verschiedene Schadstoffe.

Die größte Gefahr steckt in zwei Metallen, deren Werte besonders hoch waren: Quecksilber und Blei. Dazu das Bremer Universitätsinstitut:

»Blei ist ein Summationsgift, das heißt, es reichert sich auch dann im Körper an, wenn es in kleineren Mengen aufgenommen wird. Durch diese Anreicherung kann es zu einer chronischen Bleivergiftung kommen ... Persönlichkeitsveränderungen, psychische Störungen, Lähmungen und Erbschäden« sind nicht ausgeschlossen. Nicht weniger grausam sind die Folgen

148

von Quecksilber, die die Wissenschaftler beschreiben: »Die ersten Krankheitsymptome einer Quecksilbervergiftung treten im Gefühlszentrum auf und äußern sich in Kribbeln und Absterben der Hände und Füße, ferner in einer Taubheit der Mundregion. Gleichzeitig treten Schädigungen des Sehzentrums mit Einschränkungen des Sehwinkels auf. Es folgen Schädigungen des Zentralnervensystems, welche eine verminderte Muskelbeweglichkeit und mangelnde Koordination der Bewegungen zur Folge haben, so daß es zu starken Gleichgewichtsstörungen kommt, Arme und Beine werden oft spastisch und durch Muskelverkrampfungen deformiert. Das Gehirn schrumpft bis zu 35 Prozent ...«

Schon »geringste Konzentrationen« beider Elemente könnten toxisch (giftig) wirken, weshalb die gesetzlich erlaubten »Höchstmengen« für Quecksilber in Lebensmitteln bei einem Milligramm pro Kilo (1 ppm) und für Blei bei 10 Milligramm pro Kilo (10 ppm) liegen. Unsere unfreiwillige Thyssen-»Mahlzeit« enthält gleich achtzigmal mehr Quecksilber (genau 77, 12 ppm) und zweihundertfünfzigmal mehr Blei (2501 ppm).

Die Weltgesundheitsorganisation (WHO) hält die wöchentliche Aufnahme von drei Milligramm Blei pro Person für den obersten, noch tolerierbaren Wert. Besonders tückisch dabei: Das Sprichwort von den »bleischweren Gliedern« entspricht der Realität, denn 90 Prozent des in den Körper gelangenden Bleis findet sich in den Knochen wieder.

Ähnliches gilt für den zweiten Problemstoff, das Quecksilber. Es sammelt sich ebenfalls im Körper an.

In welchen Konzentrationen sich die Schadstoffe tatsächlich in der Lunge, im Blut und in den Knochen der Hüttenarbeiter wiederfinden, wird erst die Auswertung von Bluttests ergeben.

Die meisten Kollegen klagten jedoch immer wieder über starke Beschwerden wie Atemnot, Übelkeit, Appetitlosigkeit, Erbrechen, Kreislaufstörungen und auch über starke Bronchitis. Unter Wissenschaftlern besteht kein Zweifel: Bronchitis steht in engem Zusammenhang mit dem Staubreiz, und die anderen auftretenden Beschwerden zählen zu den klassischen Anzeichen von Schwermetall-Vergiftungen – insbesondere von Blei.

**Einmal krank, immer krank**

Die Erforscher von Krankheitsursachen haben jahrzehntelang die Gesundheitsgefährdung der Arbeiter in Kokereien auf der ganzen Welt untersucht. Es besteht deshalb kein Zweifel: Arbeit in der Kokerei macht krank.

Die Hauptgefahr geht von den Flugstäuben der Kokereiabgase aus, weil sie Teersubstanzen enthalten. »Teer bzw. Teerstoffe haben eine krebserzeugende Wirkung«, schreibt der Hamburger Prof. Dr. A. Manz in der Fachzeitschrift *Arbeitsmedizin*. Lediglich über die Häufigkeit der Krebserkrankungen von Kokereiarbeitern werden unterschiedliche Angaben gemacht.

Von den Behörden wird in der Bundesrepublik bislang nur Hautkrebs als typische Folge des Kontakts mit Steinkohlenteer als Berufskrankheit anerkannt. Das größte Problem liegt aber längst woanders.

Kokereiarbeiter erkranken dreieinhalbmal häufiger als der Durchschnitt aller deutschen Männer an Lungenkrebs und etwa doppelt so häufig als der Durchschnitt an Harnblasen- bzw. Magen-Darm-Krebs. Vergleicht man die Kokereiarbeiter mit den Büroangestellten, sind die Zahlen noch viel alarmierender: Kokereiarbeiter sterben zehnmal häufiger an Harnblasenkrebs und leiden achtmal so oft an Lungenkrebs.

Die Ursache ist in der Wissenschaft bekannt: das Benzo(a)pyren, ein stark krebserzeugender Inhaltsstoff des Steinkohlenteers. Benzo(a)pyren findet sich auch im Zigarettenrauch: In der Luft von Kokereien ist die 300-400fache Konzentration enthalten.

Eine große Untersuchung an polnischen Kokereiarbeitern belegt, daß es zwischen »nicht spezifischen, chronischen Erkrankungen der Atmungsorgane« (wie z. B. der chronischen Bronchitis) und den Kokereigasen einen engen Zusammenhang gibt. Doch nicht nur das: Wer einmal an Bronchitis erkrankt ist, ist besonders gefährdet, sich weitere Krankheiten zu holen, weil durch das Kokereigas das Immunsystem des Körpers eindeutig geschwächt wird.

Einmal krank, immer krank, lautet die Devise.

Das Ergebnis kennt Prof. Manz: Arbeiter in der Kokerei haben eine deutlich kürzere Lebenserwartung.

# Der Test

»Stoppt Tierversuche –
nehmt Türken!«

Wandspruch auf einer
Fassade in Duisburg-Wedau.

## Als Versuchsmensch unterwegs

Osman Tokar (22), mein türkischer Arbeitskollege, hat seine
Wohnung verloren. Adler hatte ihn mit den Lohnzahlungen
immer wieder vertröstet. Sein Vermieter ließ sich aber nicht
mehr länger hinhalten. Osman mußte ausziehen und auch seine
paar armseligen Möbelstücke zurücklassen. Der Vermieter hat
sie als Pfand in den Keller eingeschlossen, bis Osman 620 DM
an Mietrückständen bezahlt hat. Seitdem ist Osman ohne festen Wohnsitz. Mal schläft er bei einem Vetter auf einer Matratze im Flur, mal lassen ihn Freunde ein paar Tage bei sich
übernachten. Längere Zeit kann er nirgendwo bleiben, da sie
alle schon für sich selbst viel zu wenig Platz haben.
Einige Male hat Osman, wie er mir verschämt gesteht, auch
schon auf Parkbänken im Freien übernachtet. Ihm droht jetzt
die Ausweisung, weil er keinen festen Wohnsitz nachweisen
kann und auch schon mal Sozialhilfe beantragt hat. Er will nicht
in die Türkei zurück. Dort war er nur hin und wieder zu Besuch, und in der kalten Fremde in Deutschland fühlt er sich
mehr zuhause als in dem Heimatland seiner Eltern, wo er nur
seine ersten zwei Lebensjahre verbrachte. Er spricht etwas besser Deutsch als Türkisch, beide Sprachen sind für ihn jedoch
Fremdsprachen geblieben. Er weiß nicht, wo er wirklich hingehört, und ihm ist, als ob man ihm »die Seele gestohlen« hätte.
Ich biete Osman die Dieselstraße zum Wohnen an, aber er
lehnt ab. Er hat sich durch die Arbeit bei Thyssen schon einen
chronischen Reizhusten geholt und fürchtet sich, »im Giftbett
neben der Kokerei« zu schlafen. Manchmal denkt er daran,
sich umzubringen. Nachdem ich mit ihm einmal eine Schicht
lang zusammen in einem Staubbunker arbeitete und wir den
Dreck literweise einatmeten und erbrechen mußten, bemerkte
er, als wir in der kurzen Pause ans Tageslicht zurückgekrochen

waren: »Ich träum' schon mal davon, mit einem Kopfsprung in das fließende Feuer vom Hochofen rein. Dann macht's einmal Zisch, und du spürst nichts mehr.«

Betreten schweige ich (Ali).

»Wir haben nur Angst, weil neu für uns und noch keiner gemacht«, sagt Osman. »Wie Wurm im Staub zu kriechen und dabei immer getreten zu werden, ist doch viel mehr schlimm.« Er erzählt von einem Arbeiter, der bei einem Unfall in den Hochofen fiel und sofort verglühte. Da nichts von ihm übrigblieb, wurde symbolisch ein Stahlabstich aus der Glut genommen und den Angehörigen zur »Beerdigung« übergeben. In Wirklichkeit wurde sein Körper mit dem Stahl zu Blechen gewalzt – für Autos, Töpfe oder Panzer.

Osman erzählt, daß er einen Onkel in Ulm besuchen will. Dort kann er wohnen und eine Arbeit bekommen, die mindestens genauso ungesund ist wie bei Thyssen, aber wenigstens bezahlt wird. Er will zuerst nicht recht mit der Sprache raus, um was es sich da handelt: »Bei Thyssen müssen wir Staub schlucken und viel schwer arbeiten. Bei ander Arbeit müssen wir nur schlucken und von unser Blut geben.« Osman sagt, daß für diese besondere Arbeit Türken und auch andere Ausländer, wie Indonesier, lateinamerikanische Asylanten und Pakistani zum Beispiel, sehr gefragt seien: als *menschliche Versuchskaninchen* für die Pharmaindustrie. Ich frage ihn, ob ich nicht an seiner Stelle an einem Versuch teilnehmen könne, der in den nächsten Tagen beginnen soll. Als Entschädigung biete ich ihm die Hälfte des ihm dadurch entgangenen Lohnes an: 1000 DM. – Er ist einverstanden. Mir kommt das gelegen, weil ich wegen meiner kaputten Schulter und der Bronchitis, die langsam chronisch wird, die schwere körperliche Arbeit bei Thyssen eigentlich längst hätte aufgeben müssen.

Osman vermittelt mich an das LAB-Institut in Neu-Ulm, ein mächtiger düsterer Bau mit dem Jugendherbergsmief der fünfziger Jahre. Als »Herbergsvater« sitzt ein fröhlich-aufgekratzter Mittzwanziger am Empfang. Er bemüht sich um eine angst-

Das LAB in Ulm ist eines der größten privaten Testinstitute Europas. 2800 *Probanden* umfaßt die Kartei. Probanden, das sind Versuchspersonen. Man kann's auch so ausdrücken: An uns wird ausprobiert, was die Profite der Pharmaindustrie gesunden läßt, und als Nebenwirkung kann auch schon mal was für den Patienten abfallen.

Die meisten Menschenversuche dienen nicht der Gesundheit des Menschen, es werden keine neuen Heilmittel erforscht, es geht vielmehr um *Marketing, Markterweiterung, Werbefeldzüge* für alte Medikamente, die unter neuen Namen neue Absatzmärkte erschließen. Es geht ganz simpel darum, neben 100 Medikamenten, die unter verschiedenen Namen auf dem Markt sind, aber alle fast auf den gleichen chemischen Substanzen aufbauen, noch das 101. völlig überflüssige Medikament auf den Markt zu bringen.

Es ist vielfach bewiesen, wie die Firmen selbst Gutachten von angesehenen Klinikern verfälschen und umschreiben, obwohl sie auf Menschenversuchen in öffentlichen Krankenhäusern basieren. Wie muß es da erst in den vielen privaten Instituten aussehen, die die Medikamente schon vorher an »gesunden« bezahlten Probanden testen und praktisch komplett von Aufträgen aus der Industrie abhängig sind?

Eines ist klar: negative oder gar alarmierende Ergebnisse wirken in jedem Fall geschäftsschädigend – egal, ob sie von Ärzten in der Klinik oder von Test-»Instituten« an die Öffentlichkeit gelangen.

Professor Eberhard Greiser, Leiter des »Bremer Instituts für Präventionsforschung und Sozialmedizin« (BIPS), sagt dazu: »In der Praxis dürfte es darauf hinauslaufen, daß Arzneimittelprüfungen, die mit negativem Ergebnis für das zu prüfende Arzneimittel herauskommen, nicht publiziert werden. Das ist eine Erfahrung, die viele Gutachter, mit denen ich im Laufe der Zeit in der Transparenzkommission (Fachkommission im Gesundheitsministerium) zusammengekommen bin, berichtet haben.«[*] Pharmakonzerne geben zwar unzählige Menschenver-

* Stellungnahme in ZDF-Reportage am Montag »Nebenwirkungen unbedenklich« vom 26. 8. 85 von S. Matthies und B. Ebner

suchsreihen mit entsprechenden Gutachten in Auftrag, legen dem Bundesgesundheitsamt aber lediglich die für sie günstigen Ergebnisse vor. Von negativen Resultaten erfahren die Behörden fast nur, wenn einzelne Ärzte und/oder Pharma-Mitarbeiter diese Praktiken nicht mehr länger verantworten können und Informationen weitergeben. Von Amts wegen wissen die Arzneimittel-Zulassungs- und Überwachungsstellen in der Bundesrepublik nicht einmal, wo welche Studien überhaupt durchgeführt werden. Die Macht der Pharma-Konzerne hierzulande macht's möglich. In anderen Ländern gibt es sehr strenge Meldepflichten und Vorschriften.

freie, entspannte Atmosphäre. Im Wartesaal ein paar Irokesenpunker, die schon zu den Stammkunden zählen, einige Ausländer mit sehr südländischem Aussehen, etliche arbeitslose Jugendliche. Und zwei aus dem Bahnhofsberber-Milieu, der eine hat eine leichte Fuselfahne.

Ich (Ali) lege den Zettel vor, den Osman mir gegeben hat, und frage den »Empfangschef«, ob er nicht auch einen weniger gefährlichen Versuch zu vergeben hat. Osman hat mich (Ali) gewarnt, daß der vorgesehene Test recht heftige unangenehme Nebenwirkungen hervorrufen soll. – »Nur keine Angst«, versucht man mich zu beruhigen, »hier sind bisher noch alle wieder lebend rausgekommen.« Und: »Wir machen das hier ganz locker.« – Der Herbergsvater pflegt einen betont familiären Umgangston mit seinen Versuchspersonen, duzt alle und klärt mich (Ali) auf: »Zuerst müssen wir mal sehen, ob du überhaupt zu gebrauchen bist.«

Ich (Ali) werde zum vorgeschriebenen Check geschickt. Etliche Blutproben werden mir abgezapft, Urin wird untersucht, dann kommt noch ein EKG, ich (Ali) werde vermessen und gewogen. Die Endabnahme nimmt ein Arzt vor. Zuerst erschrecke ich, denn ich halte ihn für einen Landsmann. Aber zum Glück ist er kein Türke, sondern Exilbulgare. Aber er kennt »meine Heimat« gut und unterhält sich mit mir ein wenig über die Türkei.

Er berichtet, daß es früher viel mehr türkische Probanden gegeben habe, etliche von ihnen seien aber in der letzten Zeit in die Türkei zurückgekehrt. Er meint, daß sie hier gute Erfahrungen mit meinen türkischen Landsleuten gemacht hätten, sie seien »hart im Nehmen« und würden sich nicht »wegen jedem Wehwehchen gleich beklagen«. – Er leuchtet mir (Ali) noch in die Augen und stellt dabei fest, daß ich Kontaktlinsen trage, sieht aber zum Glück nicht, daß sie tiefdunkel gefärbt sind . Ich erkläre, daß ich sie für Spezial-Schweißarbeiten verschrieben bekommen habe, bei denen eine Brille ein Handicap sei.

Ali wird für tauglich befunden, das heißt, er ist soweit verwendungsfähig, sich als Gesunder möglicherweise krankmachende Medikamente in Form von Pillen oder Spritzen verabreichen lassen zu dürfen.

Ali muß eine Einverständniserklärung zu dem Versuch an sich unterschreiben und bekommt eine fünfseitige Informationsschrift auf deutsch zu sehen, in der es um die Medikamente geht, die diesmal ausprobiert werden sollen: »Probanden-Information über die Studie Vergleichende Bioverfügbarkeit bei vier verschiedenen Kombinationspräparaten mit den Inhaltsstoffen Phenobarbital und Phenytoin«.

Die Namen dieser Medikamente hat er noch nie gehört, und auch der »Herbergsvater« hat Schwierigkeiten, sie flüssig auszusprechen: »Phenobarbital« und »Phenytoin«. »Nichts vergißt du schneller«, sagt er. »Die Medikamente sind auch gar nicht für eine Krankheit, die vielleicht jeder mal hat, sondern laut Informationsblatt gegen ›Epilepsie‹ und ›Fieberkrämpfe‹ bei Kindern.«

Von fast allen industrieunabhängigen Wissenschaftlern wird die Verwendung solcher Kombinationspräparate heftig kritisiert. Durch die starke Kombination zweier Wirkstoffe wird

155

die oft notwendige Anpassung der Dosis an die individuellen Bedürfnisse des Patienten verhindert. Nachlässigen Ärzten kommen Kombinationspräparate aber durchaus entgegen. Sie brauchen sich noch weniger um die Patienten zu kümmern.

Der Inhaltsstoff »Phenobarbital« zählt obendrein zur chemischen Gruppe der Barbiturate, von denen man besonders schnell abhängig werden kann. Wegen der großen Suchtgefahr wurden deshalb in den letzten Jahren Hunderte von Arzneimitteln verboten, denen Barbiturate beigemengt waren.

Ein Medikamentenversuch mit längst bekannten Kombinationspräparaten, die eigentlich aus dem Handel gezogen werden sollten. Niemand erklärt, warum sie dann überhaupt noch getestet werden müssen.

Der Versuch soll sich insgesamt über elf Wochen hinziehen, eingeschlossen viermalige stationäre Kasernierung über je 24 Stunden. Gesamthonorar 2000 DM. Als Nebenwirkungen, die relativ häufig auftreten, werden in der Informationsschrift angegeben: »Müdigkeit, Veränderung der Stimmungslage, Bewegungsstörungen, Beeinträchtigung der Nervenfunktion und der Bluteigenschaften, Beeinflussung der Blutbildung, Veränderungen des Gesichtsfelds, allergische Reaktionen mit Hautveränderungen«. Und bei »ca. 20 Prozent der Patienten treten Wucherungen des Zahnfleischs« auf. Außerdem, wenn man Pech hat, kann es zu »juckendem Hautausschlag, Atemnot, Hitzegefühl, Übelkeit und eventuell Erbrechen kommen«, und »in seltenen Fällen« können »lebensbedrohliche Zustände mit Erstickungsanfällen und Kreislaufschocks entstehen, die sofortiges ärztliches Eingreifen erfordern«.

Das sei aber alles halb so schlimm, denn im Notfall zahle die Versicherung: »Sollte wider Erwarten im Zusammenhang mit der Teilnahme an dieser Studie eine gesundheitliche Schädigung auftreten, wird von der LAB oder deren Auftraggeber kostenfreie medizinische Versorgung in unbegrenzter Höhe angeboten.« Allerdings: »Ausdrücklich ausgenommen hiervon sind Schäden, die nur mittelbar mit der Teilnahme an der Studie zusammenhängen (wie zum Beispiel Wegeunfälle«). Was also, wenn ein »Proband« mit »Kreislauf- und Bewegungsstörungen« einen Verkehrsunfall erleidet?

Nach der Unterschrift unter die Einverständniserklärung bekomme ich (Ali) einen Terminplan für die Einnahme der Medikamente und die stündlich durchzuführenden Blutentnahmen ausgehändigt.

Die Studie beginnt erst morgen, werde ich (Ali) aufgeklärt, trotzdem darf ich (Ali) das Gelände, also das Haus und den angrenzenden Hinterhof, ab sofort nicht mehr verlassen. »Freiwillige Gefangennahme.« Man händigt uns aus: Eine Decke mit Überzug, Bettlaken, Kopfkissenbezug. – Im ersten Stock finden sich die »Behandlungsräume«: Labor, Raum für Blutentnahmen, Intensivstation. Im zweiten Stock der Fernsehraum und die Schlafräume.

Der Mann, der unten auf dem Etagenbett sitzt, blickt nicht auf, als ich eintrete. Zwei am Tisch lösen ihre Kreuzworträtsel weiter. Ich (Ali) gehe in den zweiten Schlafraum mit Blick auf den Hof. Links die Autowerkstatt und davor, zwischen Mauer und Müllcontainer, ein paar graue Gartenmöbel aus Plastik. Rechts ein Lagerhaus mit einem Großhandel für Naturprodukte. Im Hintergrund der Güterbahnhof. Eine desolate Gegend.

Fast beschwörend betonen alle, die sich als Versuchsmenschen zur Verfügung gestellt haben, daß es überhaupt kein Risiko gibt. »Für die ist das Risiko viel größer als für uns«, sagt einer. »Denn wenn etwas passieren würde, gäbe es einen Riesenskandal. Und das können die sich gar nicht leisten.« Einige machen das nicht zum erstenmal. Es gibt »Berufsprobanden«, viele Ausländer dabei, die von Institut zu Institut ziehen und sich manchmal lebensgefährlichen Doppelversuchen aussetzen. »Pharmastrich« nennt man's in der Branche. Es gibt Werber und Schlepper, die für Kopfgeld Arbeitslose,

Obdachlose, Menschen in Notlagen aller Art für Versuche anheuern.

Zum Abendbrot treffen sich alle an einer Reihe langgezogener Tische. Vier Frauen sitzen zusammen. Sie mußten bei ihrer Aufnahme einen Schwangerschaftstest durchführen lassen. Wenn sie während der Medikamenten-Testreihen, die sich zumeist über Monate hinziehen, trotzdem schwanger werden, können beim Kind schwerste und bleibende Schäden auftreten. Für diesen Fall verspricht das LAB jedoch »medizinische und seelische Hilfe«, was auch immer das heißen mag.

Durch eine Klappe bekommt jeder einen Teller zugeschoben: Brot, Butter, ein paar Scheiben Käse, eine Tomate, eine Gurke, eine Paprika. Im Fernsehraum läuft *Bonny and Clyde*. Die Vorhänge sind geschlossen, um den Fernseher von der Abendsonne abzuschirmen. Die Antenne ist kaputt. Einer muß sie festhalten, damit das Bild schwach erkennbar ist. Es stinkt nach Asche und kaltem Rauch. Fast niemand kann schlafen, und das Fernsehprogramm ist zu Ende. Schweigend sitzen wir bis nach Mitternacht auf dem Hof, rauchen und trinken schales Wasser aus Pappbechern: das ist das einzige, was wir noch zu uns nehmen dürfen.

Die in den Betten liegen, starren gegen die Decke oder versuchen zu schlafen. Jemand ist neben seinem Transistorradio eingeschlafen – »Musik nach Mitternacht« in voller Lautstärke. Niemand macht das Licht aus. Ab 2.30 Uhr »Musik bis zum frühen Morgen«. Dann schalte ich das Radio aus und lösche das grelle Neonlicht. Vom Güterbahnhof hallt pausenlos das Donnern der Waggons, die gegeneinander geschoben werden. Der Wind treibt unter dem offenen Fenster die leeren Plastikbecher über den Hof. Jemand onaniert unter der Bettdecke, immer wieder, ohne Erlösung zu finden.

Um 6 Uhr öffnet sich die Tür: »Aufstehen!« Schweigend, grußlos stehen wir auf. Jeder ist ganz mit sich selbst beschäftigt. Meine Urinflasche trägt die Nummer 4. Das bedeutet: 6.04 Uhr

Dauerkanüle in den Arm, 7.04 Uhr Medikamenteneinnahme, 8.04 Uhr Blutentnahme, usw.

Die ersten Male stellen wir uns noch in einer Reihe an. Später kennen wir unsere Vor- und Hintermänner und wissen, wann wir dran sind. Der nach mir ist soeben aus dem Gefängnis entlassen worden und konnte nirgendwo Arbeit finden. Hier fragt ihn keiner. Zwei junge Typen, die uns die Kanüle in die Armbeuge stechen, unterhalten sich über ihre nächsten Examensprüfungen. Sie haben ihr Medizinstudium noch nicht abgeschlossen. Die beiden überwachen die Medikamenteneinnahme. Unter ihren Augen muß ich zwei Kapseln schlucken. Zuerst bemerke ich, wie sich mein Blickfeld etwas verkleinert. Ich versuche auf den Hof zu sehen, aber die Sonne blendet zu stark und schmerzt in den Augen. Ich liege auf dem Bett und döse. Zu den stündlichen Blutentnahmen gehe ich wie ein Schlafwandler. Alle sehen bleich und eingefallen aus. Immer häufiger fehlen Leute und müssen erst aus dem Bett geholt werden. Eine Frau klagt über Hitzewallungen, Schwindelanfälle und Kreislaufstörungen. Ihr Arm sei kalt, pelzig und abgestorben.

Am nächsten Tag geht es mir miserabel. Ein an sich unsinniger Versuch, weil die Nebenwirkungen alle bekannt sind. Wir erleben sie gerade: schwerste Benommenheit, starke Kopfschmerzen, totales Wegtreten und schwere Wahrnehmungstrübungen, dazu ein ständiges Wegschlafen. Auch das Zahnfleisch blutet stark. Siebenmal Blut abgezapft bekommen und sich ständig zur Verfügung halten. Auch die anderen haben starke Beschwerden.

Doch erst als es einer ausspricht, stellt sich heraus, daß fast alle Kopfschmerzen haben. Offensichtlich haben sie geschwiegen, aus Angst, zu einem anderen Versuch nicht mehr zugelassen zu werden. Ein Versuchsmensch (39), seit drei Jahren arbeitslos, erzählt mir: »Ich habe schon viel schlimmere Versuche über mich ergehen lassen. Auf der *Intensivstation*, an Schläuchen angeschlossen. Da haben die meisten unserer Gruppe schlappgemacht, und etliche mußten anschließend in die Betten getra-

gen werden.« Er berichtet von einem Münchener Institut, wo
besonders gefährliche Versuche über Nacht vorgenommen
werden, »über die Schmerzgrenze hinaus. Die suchen immer
welche«. – Ein anderer berichtet über einen »Psychobunker« in
der Nähe von München, wo Versuche, oft vier Wochen lang,
bei totaler Dunkelheit ablaufen. In einem *Herzzentrum* in
München, erzählt ein Achtzehnjähriger, kann man bei gefährlichen Experimenten mitmachen und »für gutes Geld an seinem
Herzen herumspielen lassen.«
Ich (Ali) entschließe mich, nach dem »ersten Durchgang«, das

heißt nach vierundzwanzig Stunden, den Versuch abzubrechen. Normalerweise hätte ich (Ali) innerhalb der nächsten elf Wochen noch weitere dreimal kaserniert werden sollen. Und die Nebenwirkungen werden erfahrungsgemäß schlimmer, nicht besser, klärt man mich auf. Darüber hinaus hätte man die gesamten elf Wochen täglich – auch samstags und sonntagmorgens, um 7 Uhr zur Blutentnahme erscheinen und sämtlichen Urin der elf Wochen in Plastikbehältern sammeln müssen. Wer aus dem Versuch vorzeitig aussteigt, erhält keinen Pfennig Honorar.

Der Frankfurter Professor Norbert Rietbrock hält »etwa zwei Drittel derartiger Bioverfügbarkeitsstudien für unnötig«. »Das sind Studien, die für kommerzielle Zwecke umfunktioniert werden und bei denen Nutzen und Aufwand nicht mehr im richtigen Verhältnis zueinander stehen.«* Es ist bereits zu Todesfällen bei Menschenversuchen gekommen. Vor zwei Jahren zum Beispiel brach der dreißigjährige irische Berufsversuchsmensch Neill Rush während einer Versuchsreihe tot zusammen. An ihm wurde für die Kali-Chemie Hannover ein Mittel gegen Herzrhythmusstörungen erprobt. Am Tag zuvor hatte Rush bereits in einem anderen Institut das Medikament *Depoxil*, ein Psychopharmakon, an sich ausprobieren lassen. In der Kopplung beider Medikamente, so der Obduktionsbefund, sei die plötzliche Todesursache zu sehen. (Eine Mindestforderung wäre, die Pharma-Industrie zu zwingen, Probandenpässe auszustellen, um solche »Doppelversuche« auszuschließen.)

Einer der Versuchsmenschen der LAB hat mir (Ali) noch eine Adresse zugesteckt: BIO-DESIGN in Freiburg im Breisgau. »Die brauchen immer welche und zahlen gut. Und vor allem das Essen ist besser als der Fraß hier.« Ich (Ali) fahre dort als nächstes hin. Im Gegensatz zum leicht angegammelten LAB ist BIO-DESIGN ein blitzblankes zukunftsweisendes Institut, architektonisch einer Raumstation nachempfunden. Die Dame am Empfang stellt die gleiche vorsorgliche Frage wie auch Ad-

---

* Stellungnahme in ZDF-Reportage am Montag »Nebenwirkungen unbedenklich« vom 26. 8. 85 von S. Matthies und B. Ebner

ler, wenn sich ein Neuer bewirbt, nur mit gesetzteren Worten: »Wer hat Sie an uns verwiesen?« – Ich (Ali) nenne den Namen des Kumpels von der LAB.

Sie haben sogleich ein verlockendes Angebot für Ali: 2500 DM für fünfzehn Tage, allerdings »voll stationär«. Sie entgegnen ihm auf seine Frage: »Und muß Steuer zahle?« – »Nee, das wird hier nicht gemeldet. Das ist ein Dienst für die Gesundheit.« Sie scheinen gerade für diesen Versuch noch um mutige Versuchsmenschen verlegen zu sein, denn sie versuchen, ihn mit einem Vorschuß zu ködern. »Sollten Sie sich entschließen, daran teilzunehmen, könnten wir ausnahmsweise auch über einen Vorschuß reden.« Und: »Sie werden hier auch gut verpflegt. Das Essen ist frei.« – »Und wofür so viel Geld? Was wird gemach?« – Eine jüngere Institutsangestellte erklärt es mir (Ali), nicht ohne hintersinniges Lächeln, wie er zu bemerken glaubt.

»Das ist ein Aldosteron-Antagonist, die Substanz heißt Mesperinon. Die bewirkt, daß krankhafte Wasseransammlungen im Körper ausgeschwemmt werden über die Niere. Dieses Mineralkortikoid hat Einfluß auf den Hormonhaushalt. Was bereits im Handel ist, das gehört in die Gruppe von Spironolacton. Bei dieser Substanz hat man festgestellt, daß sie, wenn sie länger verabreicht wird, eine sogenannte Feminisierung bewirkt, das heißt, Brustbildung bei Männern. Es ist bei diesem Versuch über zwei Wochen aber nicht gleich zu erwarten, daß es dazu kommt.«

*Ich (Ali):* »Is'se sicher?«

*Institutsangestellte:* »Es wird nicht erwartet. Das ist ja gerade der Zweck des Versuchs. Sicher kann man da nie sein.«

*Ich (Ali):* »Und wenn passiert, geht auch wieder weg?«

*Institutsangestellte* (beschwichtigt): »Ja, sicher, das wird sich auch wieder zurückbilden.«

Hier informiert sie ganz offensichtlich falsch. Eine »Gynäkomastie«, wie die Brustbildung bei Männern in der medizinischen Fachsprache genannt wird, muß operativ entfernt werden. Das ist jedenfalls die einhellige Auffassung von Wissenschaftlern.

In einem anderen Punkt sagt sie ebenfalls die Unwahrheit. Auf Alis Frage: »Wie is mit Potenz. Bleibt?« Antwort: »Also, in der Hinsicht wird nichts befürchtet.« – In Wirklichkeit liegen für die Anwendung von Mesperinon am Menschen noch so gut wie keine Erfahrungen vor. In einem Begleittext zu dem Versuch wird ausdrücklich hervorgehoben, daß mit Nebenwirkungen wie »Kopfschmerz, Benommenheit, Verwirrtheit, Magenschmerzen, Hautveränderungen« und eben bei höheren Dosierungen auch mit »Gynäkomastie bzw. Impotenz« zu rechnen ist.

BIO-DESIGN versucht, seine Versuchsmenschen unter allen Umständen bei der Stange zu halten. Im Vertrag droht das »Institut«: »Im Falle einer fristlosen Kündigung kann die BIO-DESIGN GmbH von dem Probanden Ersatz für den Teil der Aufwendungen verlangen, die für die Durchführung der Prüfung an ihm entstanden sind . . .« Daß dieser Knebelvertrag eindeutig sittenwidrig ist, stört BIO-DESIGN offenbar wenig. Die Versuchspersonen werden damit unter den ungeheuren Druck gesetzt, trotz aller eventuellen Schmerzen und Begleiterscheinungen auf jeden Fall durchzuhalten. Hinter der glatten, freundlichen Fassade einer Schönheitsfirma verbirgt sich ein neuzeitlicher, eiskalter Dr. Mabuse, der im Auftrag großer Pharma-Konzerne in Not geratene Menschen zur Erforschung von Verkaufsstrategien der Chemie ausliefert.

Ich bin glücklicherweise nicht von den verlockend hohen Geldsummen abhängig und kann es mir leisten, dankend abzulehnen. Viele andere können das nicht. Firmen wie LAB und BIO-DESIGN profitieren von der Wirtschaftskrise, die ihnen immer mehr Menschen zutreibt.

Die Verantwortlichen reden sich auf sogenannte »Ethik-Kommissionen« heraus, in denen Wissenschaftler und sogar Geistliche sitzen. Ethik-Kommissionen sind freiwillige Kontroll-Ausschüsse, deren Votum nur in den USA und Japan gesetzlich befolgt werden muß, in der Bundesrepublik aber nicht.

Ethik in diesem Zusammenhang – ein zynischer Begriff. Diese Kommissionen können von den Firmenchefs jederzeit nach Gutdünken ausgetauscht oder ganz fallengelassen werden. Und selbst wenn es sich dabei um behördliche Einrichtungen handelte, wie das in anderen Staaten schon der Fall ist: »Ethik«-Kommissionen können bestenfalls über *medizinische* Fragen urteilen. Die *menschliche* Ethik würde aber zumindest verlangen, daß man sich mit den verzweifelten Menschen auseinandersetzt, die an den Rand der Gesellschaft gedrängt worden sind und sich nur deshalb bereit finden, als Kandidaten zum Selbstmord auf Raten aufzutreten.

Mein Vorschlag:

Es sollte ein Gesetz verabschiedet werden, das die Spitzenverdiener in der Pharmaindustrie verpflichtet, sich für Versuche selbst zur Verfügung zu stellen. Die Vorteile wären unübersehbar: die Leute sind körperlich meist in wesentlich besserer Verfassung als viele der ausgelaugten Berufsprobanden und könnten sich aufgrund ihres Einkommens auch einen viel längeren Urlaub und Erholungskuren leisten. Die Anzahl der Versuche würde dadurch drastisch zurückgehen und auf ein sinnvolles Minimum beschränkt werden.

So unernst ist der Vorschlag gar nicht gemeint. Noch vor sechzig Jahren testeten die Medikamentenforscher neue Wirkstoffe zunächst an sich selbst.

Wie häufig die angeblich so seltenen Nebenwirkungen auftreten, erlebte ich selber. Nach der Rückkehr von meiner Reise durch die Pharma-Labors begann mein Zahnfleisch am Unterkiefer anzuschwellen und zu eitern. Der Zahnarzt diagnostizierte »Zahnfleischwucherungen« und vermutete gleich ganz richtig: »Nehmen Sie Medikamente, in denen Phenytoin enthalten ist?« Als ich bejahte (Phenytoin war einer der Inhaltsstoffe des Medikamentenversuchs beim LAB in Ulm), schloß der Zahnarzt sofort von der Nebenwirkung auf meine vermeintliche Krankheit: »Sind Sie Epileptiker?«

# Die Beförderung

Ich fühle mich so kaputt und elend, daß ich mir nicht mehr zutraue, die Arbeit bei Thyssen fortzusetzen, obwohl Ali genug Kollegen kennt, die trotz Krankheit oder Unfallverletzung weiter für Adler schuften. Die trotz Grippe und Fieber 16 Stunden durchhielten, aus Angst, daß sonst an ihrer Stelle ein Neuer angeheuert würde. Oder Mehmet, dem bei der Arbeit ein Eisenteil auf den Fuß gefallen war. Da er keine Arbeitsschuhe mit Spezialkappe trug, schwoll sein Fuß so stark an, daß er seinen Schuh seitlich aufschneiden und mit Draht umwickeln mußte, damit er noch hielt. Unter größten Schmerzen humpelte er – die Zähne zusammengebissen – zur Arbeit und klagte mit keinem Wort.

Ich kann es mir leisten, alles auf eine Karte zu setzen, um aus der Not eine Tugend zu machen. Ich habe erfahren, daß Adler Probleme mit seinem Kalfaktor und Chauffeur hat, und versuche über eine List, den Job des Fahrers zu ergattern. Wegen Geldforderungen habe ich (Ali) mich bei Adler angesagt. Er ist wie immer sehr ungehalten, fragt, was mir überhaupt einfiele, mehrere Tage zu fehlen, aber als ich (Ali) mich entschuldige und sage, daß ich (Ali) garantiert wieder ganz gesund sei und es nie wieder vorkäme, zeigt er sich gnädig und meint, ich (Ali) solle dann halt am nächsten Tag kommen. »Aber pünktlich, gefälligst, Punkt 14 Uhr.« – Das alte Spiel: wer nicht da ist am nächsten Tag, ist Adler. Drei Stunden später, gegen 17 Uhr endlich, erwisch' ich (Ali) ihn zu Hause. – Er geht gleich auf Distanz: »Das geht jetzt nicht. Müssen Sie früher kommen. Ich sitz' jetzt in der Badewanne.« – Er sitzt keineswegs in der Badewanne, wie man sieht, denn er ist komplett angezogen.

*Ich (Ali):* »Kann ja warte noch was und setz' mich solang auf Trepp. Hab ja vor die Tür schon drei Stunde warte.«

*Adler* (ungehalten): »Nichts. Das geht nicht. Morgen wiederkommen.«

*Ich (Ali):* »Will auch kei Geld jetzt, nur mal was frage ...«

*Adler:* »Geht auch nicht. Morgen anrufen.«

*Ich (Ali):* »Bitte, nur fünf Minute. Bin über ein Stund 'rausge-
fahre.«

*Adler:* »Rufen Sie mich morgen an. Können wir am Telefon
besprechen. Ich kann es nicht ändern.«

*Ich (Ali):* »Ich hab' gut' Sach', weil ich muß Ihne helfe.«

*Adler* (neugierig, erschreckt): »Was denn?«

*Ich (Ali):* »Muß Ihne helfe, weil Ihne sonst was passiert.«

*Adler:* »Mir? Warum? Wer?«

*Ich (Ali):* »Ich komm' wieder, wenn Sie ware in Bad.«

*Adler:* »Nein, warten Sie, kommen Sie doch eben 'rein.«

Zögernd folgt Ali ihm in sein Büro und eröffnet ihm, daß einer
von den Kollegen, denen Adler noch Geld schuldet, ihm einen
Denkzettel verpassen will, aber Ali das nicht zuläßt.

Ali spielt im folgenden die Rolle eines etwas tölpelhaften Über-
eifrigen, der bereit ist, sich für seinen Herrn zu opfern, notfalls
über seine Leiche. »Ich hab lernt Karat, türkisch Spezial-Ka-
rat, heißt Sisu.« Ist natürlich kompletter Quatsch, ich kann
kein Karate, und ›Sisu‹ ist finnisch und bedeutet auf deutsch
›Ausdauer, Geduld, Beharrlichkeit‹. Aber das weiß er nicht.
»Ich Ihne helf, wenn Ihne einer was tut. Ich kann ein Schlag,
und dann isse weg.« – Zur Bekräftigung meiner wilden Entschlossenheit donnert Ali mit voller Kraft seine Faust auf Adlers Schreibtisch. Adler mustert Ali halb beeindruckt, halb irritiert. »Wer will mir was anhaben?« fragt er zurück, »das ist ja
auch gut so, das soll ja auch so sein, daß du mich verteidigen
willst, aber welcher Schmutzfink will mir was tun?« – »Ich jetzt
nich weiß Nam«, sagt Ali, »aber ich ihm sag', wer Adler will
umbring, muß Ali umbring, ich Adlers Mann.« – Es fällt ihm
nicht auf, daß Ali in seinem Eifer ganz ungewohnt des Genitivs
in der deutschen Sprache mächtig wird.

Adler hat angebissen. Etwa fünf Minuten lang liest er aus Listen Namen türkischer und arabischer, jetziger und früherer Mitarbeiter vor, denen er offenbar noch Geld schuldet und die in seinen Augen jetzt alle potentielle Mörder sind. – Bei einigen Namen horcht Ali auf, läßt sie sich noch mal wiederholen, schüttelt jedoch jeweils energisch mit dem Kopf, der Name des Rächers ist nicht dabei. Um keinen Kollegen tatsächlich in Verdacht zu bringen, erfindet Ali einen Phantom-Rächer, einen »Araber, der Mitglied in einem türkischen Ringverein ist«, der solche Pranken von Händen hat – Ali demonstriert es in der Luft – und der zuletzt einen Deutschen, der ihn »beleidigt und betrogen« hat, »mit ein Schlag halb Gesich' weg hat haue«. – »Nas war kaputt, ein Aug' war zu und ganz Gesich' schief.« – Adler blickt sehr besorgt, und Ali bringt seine sonstigen Vorzüge ins Gespräch: daß er nicht »nur Karate kann, sondern auch lange Zeit Taxifahrer« war und früher »schon mal Chauffeur von ander Chef«, der »groß Fabrik hat«. – »Was für eine Fabrik?« macht Adler sich sachkundig. »Mache so Sprechmaschin'«, erklärt Ali. »Du meinst Walkie-talkies«, kombiniert Adler richtig, und Ali bestätigt stolz. Zur Not könnte er von dort sogar eine Bescheinigung bekommen, denn der Firmenchef ist ein guter Bekannter von mir (G. W.). »Ich hab' noch de Uniform in Schrank«, prahlt Ali weiter, »schön Mütz' dabei und gut Stoff.«

»Ah ja, interessant«, sagt Adler, »kannst du denn gut Auto fahren?« – »Ja, kein Problem«, sagt Ali, »der Chef konnt immer schlaf, wenn Ali fahr, und ich konnt auch reparier alles, wenn Auto kaputt.« – Eine komplette Lüge, aber ich (Ali) kann doch wohl darauf bauen, daß Adlers ziemlich neuer 280 SE-Mercedes, mit Sonderausstattung und allem möglichen Schnickschnack, kaum reparaturanfällig sein wird. »Da können wir drüber reden«, sagt Adler, »ich hab' immer was zu fahren, und du hältst mir die lästigen Kerle vom Leib. Du brauchst mir nur die Namen zu nennen. Ich hab' da einen direkten Draht zur Ausländerpolizei. Dann sind die draußen, eh die merken, wie ihnen geschieht.« – »Mich mal lasse mache«, versuch ich

(Ali) ihn abzulenken. »Sie brauch' kei Angst mehr hab', wenn die wisse, ich Agent von Adler, ein Schlag von Ali und sie tot, ein Schlag isse weg. Sie brauch' nich Polizei, ich mache besser.« – »Ja, gut«, sagt Adler, »komm' Montag 10.30 Uhr, dann wollen wir's mal versuchen.«

So kam es, daß Ali ›befördert‹ wurde, vom Staubschlucker und Schwerstarbeiter zum Chauffeur und Leibwächter. Es gibt halt doch noch in unserer Gesellschaft ungeahnte Aufstiegschancen. Auch für den letzten Gastarbeiter.

Adler versucht, die neue Arbeitsplatzbeschaffungsaktion auch gleich wieder – wie es so seine Art ist – mit einem neuen Betrug einzuleiten. »Du bist doch noch krank«, sagt er. »Paß auf, wir melden dich ab sofort bei der AOK an, du gehst zum Arzt und läßt dich krankschreiben, dann brauch' ich dir kein Geld zu zahlen, dann muß die Krankenkasse dir das zahlen, und du fährst schon für mich.«

Es sollte eine schlimme Selbstverleugnung werden, Adler in den folgenden Wochen zu kutschieren. An jeder Lenkbewegung mäkelte er rum. »Fahr gefälligst seriös.« – »Jetzt ist endlich Schluß mit dem Risikofahren.« – »Wie oft soll ich dir das noch sagen, das sind Wertgegenstände, die du hier durch die Gegend fährst. Das Auto kostet viel Geld.« – »Ich möchte vernünftig und sicher gefahren werden. Du bist verantwortlich, daß das Auto und ich heil nach Hause kommen.« – Dabei fährt Ali schon ganz langsam und behutsam, dreimal so langsam wie mit seiner eigenen Karre. Man kann es schon nicht mehr Fahren nennen, es ist ein abgehobenes sanftes Schweben. Jedoch Adler hat übertriebene Ängste. Vielleicht braucht er diese ewige Nörgelei auch nur zur Selbstbestätigung.

Adler bestellt Ali meistens zwanzig bis fünfzig Minuten zu früh zu seiner Wohnung. Dann fühlt sich Ali als »Weckdienst« mißbraucht. Ali klingelt. Es dauert einige Zeit, bis Adler mit verschlafener Stimme 'runterruft: »Warte draußen. Es dauert zehn Minuten.«

Dann dauert's und dauert's. Wenn es regnet, gibt's nichts zum

Unterstellen. Adler fällt es auch nicht ein, Ali den Schlüssel runterzuwerfen, damit er sich schon mal in den Mercedes setzen kann.

Gegen 8, 9 Uhr kommt Leben in das Villenviertel. Rolläden werden hochgezogen, langsam öffnen sich Fenster. Garagentore gleiten automatisch hoch, und gepflegte Limousinen werden von bessergestellten Besitzern ins Geschäftsleben gefahren. Eine Ehefrau stellt einen prächtigen Vogelkäfig mit exotischen Vögeln ans Fenster. Die Vorgärten sind sehr gepflegt und die Rasenflächen immer sehr kurzgeschoren.

In seltenen Fällen wird Ali schon um 7 oder 8 Uhr früh zu Adler zitiert, um dann eine halbe bis eine Stunde später mit seinem Herrn losfahren zu dürfen. In der Regel beginnt für Adler der Tag jedoch nicht vor 10 oder 11 Uhr und endet dafür oft auch schon gegen 14, 15 oder, wenn's spät wird, 16 Uhr. Dazwischen oft noch eine Stunde Mittagspause. Oft erschöpft sich das Tagwerk Adlers darin, verschiedene Banken in Oberhausen und Dinslaken aufzusuchen und die Zahlungseingänge zu kontrollieren. Seltsamerweise liegen alle Banken außerhalb seines Wohnbezirks. Dazwischen meist noch ein Besuch bei seinem Freund und Geschäftspartner Remmert. Fast immer in der Zeit, in der seine Arbeiter nicht von der Schicht zurückkommen, um »unverschämten Fragen« und »dreisten Lohnforderungen« aus dem Weg zu gehen. Meistens schaltet er noch die Alarmanlage seines Wagens ein, denn man kann ja nie wissen. Auf dem Rückweg geht's dann oft noch zu seiner Tennishalle mit Restaurationsbetrieb in Duisburg, um mal »eben nach dem Rechten zu sehen« oder um sich dort mit seinem »Steuerhinterzieher«, das heißt mit seinem ihm eng befreundeten Steuerberater zu treffen. Offiziell gibt Adler seinen Umsatz mit »zwischen 500 000 und 1 Million« DM jährlich an, wobei bei ihm kaum reale Geschäftskosten anfallen dürften. Tatsächlich dürfte sein Umsatz bei seinem Geschäftsgebaren ein Vielfaches dieser Summe ausmachen, allein die Kopfgelder der nicht angemeldeten Illegalen zusammengerechnet.

Es ist eine Qual, ihn zu chauffieren. Ständig hat er etwas auszusetzen, ständig sieht er sein Leben in Gefahr. Ali hat oft den Eindruck, keinen Menschen aus Fleisch und Blut, sondern eine äußerst zerbrechliche pergamentene Mumie in einem dünnen Glasbehälter zu transportieren, die befürchtet, bei der geringsten Bremswirkung auseinanderfallen zu können. Ständig korrigiert ihn Adler ungehalten oder brüllt ihn direkt an. »Nicht überholen! Dummkopf, langsam fahren!« oder in diesem Zusammenhang seine Standardformel: »Gefälligst seriös fahren« oder »Wir wollen immer seriös bleiben. Wir sind keine Rowdys.« Und das alles bei Tempo unter 50 in der Stadt und bei unter 140 auf der Autobahn. Es geht ihm nicht um die Verkehrssicherheit von anderen, er hat eine abstrakte Angst um sein so wertvolles und kostbares eigenes Leben. Eine direkte Phobie hat er vor Polizisten. Wenn er schon von weitem einen Polizisten oder gar Streifenwagen gewahr wird, läßt er große Umwege oder Abbiegungen fahren, nur um möglichst schnell außer Sichtweite zu sein.

Er verschwendet keinen Blick hinter sich. Dies ist überhaupt eine Devise seines Lebens, denn hinter sich läßt er »verbranntes Land«, getreu seiner Lieblingsschnulze, dem Söldnerlied: »Hundert Mann und ein Befehl. Und ein Weg, den keiner will. Tagein, tagaus, wer weiß wohin. Verbranntes Land, und was ist der Sinn?«

Einmal droht mir, Ali, fast die Enttarnung. Er hat mitbekommen, wie ich dem Fotografen, der auf der anderen Straßenseite unsere Abfahrt verpaßt, ein Handzeichen gebe. »Wem hast du da zugewunken?« fragt er äußerst mißtrauisch. »Nix winke«, lenk' ich ihn ab, »war nur e schnell Reflex für Karatetraining. Wenn lang sitz, müsse wir immer schnell Reaktion übe und Arm, Bein und Hand ganz schnell zuck lasse.« Und zur einleuchtenden Bestätigung fange ich (Ali) an, während des Fahrens schnell zuckende Bewegungen mit Armen und Händen zu vollführen, die er anfangs noch mit nachdenklichem Staunen zur Kenntnis nimmt. Ich (Ali) erzähle ihm zur Untermauerung meines Trainingsfleißes noch (auch, um ihn bei einer eventuellen Enttarnung etwas auf Distanz zu halten), daß meine blitzschnellen Reaktionen im Karateclub besonders gefürchtet seien: ein Sportkamerad, der mir unbedacht in einen simulierten Schlag hineingeraten sei, habe anschließend »vier Tage im Koma« gelegen. Daß ich Ziegelsteine »zwei zusamme, aber alt Stein, nicht neue«, mit einem Handkantenschlag durchhauen könnte, hatte ihm schon während eines anderen Anlasses Respekt vor mir (Ali) abgenötigt. »Ein Schlag von Ali, kannste tot sein«, vollführe ich eine Handzuckung in seine Richtung. Um ihn aber nicht weiter zu beunruhigen, füge ich (Ali) hinzu: »Aber mußte unterschreib, daß mer nur mache, wenn schwer Angriff gegen uns, und nie zuerst anfange darf.« Wenn er wüßte, daß ich Schlagen und Waffenanwendung prinzipiell ablehne und meine Stärke in solchen Situationen allenfalls das Laufengehen ist!

»Unterlaß gefälligst deine Verrenkungen in meinem Wagen, du reißt mir den ganzen Sitz auseinander. Das kannst du machen, wenn du draußen bist«, schreit er plötzlich ohne Grund; denn die Sitze sind so stabil, daß meine harmlosen Bewegungen ihnen absolut nichts anhaben können. – Um die Ernsthaftigkeit meines Karatetrainings für ihn weiter zu verfestigen und seinen Anfangsverdacht damit endgültig auszuräumen, vollführe ich Schattenschlag- und Boxbewegungen vor seinem Wagen, als ich längere Zeit vor der Ruhrkohle-Wärmetechnik in Essen auf ihn zu warten habe. Auf der gegenüberliegenden Seite entfache ich damit einen Auflauf bei den Sekretärinnen der »Kassenärztlichen Vereinigung«, die in dem mehrstöckigen Gebäude an die Fenster kommen, um dem wildgewordenen Body-Guard vor der Luxuslimousine zuzuwinken und ihn teilweise anzufeuern. Ali winkt zurück und schafft es, bei der »Kassenärztlichen ...« eine mindestens viertelstündige Arbeitsunterbrechung herbeizuführen. – Als Adler zurückkommt, Alis Herumhampeleien sieht und den Auflauf an den Fenstern, wird er zornig: »Unterlaß das sofort, du Idiot, du bringst mich noch ins Gerede. Mach das in deinem Affenstall in der Dieselstraße oder in deinem Türkenverein.« – Ali sagt: »Alles klar«, reißt seinem Chef die Wagentür auf und setzt sich wieder in Untertanenmanier ans Steuer.

Manchmal bekommt Ali mit, wie sein Chef über Autotelefon »unbequeme« und »aufmüpfige« Leute feuert. Dann liegt keineswegs, wie zu vermuten wäre, ein gereizt-ärgerlicher Tonfall in seiner Stimme, vielmehr ein eher satt wollüstiger. »Hallo, meine Süße, hör mal«, flötet er durchs Autotelefon, »eine Schmeißfliege bin ich jetzt wieder los. War gerade bei der Ruhrkohle, der T. wird morgen entlassen, ja, ist das nicht phantastisch!« – Oder während er Freunde aus Industrie und Politik – ein Bundestagsabgeordneter dabei – über Autotelefon zu einem Wochenendausflug auf seine Motor-Yacht nach Holland einlädt, berichtet er einem seiner Geschäftsfreunde: »Ein Sack wieder weniger. Hab' ich heute gefeuert! Zack, weg damit. Der hat mich geärgert.« – Ein andermal philosophiert er über Autotelefon: »Man muß manchmal mit der Faust dazwischenhauen. Da bleibt kein Auge trocken. Das Schlimmste ist, weich sein, da kannste gleich einpacken!«

Er kann es sich leisten, nach Lust und Laune »Leute« zu feuern. Die zunehmende Arbeitslosigkeit treibt ihm immer wieder neue Verzweifelte, die zu jeder Arbeit zu fast jeder Bedingung bereit sind, in die Arme. Manche seiner Ausbeutungsobjekte kennt er überhaupt nicht, höchstens vom Namen her, er kassiert nur. Ebenfalls über Autotelefon: »Kommt die Ruhrkohle zu mir, hat 'ne neue Anlage installiert und sagt: Hör'n Sie mal, wir dürfen keinen einstellen, absoluter Einstellungsstopp, aber wir brauchen Elektriker. Da sind die hingegangen und haben, hinter Köln da, mit dem Arbeitsamt getrickst, haben Elektriker eingestellt, lief dann praktisch nur auf meine Rechnung, ich hab' die Leute nie gesehen, nur monatlich kam das Geld. (Lacht) Man muß sich nur zu helfen wissen. Man findet immer einen Ausweg, wenn man nur will.«

Und ein andermal: »Am angenehmsten sind mir die Großen. Steag häng' ich überall drin. In allen Kraftwerken haben wir schon gearbeitet. Thyssen, Ruhrkohle, Ruhrchemie, General Electric in Holland, alles Firmen von Weltruf. Da wagt sich in der Regel keine Behörde, kein Gewerbeaufsichtsamt ran. Da können wir tun und lassen, was wir wollen. Da können die Leute Stunden kloppen bis zum Umfallen. Hauptsache ist für die, wir ziehn den Auftrag schnell und diskret durch. Mit weniger Leuten ist's denen doch um so lieber, weil unauffälliger. Und ich brauch' mich nur mit halb so viel Leuten 'rumzuschlagen, und die Kasse stimmt.« –

Neidvoll gesteht er manchmal ein, daß ihm einige von der Konkurrenz an Kaltblütigkeit und Trickreichtum noch einiges voraus haben. Er berichtet, wie welche mit Giftschlamm, den sie für Konzerne zu »entsorgen« haben, »doppelt Geld machen«. »Der F. hat von der Ruhrkohle den Auftrag, den Emscher-Schlamm zu beseitigen. Verdient er sich dumm und dusselig dran. Und mit dem Abfall macht der noch mal ein Schweinegeld. Macht den Dreck über eine Kohlemahlanlage zu Kohlestaub und verkloppt das noch mal zum Verheizen. Gibt's nur die Probleme, Kohlestaub können sie nicht in Silo lagern. Weil da Gase und Dämpfe entstehen, und das explodiert von selbst. Mit dem Schlackenberg hier in Oberhausen läuft's genauso. Hat die Stadt an einen Holländer vergeben. Der Holländer kriegt sein Geld pro Kubikmeter für die Abfuhr von dem Schlackenberg, von dem Haufen da an der Autobahn. Was macht der Kerl damit? Der mahlt das Zeugs und verkauft's teuer an Tennisplätze weiter. Die Tennismasche ist das Geschäft im Moment. Da ist Säure drin und alles mögliche Gift. Da gibt's häßliche Wunden, wenn da auf dem Tennisplatz mal einer stürzt. Das muß man können: aus Scheiße Geld machen und dafür noch teuer bezahlt werden. Junge, Junge, manche Leute, die stecken den Finger in die Scheiße, und wenn du ihn 'rausziehst, ist da Gold dran!«

So sehr Adler sein gesamtes Vermögen mit Dreck, Staub,

Schmutz oder, um in seiner Sprache zu bleiben, aus Scheiße aufgebaut hat, achtet er bei sich selbst auf penibelste Sauberkeit und Reinlichkeit. Er hat geradezu eine hysterische Berührungsangst vor dem Schmutz dieser Welt. Seine Sklavenarbeiter sind für ihn die Kaste der Unsauberen, Unberührbaren, ihn ekelt's vor ihnen, er möchte soviel Abstand wie möglich zu ihnen halten. Und wenn sie ihn immer wieder wegen Lohnforderungen zu Hause heimsuchen, beruht seine jeweilige Empörung nicht nur auf der drohenden finanziellen Erleichterung, sondern genauso sehr entsetzt ihn die direkte Konfrontation und Nähe mit Schweiß, Schmutz und Elend, auch wenn die jeweiligen Bittsteller immer sauber und ordentlich gekleidet bei ihm vorsprechen. Einzige Ausnahme war immer ich (Ali). Ich erschien meist ganz bewußt in meinen schmutzigen, öl- und schlammverschmierten Arbeitsklamotten und schwarz im Gesicht von Ruß und Staub in seinem cleanen Villen-Vorort und stand ihm zu seinem Entsetzen als abgerissener von der Arbeit verdreckter Malocher leibhaftig auf der Matte.

Inzwischen hat sich Ali von der Kleidung her seinem Mercedes angepaßt. Bügelfalten in der Hose, frischgewaschenes weißes oder graues Hemd, Krawatte, keine klobigen triefenden Arbeitsschuhe, sondern blankgeputzte Halbschuhe aus Leder. Dennoch zählt Ali für Adler nach wie vor zu den Untermenschen aus der proletarischen Unterwelt. Allein seine Adresse Dieselstraße ist wie ein Stigma. Da wohnt in seinen Augen der letzte Dreck im letzten Dreck und arbeitet direkt daneben im allerletzten Dreck.

Als ich (Ali), sein Chauffeur, wieder mal über eine halbe Stunde morgens in der Früh, 7.30 Uhr, vor seinem Haus auf ihn warte, verspürt Ali das dringende Bedürfnis, zur Toilette zu müssen. Er klingelt und fragt Adler, ob er mal auf dessen Klo darf.

*Adler*: »Mußte groß oder klein?«

*Ich (Ali)*: »Alles.«

*Adler* (angewidert): »Ja, mach mal draußen.«

*Ich (Ali)*: »Wo soll ich draußen?«

*Adler:* »Machste um die Ecke, irgendwo, geh schon.«

*Ich (Ali):* »Wo in die Eck?«

*Adler:* »Eh, ist doch scheißegal.«

Er schickt Ali auf die Straße wie einen Hund. Es gibt auch keine Möglichkeit, in seinen Vorgarten zu scheißen, alles ist von überallher einsehbar. Mir ist danach, ihm einen Haufen auf die Haube seines Mercedes zu setzen, direkt auf den Stern drauf. Zehn Minuten später, als Adler 'runterkommt, frage ich (Ali) ihn: »Ist Ihr Toilett kaputt, oder?«

*Adler:* »Nein, die ist nicht kaputt. Das machen wir nicht so gerne. Ja, weil bei fremden Leuten und so weiter und so fort, will ich Ihnen ganz ehrlich sagen, weil wir Angst haben wegen Krankheiten. Grundsätzlich bei fremden Leuten machen wir das nicht. Sind so viele Krankheiten im Umlauf. Man weiß nicht, wo man sich mal infiziert und so weiter und so fort. Verstehst du? Und in dem Bereich da ist die Infektionsgefahr ja ziemlich groß.«

*Ich (Ali):* »Wenn Sie Gäst habe, müsse die immer 'raus geh?«

*Adler* (in Verlegenheit, zögert): »Ich hab, wie gesagt, keine Gäste, aber meine Monteure und so weiter und so fort kommen nicht auf meine Toilette drauf, das wissen die aber auch alle. Da fragt schon keiner. Ich bin also, was das angeht, sehr, sehr vorsichtig.«

*Ich (Ali):* »Habe Sie auch Angst vor Ätsch?«

*Adler.* »Du meinst Aids, ja? Jeder hat, nicht wahr, Angst, aber ich ... sorge vor, ich geh zum Beispiel auch nie, wenn ich irgendwo fremd bin, auf fremde Toiletten oder sowas. Geh ich nicht.«

*Ich (Ali):* »Hm.«

*Adler:* »Mach ich nicht. Ich versuch das immer so hinzukriegen, daß ich da zu Hause das Geschäft da machen kann. Geh auf keine fremden Toiletten.«

*Ich (Ali):* »Hm.«

*Adler:* »Weder auf öffentliche noch irgendwo, wenn ich zu Besuch bin.«

*Adler* sinniert weiter: »Ich gebe auch fast keinem die Hand oder sowas. Und wenn ich jemand die Hand geben muß, dann werden die Hände sofort hinterher gewaschen.«

*Ich (Ali):* »Wenn all Mensch so denk würd wie Sie, würd dann nichts mehr passier?«

*Adler:* »Würde keine Krankheit mehr auftreten, klar. Aber es denken ja nicht alle so. Manche sind ja richtige Schweine, in der Beziehung. Da kann es dir richtig schlecht werden, wenn man daran denkt.«

Man sollte Adler mal anläßlich einer Tatortbesichtigung auf die Toiletten bei Remmert führen. Da gibt es für die Arbeiter überhaupt nur zwei. Dreckstarrend. Toilettenpapier stellt die Firma nicht, und sauber gemacht wird so gut wie nie. Eine Toilette hat keine Tür. Da immer ein ziemlicher Andrang ist, hockt man sich auch so drauf. Mit Filzstift hat ein Deutscher auf diese Toilette geschrieben: »Nur für Kanaken.«

Manchmal auf der Autobahn, zwischen Oberhausen und Essen oder Richtung Wesel, wenn die Landschaft vorbeigleitet und keine Telefonate anstehen, gerät Adler schon mal ins Philosophieren. Dann schaltet er seinen Lieblingssender ›Radio Luxemburg‹, von dem er sich von früh bis spät beschallen und in eine problemlose Heile-Welt-Stimmung einlullen läßt, und die stündlichen Kurznachrichten leiser. So wortkarg und wenig mitteilungsbereit er meist auch seinem türkischen Fahrer gegenüber ist, alle fünf, sechs Tage kommt es vor, daß der expandierende Unternehmer Adler plötzlich Lust verspürt, zur Lage der Nation grundsätzliche Gedanken zu entwickeln und sie in mehreren aufeinanderfolgenden Sätzen seinem Fahrer nahezubringen.

Soeben schmettert über den Sender der markige Song »Guten Morgen, Deutschland, ich liebe dich ...«, als Ali ihn fragt: »Herr Adler, wie lang sin Sie ihr eigen Chef und Unternehmer?« Adler erklärt: »Seit fünf Jahren«, und daß er zuvor Chefeinkäufer auf der Gutehoffnungshütte MAN war. »Aber in den fünf Jahren hab' ich soviel gelernt wie vorher in meinem ganzen Leben nicht. Auch was Spitzbuben angeht und so weiter.«

*Ali:* »Aber Geld verdient auch viel wie sons nie? Was is Spitzbub?«

*Adler:* »Ja, Geldverdienen gehört dazu. Aber hier in Deutschland gibt's 'ne Menge Ganoven, die zu faul sind zum Arbeiten und einem ständig ans Portemonnaie 'ranwollen. Die sind nur aufs Bescheißen aus. Und die eigenen Leute, die eigenen Arbeiter, sind längst nicht mehr das, was der deutsche Arbeiter an Fleiß und Tüchtigkeit einmal war. Der Hitler war sicher 'n Diktator, aber in der Beziehung . . .«

*Ali:* »Hat aber die Mensche umgebrach'.«

*Adler:* »Ja, und auch Kriege geführt, die nicht unbedingt notwendig waren.«

*Ali:* »Weil er sie verlore hat?«

*Adler:* »Ja, weil er zu schnell expandiert hat und immer noch größer und größer werden wollte. Vor allem, was er mit den Juden gemacht hat, da kann man ja geteilter Meinung drüber sein. Die sind ja nirgendwo angesehen, die Juden . . . Was man heute schnell vergißt: der hat jedem Brot und Arbeit gegeben. Da waren nachher, wo er dran war, keine Arbeitslosen mehr . . . Wenn wir jetzt noch ein, zwei Millionen Arbeitslose mehr haben, dann kriegen wir wieder so'n Hitler. Da kannst du dich also drauf verlassen. Dann geht's hier aber los, mit politischen Unruhen und so!«

*Ali:* »Ja, dann sin wir dran. Dann sin wir die Jude.«

*Adler* (lacht): »Hab' mal keine Angst, wir tun euch nicht gleich vergasen. Glaub' ich nicht. Wir brauchen euch doch zum Arbeiten. Bei den Juden, das ist über Jahrtausende verwurzelt. Du mußt mal sehen, die Juden, die haben nur gehandelt immer, also andere Leute haben die für sich arbeiten lassen. Und das, was die anderen Leute erarbeitet haben, haben die billig aufgekauft und teuer verkauft. Das ist die Manier der Juden. Die Juden sind von Hause aus die Faulen und wollen nicht arbeiten und haben sich immer nur auf Kosten von an-

177

deren Völkern bereichert, und darum sind die nirgendwo angesehen, weder in Deutschland noch in Amerika noch in Rußland noch in Polen. Bei den Türken ist das doch was anderes. Das weißt du doch selbst am besten, daß ihr 'ranklotzen könnt. Das kannst du also vergessen. Da würden Gesetze gemacht werden, daß die innerhalb von einem Jahr alle Deutschland verlassen müssen. Wenn zum Beispiel noch eine Million Arbeitslose mehr dabei kämen.«

*Ali:* »Sie meine, werde mehr?«

*Adler:* »Ja, das sagen alle, die was davon verstehen. Die Politiker und die Spitzenleute von der Industrie. Das kann man nur nicht so deutlich den Leuten auf der Straße sagen. Es gibt immer mehr Computer und Roboter zum Beispiel. Wenn ich bei mir für die Leute, die ich habe, Maschinen einsetzen könnte – würde pro Maschine 100 000 Mark kosten – wären dann drei Mann weniger, dann würde ich das auch machen. Mit der Maschine hab' ich keinen Ärger.«

*Ali:* »Mhm.«

*Adler:* »Verstehste? Ist zuverlässiger, die Maschine arbeitet reibungsloser. Und so is das, der Trend überall, guck in den großen Werken, alles ist automatisiert. Und es wird immer mehr, und die Arbeiten, zum Beispiel im Stahl- und Rohrleitungsbau, die machen andere Länder, wie zum Beispiel Nigeria oder DDR, viel preiswerter als wir, weil bei uns die Lohnkosten ja viel zu hoch sind. Wir sind ja nicht mehr konkurrenzfähig. Die reden immer davon, wir müssen die Arbeitslosigkeit abbauen, jeder redet davon, nur es bringt keiner fertig, bei unserem Wirtschaftssystem ist das nicht mehr möglich, im Gegenteil. Kommen immer mehr noch, die jungen Leute, die aus der Schule kommen, die wollen Arbeit haben, ist aber keine Arbeit da. Das ist alles Flickschusterei – Frühpensionierung, kannste alles vergessen. Das ist wie im alten Ägypten. Haben die früher den Leuten gesagt, es kommen sieben fette Jahre und es kommen sieben magere Jahre. Bei uns ist es so: wir haben vierzig fette Jahre gehabt, und wir müssen uns einstellen auf die mageren Jahre, bis es vielleicht eventuell eine neue kriegerische Auseinandersetzung gibt oder sowas, daß wieder Sachen neu gebaut werden müssen.«

*Ali:* »Meine Sie, kommt wieder Krieg?«

*Adler:* »Ja, wenn noch mehr Arbeitslose kommen, in Deutschland gibt's zumindest 'nen Bürgerkrieg. Damit muß man rechnen. Wenn noch 'ne Million Arbeitslose dazukommen, dann gehen die auf die Straße, gehn die auf die Barrikade. Dann gibt's 'n Chaos, dann ist es aus mit unserem Rechtsstaat hier.«

Zwischendurch eine Meldung im Auto-Radio: »Die Aufenthaltsgenehmigung von Ausländern soll nachträglich verkürzt oder aufgehoben werden, wenn die Ehe mit einer Deutschen gescheitert ist ...«

*Adler:* »Da haben wir's schon!«

*Radio:* »... wies die Klage eines seit fünf Jahren in der Bundesrepublik lebenden Türken zurück. Seine deutsche Frau hatte die Scheidung eingereicht und bereits das Sorgerecht für ein gemeinsames Kind zugesprochen bekommen. Die Stadt Kassel verkürzte daraufhin die Aufenthaltserlaubnis des Mannes nachträglich zum Ende August dieses Jahres.«

*Adler:* »Siehst du, überall hörst du es jetzt schon!«

*Ali:* Aber was sag Sie dazu? Jetzt habe die geheirat und Frau hat vielleich ander Mann und ab, raus, wegschick. Darf sei eige Kind nicht mehr sehe!«

*Adler* (ungerührt): »Muß zurück, ist doch klar. Hörst du doch, ist sowieso ein Fehler gewesen der deutschen Politik. Als wir's Wirtschaftswunder hatten, haben wir die Schleusen doch viel zu weit geöffnet, und alle Türken, die kommen wollten, konnten kommen, und alle Italiener, die kommen wollten, konnten kommen ... Das war der große Fehler der deutschen Politik, das hätten die nicht machen dürfen.«

*Ali:* »Aber wir nich von allein komme, haben uns geholt, und damals kein Computer, brauche die Mensche.«

*Adler:* »Ja, das war aber ein zweischneidiges Schwert. Das bereut man heute. Aber es hängt auch damit zusammen: die Türken sind gekommen, und die ganz grobe Arbeit wurde von den Ausländern verrichtet, und der Deutsche, der hat nicht mehr gearbeitet, der war sich zu schade dazu. Diese Mentalität ist heute noch da. Der Deutsche will nicht mehr arbeiten und macht viel mehr Schwierigkeiten.

Ein Grundfehler war, soviel Ausländer reinzulassen. Aber ich bin auch überzeugt, wenn alle Türken weg wären – wir haben jetzt 2,3 Millionen Arbeitslose – dann hätten wir nur ganz minimal weniger Arbeitslose. Das hängt auch nicht mit den Türken zusammen.

Angenommen, alle Türken wären jetzt raus, dann hätten wir also ganz minimal weniger Arbeitslose, dann hätten wir vielleicht 2,2 Millionen, aber das bringt's ja nicht.«

Unser Gespräch wird durch eine andere Radio-Meldung unterbrochen: ».. . ist er der Beihilfe angeklagt. Veba, Klöckner, Krupp, Mannesmann und elf andere ... bei diesen Spenden habe er Beihilfe geleistet dadurch, daß er ...«

*Ali:* »Dieser ... Wirtschaftsminister wird in Gefängnis gehe?«

*Adler:* »Nein, absolut unmöglich, dann müßte ja unsere halbe Regierung ins Gefängnis. Geht doch gar nicht.«

*Ali:* »Mache die Milliarde-Gewinn, und die wolle immer noch mehr.«

*Adler:* »Na klar, natürlich, du willst doch auch immer Geld haben von mir. Liegt doch in der Natur des Menschen drin, oder etwa nicht?«

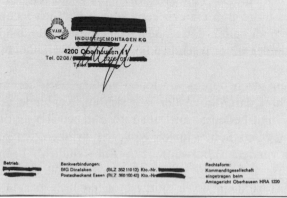

**V.I.M.**

**INDUSTRIEMONTAGEN KG**

┌ V.I.M. ▓▓▓▓▓ · ▓▓▓▓ · 4200 Oberhausen ┐

**4200 OBERHAUSEN**
Telefon (0208) ▓▓▓▓
Telefon 0203 / 05 / ▓▓
Telex ▓▓▓▓

Industriemontagen
- Rohrleitungsbau
- Behälterbau
- Stahlbau
Entrostung und Anstrich

└ ┘

| Ihre Nachricht | Ihre Zeichen | Unsere Zeichen HV/UH | Datum 26.7.1985 |
|---|---|---|---|

### Z e u g n i s

Herr Ali Levent Sinirlioglu, wohnhaft Dieselstr. 1o,
41 Duisburg ist bei uns beschäftigt.
Durch seine hervorragende Arbeit, Pünktlichkeit,
Fleißigkeit auf verschiedenen Baustellen hat er
sich so verdient gemacht, daß wir ihn seit einiger
Zeit als Cheffahrer einsetzen.
Ihm obliegt die Wartung und Pflege sowie die Fahrerei
mit unserem Mercedes 280 SE.
Wir sind mir Herrn Sinirlioglu sehr zufrieden.

Wir beabsichtigen, ihn zu einem späteren Zeitpunkt
als Führungskraft einzusetzen.

**V.I.M.**
**INDUSTRIEMONTAGEN KG**
4200 Oberhausen 11
Tel. 0208/ ▓▓▓▓ 0203/ 05 ▓
Telex ▓▓▓▓

Betrieb:
▓▓▓▓

Bankverbindungen:
BfG Dinslaken (BLZ 352 110 12) Kto.-Nr. ▓▓▓▓
Postscheckamt Essen (BLZ 360 100 43) Kto.-Nr. ▓▓▓▓

Rechtsform:
Kommanditgesellschaft
eingetragen beim
Amtsgericht Oberhausen HRA 1220

Persönlich haftender
Gesellschafter und
Geschäftsführer:
▓▓▓▓

Zwischenzeugnis für Ali von Adler nach seiner Beförderung

# Die Betriebsversammlung

»Betriebsversammlung« nennt Adler eine von ihm angeordnete Zusammenkunft seiner »Leute« in einem kleinen Saal der Kneipe »Sportlereck« in der Skagerrakstraße, zu Fuß zehn Minuten entfernt vom Stellplatz der Firma J. P. Remmert.

Während ich ihn dahin chauffiere, unterhält er sich über Autotelefon mit einem seiner Vertrauten. Es ist die Rede davon, daß er dafür sorgen werde, daß »Ruhe an der Front« ist, daß »Linie in den Laden« kommt und daß es ihm lieber ist, eine Stammtruppe eine Zeitlang legal laufen zu lassen, als nachher »total in der Scheiße zu stecken«.

Die Ansprache an seine Truppe ist auf 16 Uhr angesetzt. Erscheinen ist Pflicht, abkommandiert und unbezahlte Freizeit.

Ich (Ali) habe ihm seinen Aktenkoffer zu tragen. »Du weichst mir jetzt nicht mehr von der Seite«, sagt er zu mir und: »Wenn mir irgend jemand zu nahe tritt, greifst du ein und machst kurzen Prozeß.« – »Is' klar«, beruhige ich ihn und habe ein mulmiges Gefühl im Magen, daß ich meinen früheren Kollegen und Freunden vom Arbeitsplatz nun als Aufsteiger und Adler-Gorilla erscheinen muß. Falls sich wirklich jemand vergessen sollte und es wagt, ihm eine zu verpassen, wüßte ich jedenfalls, wem ich zu helfen hätte, auch wenn diese Rolle damit vorzeitig beendet wäre. Irgendwo hört die Selbstverleugnung mal auf.

Die Kollegen sitzen bereits um einen großen Tisch herum. Neue Gesichter darunter. Adler läßt sich am Kopfende der Tafel nieder und bedeutet mir, mich noch neben ihn an die Tischecke zu quetschen. Einigen Kollegen zwinkere ich zu. Ob sie mich verstehen. bezweifle ich. »Ruhe endlich!« beendet Adler ihre Gespräche, um für die meisten völlig unverständlich hinzuzufügen: »Wir sind hier schließlich in keiner

Judenschule.« Augenblicklich ist Stille im Raum. Alle blicken gespannt auf Adler, was er ihnen zu offenbaren hat.

Ganz ungewohnt klingt seine Anrede: »So, liebe Mitarbeiter ...« Kemal stößt mich unter dem Tisch mit dem Fuß an, er kann ein Lachen nicht unterdrücken.

»Ich habe euch alle hierhin bestellt, weil wir unsere Truppe endlich mal auf Vordermann bringen müssen. Es ist behauptet worden, daß hier bei uns schwarz gearbeitet wird, und auch der gute Name Remmert ist in diesem Zusammenhang sogar im Rundfunk genannt worden. So was ist natürlich stark geschäftsschädigend, und ich warne jeden, so was zu behaupten. Wie es jetzt so aussieht, wollen wir also eine Stammbelegschaft mit festen Arbeitsverträgen ausstatten. Wir möchten von dem Instrument, das die Bundesregierung uns dankenswerterweise an die Hand gegeben hat, Gebrauch machen, um befristete Arbeitsverträge zunächst einmal für ein halbes Jahr mit zuverlässigen Leuten zu machen. Um die Leute auch zu testen und zu sehen: wer ist gut für uns, wer ist weniger gut. Man kann ja jedem nur vor den Kopf gucken. Wenn wir dann ein vernünftiges Team sind, können wir über das eine und andere noch mal reden. Es gibt bei Thyssen etliche Firmen, die das längst nicht so legal handhaben wie wir jetzt.«

Er erklärt, daß ihm von Thyssen zur Zeit »dreitausend Stunden monatlich sicher« sind und Sondereinsätze extra und, so hofft er, »das jahrein, jahraus! – Vorausgesetzt, daß die Konjunktur so gut weiterläuft wie jetzt und die (Thyssen) nicht von heute auf morgen sagen: So, jetzt ist Schluß.«

Er läßt Ali die Kellnerin holen und erklärt großspurig: »So, für jeden *ein* Getränk jetzt, Limo, Cola oder Bier, diese Runde geht auf mich dann.« Dann klärt er die skeptisch bis ängstlich dasitzenden »lieben Mitarbeiter« auf: »Alles mal herhören! Jetzt sag ich euch, wie die Tarife sind.« Er spricht über seine von ihm willkürlich festgelegten Hungerlöhne als von »Tariflöhnen«, als sei hier etwas offiziell und verbindlich mit der Gewerkschaft ausgehandelt worden. »Die Tariflöhne sind die, also – Leute, um das ganz klipp und klar zu sagen, von achtzehn bis einundzwanzig Jahre 8,50 Mark. Leute, die Junggesellen sind und über einundzwanzig Jahre, 9 Mark. Leute, die verheiratet sind, 10 Mark.« (Die wenigsten von uns sind verheiratet.) »Ich hab' das deshalb ein bißchen gestaffelt«, rechtfertigt er sich, »weil ein verheirateter Mann, das ist natürlich klar, etwas mehr Auslagen hat. Dieser Tariflohn ist meinetwegen, wenn ihr so wollt, nach sozialen Gesichtspunkten gestaffelt.« Adler schaut streng in die Runde. »Wenn es einen gibt, der nicht damit einverstanden ist, soll er aufstehen und rausgehen!«

Keiner rührt sich. Keiner wagt, seine Meinung zu sagen. Für die meisten geht es nicht nur um ihren Lebensunterhalt, es geht ums Überleben. Jeder weiß, für jeden stehen Dutzende andere auf der Straße, die ohne wenn und aber an ihre Stelle treten würden.

»Sind die 8,50 Mark Lohn netto?« wagt Nedim zu fragen.

*Adler* (knapp): »Wir zahlen nur Bruttolöhne.«

*Nedim:* »Aber dann bleibt nur zwischen 5 und 6 Mark netto.«

*Adler:* »Ich hab' jetzt die genaue Tabelle für Ledige nicht im Kopf. Kann schon sein. Aber ein für allemal: bei uns gibt's nur noch brutto. Wir zahlen nicht nur nach Leistung, sondern genauso nach sozialer Lage. Es ist nur ein gewisser Kuchen zu verteilen, und dann muß man eben die sozialen Aspekte sehen.«

Allein der Thyssen-Kuchen macht 52 DM pro Kopf und Stunde aus, das erzählen die Kollegen. Darin sollen Staub-, Schmutz-, Hitze- und sonstige Gesundheitsschädigungszulagen enthalten sein, von Überstundenzuschlägen ganz zu schweigen. Für Thyssen ist dieses Kopfgeld für Leute von Adler immer noch billiger als eigene Stammarbeiter. Bezahlter Urlaub, Weihnachtsgeld, Lohnfortzahlung im Krankheitsfall, alle sonstigen sozialen Leistungen sowie Kündigungsschutz entfallen. Die 52 DM teilt sich Adler mit Remmert. Remmert kassiert 27 DM, Adler 25 DM. Unterstellt man zu seinen Gunsten, daß er dies-

184

mal – völlig ungewohnt – die Sozialleistungen nicht in die eigene Tasche steckt und im Schnitt 9 DM weitergibt, bleiben für ihn 16 DM pro Stunde, mal dreitausend im Monat macht allein von Thyssen 48 000 DM für Adler.

»So, dann schreiben wir mal die einzelnen Kameraden auf!« Als er die bedrückten und verzweifelten Gesichter seiner »Desperados« sieht, kommt er mit einem der Trostworte aus seinem Standardrepertoire: »Gut, ich weiß, das ist im Moment nicht allzuviel. Aber ich bin gerne bereit, wie gesagt – wir kennen uns ja noch nicht so lange –, wenn wir uns in einem halben Jahr näher kennenlernen, dann laß' ich auch über Lohnerhöhungen mit mir reden, und wir können bestimmt das eine oder andere noch machen.« Jeder, der ihn etwas kennt, weiß, daß es sich um leere Versprechungen handelt.

»So, und noch was«, Adler hebt ruhegebietend die Hand, »es wird in Zukunft keine Ausfälle mehr geben. Wir machen jetzt klar Schiff und stellen auch keine zusätzlichen Leute mehr ein. Wer jetzt in Zukunft noch fehlt, von dem müssen wir uns dann leider trennen. Für den kommt ein anderer 'rein. Das ist also ganz klipp und klar. Da laß' ich keinen Hühnerstall draus machen!«

Mit scharfem Blick zum dreiundzwanzigjährigen Mustafa: »Das gilt auch für dich. Das letzte Mal, daß du vorgestern einfach gefehlt hast.« Der entschuldigt sich, daß er seine Frau ins Krankenhaus bringen mußte, weil ein Sohn zur Welt kam. Anstatt ihm zu gratulieren, tut Adler so, als überhöre er das, und wiederholt: »Das war aber auch das allerletzte Mal.« Obwohl bisher kein Krankengeld gezahlt wurde und wir häufig zur Arbeit erschienen, nur um wieder nach Hause geschickt zu werden, verfügt er über unsere Zeit und unser Leben wie über Leibeigene. Den Deutschen Walter Recht fährt er ebenso ungehalten an: »Deine ewige Fehlerei hört jetzt ebenso ein für allemal auf. Sonst . . .«

Walter (kleinlaut): »Herr Adler, wir hatten da von Samstag auf Sonntag zwanzig Stunden gemacht. Um viertel vor drei bin ich erst nach Hause gekommen, und um halb vier mußte ich den Notarztwagen für meine Frau anrufen, die im Krankenhaus sofort operiert werden mußte. Ich hatte aber dem Herrn Flachmann auch sofort Bescheid gesagt.« Adler überhört's und stellt klar: »Wenn ihr nicht spurt, mach' ich das wie früher wieder. Wenn da eine Krankmeldung kam, bin ich zu dem nach Haus' und hab' Fieber gefühlt. Und hat er kein Fieber, dann flog der auf der Stelle rrraus!« Dann macht er wieder ganz auf Sozialpartnerschaft: »Wenn wir uns dann erst ein bißchen aneinander gewöhnt haben, dann wissen wir, was wir voneinander zu halten haben, und wenn wir uns dann im Dezember wieder zusammensetzen – wenn wir dann noch zusammen sind – bei einer kleinen Weihnachtsfeier oder so was, dann können wir vielleicht auch feste Verträge machen, dann müßte das so laufen. Alles klar! Ihr seid jetzt eine Truppe, und ich will ab sofort keine Schreiereien nach Geld mehr hören. Und morgen und Samstag dürft ihr Überstunden machen, da dürft ihr voll durcharbeiten!«

»So, das wär's dann«, verabschiedet er seine Leute: »Morgen früh pünktlich da sein. Sauber gewaschen, sauberen Hals und auch untenrum frisch, haha . . .« Und er ruft Mustafa hinterher: »Der Mustafa, hat der sein eigenes Bier schon bezahlt? Damit ich nicht noch am Ende auf eurer Zeche sitzen bleibe.«

»So, das wäre geschafft«, sagt er zu Wormland, seinem Schwager in spe, Vorarbeiter und Vertrauten. Er läßt mich seinen Aktenkoffer in den Wagen tragen und klärt Wormland auf: »Der Ali ist jetzt mein Leibwächter. Kannst du den Jungs ruhig sagen. Er kann Karate und hat eine Pistole.« (Ich hatte ihm lediglich ein Sprungmesser gezeigt. G. W.) »Der Ali saß die ganze Zeit hinter mir und hat mich nicht aus den Augen gelassen. Da kamen zwei und wollten sofort Geld. Ich dachte schon, es geht mir an den Kragen.«

Wormland (leicht belustigt): »Wie ich gehört hab', willst du jetzt alle anmelden?« Adler (zwinkernd): »So genau brauchen wir das auch wieder nicht zu nehmen. Hauptsache, es ist erst mal Ruhe im Laden.« Adler drückt sich plötzlich ganz in die

Ecke am Tresen, als ein jüngeres Ehepaar das Lokal betritt. Der Mann wirft einen wütenden Blick auf Adler, die blonde hübsche Frau an seiner Seite schaut betont in eine andere Richtung. »Paß' auf, du mußt mich jetzt vielleicht verteidigen«, sagt Adler zu Ali und angeberisch zu Wormland hin: »Du weißt, ich bin hier doch als großer Stecher bekannt.« Jedoch, seine Sorge ist unbegründet, es kommt nicht zum Streit.

Später erzählt er einem Geschäftsfreund im Lokal über seine »Betriebsversammlung«: »Also, die habe ich im Stundenlohn ganz schön 'runtergehandelt, daß sie jetzt ganz heiß auf Überstunden und Doppelschichten sind. Damit sie nicht zuviel zusammen quatschen, hab' ich sie anschließend schnell wieder einzeln nach Hause geschickt, hab' gesagt, jetzt gehst du dahin und du dorthin. Man muß mit den Leuten verdammt aufpassen.«

Am anderen Ende der Theke hat sich ein neuer deutscher Kollege postiert. Er trinkt ein Bier nach dem andern und sucht ganz offensichtlich Kontakt zu Adler, indem er ein paarmal sein Glas hebt und zu ihm 'rüberprostet, der dies jedoch allem Anschein nach als störend empfindet und ihn bewußt übersieht. Nachdem sich Walter, der neue Kollege, Mitte zwanzig, sehr blaß und dünn, mit etwa zehn Bier Mut angetrunken hat, geht er auf Adler zu und fleht ihn förmlich an, mit eindringlicher, viel zu lauter Stimme: »Herr Adler, geben Sie mir doch 'ne Chance, bitte, geben Sie mir eine Chance. Ich hab' mal bei 'ner Firma als Maschinenschlosser 'ne Lehre angefangen, da wurde ich krank, und kurz vor der Prüfung hab' ich hingeschmissen, ich sag' das offen und ehrlich, damals war ich auch noch nicht verheiratet, jetzt hab' ich zwei Kinder, die müssen ernährt werden. Bei meiner zweiten Firma bin ich immer meinem Geld nachgelaufen.« Und während er seinen früheren Chef nachmacht, schreit er: »›Du kannst nicht arbeiten‹, schrie der mich an, ›du willst nur an mein Geld 'ran.‹ Und meine nächste Firma, eine Schiffsbaufirma, machte pleite, als ich angelernt war. Ich hab' immer, wenn's drauf ankam, versagt, aber ich kann was. Ich hab' die ganzen Schweißerscheine, ich kann sogar Zinkstaub schweißen, ich kann genau nach Zeichnungen arbeiten. Bitte, geben Sie mir eine Chance und geben Sie mir eine andere, qualifizierte Arbeit. Ich kann doch von den sechs bis sieben Mark meine Familie nicht ernähren und die Miete nicht bezahlen.«

Adler ist es ganz offensichtlich lästig, hier in seiner Freizeit – und bei fünfzehn Bier angelangt – angequatscht zu werden. Er wimmelt ihn ab: »Sind Sie morgen erst mal pünktlich zur Arbeit« und vorwurfsvoll: »Warum waren Sie überhaupt heute nicht da?«

*Walter* (erregt, stotternd): »Aber vorhin habe ich Ihnen doch gesagt, meine Frau ist mit dem Notarzt ins Krankenhaus gekommen, die ist doch operiert worden.«

*Adler* (abwinkend): »Sind Sie jetzt erst mal regelmäßig pünktlich zur Arbeit, dann können wir später noch mal drüber reden.«

*Walter:* »Ja, Sie können sich auf mich verlassen, ich stehe jeden Morgen um drei Uhr auf, ich fahre mit dem Fahrrad, da kann überhaupt nichts passieren, ich bin immer da, ich fahre dreißig, vierzig Kilometer jeden Tag. Das ist bei mir überhaupt kein Vertun.« Und immer wieder, wie eine Schallplatte, bei der die Nadel an der gleichen Stelle hängenbleibt: »Bitte, geben Sie mir eine Chance!«

Adler, dem er immer lästiger wird, dreht ihm mit den Worten den Rücken: »Der, der immer pünktlich ist und gearbeitet hat, kriegt auch sein Geld, da geht also kein Weg dran vorbei«, und wendet sich Wormland zu.

Später auf der Toilette spricht mich Walter an: »Du, dein Chef, der läßt mich nicht hängen, der ist doch gar nicht so, wie du mir am ersten Tag gesagt hast.«

Ich (Ali) lasse ihm für heute die Illusion und schweige. Dann sagt er noch: »Hast du das gesehen, wie der vielleicht geguckt hat, als er sah, daß ich den gleichen Anzug wie er an hab'.«

Auch hier bringt Ali es nicht übers Herz, seinen Kollegen aufzuklären. Beide tragen zwar einen blauen Nadelstreifenanzug. Adler einen äußerst teuren maßgeschneiderten und Walter einen billigen aus dem Kaufhaus von der Stange. Nach dem achtzehnten Bier merkt Walter, der sich zur Wahrnehmung seiner letzten Chance extra ein weißes Hemd und eine Krawatte wie zu einer offiziellen Bewerbung angezogen hat, daß er für Adler kein Gesprächspartner ist, verläßt das Lokal und fährt schwankend auf seinem Fahrrad die fünfzehn Kilometer nach Hause.

Adler ist unterdessen bei Bier Nr. zwanzig angelangt und in einen heftigen Streit mit Wormland geraten. Vor seinem zwanzigsten Bier brachte er noch markige und klare Sätze hervor und entwarf Unternehmensstrategien wie: »Wir müssen das jetzt ins richtige Gleis bringen.« – »Meine Führungskräfte behandle ich wie meine Edelsteine.« – »Macht ihr mal ein Konzept, wie wir die Kosten minimieren können.«

Jetzt attackiert Adler Wormland immer heftiger, der gewagt hatte, Adler zu widersprechen: »So kannst du mit den Leuten nicht umgehen. Wenn der H.«, er nennt den Namen eines ehemaligen deutschen Kollegen, »gegen dich prozessiert, hat er doch recht. Das würd' ich doch auch längst, wenn ich nicht mit dir verwandt wär'.« Darauf Adler (erregt): »Du bist ein Verräter. Du stehst auf seiten dieser Tagelöhner, dieser Tagediebe, dieser Strauchdiebe. Du gehörst selbst zu diesem Pack, zu diesem Gesocks!« Wormland ist die Ruhe selbst. Ich (Ali) mochte ihn auf der Arbeit nie besonders, aber hier zeigt er plötzlich so etwas wie Charakter. Jedenfalls läßt er Adler seine Verachtung spüren und hält stand.

Er dreht ihm so halb die kalte Schulter zu, siezt Adler mehrfach, um auf Distanz zu gehen, und erwidert: »Ich stehe nicht auf deren Seite, aber wenn jemand sein Recht verlangt . . .«

Adler kann nicht ertragen, daß es jemand wagt, ihm zu widersprechen: »Du bist für mich gestorben, du bist entlassen. Du kannst dich morgen in Hannover melden, auf Montage.« – Wormland: »Mach' ich nicht. Ich werde weiter auf Thyssen bleiben. Auf mich können Sie doch gar nicht verzichten. Ich lasse mich nicht abwimmeln.« Er spielt wohl darauf an, daß er einiges von Adlers Illegalitäten und Schweinereien weiß, und tatsächlich, obwohl Adler noch mehrfach und zornesrot die Entlassung oder Strafversetzung zur Arbeitsstelle Ruhrkohle[1] nach Hannover verkündet, bleibt Wormland ganz cool und arbeitet in der folgenden Zeit auch weiter bei Thyssen als Kolonnenschieber.

Fast bei Bier Nr. fünfundzwanzig angelangt, kriegt Adler seinen »Sentimentalen« und stiert mit glasigen Augen in Puntilamanier auf Ali: »Der Ali, der hält zu mir. Der würde mich mit seinem Leben verteidigen.« Und mit großartiger pathetischer Geste: »Den hol' ich noch mal 'raus aus seinem Elend. Aus seinem Drecksloch in der Dieselstraße. Den kleide ich neu ein, daß er auch richtig in meinen Mercedes paßt.«

Er ist selbst gerührt über soviel Edelmut auf einmal bei sich und sinniert: »Wenn ich nur wüßte, wie man den Ali intellektuell einschätzen kann.« Er wirft mir (Ali) einen aufmunternden Blick zu. Ich tue so, als wüßte ich nicht, wovon die Rede ist. »Weißt du, was ich meine? Weißt du, was das ist: intellektuell?«

»Ja«, sag' ich (Ali), »wenn man alles versteh tut un blick durch.«

»Na, auf welchem Niveau du bist. Weißt du, was ich meine: Niveau?«

»Ja«, antworte ich (Ali), »wenn man tut dazugehör zu die fein Leut! Kommt drauf an, wo man reingestellt wird. Die meiste könne viel mehr, als man sie läßt mache.«

Wormland geht in Konkurrenz (zu Adler): »Du merkst doch, der schnallt's nicht, drückt sich schlecht aus und spricht auch so langsam.«

Adler versucht, uns gegeneinander auszuspielen: »Das sind

---

1 Adler hat über die Ruhrkohle-Wärme GmbH Essen einen Auftrag in der Freiherr-von-Fritsch-Kaserne in Hannover laufen.

doch Nachwirkungen der Medikamente, die man an ihm erprobt hat. Der ist gar nicht so dumm und versteht mehr, als du meinst.«
»Ich sag' nich immer alles, was denk«, unterstütz ich (Ali) Adler, »aber oft viel mehr mitkrieg, als ich sag'.«
Einen Moment lang schaut mich Adler mit wässrigen Augen prüfend und durchdringend an, so als suche er in Alis Worten eine tiefere Bedeutung. Aber es scheint ihn zu beruhigen, als ich (Ali) fortfahre: »Ich weiß nich, ob ich immer richtig alles versteh, kann ja nich alles wisse, aber mich 'mal frag und selbe sehe!«
Adler überlegt kurz, um Ali einem selbstgemachten IQ-Test zu unterziehen: »Wer ist der Koloß von Rhodos?« ist seine erste Frage. Um ihn meinerseits zu testen, gebe ich ihm eine bewußt falsche Antwort und tu so, als verwechselte ich den Sonnengott, eins der sieben Weltwunder, mit Atlas, dem Himmelsträger: »Der muß die ganze Welt auf sein Schulter schleppe«, antworte ich, »trägt ganz schwer und steht da krumm und kann's kaum schaffe.«
»Gut. Richtig. Ausgezeichnet«, lobt Adler mich und scheint es selbst nicht so genau zu wissen. – Seine zweite Frage: »Wie ist der Name unseres Bundeskanzlers?« wird von Ali richtig beantwortet. Ebenso »Wie hieß der frühere?«. Auch auf die nach dem Namen des sowjetischen Parteisekretärs weiß Ali die richtige Antwort. Sogar – zum Erstaunen Adlers – der Name des französischen Staatspräsidenten kommt wie aus der Pistole geschossen. »Allerhand«, stellt Adler bewundernd fest. Er sieht in seinen Sklavenarbeitern Halbwilde, Affen- und Untermenschen und fühlt sich ihnen geistig und kulturell um Welten überlegen.
Ein paar Thekenplätze weiter regt sich ein etwa fünfzigjähriger Finanzbeamter über Adlers Ausfragerei auf. »Was sollen denn die albernen Fragen!« – Adler reagiert ausgesprochen ärgerlich: »Das ist hier 'ne Geschäftsbesprechung. Ich verbitte mir diese Anspielungen.«
Und weiter geht die Prüfung: »Wer ist der Ministerpräsident von Nordrhein-Westfalen?« Ich sag's ihm.

»Richtig! Und der Umweltminister?« Da bringt er mich in Verlegenheit. Ich kenne Klaus Matthiesen von einigen gemeinsamen Veranstaltungen in Schleswig-Holstein und schätze ihn als einen der progressiveren SPD-Politiker. Vielleicht ist es eine Fangfrage, und er wird mißtrauisch, wenn ich so einen erklärten Linken namentlich kenne. »Hier weiß nich«, sage ich vorsichtshalber, und Adler winkt ab und sagt: »Den brauchst du auch nicht zu kennen, den kannst du vergessen, das ist so'n Weltverbesserer, der uns nur Scherereien macht. – Sein Vorgänger allerdings, der Bäumer, das ist ein langjähriger guter alter Freund von mir. Der hat den richtigen Biß und unternehmerischen Weitblick. Der war auch auf meinem letzten Geburtstag. Auf den kann man sich verlassen!« (Gut zu wissen, wer Adlers politische »Paten« im Hintergrund sind. Als langjähriger Vorsitzender der SPD Niederrhein war Bäumer dafür bekannt, gegen fortschrittliche Funktionäre seiner Partei zu intrigieren. Ihm war zum Beispiel in Zusammenspiel mit dem früheren Bundeskanzler Helmut Schmidt der Parteiausschluß von Karl-Heinz Hansen zu verdanken.)

Adler ist keineswegs eine besonders seltene und schillernde Sumpfblüte in unserer gesellschaftlichen Landschaft. Er ist voll integriert, anerkannt und angesehen. Und die ihn näher kennen, wissen, wie er sein Geld verdient. Man sieht über die allzu krassen »Unappetitlichkeiten« generös hinweg. Ab einer bestimmten Größenordnung gilt in diesen Kreisen der Satz: »Über Geld spricht man nicht, man hat's halt.« – Woher man's hat, auf wessen Kosten, mit welchen Verbrechen verbunden, ich bin fast sicher, daß der Herr Bäumer mit seinem Freund Adler darüber nicht gesprochen hat.

Man weiß es, behält's für sich und pflegt gemeinsam die angenehmen Seiten des Lebens, in Clubs, auf seiner Yacht. Vielleicht auch mal während gemeinsamer Ferien in Hawai, einem Lieblingsferiendomizil Adlers. Im Ruhrpott ist die SPD-Mitgliedschaft geschäfts- und karrierefördernd. Ich bin sicher, in Bayern lebend, wäre Adler CSU-Parteigänger.

In einem anderen Zusammenhang rühmte sich Adler, allein in den letzten fünf Jahren 200000 DM an Bestechungsgeldern aufgewandt zu haben, um an bestimmte Aufträge 'ranzukommen. Aber meist braucht's diese direkten Schmiergelder gar nicht. Es genügt oft, den gleichen Stallgeruch zu haben, um sich die Pöstchen und Aufträge untereinander zuzuschieben. Das ist mit ein Grund, warum Adler auch Mitglied im besonders feinen Düsseldorfer Golfclub ist.

»Wenn du dich bewährst«, sagt Adler zu Ali, »mach ich dich zur Führungskraft.«

Als Ali ihn verständnislos anblickt, verdeutlicht er: »Du mußt alles tun und befolgen, was ich dir sage, und noch etwas mehr.«

Ali begreift immer noch nicht: »Du mußt deine türkischen Kollegen in den Griff kriegen. Du hast doch einen guten Draht zu denen. Du mußt sie kontrollieren und mir alles mitteilen, wenn einer gegen mich stänkert und die große Klappe riskiert. Dann fliegt der früh genug raus. Bevor eine faule Kartoffel die andere anstecken kann. Die Jungs sind von Natur aus ja eher gutmütig, man darf sie nur nicht aus den Augen lassen, sonst machen sie einen Aufstand, ehe man sich's versieht. Wenn ich nur wüßte, ob du dieser Aufgabe gewachsen bist.«

Mir wird ganz flau. Soweit will ich die Rolle auf keinen Fall spielen. Es wird langsam Zeit, daß ich den Absprung finde. Ich bin in einer ganz verfluchten Situation den Kollegen und Freunden gegenüber. Da nützt auch das Zwinkern nichts mehr. Ich fühle mich plözlich wie ein Mischling in Südafrika, der bisher auf seiten der Schwarzen stand, vielleicht mitgekämpft hat und jetzt plötzlich von den Weißen – gerade weil er das Vertrauen der Schwarzen hat – herausgeholt wird, um zum Verräter abgerichtet zu werden. Eine Aufpasser- und halbe Spitzelfunktion. Das ist der Part, den mir Adler zugedacht hat. Und gleichzeitig den seines dressierten Affen, seines Body Guard.

»Wenn's sein muß, mußt du auch schon mal hart durchgreifen,

dann bleibst du auch mit deinem Karate im Training«, versucht er weiter zu ködern. »Wenn das läuft, stelle ich dir auch eine kleine Wohnung ganz in meiner Nähe, und später kriegst du ein Auto von mir gestellt. Du mußt nur immer in meiner Nähe sein und jederzeit abrufbereit. Die Dieselstraße ist keine Adresse für dich. Da gehst du vor die Hunde.« Er spürt meine Abneidung und bohrt nach: »Du wirst ja nicht gleich auf deine Landsleute losgelassen. Mit denen hab ich im Moment weniger Ärger als mit einigen Deutschen, die die Sau rauslassen. Da haben doch zwei jetzt tatsächlich gewagt, mich beim Gericht anzuzeigen, um an mein Geld zu kommen. Ich schick dich dahin, und du wirst die *behandeln*. Hast du kapiert? Diese Mistschweine wagen es, mich vor Gericht zu verleumden. Du wirst dahingehen und die *behandeln*, bis die ihre Anzeige zurückziehen.« Er nennt mir Name und Adresse der beiden deutschen Kollegen, die seit einiger Zeit nicht mehr bei uns sind. Ich versuche, ihm klarzumachen, daß wir im Karate-Verein unterschreiben mußten, unseren Sport nur in Notwehr-Situationen anzuwenden. »Genau, ich befinde mich ja in totaler Notwehr. Die bedrohen mich, und du hast mich zu schützen.«
Als ich (Ali) immer noch meine Skepsis zeige, lenkt er ein: »Laß im Moment mal die Finger davon. Wir leben schließlich in einem Rechtsstaat. Ich habe sehr gute Rechtsanwälte, und da wollen wir erst einmal die Gerichte sprechen lassen. Sollte ich allerdings nicht zu meinem Recht kommen, dann bleibt mir keine andere Wahl. Dann mußt du hin und die *behandeln*. Ich steh' voll auf dem Boden des Gesetzes.«

Jürgen K. (26) ist einer der beiden, die es zu »behandeln« gilt, falls Adler nicht zu dem kommt, was er sein Recht nennt. Ich (Ali) kontaktiere ihn einige Zeit später, warne ihn vorsorglich und erfahre, daß es ihm als Deutschen kaum besser ergangen ist als meinen ausländischen Kollegen. Jürgen war über ein Jahr arbeitslos, hatte seine frühere Stelle wegen Bandscheibenbeschwerden verloren und sich bei den größeren Firmen am

Ort, auch bei Thyssen, vergeblich beworben. Auf eine Annonce hin stellt er sich bei Adler vor.

»Im ersten Moment hat er ja eigentlich keinen schlechten Eindruck gemacht, hat weiter keine Fragen gestellt und machte einem große Versprechungen. Hat nur mal gefragt: ›Gewerkschaftlich organisiert? Nein? Gut. Dann geht das klar,‹ sagte er und ›Woll'n mal sehen, wie die Arbeit anläuft‹, oder ›Da werden wir uns auf jeden Fall einig‹ und ›Da gibt's gar kein Vertun, wer gut arbeitet, muß auch gut bezahlt werden.‹
Was ich denn für eine Lohnvorstellung hätte? Die lag bei mir bei 13 Mark 50 brutto. Da sagte er mir, das wäre ihm zu viel, das wäre ja ein Lohn für einen Facharbeiter! Und da ich ja aus einem anderen Beruf käme, könnte er mir das nicht bezahlen. ›Sind Sie mit 9 Mark netto einverstanden?‹ hat er mich gefragt. Hab ich kurz überschlagen: 9 Mark netto sind auch fast 13 Mark 50 brutto. Hab ich gesagt: ok. ›Dann können Sie am 24. 1. bei mir anfangen!‹ Ich wollte unbedingt mit Papieren, wegen Rentenversicherung und so. Er verlangte jedoch: ›Das lohnt sich für die kurze Zeit bis 1. 2. gar nicht, Sie anzumelden.‹ Da mußte ich schon sieben Tage im Januar ohne Steuerkarte arbeiten: praktisch schwarz.«

Daß er auch danach nicht angemeldet wird, erfährt er einen Monat später, als er für seine kranke Tochter einen Behandlungsschein bei der AOK anfordert. Da erst kommt Adler nicht dran vorbei, ihn am gleichen Tag noch, am 25. 2., bei der AOK anzumelden. Aufgrund einer Klausel, daß Unternehmen noch bis zu einem Monat rückwirkend anmelden dürfen, können es sich Branchengeier wie Adler und Konsorten leisten, erst dann, wenn etwas passiert ist – Unfall oder Erkrankung – »nachzumelden«, und dabei so zu tun, als sei der Mitarbeiter soeben erst oder vor wenigen Tagen neu eingestellt worden.

»Was für ein schräger Adler das ist, hab ich erst nach und nach zu spüren bekommen«, berichtet Jürgen. »Ich bin nicht der Faulste. Habe rangeklotzt wie so'n Doll'n. Was kriegst du am Ende dafür? 5,91 DM die Stunde, keine Überstunden-, keine

Nachtschicht- und keine Feiertagszuschläge. Blanker Hohn. Und dann stimmte die Abrechnung noch nicht mal ...

›Ja, normalerweise ist dein Geld am 15. da‹, hat er gesagt, ›richte dir ein Konto ein, Barzahlung gibt es bei mir nicht.‹ Ich zur Bank, Konto eingerichtet. Am 15. kein Geld da, am 16. kein Geld da. Ich den Adler angerufen: Wo bleibt denn das Geld? Ja, sagt er, das ist schon weg, das müßte schon da sein. Heute oder morgen wär das Geld da. Ich wieder hin, nächsten Tag nochmal. Dann war das schon so weit, daß kein Geld mehr war zum Tanken. Meine Verlobte hat mich ja immer zur Arbeit gefahren. Gabs auch nie einen Pfennig für die Anfahrt. Jedenfalls: Wie kommste jetzt zur Arbeit? Und dann hat meine Verlobte bei ihm angerufen, so um den 20. herum: ›Herr Adler, da ist noch kein Geld auf dem Konto!‹ Da lacht der sie am Telefon aus: ›Auf der Bank kann ja auch gar nichts ankommen!‹ ›Wie?‹ sagt sie, ›kann nichts ankommen auf der Bank?‹ ›Ja,‹ sagt er, ›das Geld hat doch ein Arbeitskollege von Ihrem Mann!‹ ›Wieso?‹ fragt meine Verlobte. ›Dem hab ich das gegeben, aber den können Sie heute nicht erreichen – der macht heute länger!‹

Da bin ich erstmal über die Hütte gelaufen wie so'n Bekloppter, den Walter suchen mit der Lohntüte. Das ist der zukünftige Schwager von dem Adler, der lief da mit meinem Geld spazieren! Finde den, kommt der gerade umgezogen raus – stimmte gar nicht, daß der länger machen sollte, der hatte Punkt 14 Uhr Feierabend. Ich sag, Walter, haste meine Lohntüte? Ja, sagt er und gibt mir eine Quittung: ›Unterschreib mal!‹ ›Nee‹, sag ich, ›lieber erstmal die Tüte nachzählen.‹ Da waren da 610 Mark drin für Februar. Da hat der 79 Stunden bezahlt, aber nur mit 9 Mark brutto! Und gearbeitet hatte ich 126 Stunden! Da fehlten über vierzig Stunden! Da bin ich auf die Barrikaden gegangen und habe gesagt: ›So geht's nicht!‹ ›Im nächsten Monat kriegst du den Rest‹, hat er mich vertröstet, ›und auch mehr Lohn.‹

Und im nächsten Monat dasselbe Spiel.

Die können mit uns machen, was sie wollen. Ich wurde erpreßt:

entweder machst du Doppelschicht, oder du brauchst morgen nicht mehr zu kommen. Oder ich kam zur Hütte, sagt der Vorarbeiter: ›Hat der Boß dich nicht angerufen? Du brauchst heute gar nicht zu kommen.‹ Da konnte ich wieder nach Hause fahren.

Andersrum: ich komm von einer Doppelschicht auf ATH um 23 Uhr nach Hause, liegt da schon eine Fahrkarte für mich von Adler, ich muß sofort nach Hamburg hoch, nachts um halb 1 ging der Zug. Morgens gegen 7 Uhr in Hamburg angekommen – kein Liegewagen und im überfüllten Zug konnte ich nicht schlafen –, acht Stunden hintereinander bei BAT (Zigarettenfabrik) gearbeitet und wieder nach Duisburg geschickt. Da bin ich dann mal so eben 26 Stunden auf den Beinen gewesen, ohne eine Stunde Schlaf.«

Jürgen legt mir die entsprechenden Stundenzettel vor, von den jeweiligen Vorarbeitern oder Meistern abgezeichnet. Im März ständig Schichten von 16 Stunden, 17 1/2 Stunden, 14 Stunden, 20 1/2 Stunden, »das alles hintereinander weg«.

Manchmal werden auch großzügig ein paar Stunden Schlafpause dazwischen gewährt. So am 12. 3.: von 6 Uhr morgens bis 22 Uhr durchgearbeitet (16 Stunden), kurz nach Hause und 1 1/2 Stunden geschlafen. 0.30 Uhr nachts Beginn der neuen Schicht, bis zum nächsten Tag 21 Uhr durchmalocht (20 1/2 Stunden).

Zwei Tage später wieder Doppelschicht von 16 Uhr bis zum nächsten Tag 14 Uhr durch (22 Stunden). Am 18. 3. Schichtbeginn 6 Uhr früh bis 14 Uhr (normal acht Stunden), bis man zu Hause ist: 15.30 Uhr. Schlaf bis 20 Uhr (4,5 Stunden). Kurz was gegessen. Neue Schicht, Beginn: 21.30 Uhr durch bis 7 Uhr früh (9,5 Stunden), Schlaf von 8.30 Uhr bis 14 Uhr (5,5 Stunden). Und wieder Arbeit von 16 Uhr bis nächsten Tag 14 Uhr an einem Streifen (22 Stunden).

»Wir haben immer die Faust in der Tasche gemacht«, sagt Jürgen, »aber: ich hatte ja Arbeit, hab ich gedacht: Ganz ohne Arbeit wär's noch schlechter. Und wenn der Vorarbeiter einen brauchte, hat er gefragt, hör mal, machste länger? Hab ich am Anfang klipp und klar gesagt: wenn ihr was für Samstag/Sontag habt, sagt Bescheid, ich verdien so wenig, ich muß die Schichten haben, sonst komm ich nicht auf mein Geld. Die meisten anderen, die Türken – waren ja fast nur Türken da bei Adler – die waren noch ein bißchen schlechter dran. Da hieß es einfach: du machst länger! Machste nicht, brauchste morgen nicht mehr zu kommen. Was heißt morgen? Kannste gleich gehen!«

Seinen Chef bekam Jürgen nur ganz selten zu sehen. »Der macht sich rar und läßt sich grundsätzlich verleugnen, weil er ja alle ständig über's Ohr haut. Ich hab ihn bei der Einstellung einmal gesehen, einmal auf Baustelle und einmal auf'm Gerichtstermin. Nur wenn er was von einem wollte, dann ruft er selbst bei einem an und verdonnert einen: ›Heute abend mußt du arbeiten. Wieder mal Sonderschicht.‹ Er sagt nie ›kannst du‹, immer ›mußt du‹. Sagst du dann ›nein‹, dann weißt du, was es für dich bedeutet: Schluß aus raus. Es war eine Arbeit für Strafgefangene, die ihre Eltern oder Kinder abgemurkst haben«, empfindet Jürgen:

»Im Wärmeaustauscher haben wir dringehangen. Da mußten die Spiralen gereinigt werden. Knüppelheiß und knüppelstaubig. Giftige Alkalistäube. Wir haben mit drei Mann die ganzen Tage durchgeknallt. Die Kollegen von Thyssen haben gefragt: ›Wie ist das? Werdet ihr denn nie abgelöst?‹

Es waren so dreißig, vierzig Grad. Und wenn man zu nah an die Spiralen kommt, entsprechend wärmer. Die Spiralen gereinigt, alles per Hand, mit Stangen wird das rausgekloppt. Da saßen Schlackereste fest, was normalerweise durch den Kamin rausgeht, was sich verflüssigt hatte.

Das Zeug saß da bombenfest, jetzt. War direkt unter dem Tiefofen. Wenn du da 16 Stunden drin warst, bei der Bullenhitze, weißte, was du getan hast! Da waren wir drei Mann, die eine Schicht. Die beiden anderen waren zweimal auf Sanitätsstation, ich einmal, weil wir die Augen so dick rot hatten, wegen dem ganzen Staub da drin, keine Masken, nur dünne durchlässige Atemschutzmasken, aber keine Vollmasken. Dann: kein vernünftiger Abzug da drin, bleibt die Luft und der ganze Dreck drin stehen, und notgedrungen kannst du ja nicht alle zwei Minuten rausrennen. Und vor allen Dingen: mittags, vierzehn Uhr, sollte das unbedingt fertig sein, dann wurde das Ding mit Gas gefüllt. Dann haben wir da rumgefuhrwerkt. Einmal innerhalb von zwei Tagen 36 Stunden lang. Und dann immer abwechselnd: einen Tag da unten in der Bullenhitze, dann nächsten Tag, mitten im Winter, wieder auf freien Flächen gestanden, einmal bei 20 Grad Kälte. Da haben wir Eispickel losgeknallt. Ging mir total auf die Bandscheibe, auch wegen dem Temperaturunterschied da immer. Manche Tage bin ich wegen meinem Rückenleiden nur noch auf den Knien rumgekrochen, aber ich brauchte ja das Geld. Dann auch im Winter: auf so einer Arbeitsbühne, die war voll mit Kohleschlamm, da mußten wir die Bänder reinigen, wo der Koks drüber läuft. Ich konnte mich da kaum noch bewegen. Da hat sich ein türkischer Kollege was gebrochen, den Arm, weil da ja alles gefroren war, ist ausgerutscht. Nach sechs Wochen ist der voll wieder eingesetzt worden. Hat keiner Rücksicht auf die Verletzung genommen.

Ich hab den größten Fehler gemacht, daß ich vom Bergbau weggegangen bin. Ich war früher auf einer Zeche. Hab ich mein Geld schneller und leichter verdient. Zeche ist dagegen geschenkt! Unter Tage, an einer Schrämwalze, das ist dagegen ein Bombenjob! Ab und zu mußt du da richtig zulangen, klar, wenn da Murks kommt – aber bei Thyssen war ja nur Murks, war ja nur mit der Hand. Da mußten wir schwerste Eisenbarren rausschleppen, mit zwei Mann, weil wir billiger waren als die Kräne.«

Durch die Hinhaltetaktik Adlers erhielt Jürgen für neun Wochen Fronarbeit 861 DM ausbezahlt. Er konnte seine Familie (zwei kleine Kinder) nicht mehr ernähren. Seine Mutter ging seinetwegen putzen, »sonst hätten wir echt hungern müssen. Ich mußte Schulden machen. Hier Schulden, da Schulden, jetzt noch Schulden.«

Jürgen war gezwungen, sich an das Sozialamt zu wenden: »Da hab ich erstmal monatlich 500 Mark gekriegt, aber die darf ich auch wieder zurückzahlen. Die sagen: schließlich haben Sie doch gearbeitet! Frag ich mich, wovon zurückzahlen?«

Bereits im Februar glaubt Jürgen, das menschenunwürdige Spiel durchschaut zu haben. Er erklärt Adler seine Absicht, zu kündigen. Doch der macht neue Versprechungen:

»Ich sag', wenn das so weitergeht hier, dann hau ich in 'n Sack. Da sagt er: ›Komm, weißte was, dann kriegste eben 12 Mark netto.‹ Ich sag, das ich doch 'n Wort, dann laß uns das doch nächsten Montag holen. Sagt er, ja sicher, auf die Hand. Rest kriegste nachgezahlt. Nie gesehen das Geld.«

Am 20. März schmeißt Jürgen hin.

»Da hab' ich gekündigt, telefonisch, und dann noch anderntags schriftlich, mit dem Vermerk, daß, falls mein Lohn nicht kommen würde, ich dann Klage beim Arbeitsgericht erheben würde. Keine Reaktion darauf. Hab ich nochmal versucht, ihn anzurufen, war der Anrufbeantworter, hab ich da noch meinen Text draufgesprochen, keine Reaktion. Paar Tage später nochmal angerufen bei ihm, er hat nur gefragt, wer ist da, ich sag, Jürgen K.. Sagt er: ›Unterhalten Sie sich mit meinem Anwalt‹. Da bin ich vor Gericht gegangen. Arbeitsgericht. Der erste Termin – das war fürchterlich. Erstmal: der Adler war sich zu fein, da überhaupt zu erscheinen. Und dann hab ich mich gefühlt wie ein Angeklagter. Zweieinhalb Minuten hat der Termin gedauert. Dann war ich wieder draußen. Da hieß es nur: Sie haben die falsche Firma verklagt! Ich sag: wieso? Eine ›Adler-Heisterkamp KG‹ gäbe es nicht, es gäbe nur eine ›Adler KG‹ in Oberhausen. Moment, sag ich, das kann nicht sein, ich hab hier die Lohnabrechnung von der Firma ›Adler-Heisterkamp KG‹. Aber was sollte ich da machen, wenn du rechtlich nicht so bewandert bist, ohne Anwalt auch, bist du aufgeschmissen. So 'n Kerl braucht doch nur eine gesunde Pleite zu machen, schon ist er erstmal aus dem Schneider. Da hab ich sofort einen Anwalt genommen, aber der kostet ja auch wieder was. Ich krieg wahrscheinlich noch nicht mal Prozeßkostenhilfe, weil ich ja gearbeitet hab. Da können jetzt noch gut tausend Mark Anwaltskosten auf mich zukommen. Von dem Vergleich, den wir letztlich geschlossen haben, bleiben dann vielleicht auch nur noch ein paar Hunderter. So ein skrupelloser Geschäftsmann wie der Adler macht da immer einen besseren Schnitt, auch vor Gericht.

Jetzt, zum letzten Termin, kommt er und wollte mich da fertigmachen, ich wär 'n Lüger und Betrüger und die Stundenzettel wär 'n gefälscht. Die Stundenzettel habe ich alle von meinem Vorarbeiter unterschreiben lassen, und zwar in doppelter Ausführung, einen für die Firma Remmert und einen für mich. Dabei kam raus, daß ich im März – im Februar war ich ja noch nicht so schlau – im März 129 Stunden gearbeitet habe – war ja nur bis zum 20. März, darunter auch 36 Stunden hintereinander auf den Beinen.

Auf meiner Steuerkarte, die er vor Gericht vorlegen mußte, waren sage und schreibe nur 434 Mark brutto eingetragen. Kein Firmenstempel. Alles andere hatte er unterschlagen. Der hat sich aufgeführt vor Gericht, als sei er der oberste Richter. Er ist dann ermahnt worden vom Richter, da hat er 'ne Richterbeleidigung losgelassen gegenüber den Laienrichtern: als Arbeitgeber könnte man ja von vorneherein hinschreiben, man erkennt sich für schuldig, weil man ja sowieso kein Recht kriegt. Oder wie er zu mir sagte: ›Betrüger ... Urkundenfälscher‹.

Mein Anwalt riet mir zu einem Vergleich, weil sonst das Verfahren noch Monate, vielleicht Jahre weitergegangen wäre. Und ich brauche das Geld. Anstatt ausstehender 2735 DM auf der Basis von 9,50 DM Stundenlohn brutto – denn das andere war ja von ihm nicht schriftlich, nur mündlich abgegeben – ließ ich mich auf 1750 Mark Nachzahlung ein.

Und dann mußte ich die Steuerkarte nach dem Gerichtstermin nochmal zu Adler hinschicken. Die ist bis jetzt nicht zurück, auch wieder fast ein Monat. Und auch noch kein Pfennig von der Abfindung. Der muß jetzt die Sozialabgaben und Rentenbeiträge nachentrichten und läßt sich Zeit damit. Da läuft noch nicht mal ein Strafverfahren. Das Arbeitsgericht behandelt ihn wie einen Ehrenmann, der nur ein bißchen unordentlich ist. Und unsereins ist der Dumme!

Die können sich doch heute alles erlauben, die Unternehmer. Gerade auch die kleinen Subunternehmer, es gibt zu viele Arbeitslose, das ist es. Und zuwenig, die das Maul aufmachen, sich dagegen wehren, gegen solche Praktiken!«

Eine neue Arbeit konnte Jürgen nicht annehmen, weil ihm Adler – übliches Geschäftsgebaren bei ihm – seine Steuerkarte nicht zurückgab:

»Den ganzen April ohne Steuerkarte, ohne Versicherungsnachweis, und dann den halben Mai noch. Ich hab auch mit der Firma Remmert gesprochen wegen Einstellung. Haben die gesagt, gut, du kannst bei uns anfangen, mußt aber die Papiere beibringen, dann ist das in Ordnung. Ja, Papiere habe ich ja nicht gehabt, die hatte ja Adler. Dann hab ich mir 'ne Ersatzsteuerkarte geholt, komm' mit der Ersatzsteuerkarte nach der Firma Remmert, da sagt der, nee, das geht nicht, du hast ja für uns gearbeitet, also mußt du auch die Originalsteuerkarte haben. Ich glaube, das ist nur Vorwand, die stecken doch mit Adler unter einer Decke.

Das ist für den Herrn Adler nach meiner Meinung alles viel zu billig abgegangen. Die nächsten Doofen fallen bestimmt schon wieder drauf rein, da steht schon wieder in der Zeitung: ›Adler, Industriemontagen sucht . . .‹. Ich weiß bloß nicht, wie der das macht, daß der die Leute bei der Arbeit hält, – das versteh ich nicht! Der hat offen zugegeben beim Arbeitsgericht: ›Ich hab keinen Mann beschäftigt, der mehr als 9 Mark brutto verdient‹«

Einen kleinen Trost gibt's für Jürgen:

»Es gibt Ausländer, die sind noch schlechter dran. So hatte er Pakistani für 6 Mark brutto bei sich arbeiten. Die hatten keine Aufenthaltsgenehmigung.«

Die Praktiken Adlers und die extreme Gefährdung bei der Arbeit belegen auch die folgenden Berichte türkischer Kollegen: *Hüseyin Atsis* (56), der schon in der Türkei die letzte Dreckarbeit machen mußte, hat bei Adler das Gefühl: »In Sibirien muß es besser sein als bei dieser Arbeit«. »Gefährlichere Arbeitsplätze« hat er vorher »nie gesehen«:

»In dem neu errichteten Ofen in Hamborn mußten wir zum Beispiel von der siebten Etage diese Rohre runterschleppen. Ich erinnere mich, wie wir zu zweit so ein Rohr runterschleppten. Wir mußten unterwegs höllisch genau aufpassen, weil wir wußten, das könnte unseren Tod bedeuten.

An einem Kran, etwa 70 Meter hoch, mußten wir da klettern und dort Staub zusammenkehren und dann die 50 kg-Säcke mit dem Staub nach unten schleppen. Das war sehr gefährlich und sehr schmutzig. Dann hab' ich den Meister gefragt, warum ich immer diese Arbeit machen muß. Da sagt er: ›Ja, du bist zumindest versichert, du hast ja deine Papiere, die andren haben keine Versicherung. Wenn was passiert, dann kann man noch etwas für dich tun.‹ Die sagten mir dann, der Adler hat nur wenige Arbeiter, die legal arbeiten, nur ein paar, die ordentlich versichert sind.«

Auch Hüseyin Atsis mußte seinem Lohn nachlaufen. Als er ihn schließlich auf sein ständiges Drängen hin in zögernden Teilzahlungen erhielt, lag der Gesamtbetrag weit unter dem, was er auf Grund des vereinbarten Stundenlohns und der ständigen Überstunden erwarten konnte. Statt der vereinbarten 10 DM Stundenlohn waren nur 9 DM berechnet und zusätzlich undurchsichtige Abgaben abgezogen. Für 184 Arbeitsstunden erhielt Hüseyin lediglich 724 DM und 28 Pfennig: »Als ich das Geld bekam, hab' ich mir gesagt, also mit diesen Leuten kannst du dich nicht anlegen. Und womöglich schaden sie dir auch so, daß sie dich dann ausweisen. Dann hab' ich gesagt, am besten versuche ich jetzt, meine Papiere von ihm zu bekommen, und geb' mich mit dem Geld zufrieden. Aber er hat mir gesagt: Ich geb' dir deine Papiere nicht raus. Er sagte zu mir: Du mußt mir zunächst einmal unterschreiben, daß du sämtliche Forderungen erhalten hast. Nur dann werde ich dir deine Papiere aushändigen.«

Sait Tümen (25) und Osman Tokar (22) haben ähnliche Erfahrungen gemacht. Sait Tümen: »Ich hatte schon drei Monate bei Adler gearbeitet, und er hat mir in der ganzen Zeit nie eine richtige Abrechnung gemacht, nur immer da mal 100 DM, da mal 200. Aber ich hab' fast jeden Tag gearbeitet. Ich hab' mir von Freunden immer Geld geliehen, um leben zu können und gesagt, kriegt ihr sofort wieder, sobald ich mein Geld von Adler kriege. Weil der gesagt hatte, daß ich es ganz sicher in den nächsten Tagen bekomme. Als ich meinen Freunden meine Schulden nicht zurückzahlen konnte, haben die gedacht, ich betrüge sie, und haben nicht mehr mit mir gesprochen. So verlor ich meine Freunde. – Ich hab' dann versucht, woanders Arbeit zu bekommen. Aber die verlangten meine Papiere, sonst keine Arbeit. Bin ich zu Adler hin und hab' ihm gesagt, ich hab' neue Arbeit, aber nur wenn Papiere, und wollte mein restliches Geld haben.« Da hat Adler gesagt: »Du kriegst nur deine Papiere, wenn du unterschreibst, daß du kein Geld mehr von mir kriegst.« Ich hab' nachgedacht. Wenn ich in den nächsten Tagen die Papiere nicht vorgelegt, hätte ich die neue Arbeit nicht bekommen. Was sollt ich denn machen! Und mein neuer Chef ist mit Adler gut Freund. Da hab' ich ihm unterschrieben, daß ich kein Geld mehr kriegen soll. Der Zettel war schon mit Schreibmaschine vorgeschrieben. Da hatte er ganz viele von. Darauf steht: »*Bestätigung.*

Hiermit bestätige ich, daß ich aus meiner von vorneherein zeitlich befristeten Tätigkeit bei der Fa. Adler-Industriemontagen KG keinerlei Ansprüche mehr habe.«

Und Osman Tokar: »Adler hat jede Woche immer ein paar Stunden abgezogen, und daraufhin sind wir zu ihm hingegangen. Da hat er gesagt: den Rest gibt's bei den nächsten Rechnungen, aber da war das auch nicht. Sind wir wieder hingegangen, hat er gesagt: das nächste Mal, das nächste Mal, immer hat er uns so weggejagt. Als ich wieder zu ihm hingegangen bin, hat er mir gesagt: wenn du mit den 9 Mark und 40 % Abzügen runter nicht arbeiten willst, dann brauch' ich nur eine Anzeige in der WAZ aufgeben und dann stehen am nächsten Tag 1000 Leute vor der Tür. Seid froh, ihr seid doch Ausländer, wenn ihr Arbeit habt, hat der zu uns gesagt.«

Auch er berichtet über krankmachende Arbeitsbedingungen: »Wir mußten an einer Anlage arbeiten, da konnte man fast nichts sehen vor lauter Staub, und wir haben nicht mehr richtig Luft gekriegt, das war fürchterlich. Nach ein paar Tagen hatte ich schreckliche Schmerzen, so ein Stechen im Herzen und in der Lunge. Da kam ein Kollege von Thyssen und hat gesagt, der Eisenstaub, der wäre sehr gefährlich, da könnte ich mir den Tod holen. Ich sollte mir mal schnell eine Staubmaske geben lassen vom Chef. Da bin ich zum Meister von Thyssen, aber der hat mir keine Maske gegeben. Das wäre doch halb so schlimm, ich sollte mich nicht so anstellen, sondern schnell weiterarbeiten. Hat richtig Druck auf uns gemacht: wenn wir in zwanzig Stunden nicht fertig würden, müßten wir immer noch dableiben und weitermachen. Wir durften da nicht raus.

Nach Feierabend bin ich sofort zum Arzt gegangen, ich hatte schrecklichen Husten, und der Arzt hat mich untersucht und hat mich gleich gefragt, wo ich denn arbeite? Ich hab' gesagt: bei Thyssen, bei einer Unternehmerfirma, und darauf hat er gefragt, wo mein Arbeitsplatz ist, ob da Gas wäre oder Eisenstaub oder was anderes Gefährliches für die Lunge. Daraufhin hab' ich ihm gesagt, daß da Eisenstaub ist. Da hat er gesagt, daß ich nicht der einzige von Thyssen bin, der mit solchen Problemen zu ihm kommt. Wenn ich wirklich gesund werden will, soll ich mir eine andere Arbeit suchen und verschrieb Medikamente.«

# Die Strahlung

Eigentlich steht für mich (Ali) noch ein Arbeitseinsatz im Kernkraftwerk Würgassen an, dem ältesten AKW – Inbetriebnahme 1971 –, das besonders stark reparaturanfällig ist. Für die jährlich stattfindende Revision werden noch zuverlässige Leute gesucht. Ausländer, Türken vor allem, werden bevorzugt eingestellt. Ich nehme an, weil sie so mobil sind.

Über die Spätfolgen häufiger geringerer Strahlendosen liegen in der Bundesrepublik keine exakten wissenschaftlichen Erkenntnisse vor. Die meisten Ausländer, die in den AKW's als Reparatur- oder Reinigungskolonnen in den heißen, besonders strahlungsintensiven Bereich geschickt werden, tauchen Jahre oder Jahrzehnte später in den Statistiken nicht auf, wenn sie an Hoden-, Prostata- oder Schilddrüsenkrebs erkrankt oder gestorben sein sollten. Dann leben sie in anderen Städten oder zurückgekehrt fern in ihren Heimatregionen, und keiner fragt mehr danach, ob sie vor langer, langer Zeit auch mal eine verhältnismäßig leichte und saubere Arbeit für ein paar Tage, Wochen oder Monate in einem deutschen Kernkraftwerk gemacht haben. Die Betreiber der AKW's sind aus eben diesen Gründen daran interessiert, mit einem verhältnismäßig kleinen Stamm fest angestellter, eigener Leute auszukommen. Für die relativ gefährlichen Arbeiten heuern sie über Subunternehmer immer wieder kurzfristig neue Leute an, die dann oft in wenigen Stunden oder Tagen, manchmal sogar nur Sekunden die Jahreshöchstdosis an Strahlen von 5000 Millirem weghaben. Mir liegen Aussagen türkischer und deutscher Arbeiter vor, die sich für 10 DM Stundenlohn verdingt haben.[*]

---

[*] Die Stellungnahmen der Betroffenen und Informanten liegen in Form von eidesstattlichen Erklärungen vor.

Ein Ehemaliger berichtet: »Bei Pannen müssen die Türken in der Regel ran. Sie werden dann als *Springer* in den verstrahlten, heißen Bereich geschickt und müssen da so lange aushalten, bis sie ihre Jahresdosis von 5000 Millirem weghaben. Das kann über Stunden gehen, in Extremfällen aber auch nur über Minuten oder sogar Sekunden. Die Kollegen nennen das *Verheizen*.«* Regulär sind die Betroffenen damit für den Rest des Jahres »gesperrt«. »Aber es gibt Wege«, erklärt mir einer, »trotzdem woanders weiterzuarbeiten.« Wie, das will er nicht verraten. »Du kriegst sonst ja nirgends eine andere Arbeit.«

Um diese unter Umständen lebensbedrohenden Arbeitsbedingungen selber von innen erleben und beweiskräftig belegen zu können, habe ich (Ali) mich in Würgassen beworben. Das Problem ist, daß eine Sicherheitsüberprüfung vorausgeht. Ich habe Namen und Adresse meines Doppelgängers angegeben, sowie sämtliche Wohnorte der letzten zehn Jahre, auf daß das Landesamt für Verfassungsschutz seine Schnüffel-Durchcheckaktion beginnen kann. Die Erfassungscomputer strengen ihr »Elefantengedächtnis« an: Teilnahme an Demonstrationen? Sonstige Aktivitäten? Auch das BKA wird eingeschaltet. Normalerweise dauert eine solche Überprüfung sechs Wochen, in komplizierten Ausnahmefällen bis zu drei Monaten. Bei mir – das heißt bei meinem Doppelgänger – scheinen genauere Recherchen stattzufinden, jedenfalls nach zwei Monaten ist noch immer kein Ergebnis, weder positiv noch negativ, eingegangen. Vielleicht liegt's auch an der Ferienzeit. Auf jeden Fall kommt mir die Verzögerung gelegen, um ausnahmsweise das Thema anders als geplant anzugehen. (Ein befreundeter Arzt, Röntgenologe und Strahlenexperte, den ich in meinen Plan eingeweiht hatte, mich als »Türke« den Strahlen im AKW auszusetzen, hatte mich zudem eindringlich davor gewarnt. Mein

---

* Von der Kernkraftwerkindustrie unabhängige Wissenschaftler befürchten, daß so eine in kürzester Zeit verpaßte Höchstdosis als Langzeitfolge Strahlenkrebs auslösen kann. (Auch in den Anfängen des Röntgenzeitalters setzte man die als noch verträglich vermutete Strahlenhöchstbelastung viel zu hoch an.)

Gesundheitszustand – die durch den Thyssenstaub entstandene chronische Bronchitis und die allgemeine Schwächung auch als Folge des Medikamentenversuchs – war bereits recht angeschlagen. Den Körper jetzt noch zusätzlich der Strahlenbelastung auszusetzen, hieße nach seiner Ansicht, daß eine bleibende Strahlenschädigung als möglich bis wahrscheinlich angenommen werden müsse.)

Obwohl ich mich nicht gerade in einem Zustand übersprühender Lebensfreude befinde, im Gegenteil – ich fühle mich so ziemlich am Ende, da ich mit der Rolle doch zunehmend identisch geworden bin, und die beinahe aussichtslose Situation meiner Kollegen und Freunde mich selber mehr und mehr niederdrückt –, habe ich doch Angst vor einem viel zu langsamen, von Strahlenkrebs zerfressenen Dahinsiechen und einem womöglich über Jahre andauernden Todeskampf. »Das kann dir den Rest geben«, hatte mich mein Freund, der Röntgenologe, gewarnt. So gebe ich zu, daß ich in diesem Fall feige bin und mich auf Grund von Privilegien da raushalte. Hunderte und Tausende ausländischer Arbeiter, denen sich diese Arbeitsmöglichkeit bietet, müssen notgedrungen ihre Gesundheit, unter Umständen sogar ihr Leben aufs Spiel setzen, auch wenn sie sich körperlich in noch schlechterer Verfassung befinden. Das Verlockende ist ja gerade, daß die Arbeit meist nicht mit körperlichen Anstrengungen verbunden ist, so daß es sich auch Kranke, Ältere und total Erschöpfte ohne weiteres zutrauen.

Dazu kommt, daß die meisten Ausländer über die besondere Gefährlichkeit dieser Arbeit überhaupt nicht aufgeklärt werden. Auch als ich (Ali) mich dort bewarb und mich ausdrücklich erkundigte: »Is Arbeit auch nich gefährlich?«, wurde ich vom Personalchef beruhigt: »Nicht anders als sonst in der Industrie auch!«

Wie die Arbeit in Würgassen wirklich aussieht, belegen einige Zeugenaussagen.

Frank M., Vorarbeiter in Würgassen:

»Einerseits, das ist ein Job, wo man schnell und zügig Geld

208

verdienen kann. Ich als Vorarbeiter hatte auf meiner letzten Abrechnung 2500 Mark netto. Auf der anderen Seite würde ich da nie länger als fünf Jahre arbeiten. Wenn ich meinen Job auch verlieren würde. Nach fünf Jahren melde ich mich lieber arbeitslos. Die Strahlenbelastung ist viel zu hoch da, das Werk ist viel zu alt. Dann ist das ein Siedewasserreaktor, da hat man eine noch höhere Strahlung als bei den Druckwasserreaktoren. Da ist meiner Ansicht nach schon jede Kaffeetasse verseucht. Wenn man da überhaupt nur reingeht, hat man schon 10 Millirem auf dem Dosimeter, noch bevor man überhaupt angefangen hat zu arbeiten.«

Das Dosimeter ist ein Meßgerät, das jeder im »heißen Bereich« bei sich tragen muß. Es zeigt die Strahlung an, die am Arbeitsplatz im Laufe eines Tages entsteht. Aus Angst, nicht genügend Stunden aufschreiben zu können, wird es allerdings häufig manipuliert.

Ein ehemaliger Arbeiter aus Würgassen sagt: »Ist ja Selbstkontrolle. Du legst das Dosimeter einfach weg, in den Spind zum Beispiel, merkt doch keiner. Da kümmert sich keiner drum. Solange ich hier gearbeitet habe in Würgassen, hat mich keiner danach gefragt. Wo nichts ist, kann auch nichts aufgezeichnet werden mit dem Ding ... Ich weiß von der Subfirma Reinhold & Mahler, da war ein Ding gelaufen: Die hatten einen ganzen Haufen Jugoslawen arbeiten lassen, ungefähr sechzehn Mann. Die waren alle illegal da, ohne Papiere. Die nehmen's oft mit den Sicherheitsbestimmungen gar nicht so genau. Als das aufflog, mußten die weg. Wurden ganz diskret weggeschafft. In Grohnde zum Beispiel, von den ganzen Schweissern, die da rumlaufen, sind vielleicht, wenn's hochkommt, zwanzig Prozent Deutsche. Sonst alles Ausländer.«

Und weiter Frank M.:

»Unsere Sub-Firma hat ungefähr 2500 Leute. Davon sind mindestens 1500 Ausländer. Die machen halt ihren Job da, und wenn die Revision beendet ist, dann werden sie wieder entlassen. Die meisten sind immer nur ein paar Wochen da. Die

Leute, die werden am meisten verheizt. Die kommen da rein und kriegen eben soundsoviel Strahlung ab. In der Firma, wo ich arbeite, da sind Baustellenleiter, da sind Vorarbeiter, und die sind normalerweise länger da. Alle anderen sind nur kurz da. Wenn die einen befristeten Arbeitsvertrag haben, meinetwegen für eine Revision, und innerhalb von zwei Wochen die Vierteljahresdosis voll haben, sagt der Strahlenschutz im Werk, ihr kommt nicht mehr rein, dann werden die entlassen. Wir haben auch viele Türken, die aus der Türkei nur für kurze Zeit extra hierhergeflogen werden und dann solange schweissen müssen, bis sie die Dosis voll haben. Wenn Schweisser gebraucht werden, und die müssen im Strahlenbereich arbeiten, wo meinetwegen eine Stundendosis von 1000 Millirem ist, dann arbeiten die zwei Stunden und werden dann ausgewechselt und nach Hause geschickt. Dann kommen die nächsten, die arbeiten auch wieder zwei Stunden, dann haben die auch wieder 2000 drauf, dann müssen die auch nach Hause. Da wird immer ausgewechselt, solange, bis das fertig ist.

Normalerweise ist das so: Wenn die ausländischen Arbeiter kommen, dann wissen die gar nicht, warum sie nach zwei Tagen oder nach zwei Stunden schon wieder aufhören müssen. Da wird denen nur gesagt: Sie sind gesperrt. Dann müssen die weg und fahren nach Hause.«

Über die Arbeit von Reinigern am Reaktorbecken weiß Frank M. folgendes zu berichten:

»Wenn das Werk abschaltet, dann werden im Schnitt dreißig Prozent der Brennstäbe ausgewechselt. Die kommen dann ins Ablagerungsbecken. Da bleiben die über ein Jahr, damit sich die Strahlung abbaut. Wenn die Stäbe ausgewechselt werden, ist Wasser drin, und dann sind immer Leute von uns da, die müssen auch den Boden um das Becken herum sauber halten, damit die Kontamination (äußere Verstrahlung, G. W.), nicht durchs ganze Werk getragen wird. Dann arbeitet einer direkt am Becken, und einer hält ihn fest, also gesichert mit einem Seil. Denn wenn einer in das Wasser fällt, muß er innerhalb von

10 Sekunden wieder rausgezogen werden, weil man in dem Wasser nicht schwimmen kann.«

Und der jugoslawische Arbeiter Dragan V.:

»Die haben mir bei meiner Einstellung über Strahlengefahr nichts erzählt. Die haben mir nur gesagt: meine Vierteljahresdosis ist 2500 Millirem, Jahresdosis 5000. Mehr haben sie nicht gesagt. Wie gefährlich das ist, ob das gefährlich ist, davon hat keiner was gesagt.«

Am 20. August 1982 wurden vierzehn Arbeiter von Fremdfirmen beim Auswechseln eines sogenannten »Sandfilters« in der Abgasanlage so stark verstrahlt, daß sie in die zuständige Strahlenklinik in Düsseldorf gebracht werden mußten. Die Werksleitung ordnete striktes Stillschweigen über den Vorfall an.

Das Protokoll eines Arbeiters, der diesen Unfall in Würgassen miterlebt hat:

»Ich habe immer Angst, wenn ich da drinnen arbeite. Besonders seit dem Unfall. Da haben sie erst eine *Zeitsperrung* gemacht. Dann haben die Leute noch eine halbe Stunde drin arbeiten müssen. Und dann auf einmal: Vollsperrung. Unsere Schleifer, die waren unten sieben Meter tief. Die anderen haben alle im Treppenhaus gesessen. Davon ging ein Raum ab – da ist das ganze Zeug runtergekommen. In dem Raum hatten die ihre Werkzeugkiste stehen und Kabel liefen da raus, deshalb war die Tür natürlich offen. Die haben das alle gar nicht gemerkt, bis dann die Vollsperrung kam. Am Ausgang wollten die durch die Automaten durch, durch die Monitore (die die Strahlenbelastung messen, G. W.). Aber da kam raus, daß sie ganz verseucht waren.

Dann ging das los: Die mußten duschen und nochmal duschen, aber da war nichts zu machen. Wir anderen waren schon draußen, und die waren immer noch am Duschen. Die haben bis nachmittags um drei geduscht und sich die Haut fast runtergeschrubbt. Von halb zwölf an. Und dann kamen sie um drei wieder raus. Wir sind kurz vor drei wieder rein. Konnten wieder arbeiten. Bloß Maschinenhaus und Gleiseinfahrt waren noch gesperrt. Am nächsten Tag, Samstag, haben wir auch wieder gearbeitet, es fehlten ja die Stunden. Da sind auch wieder alle Mann angerückt, rein und wieder duschen bis mittags. Von morgens sieben bis um zwölf. Aber ging nichts runter. Und montags dann ab nach Düsseldorf, Strahlenklinik. Aber die haben nur Messungen gemacht da, sonst nichts. Und dann waren fast alle gesperrt für den Rest des Jahres. Durften nicht mehr rein ins Werk.«

Der deutsche Arbeiter Horst T. hatte ebenfalls einen Unfall: »In der Kondensationskammer hab ich mir eines Tages den Schutzanzug, den Overall, aufgerissen. Als ich nach der Schicht an die Monitore ging, leuchtete der ganze Kasten auf, von oben bis unten. Ich dachte, das gibt's doch nicht! Dann habe ich geduscht. Fast zwei Stunden. Immer wieder: Dusche, Monitor, Dusche, Monitor. Nachher hab ich mir die Haare schon nicht mehr geföntt. Das setzt sich in die Poren rein, und dann kannst du stundenlang schrubben. Die sagten mir, ich hätte um die 2800 Millirem abbekommen, alles in allem. Aber wie soll ich wissen, ob es nicht ein Vielfaches davon war? Da haben die mich einfach entlassen. Angeblich Arbeitsmangel. Außerdem sei ich für diese Tätigkeit nicht geeignet. Da wollte ich meinen Strahlenpaß haben, in den ja alles eingetragen werden muß, was du da abkriegst. Dann bekam ich den in die Hand, nach langem Hin und Her – aber da war gar nichts eingetragen. Da hieß es, ich soll ihn nach Kassel schicken, zum Sub. Das hab ich getan. Und nach vierzehn Tagen haben die mich angerufen, ob ich nicht wieder anfangen wollte. Jetzt habe ich wieder einen neuen Strahlenpaß bekommen. Ich hab mal reingeguckt, ich mußte den ja unterschreiben, da stand nichts drin, gar nichts. So, als ob ich da noch nie gearbeitet hätte ...«

Einsicht in die Strahlenpässe, die gesetzlich vorgeschrieben sind und als Nachweis über Verseuchungen dienen, haben die wenigsten Beschäftigten. Die Pässe bleiben im Büro der jeweiligen Subfirma, gehen schon mal verloren oder zeigen geschönte Werte, wenn die Behörden zur Prüfung kommen. Die

Subchefs übernehmen ihre eigene Art von Verantwortung für ihre Leute.

Die Atomindustrie verharmlost die Gefahr durch den ständigen Kontakt mit kleinen und größeren Mengen Radioaktivität, wo immer sie Gelegenheit hat. Wer zum Beispiel das Atomkraftwerk Würgassen betritt, um im »heißen Bereich« zu arbeiten, wird mit farbigen Videofilmen »aufgeklärt«: »Die Strahlung ist vergleichbar dem Sonnenlicht«, berichtet da ein flotter Sprecher aus der Werbefilmbranche, und über den Bildschirm flimmert ein braungebranntes Mädchen, das an irgendeinem Südseestrand liegt, unter aufgespanntem Sonnenschirm. Arbeiter berichten, wie ihnen Vorarbeiter die Angst nehmen: »Das ist dieselbe Strahlenintensität wie zwei Wochen Ferien an der Nordsee.« Der lockere Wahlspruch aus Würgassen, der in jedem »Aufklärungsfilm« ein paarmal wiederholt wird, heißt schließlich: »Jede unnötige Strahlenbelastung vermeiden und jede *unvermeidbare* Strahlenbelastung so gering wie möglich halten.«

Tatsächlich kalkuliert die Industrie von vornherein einen bestimmten Prozentsatz Toter fest ein. Auf dem Papier. Was wirklich mit den Menschen geschieht, kontrolliert niemand.

Die Bremer Strahlenforscherin Prof. Dr. Inge Schmitz-Feuerhake:

»Man weiß heute, daß jede Strahlendosis, egal wie groß oder wie klein sie ist, einen Schaden anrichten kann. Und zwar entweder einen strahlenbedingten Krebs erzeugen kann oder einen genetischen Schaden bei den Nachkommen. Und das Tückische an den strahlenbedingten Schäden ist ja, daß sie oft erst sehr, sehr viele Jahre nach der Bestrahlung auftreten, also oft erst nach zwanzig, dreißig Jahren. Die Kerntechnik in der Bundesrepublik ist ja noch gar nicht so lange in Betrieb, daß man jetzt schon die Auswirkungen studieren könnte.«

Doch wer könnte beweisen, nach so langer Zeit, daß ein tödlicher Krebs von einem solchen Job im »heißen Bereich« eines

Für die Sicherheit (auch die am Arbeitsplatz) von Atomkraftwerken ist in der Bundesrepublik der Technische Überwachungsverein (TÜV) zuständig. Das Institut für Unfallforschung beim TÜV Rheinland in Köln hat an den Bundesminister des Innern einen Bericht über »Menschliche Faktoren im Kernkraftwerk« weitergeleitet, der bisher nie veröffentlicht wurde. Darin untersuchen TÜV-Leute die »Probleme«, die sich durch den Einsatz von sogenanntem »Fremdpersonal« in den Atomkraftwerken ergeben – Probleme allerdings, die für die Industrie entstehen, nicht solche, die für die Menschen bestehen:

»Probleme ergeben sich in erster Linie in der Zusammenarbeit mit unqualifiziertem Hilfspersonal von Dienstleistungsunternehmen, das zur Schonung des Eigenpersonals insbesondere für strahlenintensive Arbeiten eingesetzt wird. Dieses Personal ist nach Aussage des Betreiberpersonals häufig schlecht motiviert und arbeitsunwillig ...«

Kein Wunder, wer geht schon fröhlich ins AKW? An anderer Stelle heißt es allerdings: »... der Verzicht auf Fremdleistungen ist im Hinblick auf eine planmäßige Erledigung der anstehenden Arbeitsaufgaben nicht denkbar.« Häufig entstünde »Personalmangel aufgrund der Strahlenbelastung und der damit verbundenen eingeschränkten Einsatzfähigkeit eigenen Personals.« Zudem: »Die zulässigen Strahlendosen werden oft innerhalb sehr kurzer Zeit (weniger Minuten) aufgenommen.« Weiter heißt es: »Eine Aufgabe für das eigene Personal ist es, speziell bei strahlenexponierten Arbeiten, bei denen es auf Schnelligkeit und Exaktheit ankommt, Fremdpersonal entsprechend einzuweisen ... Eine genaue Einweisung ist oft nicht möglich (bei hoher Strahlung) oder der Aufwand ist unangemessen und der Zweck des Fremdpersonaleinsatzes würde verfehlt.« Trokken stellt das TÜV-Institut fest: »Die Mehrzahl des eingesetzten Fremdpersonals ist im allgemeinen unerfahren gegenüber dieser Gefährdung ... Die mangelnde Anlagen- und Systemkenntnis schlägt hier zusätzlich negativ zu Buche, zumal eine genaue ... Aufsicht dort nicht möglich ist, wo Fremdpersonal gerade zur Schonung (Begrenzung der Strahlendosen) des

> Eigenpersonals eingesetzt wird ... Unvorsichtiges Verhalten
> des mit strahlenintensiven Aufgaben betrauten Fremdperso-
> nals kann begünstigt werden durch ein Gefühl der Hilflosigkeit
> gegenüber einer weitgehend unbekannten Gefahr.«

Atomkraftwerks herrührt? Vorher werden die Arbeiter der Subunternehmen gesundheitlich überprüft – nach Beendigung der Arbeit nicht. Mord auf Raten? Heimlich, ohne Zeugen, ohne Beweise, massenhaft. Jährlich arbeiten Zehntausende von Reinigern und Schweissern in deutschen Atomkraftwerken (in einem Jahr wurden allein in Würgassen bis zu fünftausend Menschen in die gefährliche Zone geschickt). Etwa die Hälfte davon Ausländer, die häufig in ihre Heimatländer zurückkehren, bevor die Folgen sichtbar, spürbar werden.

Nur Insider und Wissenschaftler sind in der Lage, Meldungen wie die aus der *Frankfurter Allgemeinen* vom 29. Juli 1982 auf Anhieb zu dechiffrieren. Unter der Überschrift »Allein zum Austausch der Rohre tausend Mann« berichtet das Blatt über Reparaturarbeiten in Würgassen und erwähnt in der Geheimsprache der Atomindustrie, daß dabei mit »1000 men-rem« zu rechnen sei. »1000 men-rem«? Das klingt wie ein Geheimcode aus der Agentenszene oder vielleicht noch wie eine Sendefrequenz auf dem Kurzwellenempfänger. Die Konzerne allerdings wissen sehr genau, was es bedeutet. Mit dieser mysteriösen Maßeinheit läßt sich für Fachleute schnell umrechnen, wieviel Krebsfälle zu erwarten sind. Der ehemalige Leiter des Strahlenschutzes im amerikanischen Atomforschungszentrum Oak Ridge, Carl Z. Morgan (der von Wissenschaftlern gern als der »Vater der Strahlenschutzforschung« bezeichnet wird), sagt, daß »1000 men-rem« etwa 6–8 Krebstote bedeutet. Rein statistisch gesehen. Der schleichende Strahlentod könnte ebenso einen Mann, der von Adler geheuert ist, treffen wie einen von den anderen größeren

**Krebsrate in AKW höher**

Arbeiter in britischen Atomkraftwerken und anderen Nuklearbetrieben haben gegenüber dem Durchschnittbürger ein höhe-
res Risiko, an Prostatakrebs zu erkranken. Nach einer jetzt in
London veröffentlichten Studie des britischen medizinischen
Forschungsrates lag bei einer Gruppe von 1000 Arbeitern, die
relativ hohen Strahlungen ausgesetzt war, die Zahl der an Prostatakrebs Gestorbenen achtmal höher als im nationalen Durchschnitt.
Die Wissenschaftler, die über ihre Ergebnisse in der Fachzeitschrift »British Medical Journal« berichteten, befaßten sich mit
3373 Todesfällen unter den 40 000 Männern und Frauen, die
zwischen 1946 und 1979 bei der Atomenergie-Behörde Groß-
britanniens beschäftigt waren.
Nach Angaben der Studie war auch die Zahl der Todesfälle, die
*durch Leukämie, Schilddrüsen- und Hodenkrebs* verursacht
wurden, überdurchschnittlich hoch. Die Mediziner fanden zudem bei Frauen, die über lange Zeit einer schwachen Bestrahlung ausgesetzt waren, eine größere Zahl von tödlichen Erkranken an Eierstock- und Blasenkrebs.
Meldung aus der *Frankfurter Rundschau* vom 21. August 1985

Menschenhändlerringen, die Atomkraftwerke mit mensch-
lichem »Strahlenfutter« versorgen. »Celten« in Holzminden
etwa oder »Kupfer« bei Landshut oder »Jaffke« in Bremen.
Oder ...
Auch die wissen nicht, wie gefährlich diese Arbeit ist? Ein intensiver Test beweist, daß Adler es nicht einmal dann wissen
will, wenn es ihm ganz deutlich gesagt wird.

# Der Auftrag

## oder hopp und ex

### – eine Inszenierung der Wirklichkeit –

>*»Mit entsprechendem Profit wird Kapital kühn. 10 Prozent sicher,
und man kann es überall anwenden; 20 Prozent, es wird lebhaft;
50 Prozent, positiv waghalsig; für 100 Prozent stampft es alle
menschlichen Gesetze unter seinen Fuß, 300 Prozent und es existiert
kein Verbrechen, das es nicht riskiert, selbst auf Gefahr des Galgens.
Wenn Tumult und Streit Profit bringen, wird es sie beide
encouragieren (anheizen, G. W.). Beweis: Schmuggel und
Sklavenhandel.«*
>*Karl Marx, Das Kapital*, Bd. 1, Kapitel: »Die ursprüngliche
>Akkumulation«, MEW Bd. 13, S. 788, Fußnote 250.
>Marx zitiert hier einen englischen Gewerkschaftsfunktionär
>namens Thomas Joseph Dunning, *Trade Unions and Strikes*,
>London 1860.

Wie es der Zufall so will: Adler hat seine Leute also auch im
AKW Würgassen drin. Nicht viele, wie es so seine Art ist. Lieber unauffällig und dezentralisiert. Mal hier dreißig und dort
zehn und da einen. Sollte er in Hamburg wider Erwarten hochgehen, dann läuft's im Ruhrgebiet bei Thyssen, Steag, MAN
auf jeden Fall immer noch weiter. Und auch bei der Ruhrkohle
in Süddeutschland. Wie war noch seine Devise: »Viel Kleinvieh gibt auch Mist.« – Und: »Gesetze sind dazu da, umgangen
zu werden.« Der Menschenhandel Adlers mit dem AKW Würgassen ist in etwa so beängstigend wie die Vorstellung einer
Geschäftsbeziehung zwischen »Mr. Hyde« und »Dr. Mabuse«.
Die kriminelle Energie eines Adler, in Anspruch genommen
von den »technischen Sachzwängen« einer Kernkraftindustrie.
Die Handelsware: Türken zum Verheizen.
Ich will einmal durchspielen, wie es im schlimmsten Fall sein
könnte, und entwerfe ein Szenarium. Freunde und Kollegen
sind zum Mitspielen bereit: Der Kölner Schauspieler Heinrich
Pachl übernimmt den Part des AKW-Sicherheitsbeauftragten

Schmidt und mein Kollege Uwe Herzog die seines fachkundigen Assistenten Hansen.

Der *Geheim-Auftrag*:
Das AKW Würgassen kann aufgrund einer technischen Panne nicht ans Stromnetz angeschlossen werden. Millionenverluste. Gesucht werden türkische Arbeiter, die in den total strahlenverseuchten Bereich hineinklettern, um den Schaden zu beheben. Es ist damit zu rechnen, daß sie Strahlendosen in einer Höhe und Konzentration abbekommen, die schwerste gesundheitliche Schädigungen, wahrscheinlich als Spätfolge Krebs, hervorrufen werden. Bedingung: Die Türken dürfen von der Gefährlichkeit des Auftrags nichts erfahren und sollen nach Erledigung der Arbeit möglichst schnell in ihre Heimat zurückgeschickt werden. Adler, so erklärt »Schmidt«, sei in der Branche als besonders zuverlässig für derartige Aufträge bekannt. Erste Kontaktaufnahme übers Auto-Telefon. Ich (Ali) chauffiere Adler soeben von der Ruhrkohle/Wärmetechnik, Essen, nach Oberhausen zurück, als der Anruf eingeht:
*Pachl/Schmidt*: »Ja, guten Tag. Mein Name ist Schmidt, Leitung Strahlenschutz AKW Würgassen. Herr Adler, folgendes Problem. Ich sag Ihnen direkt, worum es sich handelt. Wir haben da einen Störfall, eine Panne, die wir technisch alleine nicht beheben können. Und da habe ich gedacht, daß Sie der richtige Partner für uns wären, um das zu regeln. Es geht um einen etwas intensiveren und ziemlich kurzfristigen Personaleinsatz. Die Frage ist folgende, weil die Sache sehr dringlich ist, ob wir uns jetzt – ich bin gerade hier in der Gegend im Ruhrgebiet – treffen könnten? Sagen wir in einer Stunde? Ich mache Ihnen folgenden Vorschlag, wenn Ihnen das möglich wäre: Autobahnraststätte Lichtendorf. Zwischen dem Westhofener Kreuz und dem Kreuz Unna. Sagen wir um halb zwei?«
Adler holt die Spezialkarte Ruhrgebiet aus dem Seitenfach an der Tür und studiert sie eingehend. Dann zu mir (Ali): »Wir müssen uns beeilen. Fahr mich schnell zu Remmert nach Ober-

hausen. Ich muß um halb zwei wieder in die andere Richtung. Autobahnraststätte Lichtendorf. Da wartet ein Kunde auf mich. Neuer Auftrag.« Nach Remmert, auf der Rückfahrt, hat er's sehr eilig. Er treibt mich (Ali) an, Geschwindigkeitsbegrenzungen zu ignorieren: »Gib Gas, ich kann es mir nicht erlauben, zu spät zu kommen.« Als eine Frau am Steuer eines Wagens nach dem Überholen nicht sofort die Fahrspur wechselt, gerät er geradezu außer sich: »Diese dumme Sau, dieses Arschloch, jag sie, daß sie rüberfährt, wir kommen noch zu spät.« Jetzt, wo er mit der Zeit in Verzug ist, spricht er plötzlich gegen seine Gewohnheit von »wir«. Mit fünfminütiger Verspätung erreichen wir die Raststätte. Er schnappt sich sein Aktenköfferchen, und schnellen Schrittes eilt er dem neuen Auftrag zu, nicht ohne mir (Ali) vorher noch eine Arbeit aufgetragen zu haben: »Nimm Bürste und Staubtuch aus dem Handschuhfach und mach innen alles tipp topp. Auch den Aschenbecher. Ich will kein Stäubchen sehen, wenn ich zurückkomme.« – »Alles klar«, sag ich kurz und prägnant. Das ist die Antwort, die ihm immer – wie ich herausgefunden habe – am besten gefällt.

Der Wagen meiner Freunde steht schon da, wie ich erleichtert feststelle. Während ich seinen Wagen wienere, zieht er drinnen in der Raststätte seinen neuen Auftrag an Land.

Es ist Mittwoch, 7. 8., 13.30 Uhr, als sich die beiden AKW-Sonderbeauftragten mit Adler zu einem ersten Gespräch gegenübersitzen:

*Pachl/Schmidt:* »Wir stehen unter einem ungeheuren Zeitdruck. Und zwar müssen wir die ganze Angelegenheit bis Freitag durchziehen ...«

»Ich bin also ein mittlerer Unternehmer. Wir machen alles mit. Unsere Kunden sind zum Beispiel die Großindustrie, die Ruhrkohle und die Steag und so weiter und so fort. Wir haben schon häufig für Sie (AKW Würgassen, G. W.) gearbeitet.«

*Pachl/Schmidt:* »Wir haben mal zwei Möglichkeiten durchgespielt. Wir wollen in diesem Fall acht zuverlässige Arbeitskräfte, die brauchen in diesem Bereich bisher noch nicht gearbeitet zu haben ...«

*Adler:* »Ist klar.«

*Pachl/Schmidt:* »Die sollen also da reingeschickt werden. Das ist das erste. Es kann sein, daß die Sache sehr schnell behoben werden kann, es kann aber auch sein, daß es länger dauert.«

Nach diesen einleitenden Worten, die den »heißen« Auftrag nur anspielungsreich umkreisen, ist Adler sofort im Bilde. Rasch betont er, daß er »morgen acht oder zehn zuverlässige Leute rüberschicken« kann und stellt dann die gezielte Frage, die den Profi in diesem Geschäft verrät: »Können wir aber irgend etwas machen, was die Strahlenpässe angeht?« Pachl/ Schmidt ist vorbereitet und verlangt die erste Illegalität: »Selbstverständlich ohne Strahlenpässe«, aus Zeitgründen, die Störung müßte bis spätestens Freitag 18.00 Uhr behoben sein. Und Adler zögert nicht: »Ja, ohne Strahlenpässe? ... Sie brauchen morgen acht Mann ohne Strahlenpässe. Alles klar! Ich mache meinen Job damit. Sie machen Ihren Job damit. Vollkommen top-secret undsoweiterundsofort.«

So kann also Pachl/Schmidt mit weiteren Forderungen fortfahren. Man verständigt sich schnell, daß nur Leute in Frage kommen, die »nicht aus diesem Gebiet kommen«, also »ausländische Arbeitskräfte«, die »sofort wieder abgezogen werden« können. Und Pachl/Schmidt führt auch gleich den Hauptgrund für das schnelle Verschwinden der Arbeiter ein: »Es kann natürlich sein, daß irgendwas passiert ...« und beschwichtigt zugleich: »Das sind aber nie monokausale Ursachen, wenn irgendwas auftritt, will mal sagen, bei Krebs ist das nie nur eine Ursache ... Bei Krebs kann das 'ne Latenzzeit von zwanzig Jahren haben.« Adler (erleichtert): »Ja, eben.« Pachl/Schmidt (beruhigend): »Man kann's also nie direkt beweisen.«

Aber dann legt Herzog/Hansen Zeichnungen vor, die Adler keinen Zweifel mehr über das Todeskommando lassen:

*Herzog/Hansen* »Schauen Sie. Das hier sind die Rohre. Die haben 67cm Durchmesser. Da müssen die Leute rein ...«

*Adler:* »Wo ist hier ... der Kern?«

*Herzog/Hansen:* »Ja, das ist der Sicherheitsdruckbehälter. Zwischen dem Sicherheitsdruckbehälter und dem Maschinenhaus laufen die Rohre lang, durch die der radioaktive Dampf auf die Turbine strömt. Und mitten in diesem Rohr hier ist unsere ›Maus‹ steckengeblieben.«

*Adler:* »Hmh, hmh.«

*Herzog/Hansen:* »Vielleicht kennen Sie das Gerät, das ist ein kleines Lasergerät, das inwendig die Rohre auf Schadstellen abtastet. Und diese Maus hängt fest, die kriegen wir nicht raus, das ist das Problem. Da müßten also die Leute rein, das ist körperlich nicht anstrengend, aber die Leute müssen soweit gesund sein.«

*Adler:* »Sind die. Ja ja. Klar.«

*Herzog/Hansen:* »... die müssen da rein. Die Sache ist nur: Wir können jetzt aus technischen Gründen nicht sagen, wie hoch die Strahlung in dem Bereich ist. Die könnte verdammt hoch sein.«

*Adler:* »Passen Sie auf: Sollen wir Plaketten mitschicken oder sowas?«

*Herzog/Hansen:* »Die Dosimeter stellen wir. Das ist kein Problem. Wir geben Sicherheitsanzug, alles. Nur ist die Frage, wie weit sich da Strahlung festgesetzt hat. Das können wir eigentlich erst richtig beurteilen, wenn die wieder 'rauskommen.«

*Adler* (spricht wie ein Zuhälter über seine Arbeiter): »Also, ich habe Leute, zum Beispiel bei Thyssen laufen, da werden morgen acht von abgezogen, die besten such ich mir 'raus. Mit unserem Transporter sind wir morgen früh hier. Das sind also ..., Ausländer. Ein Deutscher dabei, im Prinzip sind das nur Ausländer. Die blicken da nicht durch. Und dann, Schnauze halten, und nach einer Woche sind die wieder hier an Bord.

Haben Sie denn 'ne Möglichkeit, also, ich hab' Interesse, als Geschäftsmann, an einem längerfristigen Einsatz von weiteren Leuten. Das wäre für mich das Optimale. Reinigungsarbeiten, sowas, alles, auf Dauer ...«

*Pachl/Schmidt:* »Ich mach' Ihnen folgenden Vorschlag: Wir wickeln erstmal diese Sache hier ab. Ich bin der Meinung, wenn das zu unser beider, aller Zufriedenheit abläuft, dann treten wir gerne nochmal mit Ihnen in Verbindung. Die andere Sache wäre, falls nun, sagen wir mal, ein bestimmtes Warnsignal kommt ...«

*Adler:* »Ja ...?«

*Pachl/Schmidt:* »... haben Sie dann Arbeitskräfte ...«

*Adler:* »Natürlich, Repertoire hab ich. Können sofort ausgetauscht werden.«

*Pachl/Schmidt:* »... die dann aus irgendwelchen Gründen auch wieder die Heimreise antreten müssen, in absehbarer Zeit.«

*Herzog/Hansen:* »Wir müssen uns auf alles gefaßt machen. Das Risiko ist groß. Die Rückkehrbereitschaft in die Türkei könnte man vielleicht auch mit 'ner Auslösung etwas attraktiver machen.«

*Adler:* »Ja, wenn man denen 'nen vernünftigen Preis gibt ...«

*Pachl/Schmidt* (kann sich, was Bezahlung angeht, großzügig zeigen): »Mal abchecken, also, es wird sich so um die 120000, 150000 Mark handeln ...«

*Adler:* »Sie haben mir jetzt die Probleme gesagt. Ich bin Unternehmer, ich mach also alles mit. Ich will 'ne Mark verdienen, die Leute sollen 'ne müde Mark verdienen. So. Jetzt such ich mir die Leute aus, ich kenn Ihre Problematik. So. Wer steht zur Verfügung? Wer steht beim Konsulat auf der Abschußliste? Das weiß ich ja. Wer hat Schwierigkeiten bei der Ausländerbehörde? Weiß ich auch. So, die nehmen wir dann, ne.«

Damit ist für Adler das »Geschäft« klar. Er fragt nochmal nach den Namen der beiden »Sicherheitsbeauftragten«: »... der Herr Schmidt und der Herr ...?« – »Hansen«, stellt sich Herzog/Hansen noch einmal vor, und Adler glaubt sich zu erinnern: »Also, Sie kenn ich auch irgendwie dem Namen nach ... ja ja, aus Würgassen ...« Das lukrative Unternehmen stärkt sein Vertrauen. Und er versichert die beiden »Partner« auch noch einmal seiner eigenen Vertrauenswürdigkeit, um dann gleich die Sache auf den Punkt zu bringen – das Geld:

*Adler:* »Also, ich hab meine Leute so im Griff. Wenn wir bei 'nem Kunden sind: die solln arbeiten, Augen zu, arbeiten. Nicht rechts gucken, nicht links gucken. Wer da quatscht, fliegt sowieso raus.

Das gibt's auch woanders, bei Thyssen kommt das schon mal vor, daß wir da auch (so 'ne) Sachen machen müssen, da kommt doch nichts raus, das bleibt dicht.

Also: Einsatz, das wär' morgen 8. 8. 85. So, dann lassen Sie uns eben kurz nochmal festhalten: Was wollen Sie dafür ausgeben?«

*Pachl/Schmidt:* »Unser Etat dafür liegt bei etwa so 120– 150000 Mark. Das Risiko bei Ihnen, also wenn sich dann später die Folgen 'rausstellen, dann müssen Sie Sorge tragen, daß die weit genug weg sind.«

*Adler:* »Aber jetzt 'ne Frage nochmal, damit ich genau weiß: Wenn die rauskommen, die kommen also geschädigt 'raus ... nicht wahr?«

*Pachl/Schmidt:* »Ich denke, wir verstehen uns. Dafür bezahlen wir ja auch. Das ist halt 'ne Kontamination, von der wir sagen würden, das müßte man normalerweise anschließend behandeln. Nur ist's eben so, das können wir uns überhaupt nicht leisten, dann wird rumgefragt, oder wenn jemand länger hier ist, dann erzählt der, irgendwas spricht sich rum. Also, das müssen wir mit allen Mitteln verhindern.«

*Herzog/Hansen:* »Die müssen sofort wieder weg! Müssen sofort wieder weg!«

*Adler:* »Alles klar ... Ganz ehrlich also, ich hab jetzt Kameraden da, die krieg ich zusammen. Die schicken Sie dann in die gefährliche Zone, ne? Ne, das ist kein Problem.«

Soweit alles klar: »Kameraden« in die »gefährliche Zone« zu schicken, ist für Adler »kein Problem«. Bleiben nur noch Detailfragen zu klären.

Der Transport wird geregelt. Pachl/Schmidt wird einen Kleinbus vom AKW stellen, um die Truppe am nächsten Tag in Duisburg abholen zu lassen. Adler erklärt noch, daß seine Stammleute zur Zeit in Würgassen im Hotel »Zur Kurve« untergebracht sind und daß er bereit ist, selbst mitzukommen, um am besten gleich abzukassieren.

Gemeinsam verlassen sie die Raststätte. Am zufriedenen Gesicht Adlers glaube ich (Ali) erkennen zu können, daß er sich auf den Menschen-Deal eingelassen hat. Ich reiße ihm die Wagentür auf, wie er es verlangt, und wortlos betätigt er die automatische Schaltung, bis sich der weichgepolsterte Sitz in die für ihn angenehmste und entspannendste Lage verstellt hat.

»Nach Oberhausen zurück«, sagt er nur und schweigt sich aus. Er denkt nach. Eine Zeitlang vermute ich schon, daß ich ihm unter Umständen Unrecht getan habe. Daß er vor diesem so direkt verbrecherischen Auftrag doch zurückschreckt und ablehnt. So skrupellos ist er nicht. Kein Mensch kann durchgehend so abgebrüht sein. Er setzt keine Menschenleben aufs Spiel. Obwohl seine Leute bei Thyssen etwas langsamer und indirekter auch verheizt werden und der konzentrierte Schwermetallstaub mit der Zeit bei etlichen Kollegen wie eine Zeitbombe ebenfalls Krebs entstehen lassen wird, könnte er dort noch eher verdrängen. Hier ist die Situation noch um ein Vielfaches eindeutiger. Den Staub bei Thyssen wird jeder gewahr, auch wenn sich viele nicht über die Folgeschäden im klaren sind, die krankheit- und unter Umständen todbringende Strahlung im AKW kann keiner der Todeskandidaten ahnen. Vielleicht ringt er jetzt mit sich, überlege ich und hoffe bereits – er wird ablehnen.

Seine Überlegungen gehen jedoch in eine andere Richtung, wie ich bald merke. Er kritzelt Zahlen in sein kleines Notizbuch und scheint etwas auszurechnen. Plötzlich bricht er sein

Schweigen und sagt: »Kannst du bis morgen ganz schnell sieben bis acht deiner Landsleute besorgen, die sich was verdienen wollen? Für eine gute Arbeit, muß aber hundertprozentig sein!«

Ich tue so, als überlege ich. Adler: »Wenn du's so schnell nicht schaffst, dann frag ich den K., der hat immer welche an der Hand.« K., einen türkischen Kollegen, hat er in eine Art Kalfaktorrolle gehievt, und wenn Adler um neue Leute verlegen ist, schleppt K. sie an.

»Ich kann auch«, sage ich (Ali) nur, »und was solln Leut' könne?«

»Die brauchen nichts Besonderes zu können«, sagt Adler, »ich lege nur Wert darauf, es sollen die Ärmsten der Armen sein. Sag ihnen, ich war auch mal arm . . .«

Ich sehe ihn erstaunt an: »Sie ware arm? Wann ware Sie denn arm?«

»Jaaa, nach dem Kriege waren wir ja alle arm. Das können welche sein, die Angst haben müssen, ausgewiesen zu werden.« Er bemerkt meine Verblüffung und liefert schnell ein Motiv: »Ich will ihnen helfen, weil, denen geht es doch hier so schlecht, verstehst du. Ich war immer schon sozial eingestellt, ich bin von Haus aus nämlich Sozialdemokrat.«

»Was is'n das?« frag ich.

»Das ist die Partei, die für die Arbeiter da ist«, belehrt er mich, »da bin ich Mitglied.«

»Was für Arbeit?« will ich wissen und »Was Geld?«

»Die verdienen gutes Geld«, sagt er, »für zwei Tage 500 Mark. Und die Arbeit . . . sind leichte Reinigungsarbeiten, ganz sauber, wo sie sich nicht mal die Hände schmutzig zu machen brauchen . . .«

»Wo ist?« will ich (Ali) wissen.

Er sagt nichts Genaues, lügt vielmehr auch hier: »Es ist im Umkreis von hundert Kilometern.« (In Wirklichkeit liegt *Würgassen* ca. 300 km entfernt, G. W.).

»Es können ruhig welche dabei sein, die sich verstecken müs-

225

sen, weil sie keine Aufenthaltsgenehmigung haben«, fährt er
fort, »sie sollen dann aber bald, wenn der Auftrag erledigt ist,
besser in die Türkei zurückkehren. Wenn du mir die Leute
bringst, kriegst du auch 500 Mark.«

»Ja, könne es auch Leut ausse Asylheim sein?«

»Ja, nichts mit Behörden!« wehrt er ab. »Du mußt wissen: das
ist black, das Geld ...«

»Was is bläck?« frage ich.

»Schwarz, ohne Steuern. Das gebe ich denen so bar auf die
Hand. Da braucht keiner Papiere und sowas zu zeigen. Das
geht alles so unter dem Tisch, das ist denen doch lieber so.
Dann haben sie Geld für die Türkei und können was damit anfangen. Sie sollen sich auch was zum Übernachten mitnehmen.
Unterwäsche und so. Sonst kriegen die alles gestellt. Wo fin-
dest du die denn?«

»Ach, da gib welch, die wohne versteckt inne Keller.«

»Oh, das ist gut«, sagt er, »wenn die im Keller wohnen, dann
haben die auch sonst keine Kontakte. Wie viele sind das
denn?«

»Ach, so fünf ...«

»Ja«, sagt er, »dann guck nochmal so woanders rum, und vielleicht kriegst du doch deine acht zusammen. Ruf mich zu jeder
Zeit an! Du kannst mich auch im Tennisclub anrufen. Am besten, du bringst die nicht mit zu mir nach Hause ins Büro, sondern in deine Wohnung, in die Dieselstraße, dann komm ich
dann dahin, und dann werden die abgeholt. Nur eins ist wichtig: daß die mir dann auch verschwinden! Das will ich schriftlich
haben, das müssen die einem auch vorzeigen, daß die hier raus
müssen. Nicht, die müssen doch raus? Die werden doch alle
gesucht von der Ausländerpolizei?«

»Ja«, sage ich, »manche so, manche so.«

»Also, das muß klar sein, daß die alle hier raus müssen! Nicht,
daß ich erlebe, daß die sich hier Wochen später noch rumtrei-
ben. Das ist Bedingung, das ist Voraussetzung für diesen Auftrag ...«

Ich frage nochmal genauer nach der Arbeit, um die es gehen soll. Doch da sagt er nur: »Das verstehst du nicht, das wird denen schon klargemacht. Das ist überhaupt kein Problem. Wichtig ist, daß man diesen Menschen doch helfen muß, die haben doch hier genug gelitten ...«

Er redet wie ein Pfarrer, plötzlich liegt so etwas Salbungsvolles in seiner Stimme. Doch dann ist er gleich wieder der Alte: »Nur: ich muß mich drauf verlassen können!«

»Alles klar«, sage ich.

Am Abend soll ich ihn anrufen, um Vollzugsmeldung zu erstatten. Abends 21 Uhr. Ich erreiche ihn telefonisch im Restaurant seiner Tennishalle. Er hat von seinem Auftraggeber Schmidt mitgeteilt bekommen, daß sechs Mann reichen. (Mehr konnte ich in der Kürze der Zeit nicht zur Teilnahme bewegen.)

Adler hat allem Anschein nach Probleme, frei zu reden. Vor Geschäftsfreunden und seinen Angestellten, die ihn kennen und durchschauen, kann er sich unmöglich als Wohltäter von Türken bekennen oder seine im Ruhrgebiet geschäftsförderliche Parteimitgliedschaft als »Partei für die Arbeiter« darstellen. Mit schallendem Gelächter würde das quittiert.

»Wie soll ich das die Kolleg sage, daß sie auch glaub'?«, bring ich ihn weiter in Verlegenheit. »Ja, ich kann das im Moment nicht sagen«, druckst er herum. »Ruf mich in einer Stunde zu Hause an.«

Am Telefon zu Hause bekommt seine Stimme wieder einen leicht pastoralen Klang. Als ich (Ali) wieder insistiere und frage: »Und was soll ich sage, was, warum Sie so gut zu de Leut?«, findet er tatsächlich noch eine Steigerung seiner Wohltätigkeit. Er spricht nicht mehr von den »Ärmsten der Armen«, sondern von den »Ärmsten der Ärmsten« – »und denen will ich noch ein paar Mark geben«. Als ich jedoch einhake und versuche, ihm das Elend einiger türkischer Arbeiter eindringlicher vor Augen zu führen, kann er kaum mehr verbergen, wie ihn das kalt läßt. Nur um mich bei dem Geschäft bei der Stange zu halten, ringt er sich ein bemühtes »Darüber können wir uns dann unterhalten« ab und ist sogar auf meinen Vorschlag hin bereit, für die »Ärmsten der Ärmsten« eine Arbeitserlaubnis und Wohnung zu besorgen – wohl wissend, daß er den »Sicherheitsbeauftragten« versprochen hat, die ausländischen Arbeiter so schnell wie möglich verschwinden zu lassen.

Am nächsten Morgen. 9.30 Uhr.

AKW-Beauftragter Schmidt erkundigt sich bei Adler telefonisch, ob alles – wie besprochen – läuft.

*Adler:* »Ich hab' also soweit die Truppe zusammen, die steht. Jetzt sagen Sie nur mal ganz ehrlich, mit wem hab' ich's zu tun? Herr Schmidt vom Kernkraftwerk Würgassen sind Sie nicht. Das weiß ich also, Herr Schmidt; lassen Sie die Katze aus dem Sack. Wer sind Sie? Damit ich weiß, mit wem ich's zu tun habe. Und dann machen wir auch das Geschäft.«

Wir hatten damit gerechnet, daß Adler in Würgassen rückfragen könnte und dann herausbekäme, daß der echte Sicherheitsbeauftragte das Werk gar nicht verlassen hatte. Pachl/Schmidt hatte vorgebaut und Adler erklärt: »Versuchen Sie nicht, mich in meinem Büro zu erreichen. Die Sache läuft so geheim, daß ich mich Ihnen gegenüber dann verleugnen lassen und Ihnen leider sagen müßte: ›Ich kenne Sie nicht, wir sind uns nie begegnet, und so einen Auftrag gibt es nicht.‹ Wir sind ein hochempfindlicher Sicherheitsbereich, und der Feind hört überall mit, selbst im eigenen Haus.« Allem Anschein nach hat's Adler nicht durch eigenen Anruf herausbekommen, sondern über dritte. Aber auch für diesen Fall hatten wir uns eine Version zurechtgelegt.

*Pachl/Schmidt:* »Also beruhigen Sie sich mal. Das ist eine Sache, die äußerst diskret zu laufen hat. Das ist für den Schmidt ein paar Nummern zu groß. Das ist ein direkter Vorstandsbeschluß.«

*Adler:* »Richtig. Hab' ich Verständnis für.«

*Pachl/Schmidt:* »Und zur Diskretion gehört natürlich 'ne bestimmte Vertrauensbasis ...«

*Adler:* »Richtig, hab' ich auch.«

*Pachl / Schmidt:* »Wenn die nicht gegeben ist, meine ich, sollten wir die ganze Sache nochmal überdenken. Wir sind in einer Situation, die für uns ...«

*Adler:* »Ja ...«

*Pachl / Schmidt:* (mit gehobener Stimme, stark pathetisch) »Gerade weil wir für die deutsche Energieversorgung zuständig sind und uns gar keine andere Möglichkeit bleibt ...«

*Adler:* »Ja ...«

*Pachl / Schmidt:* »Ich hab's Ihnen ja gestern gesagt, wenn Sie anrufen, das läuft ja auch dort im innersten Sicherheitskreis, verstehen Sie?«

*Adler* (fällt ins Wort)*:* »Richtig!«

Aber noch plagen Adler Zweifel, die allerdings mehr und mehr durch das autoritätsbewußte Verhalten Pachl/Schmidts zerstreut werden:

*Adler:* »Herr Schmidt, von wem krieg ich die Bestellung? Die schriftliche Bestellung?«

*Pachl / Schmidt:* »Da gibt's auch gar keine schriftliche Bestellung, verstehen Sie?«

*Adler:* »Ja.«

*Pachl / Schmidt:* »Passen Sie auf. Erstens, wir ham ja jetzt anstelle von acht nur sechs Arbeitskräfte. Das wären von der Summe 130 000 nur noch 95 000. Da sag ich ...«

*Adler:* »Mh ...«

*Pachl / Schmidt:* »... lassen wir drei gerade sein, sagen wir 110 ...«

*Adler:* »Mh ...«

*Pachl / Schmidt:* »... dadrin wären allerdings die Rückkehrprämie beziehungsweise der Rückkehranreiz.«

*Adler:* »Ja klar.«

*Pachl / Schmidt:* »Den ham wir ungefähr kalkuliert, pro Person um die 5000 Mark. Wir müssen davon ausgehen, daß das klappt und daß Sie das Geld auch an die Leute auszahlen, Herr Adler!«

*Adler:* »Aber selbstverständlich!«

*Pachl/Schmidt:* »Dann als Zweites müssen wir die Gewähr haben, daß es wirklich robuste Naturen sind.«

*Adler:* »Das sind die, ja.«

*Pachl/Schmidt:* »Also, wir haben ja kein Interesse, daß beim ersten Anflug von ein paar Milli-Rem die Leute umgepustet werden.«

*Adler:* »Nee nee, die können schon was vertragen und machen nicht so schnell schlapp.«

*Pachl/Schmidt:* »Und wenn Sie irgendwie 'ne Art von Kolonnenschieber brauchen, daß das auch ein Ausländer ist.«

*Adler* (fällt ins Wort): »Klar. Aber, Herr Schmidt, jetzt nochmal etwas. Das ist also im Auftrag des Kernkraftwerkes *Würgassen*?«

*Pachl/Schmidt:* »Ja.«

*Adler:* »Ne? Is das klar so?«

*Pachl/Schmidt:* »Das ist klar so. Das ham Sie völlig richtig verstanden. Wo sind Ihre Bedenken? Schauen Sie, Sie bitten mich, die Katze aus dem Sack zu lassen. Ich bin Ihnen hier sehr weit entgegengekommen.«

*Adler:* »Ja sicher.«

*Pachl/Schmidt:* »Ich weiß zum Beispiel nicht, wie weit Sie beispielsweise auch erzählen oder so. Umgekehrt möcht ich jetzt mal bitten, wenn Sie irgendwelche Bedenken haben, dann sagen Sie mir, woher die Bedenken kommen, dann können wir darüber reden. Aber dann müssen Sie ...«

*Adler* (fällt ins Wort): »Ja, ich hab Verständnis dafür, daß das unter äußerster Diskretion laufen muß undsoweiterundsofort, und daß man auch schon mal irgendwie inkognito das machen muß, da hab ich Verständnis für. Nur, wenn einer zu mir kommt und sagt, hier, ich bin ... und stellt sich vor: mein Name ist Schmidt, Kernkraftwerk Würgassen, und ich weiß, das ist nicht so ... wissen Sie, dann hab ich, wie gesagt, Bedenken: Auf was laß ich mich da ein? Laß ich mich tatsächlich mit der Energie AG ein oder mit wem laß ich

230

mich ein? Wissen 'se, ich möchte nicht irgendwie grobfahr-
lässig oder grobstraffällig handeln, ne.« (Adler hüstelt): »Ja
ich, Herr Schmidt, wenn ich so sagen darf, ich weiß es nicht,
ich möchte wissen, ist mein Partner wirklich die Energie
AG?«

*Pachl / Schmidt:* »... also ich überhör das mal mit der groben
Fahrlässigkeit ...«

*Adler:* »... Ja.«

*Pachl / Schmidt:* »... möglichen Straffälligkeit. Wenn von Ihrer Seite da irgendwas ist, müßten Sie mir das natürlich
sagen.«

*Adler:* »Nee, von meiner Seite ...«

*Pachl / Schmidt* (fällt ins Wort)*:* »Was da in Frage kommen
könnte.«

*Adler:* »Von meiner Seite überhaupt nicht, Sie kriegen von mir
die Leute.«

Ein Treffen wird ausgemacht. Adler schlägt den Busbahnhof
vor dem Hauptbahnhof vor.

*Pachl / Schmidt:* »14 Uhr. Dann regeln wir das auch mit den finanziellen wie mit den Übergabemodalitäten. O. k., Herr
Adler, machen wir's so?«

*Adler* (satt)*:* »Ja natürlich.«

Der Verdacht ist soweit ausgeräumt. Die Profitgier macht ihn
unvorsichtig.

Donnerstag, 8. 8., 12 Uhr

Adler hat sich von einem türkischen Aushilfschauffeur in seinem 280-SE-Mercedes nach Duisburg-Bruckhausen fahren lassen, um sein Todeskommando in Empfang zu nehmen.

Er läßt nicht direkt in der Dieselstraße parken, sondern in
der Hauptverkehrsstraße, der Kaiser-Wilhelm-Straße um die
Ecke, visavis der Thyssen-Kokerei. Sein Luxusgefährt in diesem Elendsviertel erregt Aufsehen. Hinter den Gardinen lugen
ängstlich türkische Frauen heraus, befürchten unter Umständen, daß wieder mal ein Hausabriß geplant wird oder Ruinen-
Häuser aus hygienischen Gründen zwangsgeräumt und an-

schließend zugemauert werden könnten. Türkische Kinder stehen in respektvollem Abstand um den Adler-Mercedes herum und begutachten ihn. Adler weiß sich nicht recht zu verhalten. Er raucht eine Zigarette nach der anderen und schaut sich ständig um. Die Rußwolken schleudern fast pausenlos aus den Thyssen-Schornsteinen, und ein leichter Wind drückt den Dreck direkt in das einen Steinwurf von der Hütte errichtete Wohnviertel. Man riecht den Dreck nicht nur, man schmeckt ihn, beißt auf Rußkörner, und manchmal brennen die Augen. Bei bestimmten Schwefelkombinationen – je nach Wetterlage und Tageszeit – würgt es einen in der Kehle. Es gibt überdurchschnittlich viele Asthmatiker und Bronchitiskranke in diesem Viertel. Die Kinder sind auffallend blaß. Ein kleiner schmächtiger Junge fällt mir auf – etwa fünf bis sechs Jahre –, dessen Gesicht ausgesprochen ernst wirkt, müde, abgekämpft und alt wie bei einem Erwachsenen.

Obwohl in der Duisburger Innenstadt die Sonne schien, ist hier ein graues, trübes Licht; die Sonne ist hinter den Fabrikwolken allenfalls zu ahnen, sie dringt nicht durch. Ich beobachte Adler von der anderen Straßenseite aus schon die ganze Zeit und spüre, wie unwohl er sich hier fühlt. Dieselstraße und Umgebung ist für ihn der Abschaum, die Vorhölle. Die eigentliche Hölle liegt für ihn innerhalb der vom Thyssen-Werkschutz bewachten Zäune und Mauern. Dort ist die Luft noch unerträglicher, und zusätzlich donnert der Arbeitslärm.

Zu uns in die Produktion hat sich Adler noch nie verirrt, das würde seine zarte Seele zu sehr belasten, und er bekäme am Ende noch Alpträume.

In seinem maßgeschneiderten Anzug wirkt Adler in dieser Umgebung total deplaziert und obszön fast und unwirklich wie die Saubermänner auf den Wahlplakaten, die man in diesem Viertel lange hängen läßt, da es sich hier nicht lohnt, für Konsumartikel groß zu werben, ausgenommen für Bier- und Zigarettenmarken.

Unser »letztes Aufgebot« besteht aus sechs türkischen Freunden, die ich eingeweiht habe, worum's geht. Zu meiner Verwunderung sind sie über Art, Zweck und Ziel des Auftrags und Adlers unverfrorene Gewissenlosigkeit weniger erstaunt als ich. Sie leben in dieser Realität bereits lange und haben einiges erlebt. Auch ihnen sage ich nicht, daß ich Deutscher bin, um keinen so großen Abstand zwischen uns entstehen zu lassen. Das könnte wiederum Adler spüren und ihn mißtrauisch machen.

Über eine Parallelstraße schleuse ich unsere Gruppe, ohne daß Adler uns sieht, in meine Wohnung in der Dieselstraße. Dann hole ich Adler ab. Ihm wäre lieber, wenn die »Leute«, so nennt er sie, zu ihm auf die Straße runterkämen, aber ich sage: »Nix gut, zu gefährlich, weil welche kei Papier.« Damit fädele ich den beabsichtigten Schluß der Geschichte bereits ein, aber hiervon erst später.

»Wenn's unbedingt sein muß«, sagt Adler und macht sich auf den Weg in die Dieselstraße 10. Im Treppenhaus riecht's stark nach Pisse. Die Klos liegen alle außerhalb der Wohnung im Treppenhaus. Ein Abflußrohr ist verstopft. Hastig stapft Adler mit mir die Treppe herauf, und im ersten Zwischengeschoß schließ ich die Tür auf und präsentiere ihm meine türkischen Freunde als einsatzbereit.

»Tag«, sagt er kurz, als er 'reinkommt, überfliegt die Gruppe und zählt sie ab: »Zwei, vier, sechs. Alles klar. So, paßt auf. Also – versteht ihr überhaupt alle deutsch.«

»Ja, die meiste könne«, lüge ich. (Damit erreiche ich, daß er sich die Mühe macht, eine kleine Ansprache zu halten, auf daß er um so durchschaubarer wird.)

»Wir sind ein Montageunternehmen in Oberhausen«, stellt er sich vor, »und haben den Auftrag, im Kernkraftwerk Würgassen Reparaturarbeiten durchzuführen. Das dauert zwei Tage, und wir brauchen fünf oder sechs Leute. Wir werden dafür gut bezahlt, und ihr sollt auch gut bezahlt werden. Also – wenn noch Fragen sind, fragt ruhig. Ich beantworte sofort alle Fragen.«

Er wirkt offen und sympathisch, und wer noch nie näher mit ihm zu tun hatte, kann erst mal von ihm eingenommen sein. Um ihn noch mehr kommen zu lassen, habe ich mit den türkischen Freunden vereinbart, daß sie auf türkisch Fragen stellen. Ich (Ali) – so gut wie ohne Türkisch-Kenntnisse – übersetze dann jeweils »frei«, das heißt, ich stelle an Adler die Fragen, die mir in dem Moment wichtig erscheinen. Es ist ihm bisher auch nie aufgefallen, daß ich (Ali) mich mit den türkischen Kollegen nie auf türkisch unterhalte und daß mein Deutsch so gar nicht das gewachsene Fremdsprachendeutsch eines Ausländers ist. Daß ich zum Teil ausgefallenere Begriffe verwende, einfach nur eine Endung weglasse, statt Prellung »Prell ...« sage oder »Begeg ...« anstatt Begegnung. Durch komplizierte Redewendungen gelingt es mir manchmal, ihm auch differenziertere Aussagen zu entlocken. Ihm fällt nichts auf, da »seine Ausländer« für ihn nichts weiter als Arbeitstiere sind. Solange sie für ihn geduldig malochen und funktionieren, ist er der letzte, der Ressentiments gegen Ausländer hätte. Im Gegenteil, er ist einer der wenigen, der sie wirklich zu schätzen weiß. Nur wenn sie es wagen, sich aufzulehnen, ihren längst überfälligen Lohn fordern, sind sie für ihn »Gesocks, Pack, Strauch- und Tagediebe«.

»Der türkische Kolleg' will wisse«, frag ich ihn, »wie wir dahin komm?«

Adler verkauft uns die Reise wie ein Werbeveranstalter eine kostenlose Kaffee- und Kuchenbusfahrt zu Ausflugszielen. »Alles ist frei«, sagt er, »um drei Uhr werdet ihr mit einem Bus abgeholt vom Duisburger Hauptbahnhof und mit einem Bus zwei Tage später auch wieder zurückgebracht. Die Unterkunft ist frei, Verpflegung ist frei, alles ist frei.« (Wieder fällt mir sein Lieblingskitschschlager ein mit dem Refrain: ›... *fern von zuhaus und vogelfrei, hundert Mann, und ich bin dabei.*‹)

»Hier de Kolleg is skeptisch«, geh' ich Adler an, »vielleicht ihm sag', warum 500 Mark – so viel Geld für so wenig Arbeit?«

Da holt Adler aus: »Ja, paß auf. Das ist folgendes. Ihr kennt Deutschland. Haben wir so verschiedene Kraftwerke. Ist auch ein Kernkraftwerk, wo wir jetzt arbeiten. Das liefert zur Zeit keinen Strom, sondern wird generalüberholt. Und dabei hat man festgestellt, da sind *irgendwelche* Dinge, die müssen repariert werden. Das muß also ganz ganz kurzfristig gemacht werden, weil die nächste Woche wieder Strom liefern müssen. Und es ist auch so, zum Beispiel, es darf nicht an die Zeitung heraus, daß das Kernkraftwerk so'n kleinen Defekt hat, nämlich sonst kommen sofort die GRÜNEN undsoweiterundsofort. Und dann legen die Kernkraftwerk still im Grunde genommen, ne.« Und mit unverhohlener Abscheu in der Stimme: »Dat sind so politische Gruppierungen in Deutschland ... Die Arbeiten, die müssen jetzt gemacht werden, damit das Kraftwerk nächste Woche wieder Strom liefern kann. Dafür bezahlen die auch *gutes Geld*, und ihr sollt eben *auch gutes Geld* dafür haben.«

»Herr Adler«, bohr ich (Ali) weiter nach, »der eine sag: von Deutsche immer betroge worde.«

Adler schluckt; um Zeit zu gewinnen, stellt er sich erstmal dumm: »Wie bitte?«

»Der hat sag, von Deutsche immer betroge worde.«

»Aber sind Sie betrogen worden von mir?« kontert Adler.

Es ist leider nicht der richtige Zeitpunkt, ihm seine Betrügereien vorzurechnen, daß er mir fast noch 2000 Mark schuldet, bei einigen Arbeiten einen um den Lohn prellte, teilweise die Lohnsteuer und Sozialabgaben in die eigene Tasche steckte ›undsoweiterundsofort‹!

»Daß Sie ihne vielleich noch mal selbs sag', was Sie de Türk geb«, überspiel ich die Peinlichkeit der Situation. Ein Stichwort, so echt nach seinem Geschmack. Adler setzt sich in Positur, läßt sich von seinem neuen Chauffeur Feuer reichen und kann sich so richtig als Wohltäter der Erniedrigten und Beleidigten, von ihm und seinesgleichen Ausgebeuteten, darstellen: Der Arbeit»geber« Adler kommt zur Selbstdarstellung, der es sich nimmt, egal wo er's sich auch immer nehmen kann, und vielen seiner Leute die Gesundheit und Existenzgrundlage dazu.

»Seitdem ich selbständig bin, arbeite ich mit türkischen Mitarbeitern zusammen. Und bisher haben mich die türkischen Mitarbeiter noch nie hängen lassen undsoweiterundsofort. Ich bin da immer gut mit zurandegekommen, im Gegensatz zu deutschen Mitarbeitern, und ich meine auch, ich will das auch weiter fortsetzen, daß ich mit türkischen Mitarbeitern weiterhin zusammenarbeite und ihnen Arbeit gebe.«

Er nennt's »zusammenarbeiten«, indem er kassiert und andere bis zum Umfallen und Verrecken für sich schuften läßt. Auch der Begriff »Mitarbeiter« ist so positiv »sozialpartnerschaftlich« besetzt, er soll wie Balsam klingen in den Ohren der Geschundenen und Ausgepreßten.

»Da sin welch, die soll ausgeweis werde in Türkei«, stoß ich ihn aufs Thema.

»Ja, das braucht nicht unbedingt«, sagt er großzügig. »Wir nehmen deshalb nämlich keine Deutschen dafür, das will ich euch ganz ehrlich sagen, weil die zu viel erzählen. Die gehen dahin und erzählen undsoweiterundsofort. Und das ist bei euch, das kenn ich bei den türkischen Mitarbeitern, die halten den Mund. Versteht ihr das? Darum nehm ich keine Deutschen. Die Deutschen kann man doch vergessen.«

»Der Ayth«, ich zeige auf einen der türkischen Kollegen, »wohnt in de Keller . . .«

Adler unterbricht mit einer Handbewegung: »Na ja. Gut. O. k. Macht nix. Ich weiß von nix.«

»Man kann doch mal helfe vielleich«, hak ich nach.

Und wieder pflegt er sein Image, wie die meisten Unternehmer der Nachkriegszeit: »Helfen, natürlich. Da bin ich gerne zu bereit gegenüber den Ärmsten. Ich bin selber von Haus aus Sozialdemokrat, das heißt SPD-Mitglied. Also ich bin für Arbeiter da. Wir wollen also zum Beispiel den Leuten helfen, die soll'n mal ein paar Mark verdienen jetzt, und wenn sie dann in die Türkei zurück müssen, habt ihr 500 Mark oder irgend etwas und . . . habt ihr noch ein paar Mark verdient, ne.«

Ich (Ali) zeige auf den türkischen Kollegen Sinan: »Er frag, ob nich gefährlich is die Arbeit.«

Wieder so ein Stichwort für Adler, seine Rede würde jedem Pressesprecher eines AKW alle Ehre machen: »Nein, das ist nicht gefährlich. Es ist ein großes Kernkraftwerk, und die Schutzvorrichtungen sind so extrem, wie's in Deutschland ist. Die deutschen Kernkraftwerke sind ja die sichersten Kernkraftwerke, die's überhaupt gibt. Da arbeiten ja Tausende von Leuten auf dem Gelände. Von Gefährlichkeit ist da überhaupt nix.«

Ich (Ali): »Is noch nie was passiert?«

Adler: »Da ist in Deutschland noch nie was am Kernkraftwerk passiert.«

Das mag sogar stimmen, was das Kernkraftwerk betrifft, obwohl ganz in der Nähe des AKW Würgassen ein Düsenjäger abstürzte. Wäre er auf das Werk gestürzt, hätte es wahrscheinlich eine Katastrophe unvorstellbaren Ausmaßes gegeben. Allerdings Menschen sind bei Unfällen in AKW's häufiger zu Schaden gekommen, und auch offiziell hat die bundesdeutsche Kernkraftindustrie bisher fünf Todesfälle zugegeben.

Für Adler ist die Arbeit jedenfalls »nicht gefährlich«. Auch schwer ist sie nicht, wie er versichert. Und als ich (Ali) wissen will: »Müsse se hoch klettern?« weicht er aus: »Ne, das ist also, ja, das ist also im Kraftwerk, weiß ich nicht, aber sind ja alles die Etagen, nicht wahr.«

Ich (Ali): »Er will noch wisse, was genau mache?«

Adler: »Das sind Reparaturarbeiten, Schlosserarbeiten, leichte Schlosserarbeiten, leichte Reparaturarbeiten. Die müssen allerdings gemacht werden. Darum fünf oder sechs Mann. Wir haben uns das ausgerechnet, das geht also nicht anders. Wir müssen fünf oder sechs Mann dabei haben, um das in zwei Tagen fertigzustellen. Da werden die Leute reingeschickt. Die Schutzvorkehrungen sind da. Also, in erster Linie gilt bei denen, das werdet ihr auch merken, der Mensch!«

Es muß ihm selbst so ungeheuerlich in den Ohren klingen, daß er's noch weiter ausführt und seine Verarsche und Menschenverheizung noch mehr kaschiert:

»Also, daß dem Menschen nichts passiert, der da arbeitet, klar! Die Schutzvorkehrungen sind also so extrem. Ein Kernkraftwerk, auch wenn es stillgelegt ist, strahlt natürlich etwas. Aber man wird euch sagen, wie weit man gehen darf, und da wird man sofort zurückgezogen. Daß also die Gesundheit des Menschen nicht gefährdet ist. Das werdet ihr auch selber merken. Ich meine, sonst, könnt ihr auch sagen, sonst legen wir die Arbeit nieder oder so was. Das werdet ihr selber merken. Nur, es ist so, wir legen also Wert darauf: Wir machen die Arbeit, wir bezahlen für die Arbeit, und dann wird vergessen. Es wird nicht darüber gesprochen, daß zum Beispiel ein Defekt war. Also, darauf legt das Kernkraftwerk großen Wert. Klar, da gilt: Schluß – Aus! Bis zum nächsten Mal. Kommt schon mal öfters vor, daß wir derartige Aufträge haben. Wir müssen ganz diskret sein und ganz den Mund halten und arbeiten. Schluß – Aus. Und dafür gibt's Geld! So, alles klar so. Wir fahren also heute mittag los, spätestens Samstagnachmittag ist der Job erledigt, werdet ihr in Duisburg am Hauptbahnhof wieder abgesetzt, geht nach Hause hin, und der Fall ist geritzt. Kriegt euer Geld, und wir reden nicht mehr darüber. Is das vernünftig?«

Betretenes Schweigen meiner türkischen Freunde. Irgendwo hört die Lust am Spielen auf.

Wie alle geschickten Betrüger ab einer bestimmten Gehaltsstufe beteuert Adler seine Seriosität zum wiederholten Mal: »Alle meine Leute, die ich beschäftigt habe, kriegen ihr Geld. Das ist also keine Frage, wenn wir das ausmachen. 250 Mark kommen morgen schon rüber, 250 Mark wenn Arbeit zu Ende, sofort Bar-Kasse. Der Ali, mein Fahrer, fährt mit, um euch zu betreuen. Haltet euch an den, der verbürgt sich auch, daß ihr euer Geld kriegt.«

Und nochmals betont er die Perfektion und Fürsorge der deutschen Atomindustrie: »Arbeitskleidung wird von dort gestellt. Arbeitsschuhe werden gestellt. Helme werden gestellt. Alles wird gestellt. Und wie gesagt nochmals: Nicht drüber reden. Vor allen Dingen nicht mit Zeitungsfritzen, sonst . . .!«

Mit großer Geste zieht er einen Fünfzigmarkschein aus der Brieftasche und überreicht ihn mir (Ali) mit den Worten: »So, ich geb dir jetzt die fünfzig Mark mit, damit die Jungs noch was essen können. Die müssen ja wat im Magen haben, ein Häppken, damit sie uns nicht gleich zusammenklappen, wenn sie mit der Arbeit anfangen. Ist das klar?« Und beim Hinausgehen (väterlich, gönnerhaft): »So, dann macht's gut, Jungs. Bis drei Uhr. Kann ich mich drauf verlassen! Alles klar?«

Fünfzig Mark geteilt durch sieben. Macht für jeden eine Henkersmahlzeit im Wert von 7,14 DM.

Mir fällt wieder seine Lieblingsschnulze auf seiner ständig einliegenden Kassette im Autoradio ein. Vom »Befehl« und vom »Weg, den keiner will ...«, ist da die Rede und: »Tagein, tagaus, wer weiß wohin. Verbranntes Land und was ist der Sinn?« Und immer wieder der Refrain: Vielleicht ist es auch nur wegen dieser namentlichen Anspielung sein Lieblingslied, und er hört über das Pathos hinweg und nimmt's rein zynisch: »... vogelfrei und ich bin dabei.«

14 Uhr, Treffen Adler mit Sonderbeauftragten Schmidt und dessen Assistent Hansen im Bahnhofsrestaurant Duisburg.

Es werden noch mal alle Einzelheiten im Klartext und unmißverständlich besprochen, damit sich Adler später nicht auf Verständigungsschwierigkeiten oder Inkompetenz herausreden kann.

*Herzog/Hansen:* »Herr Adler, wir haben heute morgen neue Meßwerte gekriegt. Sie übertreffen noch unsere schlimmsten Befürchtungen. Das wird 'ne schwierige, ganz heikle Aktion. Da ist die Strahlung im Rohr, wo die rein müssen ...« (schaut absichernd zu den Nebentischen, flüstert): »die Strahlung ist vergleichbar mit der dreißigfachen Jahreshöchstdosis, die Ihre Leute dann auf einen Knall abbekommen. Das kann böse ausgehen.«

*Adler:* »Und was passiert denn zum Beispiel, wenn das nicht gemacht wird?«

*Herzog/Hansen:* »Dann können wir nicht ans Netz gehen. Un-

Adlers AKW-Truppe

möglich! Das zerreißt uns dann die Rohre. Millionen und Milliarden Mark Produktionsausfall.«

*Adler:* »Ja, da hilft ja nix. Da müssen die rein und das regeln.« Und zur eigenen Beruhigung: »Ich weiß ja offiziell von nichts. Sie fordern Leute von mir ab, ich liefere, und die kommen dann in den Bus rein. Und Sie befördern die nach Würgassen hin. Dann ist für mich der Fall im Grunde genommen gegessen. Schluß – Aus. Strafbar mach ich mich ja nicht. Ich kann Ihnen versichern, daß die Leute nicht allzuviel Fragen stellen, die wissen ja nicht mal, wo Würgassen ist . . .«

Das einzige, was ihn interessiert, ist »money«, »black«, »cash« und »steuerfrei«.

*Adler:* »Was mich interessiert, wie krieg ich mein Geld? Läuft das bei der Energie AG durch die Bücher?«

*Pachl/Schmidt:* »Das läuft nicht direkt über die offiziellen Schienen, sonst würden wir auch nicht in dieser diskreten Weise . . .«

240

*Adler:* »So'n Deal zu machen, das führt natürlich auch zu einigen Gedankengängen bei mir. Ich helf Ihnen dabei, das Ding, sagen wir mal, aus der Scheiße zu ziehen. Da könnten Sie mir auch entgegenkommen, die gesamte Summe ›black‹.«

*Pachl/Schmidt:* »Das ist 'ne Sonderklasse. Das taucht überhaupt nicht auf.«

*Adler* (gierig): »Hör'n Sie, wie zahlen Sie denn den Rest? Scheck oder bar?«

*Pachl/Schmidt* (bleibt hart): »Erste Hälfte cash. Zweite Hälfte Verrechnungsscheck.«

*Adler:* »Und der Scheck wäre von Energie AG?«

*Pachl/Schmidt:* »Das läuft nicht so direkt. Der Scheck ist von einer neutralen Quelle.«

*Adler:* »Nicht, daß da nachher das Finanzamt von Wind bekommt!«

*Herzog/Hansen:* »Hatten Sie denn schon mal Schwierigkeiten mit Behörden?«

*Adler:* »Nö, wissen Sie, wenn Sie da Ihren Verpflichtungen nachkommen. Ich krieg auch immer meine Unbedenklichkeitsbescheinigungen von der AOK und vom Finanzamt, und das Arbeitsamt weist mir offiziell sogar Leute zu. (Lacht) Die woll'n ja nur Mäuse sehen. Wenn Sie einigermaßen pünktlich zahlen, dann lassen die Sie auch in Ruhe.«

*Herzog/Hansen:* »Wie regeln Sie das, wenn Leute von Ihnen einen Arbeitsunfall hatten? Können Sie damit umgehen? Verstehen Sie, wir wollen nicht, daß die nachher dann zum Arzt gehen und so.«

*Adler:* »Das wird geregelt. Mein Kunde wird damit nicht belästigt. Das taucht in der Unfallstatistik gar nicht auf. Wir hatten da jetzt so'n Arbeitsunfall bei der Ruhrchemie. Da hatte der Kunde gar nichts mit zu tun. Was kann denn im Extremfall passieren? Daß die sofort umfallen?«

*Herzog/Hansen:* »Dann wird's schwierig, wenn da einer drin umkippt. Der ist ja dann ungefähr zehn Meter da drin.«

*Adler* (unbekümmert): »Kann man den nicht mit einem Seil oder so wieder rausziehen?«

*Herzog/Hansen:* »Müßten wir versuchen, aber ist verdammt schwierig. Das Rohr hat eine starke Krümmung. Wir müssen sehen, daß wir da nicht so Brecher nehmen, die so'n Riesenkreuz haben.«

*Adler* (beruhigt ihn): »Ne, haben die alle nicht. Das sind doch arme Schweine, die nicht mal satt zu essen haben. Die haben doch nichts auf den Rippen.«

*Herzog/Hansen:* »Wir hoffen, daß sie uns nicht gleich umkippen. Rein strahlentechnisch sind unsere Erfahrungswerte so: Falls es zu starken Kontaminationen kommt oder Inkooperationen, dann werden die Leute in vier Wochen frühestens – aber dann müssen sie weg sein! – akute Strahlenschäden haben. Das ist dann Haarausfall, Impotenz, Erbrechen, Durchfall, totale Schlappheit undsoweiter. Was Langzeitschäden angeht: darüber haben wir sowieso keine Kontrolle, und wenn ein Krebs Jahre später ausbricht, dann ist dieser Einsatz längst vergessen.«

*Adler:* »Ich meine, ich werde da nicht kopfscheu bei. Ich werd' da doch nicht kopfscheu bei. Ich geh da ganz cool ran. Job ist Job, und ich habe Verständnis dafür, daß in Kernkraftwerken einiges läuft, was nicht unbedingt an die Öffentlichkeit darf, klar. Das ist mein Job, und jeder andere macht seinen Job.«

*Herzog/Hansen:* »Na, unter uns gesagt: Würgassen ist ein Schrotthaufen.«

*Adler:* »Ja, ich weiß, wegen des Alters schon. – Sind Sie eigentlich der Herr Hansen, mit dem ich's vor Jahren mal zu tun hatte?«

*Herzog/Hansen* (orakelhaft): »Also, glauben Sie nicht, daß ich der bin, den Sie vor sich haben!«

Ich (Ali) trete an ihren Tisch.

*Adler:* »Ah, da ist er. Das ist der Herr Ali, der die Truppe zusammenhält, betreut und auf alles aufpaßt.«

Zu mir: »Ist das klar? Was die Herren sagen, ist die Anweisung.«

Und: »Sind die Jungs o. k.?«

*Ich (Ali):* »Die frage immer, die wolle alles wisse, die Kollege sind wie die Kinder manchmal. Immer frag, immer frag. Da sind welche, die meine, sie müsse wie mit de Drache kämpfe ... so gefährlich wär.«

*Alder:* »Ach was, Kernkraftwerke sind sicher, die sichersten der Welt. Hab ich ja denen heute morgen auch schon gesagt. Schutzvorrichtungen, alles ist ja da.«

»Alles klar«, sage ich. Adler schickt mich zur »Truppe«, die schon die ganze Zeit auf dem Bahnhofsvorplatz wartet.

Als ich raus bin, sagt Adler zu den AKW-Beauftragten: »Der weiß natürlich nicht, worum es geht. Der ist deren Vertrauensperson. Wenn der sagt, das läuft, dann läuft das. Der paßt auf, daß das kein Hühnerhaufen wird, daß die auch richtig arbeiten. Die sind ja wie die Kinder. Wenn die fragen, wollen sie auch 'ne ruhige Antwort haben.«

Herzog / Hansen will wissen, ob »Ali« auch »ein zuverlässiger Mann« sei, und gibt Adler Gelegenheit, sich wieder mal als Wohltäter aufzuspielen und das Blaue von Duisburgs Himmel herunterzulügen:

»Die arme Sau, wissen Sie, den hab' ich, na, vor anderthalb Jahren geholt. Wissen Sie, was der gemacht hat, um seinen Lebensunterhalt zu verdienen?«

*Pachl / Schmidt:* »Ne.«

*Adler:* »Als menschliches Versuchskaninchen für irgendsolche Ärzte. Haben die dem Spritzen gegeben.«

*Herzog / Hansen:* »In der Türkei?«

*Adler:* »Hier! In Deutschland. Daß es so was gibt, also das kann ich überhaupt nicht begreifen. Daß sie's mit Tieren machen, ist schon schlimm genug.«

*Herzog / Hansen:* »Das hat der gemacht?«

*Adler:* »Hat er gemacht! Kam der zu uns, torkelte so durch die Gegend, das fiel mir so auf. Da bin ich mal der Sache nachgegangen und hab' den gefragt, was ist denn los? Da sagt der: Ich hab' wieder Spritze gekriegt von Doktor, da krieg ich achthundert Mark pro Woche dafür! Ich sag: Jetzt hört's aber auf! Das ist 'ne Sauerei! Jung, jetzt ist Schluß! Das ist so'n guter Kerl.«

*Herzog / Hansen* will wissen: »Wie haben Sie denn die Leute jetzt genau eingewiesen?«

*Adler* erstattet korrekt Vollzugsmeldung: »Daß sie ins Kernkraftwerk gehen, daß sie dringende Arbeiten machen müssen, die so wichtig sind, daß das Kernkraftwerk wieder ans Netz gehen kann, daß das ruhig über die Bühne gehen soll, daß da nicht irgendwie Presse undsoweiterundsofort, daß da kein Aufhebens von gemacht werden soll. Ich hab' gesagt: die Vorkehrungen sind da, deutsche Kernkraftwerke sind die sichersten Kernkraftwerke, die es überhaupt gibt. Ist klar! Ihr kriegt ja Schutzanzüge, ihr kriegt alles, ihr werdet gesichert sein.«

*Pachl / Schmidt:* »Bedingung ist: innerhalb der nächsten vierzehn Tage haben die zu verschwinden . . .«

*Adler:* »Innerhalb der nächsten vierzehn Tage sind die weg.«

*Pachl / Schmidt:* »Vom Winde verweht!«

*Adler:* »Das läuft! Vor allen Dingen, ich hab' keine große Verwaltung oder so was, bei mir weiß keiner, wenn was läuft. Ich bin der einzige, der was weiß, und das ist auch richtig so! Wenn ich da erst noch zehn Mann unterrichten müßte – das könnt' ich vergessen. Also, Sie können sich auf mich verlassen. Wir machen alles mit!«

»Wir machen alles mit«, ist der Leitsatz der Adlers und der meisten anderen Partner und Menschenzulieferer der Konzerne in Industrie und Bauwirtschaft.

»Wir machen alles«[1], ist die Parole des Kapitalismus, wobei

---

1 »Wir machen alles«, lautete der Werbespruch des Krupp-Konzerns. Nach dem Motto: »Mein Ziel ist, dem Staat viele treue Untertanen zu erziehen und

hinzuzufügen wäre: »Alles, was Profit bringt.« Und wenn bisher, von Versuchen im Dritten Reich abgesehen (Restverwertung ermordeter KZ-Häftlinge, Wert: 11,50 RM an Fetten und Knochen für Leim pro Leichnam), keine Menschen zu Seife geschmolzen werden, geschieht das nicht aus Gründen der Humanität, sondern es ist nur so, daß es sich nicht lohnt, aus Leuten Seife zu machen.

Adler verläßt zusammen mit Schmidt und Hansen die Bahnhofsgaststätte, um die »Truppe« in den zu erwartenden Bus zu verladen.

Das Problem bestand darin, daß wir den Test nicht so weit treiben konnten, einen Bus zu organisieren und in Würgassen vorzufahren. Am nächsten Tag würde Adler dort, wie angekündigt, erscheinen, um die Hälfte seines »Lohns« gleich »cash«/ »black« zu kassieren. Eine Zeitlang erwäge ich, ihn schockartig und sinnlich erfahr- und erfaßbar mit dem zu konfrontieren, was er annimmt, angerichtet zu haben. Auch Eichmann hat die Leichenberge ja nie zu Gesicht bekommen, er hat »nur« die Transporte der noch Lebenden in die Massenvernichtungslager zu organisieren gehabt. Ich hatte vor, einige der »strahlengeschädigten« türkischen Freunde abends in einem Zimmerchen des Hotels »Zur Kurve« in Würgassen Adler zu präsentieren. Vom Maskenbildner präpariert: sich ablösende »Hautfetzen«

der Fabrik Arbeiter eigener Façon.« Und die Untertanen funktionierten dann so gut, daß sie sich 1914 in einen Krieg hetzen und von britischen Granaten zerfetzen ließen, auf denen die Buchstaben KPZ (Krupp-Patent-Zeitzünder) eingeprägt waren. So konnte sich Krupp an dem Krieg doppelt bereichern. An gefallenen englischen und toten deutschen Soldaten. Für jeden gefallenen deutschen Soldaten kassierte Krupp 60 Mark an Lizenzgebühren vom britischen Waffenkonzern Vickers. Als Deutschland den Krieg verloren hatte, war Krupp 400 Millionen Goldmark reicher, um dann vor 1933 rechtzeitig 4 738 440 Mark in den neuen Kriegsvorbereiter Hitler zu investieren. Wo es Profite herauszuschlagen galt, da schlug sie Krupp heraus, im kleinen wie im großen, aus gefallenen Soldaten und aus gerade noch so eben am Leben erhaltenen zigtausend Zwangsarbeitern, die zum Teil auf Werksgelände in Hundehütten – schlimmer als Sklaven – untergebracht waren. »Slaven sind Sklaven« stand auf Schildern an den Außenmauern der Krupp-Werkstätten.

im Gesicht, büschelweise ausfallende Haare und total apathisch im Bett und auf dem Fußboden liegend.

Es ist auch so deutlich genug. Was fehlt, ist lediglich ein Schluß, der Adler nicht mißtrauisch macht, daß hier etwas inszeniert wurde, und ihn am Ende zur Flucht ins Ausland veranlaßt – unter Verwischung von Spuren und Vernichtung belastender Dokumente.

Das beste ist, es löst sich wie ein Spuk vor seinen Augen wieder auf. Wie der Flaschenteufel, der, entfesselt, sich wieder klein macht, in die Flasche zurückkehrt und – Korken drauf!

Als Adler, Hansen, Schmidt und ich (Ali) auf ihre »Truppe« zugehen, auf daß sie verladen und verheizt werde, schieben sich plötzlich mit gezückten Ausweisen »Polizeibeamte in Zivil« dazwischen. Ausweiskontrolle. Zwei der Türken suchen fluchtartig das Weite, die anderen werden erst einmal »abgeführt«. Es ist alles stark verlangsamt wie in einer ersten improvisierten Theaterprobe. Auf Adler muß es zeitlupenhaft überdeutlich wie in einem Alptraum wirken.

Es gab noch eine beinahe folgenschwere Panne. Einer der beiden Freunde, die ursprünglich die Zivilstreife spielen sollten (vorsorglich mit Handschellen und Spielzeugrevolvern ausgestattet), ein Oberstudiendirektor und ein protestantischer Pfarrer, verwechselt Adler mit dem versteckt operierenden Fotografen Günter Zint, geht auf ihn zu und begrüßt ihn. Pachl/Schmidt reagiert sofort und macht das beste daraus. Er stellt vor: »Das sind unsere Sicherheitskräfte vom AKW, für diesen Sondereinsatz abkommandiert, die sichern vorsichtshalber den Platz ab.« Adler lobt: »Wirklich gut organisiert.« Nur, wie jetzt zum Ende kommen? Ich bespreche mit den türkischen Freunden, ob sie sich echte Polizisten als Greiftruppe leisten können. Einige haben die Papiere nicht dabei, aber das würde alles nur um so realitätsnäher machen, wenn sie erst einmal auf die Wache abgeführt würden.

Einer von uns ruft die Polizei an, unter genauer Ortsbeschreibung, wo Menschenhandel mit illegal eingereisten Türken stattfindet. Bereits fünf Minuten später fahren zwei Zivilstreifen mit sechs Beamten vor, springen aus ihren Fahrzeugen und gehen auf die Gruppe der türkischen Freunde zu. Dann sehen sie den Fotografen Günter Zint, der fünfzehn Meter weiter postiert ist und mit Tele voll auf sie drauf hält. Sie beziehen's folgerichtig auf sich und vermuten – wie ich später von der Duisburger Kripo inoffiziell erfahre –, eine Zeitschrift wolle ihnen eine Falle stellen, um zu belegen, wie leichtfertig und mit welchen Methoden Ausländer auf bloße Denunziation hin verhaftet werden können. – Sie gehen zu ihren Fahrzeugen zurück und machen sich aus dem Staub.

Jetzt sind wir so schlau wie vorher. Die Zeit eilt.

Adler wird unruhig, da der »AKW-Bus« immer noch nicht vorfährt. Gesine, die Freundin von Sinan aus unserer Truppe, hat die rettende Idee. Aus einer Studentenkneipe in Bahnhofsnähe holt sie zwei Gäste, die in der Schnelle natürlich nicht in Einzelheiten eingeweiht werden können. Wir sagen ihnen nur, daß die simulierte Verhaftungsaktion dazu dient, einen großen Fisch aus der Menschenhändlerzunft zu entlarven. Sie sind bereit. Der eine ist, wie sich später herausstellt, Stadtrat der Grünen.

Entsprechend antiautoritär und liebenswürdig »verhaften« sie unsere türkischen Freunde. Das Gegenteil von realistischer Brutalität. Sie nehmen unsere Freunde regelrecht in den Arm, als sie sie »abführen«. Jedoch Adler schluckt's, wie gesagt.


Ayth, der sich wehrt, wird der Arm auf den Rücken gedreht, ich (Ali) lauf hinterher, und Adler, der immer noch nicht wahrhaben will, wie da vor seinen Augen das Geschäft zerrinnt, stellt mich (Ali) – außer Atem zurück – ängstlich zur Rede: »Was geht da vor?«

»Polizei«, sag ich nur, »verhaftet, weil kein Papier.« Das war das Zauberwort. Mit leicht eingezogenem Kopf und auffallend schnellen Schritten, nach allen Seiten witternd, macht Adler eine deutliche Fluchtbewegung in Richtung seines vor einer Bushaltestelle parkenden Mercedes, wobei er den Laufschritt gerade noch vermeidet, wohl, um nicht aufzufallen, und weil er's seiner Seriösität schuldig ist.

Seine Geschäftspartner läßt er einfach auf der Straße stehen. Pachl/Schmidt läuft ihm noch nach und verlangt eine Erklärung: »Was ist da los, warum gehen die alle laufen? Wie kann das passieren? Sie haben doch gesagt, das ist zuverlässig.« Adler, ohne seine Flucht zu unterbrechen, kurzatmig im Weiterhasten: »Sicher, alles zuverlässig. Rufen Sie mich gleich im Auto an«, und während er in den Wagen springt, der sich gleich in Bewegung setzt, ruft ihm Pachl/Schmidt noch nach: »Herr Adler, wir brauchen Sie als Partner ...«

**Epilog**
**oder die Banalisierung des Verbrechens**

Damit alles seine Ordnung hat, ruft Pachl/Schmidt gegen Abend Adler nochmals an. Adler am Telefon (leicht verlegen, versucht runterzuspielen): »Ja, Herr Schmidt, das war ja'n Ding heute mittag.«

*Pachl/Schmidt* (stark vorwurfsvoll): »Ja, was war denn das bei Ihnen, Herr Adler?«

*Adler:* »Ja, ich weiß es auch nicht. Die war'n nicht ganz sauber, die Jungs. Ich kann denen ja auch nur vor'n Kopf gucken.«

*Pachl/Schmidt:* »Ich weiß nicht, wie Sie sich die Lösung vorstellen?«

*Adler:* »Ja, passen Sie auf, ich hab' das jetzt soweit organisiert, ich liefere Ihnen neue Leute.«

*Pachl/Schmidt:* »Nein, so geht das überhaupt nicht mehr, Herr Adler. Sie brauchen jetzt für die Sache überhaupt nicht mehr zu organisieren, weil wir das jetzt selbst organisiert haben. Die Sache mußte doch, das hatten wir Ihnen ja gesagt, bis morgen 18 Uhr vorbei sein. Wir hatten Sie für'n Profi gehalten, Herr Adler.«

248

*Adler* (in der Defensive): »Da sind also zwei Mann drunter gewesen von den Sechsen . . .«

*Pachl / Schmidt* (fällt ihm ins Wort): »Zwei Mann, zwei Mann, wissen Sie, was das für'n Prozentsatz ist, zwei Mann von sechs?«

*Adler:* »Ja.«

*Pachl / Schmidt:* »Können Sie sich selbst ausrechnen, Herr Adler, das ist ein Drittel, Herr Adler, ein Drittel, 33,3 % sind das, versteh'n Sie?«

*Adler:* »Ja, wat machen wer jetzt?«

*Pachl / Schmidt:* »Ja, was machen wir jetzt, Herr Adler. Wir hatten die beiden Leute, die das abgesichert haben. Von uns aus lief alles am Schnürchen, wir haben den Bus gehabt – und Sie fahren weg. Sie sind noch nicht mal in der Lage, ein klärendes Gespräch zu führen. Wie's weiter geht? Wir müssen jetzt alles umorganisieren – ohne Sie. Auf Wiederhören!« (Knallt den Telefonhörer auf die Gabel.)

Eine halbe Stunde später melde ich (Ali) mich bei Adler.

Adler geht bei mir (Ali) gleich in die Offensive: »Was hast du mir denn da für Leute angeschleppt? Das war ja die reinste Unterwelt!«

*Ich (Ali):* Ich hab Ihne aber sagt, die zwei aus de Keller ha'm kei Papier. Die Polizei hat se mitgenomm.«

*Alder* (amüsiert, lacht): »Ja, das hab ich gesehen.«

*Ich (Ali):* »Die ander wolle Geld. Sind ja nich schuld. Habe ander Arbeit lasse und jetzt nix.«

*Alder* (verächtlich): »Jetzt werden die auch noch unverschämt. Sag ihnen, die Sache ist gestorben. Gibt nix.«

*Ich (Ali):* »Aber Sie sage doch, Sie wolle ihne helfe!«

*Adler:* »Ja, aber dafür müssen sie erst einmal arbeiten.«

*Ich (Ali):* »Polizei war in de Dieselstraß und wollt alles wisse. Ich nix da. Jetzt soll ich komme und aussage . . .«

*Alder* (unterbricht mich): »Ja, Sie sagen natürlich nicht meinen Namen! Ich will, ich kann da nichts mit zu tun haben, klar!«

*Ich (Ali)* (unschuldig): »Was soll ich ihne sage?«

*Adler:* »Ja, Sie sagen zum Beispiel, da wär ein Herr Müller oder wer gewesen, der hätte Arbeit versprochen, und da hätten Sie die Jungs angesprochen. Da ...«

*Ich (Ali):* »Wenn'se wisse wolle, wie der aussah?«

Pause

*Adler:* »Ja, gar nichts sagen – wissen Sie nicht!«

*Ich (Ali):* »Nichts wisse?«

*Adler:* »Und Sie verstehen nichts. Sagen am besten, Sie verstehen kein Deutsch.«

*Ich (Ali):* »Ja. Könne wer nich noch was tun für die Kolleg?«

*Adler:* »Für die Jungs nicht, für Sie aber wohl. Machen wir später. Mein Auftraggeber hat vielleicht dumm aus der Wäsche geguckt. Die waren vielleicht sauer. So'ne Scheiße! – Also, wenn jemand kommt, sagste, ein Herr Müller oder was aus Duisburg ... wo der wohnt, weißte nicht, wo der sitzt, weißte auch nicht. Und du hättest das organisiert und die sollten ein bißchen arbeiten.«

*Ich (Ali):* »Soll ich nich sage mit Atom?«

*Adler:* »O nein nein nein nein nein, um Gottes willen!« (und lachend): »Wen haben sie denn jetzt gekriegt?«

*Ich (Ali):* »Zwei aus de Keller. Die müsse jetzt raus in Türkei.«

*Adler* (satt, fröhlich, gleichzeitig beruhigt): »Werden in die Türkei geschickt, arme Kerle! Scheiße, so was! Aber daß da am Hauptbahnhof so viele Polizisten rumlaufen, das konnte ich ja nicht ahnen!«

*Ich (Ali):* »Aber Sie extra haben sagt, Hauptbahnhof treffe.«

*Adler* (vorwurfsvoll): »Hättest du mir vorher was sagen sollen, hätten wir's eben woanders gemacht.«

*Der nächste Tag, Freitag, der 9. 8.*

Adler läßt sich von Alis »Bruder« Abdullah, seinem neuen Chauffeur, um 10 Uhr abholen. Er fährt im weiteren Umkreis die Banken ab, registriert gutgelaunt die Kontoeingänge, holt seinen Beuteanteil bei der Firma Remmert ab und plaudert während der Fahrt mit seinem neuen Fahrer Abdullah über seine momentanen Sorgen.

*Adler:* »Das sind vielleicht saulange Lieferfristen, mußte ein Jahr vorher bestellen, um das neue Modell auch rechtzeitig geliefert zu bekommen.«

Wachstum um jeden Preis, heißt immer noch die Devise im Kapitalismus, wenn auch nicht mehr wild expandierend und explodierend. ›Wenn's nicht vorwärts geht, dann geht's zurück‹, ist die Urangst aller Feldherrn, Eroberer und Kapitalisten bis in unsere Zeit hinein. Adler ist der konjunkturellen Lage entsprechend bescheiden: »Ich steige vom 280 SE auf den 300er SE der neuen Serie um. Im Herbst wird das sein. Dann ist der jetzt schon anderthalb Jahre alt.« (Der jetzige hat mit allem Schnick-Schnack und Drum und Dran an die 100 000 DM gekostet, der neue wird weit drüber liegen.)

*Abdullah* (stößt Adler aufs Thema): »Die zwei sitzen jetzt im Gefängnis.«

*Adler:* »Die werden wahrscheinlich abgeschoben. Tut mir richtig leid für die Jungs. Aber auf der anderen Seite will ich Ihnen mal was sagen. Wahrscheinlich ist es sogar besser für die Jungs. Was haben die denn hier in Deutschland? Können sich nicht frei bewegen, oder nicht?«

*Abdullah:* »Stimmt eigentlich. Also in der Türkei ist schönes Wetter . . .«

*Adler:* »Ja, was wollen die dann hier? Hier wohnen sie im Keller. Immer Angst vor der Polizei. Haben keine Arbeit, kein Unterhalt, nix haben sie.«

*Abdullah:* »Arbeit auch nicht.«

*Adler:* »Was hält die denn noch hier?«

*Abdullah:* »Ali ist natürlich jetzt ein bißchen traurig.«

*Adler:* »Naja. Ist halt in die Hose gegangen. Wir hätten uns nicht am Bahnhof treffen sollen. Wir hätten uns woanders treffen sollen. – Verdammte Scheiße! Am Hauptbahnhof laufen ja immer die Polizisten rum.«

*Abdullah:* »Das ist der einzige Punkt.«

*Adler:* »Ja ja.«

*Abdullah:* »Meinen Sie, daß Sie von da noch mal dann Auftrag kriegen?«

*Adler:* »Von denen immer. Bin ich schon lange drin in Würgassen, geht jahrein, jahraus so weiter ...«

*Abdullah:* »Die bezahlen sicher auch unheimlich gut?«

*Adler:* »Ja, von denen kriegen wir immer Aufträge. Haben wir gar keine Probleme mit. Jetzt im Moment ist der stinksauer. Das Schlimme dabei ist ja bei meinem Kunden, das ist ja ein ganz seriöser Laden. Nur manchmal ist bei denen ein Einsatz nicht so ganz astrein. Die hatten auch Angst, weil zum Beispiel, wenn das rausgekommen wär durch die Zeitung und-soweiterundsofort, daß das Kraftwerk defekt war ...«

*Abdullah:* »Die hatten noch mehr Angst.«

*Adler:* »Die hatten noch mehr Angst.«

Beide lachen.

*Adler:* »Die gingen sofort flitzen da, haha. Die hatten noch mehr Schiß in der Hose. Normalerweise kommt man in das Atomkraftwerk nur rein, wenn man einen gültigen Strahlenpaß hat. Das schreibt der deutsche Staat so vor. Die Direktion vom Atomkraftwerk sagt: Scheiß was drauf. Die Leute kommen so rein, ohne Strahlenpaß. Ist schon mal ein Vergehen! Da muß man aufpassen. Die verletzen Gesetze in Deutschland und drum hatten die auch Angst vor der Polizei.« (Lacht)

*Abdullah:* »Aber dafür zahlen die natürlich gutes Geld, nicht?«

*Adler:* »Dafür zahlen die gutes Geld. Daß sie verletzen Gesetze, wir gehen halb ran an die Gesetze, verstehst du? Dafür wird dann gezahlt. Das ist eine Sache dann. Wenn der deutsche Staat das wüßte, was die da machen, auch jetzt, was sie jetzt machen, dann sind die dran!

Verdammte Scheiße. Jeder Tag voll neuer Überraschungen, glauben Sie das?« (Lacht)

*Abdullah:* »Als die die Kollegen abgeschleppt haben, hab ich vielleicht Angst bekommen.«

*Adler:* »Da hatte doch einer von den Polizisten zwei Mann gleichzeitig im Arm, so, nicht, (Deutet es an.) Vielleicht wär ich da auch noch mitgenommen worden. Die hätten erst mal dumme Fragen gestellt, und das kann ich mir nicht erlauben in meiner Position. Mit Polizei undsoweiter will ich nichts zu tun haben.«

*Abdullah:* »Bei uns in Türkei zum Beispiel gibt es nicht solche Gesetze.«

*Adler:* »Ich weiß. Da ist das viel freier. Aber hier ist es doch so, für jeden Scheiß machen die hier ja ein Gesetz. Ohne daß man sich versieht, hat man schon wieder ein Gesetz verletzt. Mann, hier in Deutschland, das kann man echt vergessen. Und da sind die scharf hinter her, das wird hier so scharf geahndet. Wenn das rausgekommen wär, der Generaldirektor von dem Kraftwerk, der wär mindestens für ein Jahr ins Gefängnis gegangen. Ist schlimm. Darum muß man da auch sehen, daß man da nicht reinkommt. Daß man da sauber bleibt ...

Mir könnte sowieso nichts passieren. Wären Gesetze verletzt, wären die vom Kraftwerk das gewesen. Die hätten die Gesetze verletzt.

Die haben zu mir gesagt: Wir brauchen sechs Mann für dringende Reparaturarbeiten. Hab ich gesagt: O. k., könnt ihr haben. Was ihr mit den sechs Mann macht, das weiß ich ja nicht. Wenn ihr die so reinlaßt, ohne Paß oder irgend etwas, ist ja deren Sache, oder nicht?«

*Abdullah:* »Versteh ich nichts von.«

*Adler:* »Laß man. Sind wir wieder um eine Erfahrung reicher. Nächstes Mal treffen wir uns auf jeden Fall nicht mehr aufm Hauptbahnhof. Ja, das ist doch wohl klar – Scheiße!«


Dieser Fall wurde als Klein-GAU durchgespielt. Vielleicht laufen in der Wirklichkeit bereits ähnliche oder schlimmere Aufträge in entsprechend größeren Dimensionen ab. Wenn die vorliegende Inszenierung dazu beiträgt, die Wachsamkeit und

Kontrolle der Öffentlichkeit und einzelner Medien diesen Geheimwelten gegenüber zu verstärken und zu sensibilisieren, hat es den Aufwand gelohnt. Es ging hier nicht um Adler. Er ist in seiner kriminellen Energie und Phantasie eher mittlerer Durchschnitt. Nichts wäre falscher, als ihn zu dämonisieren. Er ist einer von zigtausenden Erfüllungsgehilfen und Nutznießern des Systems der grenzenlosen Ausbeutung und Menschenverachtung.

# Nachtrag

der Zufall so spielt:

Wie ~~es das Schicksal so will:~~ Wenige Tage vor Erscheinen von »Ganz unten« ruft Adler/Vogel unter einer Duisburger Telefon-Nummer an, um Ali-Levent dringend zu sprechen. Er läßt ausrichten, er habe einen »Sonderauftrag« für ihn. – Zuerst befürchte ich, es handele sich um eine Falle; Adler/Vogel sei gewarnt und wolle mir nun einen Denkzettel verpassen. Ich begebe mich noch einmal in die Ali-Verkleidung, präpariere meine Arbeitstasche mit Video-Kamera und Recorder und nehme als Zeugen meinen »Bruder« Abdullah mit. – Sehr schnell merke ich, Adler/Vogel fühlt sich nach wie vor sicher, er hat nichts gemerkt.

Wie in einem Lehrstück, damit's auch der Letzte begreift, bringt Adler/Vogel in Kurzform noch mal alles zur Sprache und auf den Punkt, was in dem Kapitel »Die Falle« komplizierter und langwieriger unter Beweis gestellt wurde.

Der folgende Dialog ist authentisch und wortwörtlich dem Video-Band entnommen. Er stellt auch den Schluß des Films »Ganz unten« dar:

*Vogel:* Tag, setzt euch mal hin, da ist ein Stuhl. Also, es geht darum, einem mal richtig die Fäuste zu zeigen.

*Ali:* So viel Geld – 500 DM – für einmal Arbeit? Was muß machen? Will einer Geld nich geben?

*Vogel:* Der will nicht zahlen. Dem müßt ihr ein paar auf die Schnauze hauen. Mehr nicht.

*Ali:* Um wieviel Geld geht's?

*Vogel:* Bei mir geht's um 15 000 DM. Das ging schon über Anwalt, mit Gericht und so.

*Bruder:* Wie heißt der Mann?

*Vogel:* Specht heißt der.

*Ali:* Was ist für Mann, stark?

*Vogel:* Quatsch, ein Schlag von euch... Der hat einen Imbiß-Wagen in Voerde. Ich hab mir gedacht, daß ihr den Imbiß-Wagen mal umkippt.

*Ali:* Wo wohnt Mann?

*Vogel:* Hier in Oberhausen.

*Ali:* Is' wie alt?

*Vogel:* 38 oder 39.

*Ali:* Und nicht Sport, kein Karat oder so?

*Vogel:* Ach was, einen Bauch hat der.

*Ali:* Erst mal nich richtig weh tun? Nur Zack... (Ali deutet einen Karateschlag an.)

*Vogel:* Ihr solltet ihm mal zwei blaue Augen hauen. Mehr braucht ihr noch nicht.

*Ali:* Und wenn dann nich gibt?

*Vogel:* Dann machen wir dasselbe nochmal. Dann etwas schärfer zuhauen. Diese Woche funktioniert das noch nicht. Ihr fahrt doch wieder nach Süddeutschland zurück? Oder sonst könntet ihr auch hier bei Thyssen wieder arbeiten, nicht mehr bei Remmert morgens anfangen, sondern direkt zu Thyssen!

*Ali:* Noch ein Frag. Gibt es nich was, wo man kann mehr schnell Geld mache?

*Vogel:* Ich mach ja auch gerne jedes Geschäft mit. Und wenn ich da gute Leute hab, so wie ihr, die treu zur Sache stehn, wenn man ruft – also, wenn mir was übern Weg läuft, dann sprech ich euch an. Wenn ich z. B. an die Sache mit Würgassen zuletzt denke, wo uns die Polizei die Leute weggeholt hat. Wenn wir das richtig gemacht hätten, für jeden wären da 10 000 Mark drin gewesen.

*Ali:* Was, für uns auch?

*Vogel:* Ja sicher.

*Ali:* Wo jetzt?

*Vogel:* Na, wo die KKWs (Kernkraftwerke) stehen. Das sind natürlich so Jobs, da dürft ihr nicht selber hin.

*Ali:* Kann was passier'?

*Vogel:* Das wollt ich nun doch nicht verantworten, daß du da mit reingehst, da wär mir das Risiko zu groß.

*Ali:* Kann Krebs kriege?

*Vogel:* Natürlich. Das ist ein KKW – da ist die Strahlung intensiv. Da könnte sein Krebs, nach 3 oder 4 Wochen totaler Haarausfall, Knochenmarkgeschichten usw. Das könnte davon kommen.

*Ali:* Au weia.

*Vogel:* Deswegen laßt uns ganz, ganz Fremde nehmen, die sowieso in die Türkei müssen, die sich ein paar Mark verdienen wollen. Die deutsche Kraftwerkindustrie kommt ja zu mir, die rufen bei mir an, wenn die auf die Schnelle neue Leute brauchen...

# Die Folgen
**Reaktionen – Wirkungen – Veränderungen**

Die Dokumentation entstand unter Mithilfe von Frank Berger, Anna Bödeker, Barbara Munsch, Frank Reglin

# Inhalt

## Politische Wirkungen

Am Tag nach Erscheinen von »Ganz unten« zeigt das Fernsehmagazin »Report Baden-Baden« Ausschnitte aus Günter Wallraffs Videomaterial. Mit versteckter Kamera hatte er am Arbeitsplatz heimlich Arbeitssituationen aufgenommen. Was im Buch ausführlich beschrieben wird, veranschaulichen die Videoaufnahmen: schmutzigste Reinigungsarbeiten mit primitivstem, zum Teil selbstgebasteltem Werkzeug (Pappbecher aus dem Müllcontainer), unzureichende Arbeitsschutzmaßnahmen (Helme wurden nur teilweise, Sicherheitsschuhe überhaupt nicht getragen) und fehlende Staubmasken (Thyssen-Mitarbeiter: Dafür sei der Arbeiterverleiher zuständig).

### Wallraff-Vorwürfe gegen Thyssen Stahl

# Bitte etwas sensibler!

Von WALDEMAR SCHÄFER

Die Sensibilität gegenüber Kritik steht bei manchem Manager im umgekehrt proportionalen Verhältnis zur Feinfühligkeit gegenüber der politischen Brisanz von Ereignissen. Auf den Tadel, es gebe Mißstände im eigenen Unternehmen oder Einflußbereich, wird rigoros reagiert und versucht, ein auf juristischen Standpunkten stehendes hohes Podest zu erklimmen, ohne zu berücksichtigen, daß das, was Gesetze zulassen, nicht immer auch richtig sein muß.

Ein Beispiel dafür bietet derzeit die Thyssen Stahl AG im Zusammenhang mit Vorwürfen des Schriftstellers Günter Wallraff. Dieser hatte, als „Arbeiter Ali" getarnt, zu erleben versucht, wie Ausländer, insbesondere Türken, behandelt werden. Dabei war er als „Leiharbeiter" auch bei Thyssen Stahl tätig gewesen. Die nach dieser Tätigkeit beschriebenen Mängel in punkto Arbeitssicherheit wies ein Thyssen-Stahl-Vorstandsmitglied in der Fernsehsendung „Report" zurück, da dafür allenfalls Subunternehmer verantwortlich seien. Die Ungeschicklichkeit des Thyssen-Stahl-Managers mag der Tatsache zuzuschreiben sein, daß er in eine unerwartete, vorher nicht vereinbarte Diskussion verwickelt worden war. Über ein erst zwei Tage später erhältliches Papier, in dem Thyssen Stahl sich zu „Report" äußerte, hatte man dagegen ausreichend lange nachdenken können.

Dennoch wurde wieder alle Verantwortung abgeschoben, erfolgten teilweise erschreckende „Richtigstellungen". So zur Darstellung, es gebe keine Feinstaubmasken oder gar komplette Staubschutzanzüge für die Leiharbeiter: „Richtig ist, daß es sich hier um normalen in einem Stahlwerk auftretenden Staub handelt, der nachgewiesenermaßen (vorhandene Analysen) auf keinen Fall mit ‚giftig' zu bezeichnen ist". Auf die nicht genannte, aber offensichtlich ebenfalls gemeinte Gefahr von „Staubeinatmungskrankheiten", wurde in keiner Weise eingegangen.

Dabei hätte Thyssen ohne weiteres auf getroffene Vorsichtsmaßnahmen — deponierte und jedem zugängliche Staubschutzmittel in den entsprechend belasteten oder gar gefährdeten Bereichen — verweisen können. Auch wäre es ein Einfaches für das in „Report" anwesende Vorstandsmitglied gewesen zuzugestehen, daß — sollte Wallraff recht haben — dies ungeheuerlich sei. Daß, sollten sich derartige Verstöße gegen Arbeitssicherheitsvorschriften als wahr herausstellen, dagegen umgehend angegangenen werde, die Verantwortlichen mit Konsequenzen zu rechnen hätten. Dabei wäre von der Mehrheit der Zuschauer verstanden, daß Thyssen Stahl den Fall zunächst prüfen müsse, gewisse Zeit für die Untersuchung dessen benötige, was Wallraff innerhalb mehrerer Monate zusammengetragen hatte.

Das Verhalten in „Report" und die Formulierungen der erst zwei Tage danach erhältlichen Thyssen-Stahl-Darstellung läßt allerdings Zweifel an der Einsicht des Managements aufkommen, daß irgendwo Unrecht geschehen sein könnte. Dies ist nicht nur bedauerlich, sondern schlimm. Solches Verhalten spielt jenen in die Hände, die unsere Wirtschaftsordnung abschaffen wollen. Wer erhalten will, was verkürzt „System" genannt wird, muß mithelfen, es weiter zu verbessern. Dies mag schulmeisterlich klingen, aber solange es nichts besseres als dieses „System" gibt, ist notwendig, daß alle, die es befürworten, auch versuchen, Fehler aufzuspüren, darzustellen und danach beseitigen zu helfen.

*Handelsblatt*, 25. 10. 85

Schnell und für die Beteiligten überraschend reagiert der Staat auf die Veröffentlichung von »Ganz unten«. Anders als bei seinen früheren Enthüllungen ist nicht Wallraff und seine Methode Ziel staatlicher Ermittlungen, sondern gegen die im Buch Beschuldigten wird vorgegangen: In den frühen Morgenstunden am Erstveröffentlichungstag des Buches beginnen Staatsanwaltschaft und Steuerfahndung bei Thyssen und der Oberhausener Firma Remmert mit Hausdurchsuchungen.

# Fahnder jagen die Verleiher im Revier

## Experten fordern schärfere Gesetze

**Duisburg.** (goc/rwue) Landesweit schlägt das Problem Leiharbeit wieder hohe Wellen. Auslösender Faktor für neue Initiativen gegen führende Unternehmen des Ruhrgebiets ist das spektakuläre Buch von Günter Wallraff „Ganz unten." Eine Umfrage unter Gewerbe,- Arbeits,- und Justizbehörden ergab, daß überall schärfere Strafbestimmungen gegen die Firmen, die illegale Leiharbeiter-Kolonnen unter teilweise skandalösen Umständen beschäftigen, für notwendig gehalten wird.

Andererseits muß aber auch Wallraff, der sich zweieinhalb Jahre als Türke Ali Sinirlioglu im Leiharbeiter-Milieu verdingt hatte, mit Strafanzeigen wegen Beleidigung und übler Nachrede rechnen. Experten bezeichneten allerdings die aufgezeigten Mißstände im Bereich dieses „modernen Sklavenhandels" als glaubhaft.

In den Strudel der Ermittlungen geraten auch zunehmend Firmen mit großem Namen. Kurz nach dem Erscheinen des Buches war die Essener Steuerfahndung ausgerückt und hatte bei Thyssen Unterlagen sichergestellt. Gegen Thyssen läuft vom Landesarbeitsamt in Düsseldorf ein Ordnungswidrigkeitsverfahren.

**Kommentar/Zeitgeschehen**

*Westfalenpost*, 23. 10. 1985

Für die Mitarbeiter der »Stützpunktstelle zur Bekämpfung illegaler Beschäftigung«[1] ist die Aktion der Kripo Anlaß zu einer Reihe weiterer Maßnahmen. In den darauffolgenden Tagen und Wochen werden die Büros der August-Thyssen-Hütte

---

1 Koordinationsstellen in Arbeits- und Landesarbeitsämtern für Ermittlungen aller beteiligten Behörden bei der Bekämpfung der illegalen Beschäftigung.

263

## Nach Wallraff-Buch verschärfte Maßnahmen:

# „Leiharbeiter" jetzt kontrolliert

## In letzter Zeit keine Negativ-Vorfälle mit Verleihfirmen bekannt

HATTINGEN. (ib) „Alles, was in Sachen Kontrolle früher nicht ging, geht jetzt plötzlich", sagt Betriebsratsvorsitzender Rolf Bäcker, Henrichshütte. Seit Günter Wallraffs „Enthüllungen" über Verleiharbeiter-Praktiken bei Thyssen findet der Betriebsrat in der Vorstandsetage ein offenes Ohr für seine jahrelangen Bemühungen: Jetzt müssen die „Leiharbeiter", die vorübergehend auf der Hütte arbeiten, vor Schichtbeginn am Werkstor zwecks Überprüfung ihren Transportbus verlassen.

Weitergehende Vorstellungen gehen dahin, durch Stempelkarten die Arbeitszeit der eingesetzten Leiharbeiter zu kontrollieren. Sein hauptsächliche Interesse richtet sich allerdings auf das generelle Verbot von Leiharbeit. Erst durch gesetzliche Maßnahmen sei es möglich, dem Abbau von Stammbelegschaften zu begegnen und Verleih-Firmen auszubluten.

Ob Verleih-Firmen mit fragwürdiger Praktik überhaupt auf der Henrichshütte tätig waren, ist noch offen. Nach Auskunft der Presseabteilung von Thyssen Stahl AG Duisburg sind dem Konzern Wallraff-Unterlagen erst nach den laufenden gerichtlichen Verhandlungen zugänglich.

Im Hattinger Raum sind in letzter Zeit nach Auskunft des Landesarbeitsamtes Düsseldorf keine Negativ-Vorfälle beim Einsatz von Leiharbeitern bekanntgeworden.

Natürlich gäbe es in jeder Branche schwarze Schafe, räumt Persona-Service ein, ein Verleih-Unternehmen mit 30 Niederlassungen im Bundesgebiet. Die Firma begann vor 20 Jahren mit ihrem Geschäft, für Maschinenbau-Anlagen Facharbeiter zu verleihen. Sie berichtet von strengsten Kontrollen, denen das Geschäft unterliegt, aber auch von vielen Vertragspartnern. Dazu gehören auch verschiedene Hattinger Firmen. Nach einem Boom bis 1980, einem geschäftlichen Niedergang, einer langsamen „Erholung" ließen sich neue Geschäfte nach den Wallraff-Enthüllungen nur schwer an.

Die Firma Muckenhaupt als eine von mehreren Firmen, die sich hin und wieder der „Gastarbeiter" bedienen, hat gute und schlechte Erfahrungen gemacht. Es gebe mehr schlechte als gute Verleihfirmen und man müsse schon höllisch aufpassen, beim Einsatz rechtzeitig und vollständig die Arbeitsunterlagen der Leute zu bekommen.

*Ruhr-Anzeiger*, 21.12.1985

# Razzia nach Wallraff-Tip

## Verfahren gegen Düsseldorfer Firma

*Düsseldorfer Express*, 31. 10. 1985

exp **Düsseldorf** — 100 Beamte von Polizei und Steuerfahndung hatten gestern in und um Düsseldorf alle Hände voll zu tun. Sie rückten an 13 Bürogebäuden und Baustellen an, durchsuchten alles. Es ging um ein Ermittlungsverfahren gegen ein Düsseldorfer Unternehmen wegen des Verdachts der illegalen Arbeitnehmer-Vermittlung und Steuerhinterziehung. Der entscheidende Hinweis auf die Firma soll vom Kölner Schriftsteller Günter Wallraff gekommen sein. Eine erste Auswertung des sichergestellten Materials macht den Staatsanwalt optimistisch.

**Gab den Tip: Schriftsteller G. Wallraff**

Die Razzien fanden auch auf dem Gelände der Bundesgartenschau statt. Dort ist die in Verdacht geratene Firma ebenfalls tätig. Insgesamt wurden über zehn ausländische Arbeiter, die illegal nach Deutschland eingeschleust worden sind, ausfindig gemacht. Sie standen in Diensten der Düsseldorfer Baufirma.

Auch das weitere sichergestellte Material belastet das Unternehmen schwer, stellte die Staatsanwaltschaft nach erster Sichtung der Unterlagen fest. Die illegalen Praktiken der Arbeitsvermittler hatte Günter Wallraff in seinem neuen Buch „Ganz unten" aufgedeckt.

---

## Nach Wallraff-Report

# Leiharbeit: Chef der Firma Remmert in Haft

**Oberhausen.** (bi) Günther Vallraffs Enthüllungen über ie Bedingungen, unter denen eiharbeiter bei der Oberhausener Industrie-Reinigungsfirma Alfred Remmert beschäfgt werden, haben gestern zur rsten Verhaftung geführt. Wesen Verdunklungs- und luchtgefahr erwirkte die verntwortliche Staatsanwaltchaft Duisburg gegen den Firsenchef Alfred Remmert einen Haftbefehl. Über die geauen Vorwürfe, die gegen emmert erhoben werden, wollte sich der leitende Oberstaatsanwalt Otto gestern nicht äußern. Wallraff hatte Remmert vorgeworfen, bei dem Oberhausener Subunternehmer Hans Vogel Arbeiter auszuleihen und sie unter Mißachtung aller Arbeitsschutz- und Arbeitszeitbestimmungen bei großen Industrieunternehmen wie Thyssen einzusetzen. Auf eine Verhaftung Vogels hatte die Staatsanwaltschaft verzichtet, da er ein volles Geständnis abgelegt hatte.

*Westfälische Rundschau*, 6. 11. 1985

Wallraff/Reaktionen
NRW-Arbeitsminister fordert harte Maßnahmen gegen
„Sklavenhändler" =

Düsseldorf (lnw) - Hartes Einschreiten gegen „moderne
Sklavenhändler", die illegal - än Steuer und Versicherung vorbei -
Leiharbeit vermitteln, hat der nordrhein-westfälische
Arbeitsminister Hermann Heinemann (SPD) gefordert. Er schlug am
Donnerstag in Düsseldorf vor, „empfindliche Geldbußen" gegen sie
zu verhängen. Die gegenwärtige Diskussion über das Buch des
Kölner Schriftstellers Günter Wallraff habe „erneut deutlich
gemacht, daß die bestehenden Kontrollmöglichkeiten völlig
unzureichend sind". Auch die „Mißstände" in der legalen
Leiharbeit seien nur durch eine „verbesserte Überwachung" zu
beseitigen.

Der NRW-Minister regte an, der Genehmigungsbehörde ein
„Betretungs- und Prüfrecht" auch bei den „Entleih-Firmen"
einzuräumen. Diese Kontrollmöglichkeit hätten die Fahnder bislang
nur bei den Verleihern. Er räumte ein, daß die Verantwortlichen der
gesetzwidrig arbeitenden Betriebe nur schwer zu fassen seien, „weil
sie teilweise mit ständig wechselnden Wohnsitzen arbeiten". Der
Bundesregierung warf der SPD-Politiker vor, die Leiharbeit „erst
richtig salonfähig" gemacht zu haben. Was die Bonner Koalition
„verharmlosend" mit Begriffen wie „Flexibilisierung des
Arbeitsmarktes" umschreibe, habe „der Ausbeutung von Arbeitnehmern
Tür und Tor geöffnet".
lnw ma er
241440 okt 85 nnnn

# Millionen-Bußgelder für Leiharbeit

## Nach Wallraff-Enthüllungen drohen Konzernen hohe Geldstrafen / 4 000 Strafverfahren in NRW

DÜSSELDORF. (rwü) Bußgelder „bis zu jeweils zwei Millionen Mark" will das Landesarbeitsamt NRW in Düsseldorf gegen angesehene Industriefirmen und Baukonzerne verhängen, weil sie illegale Leiharbeiter gemietet und eingesetzt haben sollen.

In der anhaltenden Diskussion um die Buchenthüllungen des Kölner Schriftstellers Wallraff, der als „Türke Ali" bei einem Oberhausener Leiharbeiter-Vermieter illegal angeheuert hatte, ergriff NRW-Arbeitsminister Hermann Heinemann (SPD) gestern das Wort. Er forderte vom Bonner Gesetzgeber Handhaben, um in den Betrieben der bisher unkontrollierbaren „Entleiher" fahnden zu können.

Durch legale wie illegale Leiharbeit wird ständig gegen arbeits- und strafrechtliche Bestimmungen verstoßen. Allein in NRW laufen zur Zeit 4000 Strafverfahren gegen Verleiher, die ihre niedrig bezahlten Arbeitskolonnen an „seriöse Unternehmen" vermieten und dabei zum Teil riesige Steuer- und Sozialabgabenhinterziehungen begangen haben sollen.

Heinemann erklärte, Mißstände gebe es auch in der legalen Leiharbeit. Die bestehenden Kontrollmöglichkeiten seien unzureichend. Er warf der Bundesregierung vor, die Leiharbeit unter „verharmlosenden" Begriffen wie Flexibilisierung des Arbeitsmarkts erst richtig salonfähig gemacht" und der „Ausbeutung von Arbeitnehmern Tür und Tor geöffnet zu haben". Der Minister bezeichnete die teils obskuren Verleiher, die als Subunternehmer ihre Arbeiter Großfirmen zur Verfügung stellen, als „moderne Sklavenhändler".

Gegen sie kann strafrechtlich vorgegangen werden, nicht aber gegen die Entleiher-Firmen. Sie verhalten sich allenfalls ordnungswidrig und müssen lediglich mit Bußgeldern rechnen. Wie ein Sprecher des Landesarbeitsamts in Düsseldorf mitteilte, haben Bußgeldbescheide bis zu 200 000 Mark im Einzelfall bisher das Problem nicht beseitigt. Nunmehr sei mit Bußbescheiden von einer bis zwei Millionen Mark zu rechnen.

*Recklinghauser Zeitung, 25. 10. 1985*

# Mißbrauch von Leiharbeit die Regel

## Bisher einmalige Kontrollaktion in Nordrhein-Westfalen erbrachte Beweise

Von unserem Mitarbeiter Leonhard Spielhofer

DÜSSELDORF, 5. Mai. Eine in der Bundesrepublik bisher einmalige Aktion zur Überprüfung des Mißbrauchs von Leiharbeit erbrachte nach Darstellung der Düsseldorfer Landesregierung vom Montag erschreckende Ergebnisse. In 28 Großfirmen, darunter den bedeutendsten des Landes Nordrhein-Westfalen, hat die Gewerbeaufsicht 288 dort tätige Fremdfirmen überprüft. Das Ergebnis faßte Sozialminister Hermann Heinemann (SPD) auf einer Pressekonferenz so zusammen: „Überall, wo sie hinfaßte, ist sie beinahe fündig geworden."

Als Konsequenz verlangte Heinemann bessere gesetzliche Bestimmungen, die vor allem scharf zwischen Leiharbeit und Werkverträgen unterscheiden. Außerdem solle die höchstzulässige Überlassungsdauer im Beschäftigungsförderungsgesetz von jetzt sechs Monaten wieder auf die ursprüngliche Länge von drei Monaten begrenzt werden.

In der auf Anordnung der Landesregierung vorgenommenen Überprüfungsaktion ist Heinemann zufolge bestätigt worden, daß es sich bei Leiharbeit um einen „völlig undurchsichtigen grauen Arbeitsmarkt", handele, „auf dem Rechtsverstöße und Kriminalität auf der Tagesordnung sind".

In 88 der untersuchten Fälle bestehe der Verdacht auf unzulässige Arbeitnehmerüberlassung, Schwarzarbeit, Leistungsmißbrauch oder illegale Beschäftigung von Arbeitnehmern, berichtete Heinemann. In 311 weiteren Fällen seien „zum Teil gravierende Arbeitszeitverstöße" ermittelt worden. In 91 Fällen seien tägliche Arbeitszeiten zwischen zwölf und 14 Stunden und in 31 Fällen sogar zwischen 16 bis 18 Stunden festgestellt worden.

Außerdem ermittelte die Behörde bei den 288 überprüften Fremdfirmen mehr als 100 Verstöße gegen Regelungen über Ruhe- und Pausenzeiten sowie unzulässige Sonntagsarbeit. In 100 Fällen stieß sie auch auf Mängel beim technischen Arbeitsschutz.

Auf dem „grauen Arbeitsmarkt" der Leiharbeit, so sagte Minister Heinemann, würden die Beschäftigten vielfach zu „Billigtarifen und zu unerträglichen Arbeitsbedingungen verschachert" und als „Lohndrücker gegen die Stammbelegschaft eingesetzt". Diese Zielsetzung und Möglichkeit werde sogar zum Teil schon in Werbeprospekten der einschlägigen Firmen hervorgehoben.

Heinemann bejahte grundsätzlich Leiharbeit, verlangte aber vom Gesetzgeber in Bonn, das Risiko für die Großbetriebe dadurch zu erhöhen, daß diese künftig bei einschlägigen gerichtlichen Auseinandersetzungen beweisen müßten, daß es sich bei ihnen nicht um eine illegale Arbeitnehmerüberlassung handele. Als Modell präsentierte Heinemann ein neues Rahmenabkommen zwischen der Landesregierung und der Stahlindustrie.

## Skrupellosigkeit

Mit dem Bestseller „Ganz unten" wurde die illegale Leiharbeit erstmals in einer breiteren Öffentlichkeit zum Thema gemacht. Doch ein neues Phänomen ist sie nicht. Wenn die Behörden am Bau und anderswo einmal schärfer kontrollieren, sind sie noch allemal fündig geworden. Dennoch mag das Ausmaß und die Skrupellosigkeit überraschen, mit der selbst renommierte Großunternehmen mit diesem Mittel inzwischen ihre Personalkosten zu senken versuchen. Zumindest brachten die jetzt von der Düsseldorfer Landesregierung durchgeführten Sonderkontrollen etwas Licht in den grauen Markt der Menschenverleiher.

Der Anstieg der (legalen) Leiharbeit im letzten Jahr um über die Hälfte hängt ebenso wie die Entwicklung beim kriminellen Pendant mit der neuen Strategie der Wirtschaft zusammen: Unter dem Stichwort Flexibilisierung der Arbeit werden Menschen immer mehr der Produktion angepaßt, Stammbelegschaften reduziert und soziale Errungenschaften der Arbeitnehmer wie der Kündigungsschutz unterlaufen.

Den Startschuß zur forcierten Ausbeutung mit allen Mitteln hatte die Bundesregierung durch ihr sogenanntes Beschäftigungsförderungsgesetz gegeben. Statt zusätzliche Leute einzustellen, betrachten die Arbeitgeber das Gesetz offenbar als Einladung, durch Zeitverträge, Aushilfen, Teilzeit und Leiharbeit den Produktionsfaktor Arbeit vollends ohne Rücksicht auf Tarifverhandlungen ihren Profitinteressen unterzuordnen. Der Schritt von der legalen zur illegalen Flexiblisierung ist dabei nicht weit.          rb

*Frankfurter Rundschau*, 6. 5. 1986

noch mehr als ein dutzendmal durchsucht, den Fahndern geht es vor allem um die von Thyssen geleugneten Verstöße gegen das Arbeitnehmerüberlassungsgesetz (AÜG). Deshalb werden vor allem Rechnungen, Stundenzettel und Werkverträge beschlagnahmt – aus ihnen läßt sich am leichtesten ableiten, in welchem Umfang mit illegalen Verleihern zusammengearbeitet worden ist und welche Umsätze dabei erzielt wurden.

Die neuerlichen Durchsuchungen lösen eine regelrechte Ermittlungslawine aus, denn bei rund 50 der bei Thyssen beschäftigten Fremdfirmen besteht der Verdacht eines illegalen Arbeitnehmerverleihs. Mit einer Sonderkommission, die wenige Tage nach Erscheinen des Wallraff-Buches gebildet wird, versucht das Landesarbeitsamt Nordrhein-Westfalen, die Ermittlungslawine zu bewältigen. Die festgestellten Gesetzesverstöße beschränken sich nicht nur auf den Stahlkonzern und die bei ihm beschäftigten Fremdfirmen, sondern sie dehnen sich auf weitere Subunternehmer aus, die ihrerseits Fremdfirmen mit illegalen Arbeitnehmern versorgen.

Das Interesse der Behörden und der politischen Parteien konzentriert sich, zumindest in NRW, darauf, eine Wiederholung der von Wallraff beschriebenen Zustände für die Zukunft zu vermeiden. So läßt der nordrhein-westfälische Arbeitsminister Hermann Heinemann (SPD) nach der Buchveröffentlichung 27 Leihfirmen überprüfen, die ihre Arbeitnehmer nach der von Wallraff beschriebenen Methode an Großkonzerne »verpumpten«. Keine der überprüften Firmen blieb dabei ohne Beanstandung, so daß der Minister auf einer anschließenden Pressekonferenz die Recherchen des Kölner Autors »zu weiten Teilen bestätigen« muß.

Mit einer mobilen Einsatzgruppe, die in Tag- und Nachtschichten durch Beamte der Gewerbeaufsicht verstärkt wird, will Nordrhein-Westfalen nun als erstes Bundesland den Enthüllungen Wallraffs Taten folgen lassen. Dabei ist es sicher kein Zufall, daß die neue Fahndungsgruppe in Duisburg bzw. Oberhausen stationiert werden soll – in unmittelbarer Nähe des

Thyssen- und Mannesmannkonzerns, bei denen Günter Wallraff seine Erfahrungen als Leiharbeiter »Ali« gemacht hat.

Ein positives Echo kann der Kölner Schriftsteller auch bei den Beschäftigten der Stahlindustrie, bei Betriebsräten, der IG Metall und der Industriegewerkschaft Bau-Steine-Erden verbuchen. Dies läßt sich anhand der zahlreichen Briefe feststellen, die seit Erscheinen des Buches tagtäglich bei Wallraff eingehen. In vielen Fällen werden dem Autor auch neue Hinweise auf ähnliche und viel schlimmere Vorkommnisse mitgeteilt.

Eine Presseerklärung der Bundesanstalt für Arbeit macht deutlich, daß die Strafverfahren gegen »Menschenhändler« im Erscheinungsjahr von »Ganz unten« erheblich zugenommen haben (s. S. 270).

Neun Tage nach Erscheinen des Buches kommt es in einer Live-Sendung des WDR zu einem Streitgespräch zwischen dem Vorstandsvorsitzenden von Thyssen-Stahl, Dr. Heinz Kriwet, und Günter Wallraff. In die Diskussion greift mehrfach auch der frühere Arbeitsminister von Nordrhein-Westfalen, Prof. Friedhelm Farthmann, ein. Er habe solche Zustände wie die von Wallraff geschilderten immer geahnt, betont er. Während seiner Amtszeit habe es zwar zahlreiche Kontrollaktionen in der Leiharbeiterbranche gegeben, aber keinen durchschlagenden Erfolg. Farthmann berichtet, man habe den Eindruck ge-

# PRESSE
## INFORMATIONEN

**Bundesanstalt für Arbeit**

Bundesanstalt für Arbeit, 8500 Nürnberg 1, Postfach

Telefon 0911/17-1, Fernschreiber 06 22348
8500 Nürnberg
Regensburger Str. 104

Nummer: 19/86

Datum 14. April 1986

### "Besorgniserregendes Ausmaß illegaler Beschäftigung"

"Ein besorgniserregendes Ausmaß" illegaler Beschäftigung und Schwarzarbeit in der Bundesrepublik Deutschland hat der Präsident der Bundesanstalt für Arbeit, Heinrich Franke, am Montag auf einer Pressekonferenz in Nürnberg beklagt. Dringend benötigte Arbeitsplätze würden dadurch vernichtet oder gar nicht erst entstehen. Franke: "Wer hierbei mitmacht, versündigt sich nicht nur an den Arbeitslosen, er schädigt auch die gesamte Volkswirtschaft. Illegale Beschäftigung erhöht die Zahl der Arbeitslosen."

Trotz großen Engagements der Wissenschaft und der Praxis ist es nach den Worten Frankes bisher nicht gelungen, den Umfang der illegalen Beschäftigung und der Schwarzarbeit verläßlich zu bestimmen. Mutmaßungen schwankten zwischen 100 000 und 600 000 ständig illegal Beschäftigten. Die im Bereich der Schattenwirtschaft insgesamt getätigten Umsätze würden auf bis zu 180 Milliarden DM jährlich geschätzt.

Das "besorgniserregende Ausmaß" der illegalen Beschäftigung schlägt sich in den Ermittlungsergebnissen der Arbeitsämter nieder: Die Dienststellen der Bundesanstalt haben 1985 im Rahmen der Verfolgung und Ahndung von Rechtsverstößen, wie Franke sagte, "traurige Rekorde" erzielt. Sie griffen über 191 000 Fälle (1984: 160 000) unterschiedlicher Größenordnung auf. In nahezu 106 000 Verfahren (1984: 83 000) mußten Strafanzeigen erstattet bzw. Geldbußen verhängt oder zumindest Verwarnungen erteilt werden. Dabei falle auf, daß die Schwere der Verstöße erneut erheblich zugenommen habe: Staatsanwaltschaften und Gerichte mußten sich 1985 mit über 17 000 Strafanzeigen der Arbeitsämter befassen; dies bedeutet gegenüber 1984 eine Zunahme um 35 Prozent.

Allein im Bereich der illegalen Arbeitnehmerüberlassung wurden in rund 1 300 Verfahren Geldbußen in Höhe von 10,4 Millionen DM verhängt. Es gab wiederum auch zahlreiche Verurteilungen mit zum Teil erheblichen Freiheitsstrafen.

F 5056

270

Herrn Günter Wallraff
c/o Verlag Kiepenheuer & Witsch
Rondorfer Straße 5

5000 Köln 51

Duisburg, 8. Nov. 1985

Sehr geehrter Herr Wallraff,

in der Fernsehdiskussion »Mittwochs in Düsseldorf« am 30. Okt. 1985
hat es Einvernehmen über die Einsetzung einer unabhängigen Kommission gegeben, die die von Ihnen erhobenen Vorwürfe gegenüber der
Thyssen Stahl AG bzw. ihren Mitarbeitern sorgfältig prüfen soll.

Wir erneuern heute noch einmal unsere in unserem Schreiben an Sie
vom 29. Okt. 1985 gemachte Aussage, daß wir selbstverständlich alles in
unserer Macht Stehende tun werden, um eine lückenlose Aufklärung der
von Ihnen aufgezeigten Vorwürfe herbeizuführen. Wir haben deshalb
folgendes Vorgehen ins Auge gefaßt:

- Der Kommission sollte ein leitender Mitarbeiter der Gewerbeaufsicht
  Duisburg angehören. Der Vorschlag sollte durch den Leiter des Gewerbeaufsichtsamtes Duisburg, Herrn Regierungsgewerbedirektor
  Lemper, erfolgen.
- Ferner sollte die Mitwirkung eines Arbeitsrechtlers sichergestellt werden. Hier sollte der Vorschlag vom Präsidenten des Landesarbeitsgerichtes Düsseldorf erfolgen.
- Für den arbeitsmedizinischen Bereich sollte ein anerkannter Arbeitsmediziner gewonnen werden, der über spezielle Kenntnisse auf dem
  Gebiet des Einsatzes von Mitarbeitern in Hüttenwerken verfügen
  sollte. Wir denken hierbei an Herrn Prof. Dr. med. Theodor Hettinger.
- Aus unserem Hause sind für die Mitarbeit in der Kommission folgende Herren vorgesehen:
  - Hans Gert Woelke, Arbeitsdirektor,
  - Dr.-Ing. Dieter Ameling, Leiter der Betriebswirtschaft,
  - Dipl.-Ing. Jürgen Reichardt, Leiter der Arbeitssicherheit,
  - Dr. jur. Jochem Stempel, Leiter der Rechtsabteilung.

Wir wissen vom Betriebsrat, daß auch dort ein großes Interesse daran
besteht, in der Kommission mitzuwirken. Wir gehen davon aus, daß der
Betriebsrat in den nächsten Tagen seine Personalvorschläge vorlegen
wird.

Wir wären Ihnen dankbar, wenn Sie uns möglichst umgehend Ihre Antwort zustellen würden, damit die Kommission bald die Arbeit aufnehmen kann.

Zur Vorbereitung der Arbeit dieser Kommission fügen wir diesem
Schreiben eine Zusammenstellung Ihrer uns betreffenden Vorwürfe bei,
die nach unserer Auffassung Gegenstand der Kommissionsuntersuchung sein sollen.

Mit freundlichen Grüßen
THYSSEN STAHL
AKTIENGESELLSCHAFT

habt, daß die gesuchten Personen immer dann, wenn die Gewerbeaufsichtsbeamten die Werkstore betreten hätten, gewarnt worden seien. Wallraff bestätigt das durch eigene Erfahrungen und kommt dann auf die sicherheitstechnische Ausrüstung der Leiharbeiter bei Thyssen zu sprechen. Dem Konzern wirft er vor, die eigene Unfallstatistik auf Kosten der Leiharbeiter zu verbessern. Kriwet versucht, sich herauszureden: »Wir beschäftigen keine *Leiharbeiter*, wir beschäftigen *Fremdfirmenkräfte*.« Schließlich fordert er von Wallraff, die gesamten Unterlagen von »Ganz unten« Thyssen zur Verfügung zu stellen, damit man die Vorwürfe prüfen könne. Wallraff macht einen Gegenvorschlag: Er ist bereit, seine Materialien einer *unabhängigen* Untersuchungskommission auszuhändigen, wenn Thyssen dafür sorge, daß die Mißstände abgestellt würden. Kriwet willigt ein.

Indes erweist sich Kriwets Einlenken sehr bald als ein Schachzug des Konzerns. In einem Schreiben an den Kölner Autor wird dessen Idee, daß eine *unabhängige* Untersuchungskommission tätig werden solle, ad absurdum geführt: So nominiert der Vorstand des Stahlunternehmens in einem Schreiben vom 8. November 1985 gleich vier leitende Angestellte für die verabredete Untersuchungskommission – Kandidaten, deren »Unabhängigkeit« schon vom Papier her in Zweifel gezogen werden muß, da sie für die von Wallraff geschilderten Zustände mitverantwortlich sind.

Daraufhin schlägt Günter Wallraff mit Schreiben vom 3. 12. 85 und 17. 12. 85 den Bremer Arbeitsrechtler Prof. Dr. Däubler, den früheren Bundesverfassungsrichter Prof. Dr. Hirsch, den IG-Metall-Sekretär Werner Krause, den Thyssen-Betriebsrat Günter Spahn und einen ehemaligen Leiharbeiterkollegen vor. Diese Kandidaten werden von Thyssen als »Parteivertreter« abqualifiziert und abgelehnt. Nicht nur bei Wallraff verstärkt sich dadurch der Eindruck, daß der Stahlkonzern bei der Untersuchung über die Arbeitsbedingungen für Leiharbeiter überwiegend auf seine eigenen Leute zurückgreifen möchte –

ganz so, als ob beim Flick-Prozeß Zeugen, Gutachter und Richter von Flick selbst gestellt würden.

In einer weiteren vom WDR ausgestrahlten Fernsehsendung und in einem Schreiben vom 17. Januar 1986 hat der Schriftsteller angeregt, daß das nordrhein-westfälische Ministerium für Arbeit, Gesundheit und Soziales die Mitglieder für diese Untersuchungskommission berufen soll, weil die Öffentlichkeit – so Wallraff – »ein Recht darauf habe, von unabhängigen Fachleuten darüber aufgeklärt zu werden, wie man auf der Hütte mit Leiharbeitern umgesprungen ist«. Thyssen geht zum Schein darauf ein, stellt aber gleich wieder einschränkende Bedingungen und bringt durch ein sehr knapp befristetes Ultimatum das Thema Kommission zu Fall.

Die Ermittlungen der Staatsanwaltschaften und Gewerbeaufsichtsämter sind heute, drei Jahre nach Erscheinen des Buches, noch nicht abgeschlossen. Die nordrhein-westfälische Initiative soll jetzt auch auf andere Bundesländer ausgeweitet werden. Dazu Dr. H. Klinkhammer vom Arbeitsministerium Düsseldorf in einem Interview mit dem Deutschlandfunk:

»Man muß sagen, daß die Initiative zunächst einmal ein nordrhein-westfälischer Alleingang gewesen ist. Wir stellen aber heute fest, daß etwa in Hessen vergleichbare Einsatzgruppen gebildet werden, die den Mißständen auf der Spur sind. Hermann Heinemann, der Arbeitsminister dieses Landes, hat dies auch zum Gegenstand der Arbeits- und Sozialministerkonferenz gemacht, so daß wir hoffen, daß dies eine bundesweite Wirkung entfalten wird.«

**Neueste Kontrollergebnisse der mobilen Einsatzgruppe in Duisburg:**

Presseerklärung des Ministeriums für Arbeit, Gesundheit und Soziales:

Als »außerordentlich erfolgreich« hat Arbeitsminister Hermann Heinemann am Montag (15. August 1988) die Arbeit der mobilen Einsatzgruppe des Gewerbeaufsichtsamtes Duisburg bezeichnet, die seit 2½ Jahren landesweit nach illegaler Leiharbeit fahndet. Nach Angaben Heinemanns hat die Einsatzgruppe inzwischen auf den Geländen von rund 600 Großfirmen und Baustellen Kontrollen vorgenommen. Dabei seien weit über 30 000 Arbeitnehmer von etwa 5000 Fremdfirmen überprüft worden.

Die bei den Kontrollen aufgedeckten Verstöße sind nach Angaben Heinemanns »erschreckend hoch«. Bei gut ⅔ der auf den Geländen der Großunternehmen tätigen Fremdfirmen seien Verstöße gegen gesetzliche Vorschriften festgestellt worden. Dabei handelte es sich im wesentlichen um Verstöße gegen Arbeitsschutzbestimmungen, unzulässige Überschreitungen der Arbeitszeit sowie unzulässige Arbeitnehmerüberlassung.

Heinemann erklärte, aus den Erfahrungen der Einsatzgruppe könne man nur den Schluß ziehen, daß weite Bereiche des Arbeitsmarktes in zunehmendem Maße »manchesterähnliche Züge tragen«. Die Not der Arbeitslosen werde häufig skrupellos ausgenutzt. Die Bundesregierung, die die Leiharbeit erst richtig salonfähig gemacht habe, trage an dieser Entwicklung eine Mitverantwortung.

Als »beinahe unglaublich« bezeichnete es Heinemann, daß einige Leiharbeiter sogar mit Naturalien entlohnt worden seien. Die Einsatzgruppe habe Arbeitnehmer angetroffen, die teilweise mit T-Shirts und mit Schrott bezahlt worden seien. Anderen Arbeitnehmern seien als Entgelt Kartoffeln und Schweinehälften angeboten worden.

# Bis zu 32 Stunden Arbeit „am Stück"

Von UTA GIBAS

DUISBURG (dpa). Juni 1988, ein Großbetrieb im östlichen Teil des Ruhrgebiets: Illegal beschäftigte Arbeitslose reinigen eine Kläranlage, werden dafür mit Kartoffeln entlohnt. Die Arbeitslosen stehen im Dienst eines Bauern, der als Subunternehmer für eine Großfirma tätig ist. Der Bauer kassiert pro Mann und Stunde 16 Mark. Würde das Unternehmen die Anlage von eigenen Leuten säubern lassen, müßte es mindestens 40 Mark pro Stunde ausgeben.

Der Fall stammt aus Akten der Mobilen Einsatzgruppe des Gewerbeaufsichtsamts Duisburg, einer in ihrer Art einmaligen Einheit. Die sechs Fahnder unterstützen die 22 Gewerbeaufsichtsämter in Nordrhein-Westfalen. Landesarbeitesminister Hermann Heinemann (SPD) hatte die Gruppe vor zweieinhalb Jahren nach den Enthüllungen von Günther Wallraff in seinem Buch „Ganz unten" ins Leben gerufen.

Seit Anfang 1986 wurden von der „meistgehaßten Truppe in Nordrhein-Westfalen" ohne Anmeldung und oft schon im Morgengrauen über 300 Betriebe aus allen Industriezweigen überprüft. Bei den dort tätigen rund 3000 Subunternehmern wurden in 60 bis 70 Prozent der Fälle Verstöße gegen Arbeits-

schutzbestimmungen aufgedeckt. Die Lage dieser Beschäftigten hat sich seit dem Wallraff-Buch nicht verbessert, im Gegenteil. Fazit der Fahnder: „Wallraff hatte wohl noch nicht alles gesehen."

Die Truppe hat inzwischen einen Blick dafür, wer Leiharbeiter ist. Häufig nur mit Turnschuhen und leichter Bekleidung, fast immer ohne Sicherheitsschuhe, Helme, Handschuhe oder Atemschutzgeräte müßten diese Männer stets die schmutzigste und gefährlichste Arbeit verrichten, berichtet ein Fahnder. Auf manchen Baustellen werde bis zu 32 Stunden „am Stück" gearbeitet, Stundenlöhne von 6,50 bis zehn Mark seien die Regel.

„Relativ geringfügige" Bußgeldvorschriften erlauben es nur, bis zu 5000 Mark pro Verstoß zu verhängen. Daneben können die Fahnder Hinweise an Krankenkassen, Ausländerämter, Finanzbehörden und Staatsanwaltschaften geben, die jedoch nur mit gerichtlichem Beschluß oder bei begründetem Verdacht in die Betriebe dürfen. „Die Mobile Gruppe hat eine Menge Unruhe in den Betrieben verursacht", sagt der Leiter des Duisburger Gewerbeaufsichtsamts, Ferdinand Lemper. Angesichts der Mißstände seien die Mittel der Gewerbeaufsicht jedoch „nicht allzu berauschend", meint einer der Fahnder.

*Rheinische Post*, 26. 7. 1988

Die Beauftragte der Bundesregierung für Ausländerfragen, Liselotte Funcke (FDP), macht sich sachkundig und sucht den Autor zwecks Akteneinsicht und Informationsaustausch auf. Danach gibt sie folgende öffentliche Stellungnahme:
»Das Buch von Günter Wallraff ›Ganz unten‹ macht betroffen. Es zeigt in einer beklemmenden Verdichtung Grenzfälle der Aus-

275

länderbeschäftigung in der Bundesrepublik Deutschland auf, die leider nicht ganz selten sind ... Der Bericht von Günter Wallraff ist aber nicht nur eine Anklage gegen Mißstände im Beschäftigungsbereich. Er richtet sich zugleich auch an die Gesellschaft insgesamt und hält ihr die Frage vor, wie sie mit Menschen anderer Nationalität umgeht – mit Menschen, die seit vielen Jahren oder Jahrzehnten unter uns leben, mit uns arbeiten, lernen und wohnen. Müssen sich diese Menschen nicht vielfach abgelehnt, zurückgestoßen, mißachtet oder – was noch schlimmer ist – übersehen vorkommen? Gerade Nichtbeachtung kann schmerzen und verbittern und vor allem diejenigen enttäuschen, die von ihrer heimischen Tradition her gewöhnt sind, Fremde besonders gastfreundlich und entgegenkommend zu behandeln ...

Es war vielen, die sich näher mit Fragen der ausländischen Bevölkerung befassen, bewußt, daß in nicht wenigen Betrieben Ausländer unter unrechtmäßigen Bedingungen beschäftigt wurden: geringe Löhne, unzureichender Versicherungsschutz, überlange Arbeitszeiten, ungesunde Arbeitsplätze, mangelnder Unfallschutz. Doch es war schwer, die Mißstände aufzuhellen und beweisbar zu machen, weil die Betroffenen – nicht selten illegal beschäftigt – nicht als Ankläger oder Zeugen zur Verfügung standen.

Günter Wallraff erst hat mit seinem authentischen Bildmaterial die Mißstände aufgedeckt und nachweisbar gemacht, so daß gegen die unmittelbar Verantwortlichen vorgegangen werden konnte und zugleich die Aufmerksamkeit auf die unmittelbar Verantwortlichen gelenkt wurde. Dadurch dürfte eine beträchtliche vorbeugende Wirkung erzielt worden sein.«

Wenige Tage nach Erscheinen von »Ganz unten« stellt der CDU/CSU-Bundestagsabgeordnete Keller folgende Frage an die Bundesregierung:

»Wie hoch schätzt die Bundesregierung den Realitätsgehalt der von Günter Wallraff aufgedeckten skandalösen Beispiele der Behandlung, vornehmlich ausländischer Arbeitnehmer, wie sie in seinem Buch ›Ganz unten‹ dargestellt wurden, ein?«

# Bonn plant schärfere Auflagen für den Verleih von Arbeitern

**Bonn** (dpa). Die Bundesregierung will die Bedingungen für den Verleih von Arbeitnehmern in ihrem vorliegenden einschlägigen Gesetzentwurf verschärfen. Dies hat das Kabinett gestern beschlossen.

Unternehmen, die Leiharbeitnehmer beschäftigen, sollen künftig beispielsweise die Namen der Wander-Arbeitnehmer, den Verleiher und die Ausleihdauer melden. Das Verbot der Leiharbeit im Baugewerbe soll weiter gelten. Das Gesetz soll wie geplant zum 1. Januar 1986 in Kraft treten.

Der Journalist Günter Wallraff hat in einem kürzlich veröffentlichten Buch über eigene Erfahrungen als »türkischer« Leiharbeiter erhebliche Mißstände in diesem Bereich aufgedeckt.

*Wetzlarer Neue Zeitung,* 31. 10. 1985

Obwohl der Bundesregierung die Problematik der illegalen Verleiherpraxis bekannt und eine Gesetzesverschärfung für 1986 geplant ist, gibt sie folgende Erklärung wider besseres Wissen zu der Anfrage ab:

4. 11. 1985 – Der Parlamentarische Staatssekretär Vogt bestätigt zwar grundsätzlich »Mißstände von der Art, wie sie Günter Wallraff in seinem Buch ›Ganz unten‹ schildert«, schränkt jedoch gleichzeitig ein: »die geschilderten Erlebnisse können aber nicht *verallgemeinert* werden«. Dabei beruft er sich auf eine Umfrage der MARPLAN-Forschungsgesellschaft vom Frühjahr 85 bei ausländischen Arbeitnehmern. Danach seien lediglich 15,1 % mit ihrem Arbeitsplatz *unzufrieden*«. Der Parlamentarische Staatssekretär verschweigt, daß in der Umfrage keine »Leiharbeiter« befragt wurden und daß es in der Natur einer Umfrage liegt, daß ein Arbeiter einem Befrager, in der Regel ein Student, selten seine wirkliche Meinung bzw. Probleme offenbart.

Vor allem von seiten der SPD wurden politische Konsequenzen bundesweit gefordert.

Günter Wallraff wurde in einem Hearing der Bundestagsfraktion (am 12. 12. 85) im Beisein des Fraktionsvorsitzenden Hans Jochen Vogel zum Thema befragt. Der Sprecher der Arbeitsgemeinschaft für Arbeitnehmerfragen (AfA) in der SPD, Rudolf Dreßler, legte am 17. Oktober 1986 dem Bundestag folgenden Antrag mit einer Bestandsaufnahme und Forderungen zu Gesetzesänderungen bzw. -entwürfen zur Abstimmung vor.

---

Deutscher Bundestag
10. Wahlperiode

Drucksache 10/**6195**

17. 10. 86

Sachgebiet 810

### Antrag

der Abgeordneten Dreßler, Lutz, Frau Fuchs (Köln), Buschfort, Egert, Glombig, Heyenn, Kirschner, Müller (Düsseldorf), Menzel, Peter (Kassel), Reschke, Reimann, Schreiner, Sieler, Frau Steinhauer, Urbaniak, Vosen, Weinhofer, von der Wiesche, Dr. Vogel und der Fraktion der SPD

Bekämpfung der illegalen Beschäftigung und des Mißbrauchs der Arbeitnehmerüberlassung

Der Bundestag wolle beschließen:

### A.

Der Deutsche Bundestag stellt fest:
Seit das Bundesverfassungsgericht durch Urteil vom 4. April 1967 das Verbot der Arbeitnehmerüberlassung aufgehoben hat, ist die Leiharbeit ein Problembereich des Arbeitsmarktes. Die gesetzlichen Instrumentarien des Arbeitnehmerüberlassungsgesetzes vom 12. August 1972 haben es ebensowenig wie die Verschärfung durch das Gesetz zur Bekämpfung der illegalen Beschäftigung vom 15. Dezember 1981 vermocht, die Mißstände auf dem Gebiet der Arbeitnehmerüberlassung wirkungsvoll zu bekämpfen. Nach Feststellungen der Bundesanstalt für Arbeit hat die illegale Be-

---

schäftigung insgesamt ein besorgniserregendes Ausmaß angenommen. Die Schätzungen über ihren Umfang schwanken zwischen 100 000 und 600 000 ständig illegal Beschäftigten. Die in diesem Bereich insgesamt getätigten Umsätze gehen in die Milliarden; nach vorliegenden Schätzungen übersteigen sie bei weitem den Einzelhaushalt des Bundesministers für Arbeit und Sozialordnung von nahezu 60 Milliarden Deutsche Mark. Die Dienststellen der Bundesanstalt für Arbeit haben 1985 über 191 000 Fälle von Rechtsverstößen aufgegriffen und in nahezu 106 000 Verfahren Strafanzeigen erstattet oder Geldbußen verhängt. Allein im Bereich der illegalen Arbeitnehmerüberlassung wurden in rund 1300 Verfahren Geldbußen in Höhe von 10,4 Millionen Deutsche Mark verhängt. Trotz dieser bekannten Mißstände hat die Mehrheit des Deutschen Bundestages noch Anfang 1986 eine Verschärfung von Strafvorschriften zur Bekämpfung der illegalen Leiharbeit abgelehnt.

Immer häufiger werden die Vorschriften des Arbeitnehmerüberlassungsgesetzes durch Scheinwerkverträge oder andere Formen des Fremdfirmeneinsatzes umgangen. Unter dem Deckmantel eines angeblichen Werkvertrages oder eines angeblich selbständigen Dienstvertrages ist unerlaubte Arbeitnehmerüberlassung in weiten Industriebereichen zu finden. Vielfach führen derartige illegale Praktiken zu einer brutalen Ausbeutung von Arbeitnehmern durch skrupellose Geschäftemacher; besonders häufig wird dabei die Notlage von ausländischen Arbeitnehmern in menschenverachtender Weise ausgenutzt. Es ist das Verdienst von Günter Wallraff, daß er mit seinem Buch »Ganz unten« die öffentliche Aufmerksamkeit auf diese Mißstände gelenkt hat.

Auch im Bereich der legalen Arbeitnehmerüberlassung sind die Mißstände stark angewachsen ...

Nicht selten werden Arbeitnehmer zu untertariflichen Löhnen und weitab von sonstigen sozialen Mindestarbeitsbedingungen beschäftigt. Nach Feststellungen des Landesarbeitsamtes Nordrhein-Westfalen lassen sich manche Verleihunternehmen bei Krankheit des Arbeitnehmers zurückdatierte Eigenkündigungen geben; kleinere und kleinste Nachlässigkeiten des Leiharbeitnehmers werden häufig unnachsichtig mit einer hohen Vertragsstrafe und Einbehalt des Lohnes belegt. Einige Verleihunternehmen lassen sich vor Antritt der Arbeit Blankoanträge auf unbezahlten Urlaub unterschreiben, damit sie keine Zeiten bezahlen müssen, für die keine Einsatzmöglichkeiten bei Entleihern bestehen.

Schlimme Auswüchse bestehen nach den Feststellungen des Landesarbeitsamtes Nordrhein-Westfalen auch bei Kündigungen im Bereich der Arbeitnehmerüberlassung. Häufig wird das Arbeitsverhältnis zum Verleiher mit der Beendigung des Arbeitseinsatzes beim Entleiher gekündigt. ... Einzelne Verleiher lassen sich schon bei der Einstellung des Leiharbeitnehmers sofort deren schriftlich fixierte eigene fristlose Kündigung geben, in die das Kündigungsdatum vom Verleiher dann je nach Bedarf eingesetzt wird.

Die Vorstellung des Arbeitnehmerüberlassungsgesetzes, daß der Verleiher Arbeitsmöglichkeiten bündelt und dem Leiharbeitnehmer einen Dauerarbeitsplatz anbietet, ist für die weitaus meisten Leiharbeitnehmer eine Fiktion geblieben. Es besteht im Gegenteil die Tendenz, die sozialen Rechte der Arbeitnehmer zu verkürzen und den Kündigungsschutz zu umgehen. Das sogenannte Beschäftigungsförderungsgesetz hat diese Tendenzen verstärkt, indem es die zulässige Dauer der Arbeitnehmerüberlassung auf sechs Monate verlängert und den Abschluß befristeter Arbeitsverhältnisse erleichtert hat. Immer mehr Unternehmen nutzen diesen »grauen Arbeitsmarkt«, um ihre Stammbelegschaften abzuschmelzen und qualifizierte Spezialarbeiten und Sonderarbeiten, wie zum Beispiel Reinigungs- oder Montagearbeiten, durch kurzfristig beschäftigte Arbeitnehmer oder Fremdfirmen ausführen zu lassen. Instabile und geringer geschützte Arbeitsverhältnisse verdrängen auf diese Weise das arbeits- und sozialrechtlich abgesicherte und auf Dauer angelegte Normalarbeitsverhältnis.

Nach übereinstimmender Meinung von Fachleuten reichen die vorhandenen rechtlichen Möglichkeiten nicht aus, um die illegale Beschäftigung zu bekämpfen und Mißstände im Bereich der Arbeitnehmerüberlassung zu verhindern. Sowohl das Arbeitnehmerüberlassungsgesetz als auch das Gesetz zur Bekämpfung der illegalen Beschäftigung sind nur bedingt tauglich, illegale Beschäftigung zu verhindern, die Arbeitnehmer vor Ausbeutung zu schützen und die Zahlung von Steuern und Sozialversicherungsbeiträgen sicherzustellen ...

I. Die Bundesregierung wird aufgefordert, (u. a.) folgende gesetzgeberischen Initiativen zur Bekämpfung der illegalen Beschäftigung und des Mißbrauchs der Arbeitnehmerüberlassung vorzubereiten und im Deutschen Bundestag einzubringen:

*Änderung des Meldeverfahrens zur Sozialversicherung*
Die bestehenden Meldevorschriften sehen vor, daß der Beginn einer sozialversicherungspflichtigen Beschäftigung innerhalb von zwei Wochen bzw. eineinhalb Monaten zu melden ist. Diese Regelung steht einer wirksamen Überwachung und Aufklärung illegaler Beschäftigungen in vielen Fällen entgegen. Die Pflicht zur Abgabe der Meldung muß deshalb schon vor Beginn einer Beschäftigung einsetzen und unabhängig von der Sozialversicherungspflicht dieser Beschäftigung bestehen. Das gleiche muß auch für die Kontrollmeldung durch Entleiher gelten ...

*Verschärfung der Strafvorschriften*
Das Verleihen ohne die notwendige Erlaubnis der Bundesanstalt für Arbeit ist nach geltendem Recht nur strafbar,

wenn ausländische Arbeitnehmer ohne die erforderliche Arbeitserlaubnis überlassen werden. Gleiches gilt für den Entleiher, der ausländische Leiharbeitnehmer ohne die erforderliche Arbeitserlaubnis tätig werden läßt. Dagegen sind das illegale Verleihen und Beschäftigen anderer Arbeitnehmer nicht mit Strafe bedroht; diese Handlungen werden lediglich mit einer Geldbuße bis zu 50 000 DM geahndet. Bei diesen Tatsachen handelt es sich aber ebenso wie beim Verleihen von ausländischen Arbeitnehmern ohne die notwendige Arbeitserlaubnis nicht um bloßes Verwaltungsrecht, sondern um kriminelles Unrecht. Deshalb müssen sämtliche Fälle, in denen Arbeitnehmer ohne die dafür erforderliche Erlaubnis verliehen und beschäftigt werden, entsprechend dem von der Fraktion der SPD eingebrachten Entwurf eines Zweiten Gesetzes zur Bekämpfung der Wirtschaftskriminalität zu einem einheitlichen Strafbestand gegen die illegale Arbeitnehmerüberlassung zusammengefaßt werden.

*Einführung der umfassenden Haftung des Entleihers für nicht gezahlte Lohnsteuern und für Zahlungspflichten der Verleiher*

Nach dem Arbeitnehmerüberlassungsgesetz treffen die Arbeitgeberpflichten im Rahmen der legalen Arbeitnehmerüberlassung den Verleiher. Er hat seine vertraglichen Zahlungspflichten zu erfüllen und auch die zu zahlende Lohnsteuer und Sozialversicherungsbeiträge abzuführen. Der Entleiher haftet nur für Sozialversicherungsbeiträge subsidiär als selbstschuldnerischer Bürge. Für die Lohnsteuer haftet der Entleiher dagegen nur unter eingeschränkten Voraussetzungen; bei legaler Arbeitnehmerüberlassung entfällt die Haftung völlig. Für die Erfüllung der vertraglichen Zahlungspflichten des Verleihers haftet der Entleiher ebenfalls überhaupt nicht. Im Interesse einer stärkeren Verantwortlichkeit des Entleihers ist seine umfassende Haftung aber auch für diese Zahlungspflichten und für nicht gezahlte

Lohnsteuern – ebenso wie für Sozialversicherungsbeiträge –
einzuführen...

*Erweiterung der Arbeitgeberpflichten im Arbeitsschutz*
Die öffentlich-rechtlichen Vorschriften des Arbeitsschutz-
rechts verpflichten den Arbeitgeber, die Arbeitnehmer gegen Gefahren für Leben und Gesundheit umfassend zu
schützen; das Arbeitnehmerüberlassungsgesetz schreibt
auch die allgemeine Geltung dieser Vorschriften zugunsten
von Leiharbeitnehmern vor. Aufgetretene Mißstände beim
Einsatz von Fremdfirmen haben jedoch gezeigt, daß diese
Verpflichtung gegenüber allen Beschäftigten ausgedehnt
werden muß, die im Betrieb des Arbeitgebers tätig sind. Dabei darf kein Unterschied bestehen, ob die Beschäftigten als
Arbeitnehmer des Arbeitgebers, als Leiharbeitnehmer oder
als Arbeitnehmer einer im Betrieb tätigen Fremdfirma tätig
werden. Dem Arbeitgeber muß eine umfassende Pflicht
auferlegt werden, Arbeitsräume, Betriebsvorrichtungen,
Maschinen und Gerätschaften so einzurichten und zu unterhalten und den Betrieb so zu regeln, daß alle im Betrieb
Beschäftigten gegen Gefahren für Leben und Gesundheit
umfassend geschützt sind.

Bonn, den 17. Oktober 1986

| | |
|---|---|
| **Dreßler** | **Reschke** |
| **Lutz** | **Reimann** |
| **Frau Fuchs (Köln)** | **Schreiner** |
| **Buschfort** | **Sieler** |
| **Egert** | **Frau Steinhauer** |
| **Glombig** | **Urbaniak** |
| **Heyenn** | **Vosen** |
| **Kirschner** | **Weinhofer** |
| **Müller (Düsseldorf)** | **von der Wiesche** |
| **Menzel** | **Dr. Vogel und Fraktion** |
| **Peter (Kassel)** | |

Der Antrag wurde aufgrund der Stimmenmehrheit der Koalitionsparteien CDU/CSU/FDP sang- und klanglos abgelehnt.

Der DGB geht in seinen Forderungen noch einen Schritt weiter als die SPD. Er fordert das generelle Verbot von Leiharbeit, bzw. Menschenhandel, da nur so der rapide Abbau der Sozialleistungen gestoppt werden kann.

# Prozesse

## Der vorgeschickte Kläger

Der erste Verbotsantrag gegen »Ganz unten« erfolgte aus der Baubranche. Ein Wirtschaftszweig, in dem bis zu 40 % der Arbeiter von Subunternehmern zum Teil illegal gestellt werden und in dem das risikolose Prinzip von *heuern und feuern* je nach Auftragslage am extremsten entwickelt ist. Zahlreiche Weltfirmen im Baugewerbe haben ihre Stammbelegschaft bis auf ein Drittel abgebaut und lassen die Aufträge von »Subs« fertigstellen. – Nach Erscheinen von »Ganz unten« gehen einzelne Gemeinden und Städte [so z. B. die Bürgermeister von Wiesbaden und Marburg] dazu über, bei kommunalen Ausschreibungen Mindestanforderungen zu überprüfen: die Gewährleistung von Renten- und Sozialversicherungsbeiträgen und die Zahlung eines tariflichen Lohns. Eine ganze Reihe von Bewerbern fallen dadurch schon mal aus.

Der Anzeigeerstatter Keitel hatte nichts mehr zu verlieren. Mit ca. 30 Millionen DM Steuerschulden innerhalb von 6 Jahren – ein Großteil waren vorenthaltene Lohnsteuern – zählt Keitel nicht gerade zu den kleinen Fischen seiner Branche. Er arbeitete für Weltfirmen wie die Bayer AG, den Baukonzern WTB, baute Kasernen für die Bundeswehr und unterhielt nebenbei – selbst leidenschaftlicher Spieler zum Ausgleich seiner Verluste – einen illegalen Spielsalon.

Er sehe sich gezwungen, gegen Buch und Autor vorzugehen, da ihm sonst »selber Repressalien von seiten Dritter« drohten, ließ er durch seinen Anwalt dem Gericht mitteilen. Gleichzeitig ließ er über seinen Anwalt gegen den Autor »Strafantrag unter dem Gesichtspunkt der Verleumdung« stellen mit der

# Wallraff muß nichts ändern

## Autor suchte Gespräch mit dem Gegner

Von unserem Redakteur
Wolfgang Brüser

Das Buch „Ganz unten" des Kölner Schriftstellers Günter Wallraff wird auch weiterhin unverändert erscheinen können. Gestern zog vor dem Landgericht der ehemalige Düsseldorfer Unternehmer Alfred Keitel seinen Antrag auf Erlaß einer einstweiligen Verfügung zurück, nachdem die Zivilkammer angedeutet hatte, sie werde wegen mangelnder Aussicht auf Erfolg dem inzwischen „verarmten Kläger" keine Prozeßkostenhilfe zugestehen.

### Vier Äußerungen

Vier Äußerungen in Wallraffs Buch hatten den Ende 1984 wegen Steuerhinterziehung zu viereinhalb Jahren Haft verurteilten Unternehmer veranlaßt, gegen den Schriftsteller vorzugehen. Wallraff hatte geschrieben, Keitel habe es zuvor zu einem „kaum abschätzbaren Vermögen gebracht" und sich das Unternehmen „GBI" zugelegt. Das „illegale Geschäft" mit Leiharbeitern sei ausgezeichnet gelaufen. Keitel habe mit „500 Menschen ein Spiel getrieben".

In all diesen Formulierungen, gab das Gericht zu erkennen, sei weder eine „unrichtige, ehrenrührige Tatsachenbehauptung noch eine Schmähkritik" zu sehen. Die von Wallraff behaupteten Fakten seien zum Teil durch das Strafurteil des Düsseldorfer Landgerichts gegen Keitel gedeckt oder naheliegende, zumindest aber zulässige Wertungen. Im übrigen habe der Antragsteller seine gegenteiligen Behauptungen nicht „glaubhaft machen können".

Keitel, von Wallraff als „Strohmann zweier Konzerne" bezeichnet, der „unter großem Druck stehe, „mafia-ähnliche Methoden" befürchten müsse und deshalb vor Gericht gezogen sei, ließ durch seinen Anwalt mitteilen, er behalte sich vor, das Zivilverfahren weiter zu betreiben. Wallraff hingegen bot seinem Gegenüber an, sich ihm doch anzuvertrauen: „Herr Keitel, ich habe keinen Haß gegen sie, sie sind ein Opfer der Industrie. Wenn sie sich aussprechen wollen, dann kommen sie zu mir." Nach der Verhandlung suchte Wallraff das Gespräch mit Keitel. Über den Inhalt wollte er jedoch aus Gründen des „Informantenschutzes" keine Angaben machen.

Am Rande des Verfahrens teilte Günter Wallraff mit, er sei wegen seines Buches bedroht worden. Ein „seriös wirkender Herr", der vermutlich im Auftrag der Industrie an ihn herangetreten sei, habe ihm nahegelegt, in Urlaub zu fahren. Er solle sich nicht in Dinge mischen, die ihn nichts angingen.

*Kölner Stadt-Anzeiger*, 8. 12. 1985

Begründung: »Der Antragsgegner hat wider besseres Wissen in bezug auf einen anderen unwahre Tatsachen behauptet und verbreitet, welche den Antragsteller verächtlich zu machen oder in der öffentlichen Meinung herabzuwürdigen oder dessen Kredit zu gefährden geeignet sind.«

Nach verlorenem Prozeß schien Keitel sichtlich erleichtert und gab Pressevertretern gegenüber zu, daß er diesen Prozeß nicht aus freien Stücken geführt habe. Im Zuschauerraum des Gerichts saßen Prozeßbeobachter aus der Baubranche und aus der Schwerindustrie des Ruhrgebiets.

# Der WZ-Verleumdungsprozeß

»Türkt Wallraff?« hatte die Westdeutsche Zeitung (WZ) am 13.11.1985 geschrieben und, um sich die Frage selbst zu beantworten, eine vermeintliche Fotomontage vom Passauer politischen Aschermittwoch beigefügt. Der anschließende Prozeß dauerte noch keine zwei Stunden. Nachdem der Fotograf Günter Zint das Negativ des Aschermittwoch-Fotos vorgelegt hatte, mußte die Westdeutsche Zeitung sich verpflichten, in der nächsten Ausgabe einen Widerruf ihrer Unterstellung zu veröffentlichen. Die Prozeß-Kosten hatte sie zu tragen.

# Wallraff gewinnt
# seinen ersten Prozeß

*Das Foto vom CSU-Aschermittwoch ist eindeutig echt / 'WZ' muß widerrufen / Üble Breitseiten von „Report" gegen den Kölner Autor*

**Berlin (taz/ap)** — Das inzwischen millionenfach aufgelegte Wallraff- Buch „Ganz unten" sorgt weiter für erheblichen Wirbel. Gestern errang der Kölner Schriftsteller einen ersten großen gerichtlichen Erfolg. Vor dem Düsseldorfer Landgericht legte der Hamburger Fotograf Günter Zint das Negativ eines Fotos vor, das Wallraff zusammen mit einer bayerischen Urgestalt in Lederhosen zeigte und widerlegte damit alle Behauptungen, das Foto sei gefälscht. Die Westdeutsche Zeitung (WZ) hatte am 13. November auf ihrer Titelseite Wallraff der Fälschung beschuldigt. Sie muß jetzt widerrufen.

Noch am Abend vor dem Prozeß hatte der Münchner „Report"-Chef Lojewski die angebliche Fälschung als Aufhänger für eine üble Kampagne gegen Wallraff benutzt. „Ganz unten — ganz falsch?" leitete Strauß-Spezi und Saure-Gurken Preisträger Lojewski den „Report"-Beitrag ein:

Es gebe guten Grund, an der Glaubwürdigkeit Wallraffs zu zweifeln. Selbst wenn das Bild vom Aschermittwoch keine Fälschung sei, stimmten viele andere Einzelheiten, di Wallraff über dieses Treffen erichtet habe, nicht.

Gab es Bierleichen? Hatten Gäste in die Hosen gepinkelt? Zeigten „pralle Kellnerinnen tiefausgeschnittene Dirndl"? Kellnerinnen, Rot-Kreuz-Helfer und natürlich CSU-Mitarbeiter wurden als Zeugen vorgestellt, und sie bestritten Wallraffs Darstellungen. Report-Kommentar: Man könne meinen, das ganze Buch sei „literarisch am Schreibtisch und nicht dokumentarisch ausgeführt" worden. Kein Wort in „Report", daß aufgrund der Enthüllungen in Wallraffs Buch bereits zwei Firmen-Chefs in U-Haft genommen wurden.

*Die Tageszeitung*, 5.12.1985

# Der Thyssen-Prozeß

Am 20. März 1986 gibt der Thyssen-Konzern bekannt, gegen Wallraff und seinen Verlag Klage beim Düsseldorfer Landgericht eingereicht zu haben. Damit gerät der seit Monaten andauernde Konflikt zwischen der Thyssen-Leitung und Günter Wallraff in eine neue Dimension. Thyssen-Sprecher Lutz Dreesbach nennt die eigentliche Absicht des Konzerns: »Uns geht es darum, daß Herr Wallraff die unwahren Behauptungen bezüglich Thyssen Stahl in Zukunft unterläßt und daß wir ihn hier vor Gericht als Lügner entlarven.«

Der Prozeßbeginn ist für den 29. Oktober angesetzt. In der Zwischenzeit müssen Günter Wallraff, seine Mitarbeiter und juristischen Berater die sieben Punkte umfassende Klageschrift Punkt für Punkt durch Zeugenaussagen und Eidesstattliche Erklärungen widerlegen. Zum Zeitpunkt der Klageerhebung befindet sich der Autor allerdings mitten in den Vorbereitungen für den McDonald's-Prozeß, so daß der Thyssen-Komplex erst gegen Ende April angegangen werden kann. Die Klage befaßt sich im wesentlichen mit Vorwürfen Wallraffs, wonach Thyssen im Einsatz von Leiharbeitern gegen Arbeitsschutzbestimmungen verstoßen habe. Des weiteren geht es um die Behauptung in »Ganz unten«, daß das Unternehmen auf Kosten der Stammbelegschaft *zunehmend* Fremdfirmenkräfte beschäftige. (Dies ist einer der beiden Punkte, die der Autor nach dem Gerichtsurteil später zurücknehmen mußte, obwohl er 20 Jahre vor seiner Ali-Rolle schon einmal bei Thyssen-Stahl in Duisburg ein halbes Jahr lang als deutscher Arbeiter[1] malocht und erlebt hatte, daß Reinigungsarbeiten, wie sie von der Firma

---

1 *Industriereportagen. Als Arbeiter in deutschen Großbetrieben*, 1966

Remmert durchgeführt wurden, damals zum Aufgabenbereich von Thyssen-Arbeitern gehörten.)

Unverständlich war die Entscheidung des Gerichts bezüglich des zweiten Punktes, in dem Thyssen recht bekam. Es handelte sich um eine Schilderung, wonach den Leiharbeitern im Duisburger Werk, auch von Thyssen-Leuten, Staubmasken vorenthalten worden waren. Dabei hatte Günter Wallraff im Buch hierzu hinreichend Material vorgelegt, etwa die Krankengeschichte des türkischen Arbeiters Sahabettin Sarizeybek, der in »Ganz unten« Osman Tokar heißt (s. S. 205).

In der Klageschrift des Thyssen-Konzerns wurden auch Günter Wallraffs Erlebnisse in der Gasreinigungsanlage als unwahr hingestellt (S. 93–96). Auch hierfür hatte er im Buch einen Zeugen genannt, nämlich seinen türkischen Kollegen Raci Helvali, und dessen Schilderung zitiert (s. S. 95).

Angeblich falsch sei auch die Darstellung Wallraffs, wonach Fremdfirmenmitarbeiter ohne Helm, Sicherheitsschuhe und Handschuhe bei Thyssen gearbeitet haben. Ebenso zum Thema Arbeitszeit. Die im Buch beschriebenen Doppel- und Dreifachschichten seien nicht bekannt. Anhand von Originalunterlagen konnte jedoch nachgewiesen werden, daß Thyssen durchaus von solchen Illegalitäten gewußt haben muß, denn die Arbeitszeiten der Fremdfirmenmitarbeiter wurden auf thyssen-eigenen Stempelkarten festgehalten.

Die Prozeßvorbereitungen bezeichnet Frank Berger, juristischer Berater Günter Wallraffs, in seinem Buch »Thyssen gegen Wallraff« als »Materialschlacht«. Vor allem bedurfte es zahlreicher Zeugenbefragungen; die eine führt in die Türkei nach Diyarbakir, unweit der syrischen Grenze, wo ein ehemaliger Arbeitskollege von Ali/Wallraff seinen Militärdienst ableistet. Sahabettin Sarizeybek kann in seiner Eidesstattlichen Erklärung zum Thema Staubmasken sagen:

*»An meinen Arbeitsstellen war die Luft schmutzig und ungesund, es waren ziemlich viele Eisenstaubkörnchen in der Luft und auf dem Boden. Als ich deswegen von der Firma Thyssen*

# „Ganz unten" gegen „Ganz oben"

## Heute beginnt der entscheidende Prozeß gegen den Wallraff-Bestseller „Ganz unten" Kläger ist der Thyssen-Konzern, der zehn Seiten des Buches gestrichen haben will

### Ein Bericht von Jakob Sonnenschein

*Vor dem Düsseldorfer Landgericht beginnt heute der, nach Einschätzung von Günter Wallraff, „wichtigste Prozeß" gegen das Buch „Ganz unten". Obsiegt der Stahlgigant Thyssen, so kommen auf Wallraff und den Verlag Kiepenheuer & Witsch unter Umständen millionenschwere Schadensersatzforderungen zu. Deutliche Wirkungen hat das Wallraff-Buch in der „Verleiher-Szene" nach Auffassung des Chefs des Landesarbeitsamtes, Olaf Sund, hinterlassen. Eine Beobachtung, die auf den Subunternehmer Vogel, Wallraffs ehemaligen Chef, offenbar nicht zutrifft (siehe Dokumentation). Der Prozeß gegen Vogel beginnt ebenfalls heute — in Duisburg.*

Monatelang hat Thyssen abgewartet, abgestritten, geschwiegen. Dann erschienen großflächige Anzeigen, Sympathiewerbung in allen großen Zeitungen. Es half alles nichts.

Der Erfolg von „Ganz unten", dem dokumentarischen Thriller über Sklavenhändler, Leiharbeit und Ausländerhaß, war nicht aufzuhalten. Mit einer verkauften Auflage von mittlerweile 2.25 Millionen Exemplaren in der BRD und Übersetzungen in 18 Fremdsprachen, bricht das Buch alle Verkaufserfolge.

Da die Ausbeutung hauptsächlich ausländischer Leiharbeiter durch den Stahlgiganten Thyssen im Mittelpunkt der Wallraff'schen Recherchen steht, droht dem Konzern ein Imageverlust mit kaum abschätzbaren Folgewirkungen. Gut ein halbes Jahr nach Erscheinen des Buches zog Thyssen die Notbremse. Am 20. März dieses Jahres reichte der Konzern Klage ein. Was die eigene PR-Abteilung nicht schaffte, soll nun ein Gericht besorgen. Inzwischen haben allein die eingereichten Schriftsätze der Parteien einen Umfang von mehr als 200 DIN A4-Seiten erreicht.

Bekäme der Vorstand der Thyssen Stahl AG Recht, so bliebe vom Thyssen-Kapitel im Buch „Ganz unten" nicht viel übrig. Thyssen bestreitet fast alles. Keine Doppelschichten, keine Verstöße gegen Arbeitsschutzvorschriften, ja selbst den Tatbestand der Leiharbeit leugnet das Unternehmen. Kommt es vor der 12. Zivilkammer des Düsseldorfer Landgerichts zur Beweisaufnahme, dann werden eine Reihe von Zeugen, unter ihnen ehemalige Subunternehmer, die sich von Thyssen gelinkt fühlen, über die „Scheinverträge" plaudern.

### Drohungen gegen Zeugen

Dutzende von Zeugen sind darüber hinaus von Wallraffs Anwälten benannt worden, um die im Buch geschilderten Verstöße gegen Arbeitsschutzvorschriften zu bezeugen. Prozeßentscheidende Bedeutung kommt der Standfestigkeit der Zeugen zu.

Eine Reihe von ihnen arbeiten inzwischen entweder bei Thyssen, oder bei von Thyssen abhängigen Firmen und haben angedeutet, daß es für sie nicht besonders angenehm wird, wenn sie bei ihren eidesstattlichen Versicherungen bleiben. Daß dies keine bloße Vermutung ist, zeigt das Beispiel des Zeugen Karl-Heinz Stoffels.

In einer notariellen Erklärung des Zeugen heißt es „......bis zum Erscheinen des Wallraff-Buches haben wir weder von der Firma Thyssen, noch von der Firma Baumann Gaswarngeräte bekommen, wenn wir z.B. im Hochofenbereich arbeiten mußten, wo es zu plötzlichen Gasausbrüchen kommen kann.

Dies änderte sich wenige Tage nach Erscheinen des Buches ‚Ganz unten' schlagartig. Von da an wurden uns vom Thyssen-Personal regelmäßig Gaswarngeräte zur Verfügung gestellt, die wir zum Arbeitsplatz mitnahmen, um uns vor Gefahren zu schützen." In der Zwischenzeit bekam der Zeuge Stoffels von den Anwälten seines derzeitigen Arbeitgebers, der von Thyssen abhängigen Firma Baumann einen Brief, in dem rechtliche Konsequenzen für den Fall angedroht werden, daß Stoffels sich „dem Denunzianten" Wallraff" als Zeuge zur Verfügung stellt. Stoffels hat wegen der Drohung Strafantrag gestellt.

*Die Tageszeitung*, 29. 10. 1987

*eine Staubmaske haben wollte, sagte man mir, ich solle sie von der Firma, die mich geschickt hatte, verlangen. Ich bin dann zum Vorarbeiter der Firma Vogel gegangen und habe ihn um eine Staubmaske gebeten, er hat mir aber keine gegeben. Also mußte ich ohne Staubmaske weiterarbeiten.«*

*Sarizeybek erinnert sich auch noch an den von Wallraff beschriebenen Einsatz in der Roheisenfähre.* »Es war ungeheuer viel Staub da und wir haben ohne Maske 12 Stunden und sogar mehr gearbeitet. Manche Teile in dieser Anlage waren so eng, daß wir da hineinkriechen mußten, sonst wären wir gar nicht an die Arbeitsstellen herangekommen. Als diese Reparaturarbeiten verrichtet wurden, haben uns Thyssen-Angehörige gesagt, wir müßten schneller arbeiten, man wolle die Anlage möglichst bald wieder in Betrieb nehmen. Wir haben dann da unter tausend Schwierigkeiten gearbeitet.« *– Auf weiteres Befragen erklärt Sarizeybek, daß er damals wegen der im Buch beschriebenen Beschwerden einen türkischen Arzt in Oberhausen aufgesucht habe.* »Nachdem er mich untersucht hatte, fragte er mich, wo ich arbeite. Ich antwortete, daß ich bei Thyssen arbeite und daß mein Arbeitsplatz dort sehr staubig sei. Der Arzt sagte, daß dies auch mit seiner Diagnose übereinstimme. Er riet mir dazu, diese Arbeitsstelle aufzugeben, weil meine Lungen sonst zerstört würden, ich würde das nicht auf Dauer aushalten. Um mir wenigstens etwas zu helfen, verschrieb mir der Arzt Medikamente und schickte mich nach Hause. Ich habe dann auch kurze Zeit später bei Thyssen aufgehört.«[1]

---

1 Die kursiv gesetzten Teile dieses Kapitels sind dem Buch von Frank Berger »*Thyssen gegen Wallraff*«, Chronik einer politischen Affäre, Steidl-Verlag Göttingen 1988, entnommen.

Zum selben Thema und zum Arbeitsplatz Oxygenstahlwerk sowie den dort installierten Warnanlagen eine weitere Aussage:

---

*Versicherung an Eides Statt:*
*Nachdem ich, W. ■ K. ■, geboren ■, wohnhaft in 4330 Mülheim / Ruhr, ■, über die Strafbarkeit der Abgabe einer falschen eidesstattlichen Versicherung belehrt worden bin, versichere ich folgendes an Eides statt:*
*Ich war von Anfang Februar bis Oktober 1985 für die Fa. Vogel-Industriemontagen, Oberhausen, als Arbeiter und zeitweilig auch als Vorarbeiter tätig und in dieser Zeit vor allem auf der August-Thyssen-Hütte in Duisburg eingesetzt.*
*Eine geregelte Arbeitszeit gab es dort für uns nicht. Wir mußten häufig Überstunden machen, die in meinem Fall bis zu 24 Stunden andauerten. Bei Weigerung, solche Überstunden mitzumachen, mußte man damit rechnen, entlassen zu werden, d. h. man wurde nicht gefragt, sondern die Überstunden wurden einfach angeordnet. Zu meiner Zeit stand die Überholung und Reinigung des Hochofens »Schwarzer Riese« in Duisburg an. Hier mußten Vogel- und Remmert-Leute wochen- und monatelang Überstunden machen und auch an Wochenenden ohne freien Tag durcharbeiten. Bei einer 24-Stunden-Schicht Ende Februar / Anfang März (ich glaube mich zu erinnern, daß es der 1. 03. 85 war) bei einer Rohrreinigung in Schwelgern nahe der großen Kantine arbeitete ich mit dem Kollegen Ewald Schmidt zusammen. Wir mußten zwecks Reinigung in das Rohr, Duchmesser zirka 1,50 m, hineinkriechen. Es war zu etwa zwei Drittel mit Staub gefüllt, und es herrschte eine extrem starke Staub- und Hitzeentwicklung. Nach mehrmaligem Nachfragen wurden mir vom Einsatzleiter der Fa. Remmert, Hentschel, wenige völlig unzureichende Staubmasken aus Papier zur Verfügung gestellt, die im Nu durchlässig wurden, so daß man durch die Staubmasken hindurch den Staub schluckte. Nach meiner Erinnerung*

*habe ich bei diesem Arbeitseinsatz bei Beginn und Ende auf meiner Thyssen-Stempelkarte gestempelt. Genau wie der Remmert-Arbeiter Ewald Schmidt war ich von wenigen Pausen abgesehen 24 Stunden im Arbeitseinsatz.*

*Zu meiner Zeit waren mir auf dem Thyssen-Firmengelände keine Stellen bekannt, bei denen wir uns Staubmasken, Arbeitshandschuhe oder sonstiges Sicherheitsmaterial hätten holen können. Mehrere Male habe ich Thyssen-Verantwortliche nach Staubmasken und Handschuhen gefragt und die Antwort war immer die gleiche: »Dafür ist Thyssen nicht zuständig«, da müsse die eigene Firma für sorgen. Wenn ich Vogel auf Staubmasken ansprach, wurde ich auf Hentschel verwiesen. Der sei dafür zuständig und besorge sie über Remmert. Dieser (Hentschel) wiederum lehnte sie für die Vogel-Leute mit der Begründung ab, daß sein Kontingent schon für die eigenen Leute (die von Remmert) hinten und vorne nicht reiche. Die einzelnen Kollegen, denen der extreme gesundheitsschädliche Staub sehr zu schaffen machte, wagten in der Regel gar nicht, danach zu fragen, weil es sich herumgesprochen hatte, daß sie sich damit nur Ärger einhandelten, indem sie als Faulenzer und Quertreiber tituliert wurden und ihnen von Fall zu Fall mit Entlassung gedroht wurde.*

*Ich habe mindestens dreimal in der Elektrogasreinigungsanlage in Duisburg-Ruhrort gearbeitet. Bei meinem ersten Arbeitseinsatz dort hatte mir ein Mitarbeiter der Firma Remmert erklärt, daß man seinen Arbeitsbereich verlassen soll, wenn das schwarze Gasmeßgerät zu piepen anfängt. Ich erinnere mich, daß das uns mitgegebene Gerät bei einem anderen Arbeitseinsatz an gleicher Stelle sofort zu piepen begann, weshalb ich mit dem Gerät zur Ausgabestelle zurückgegangen bin. Ich habe dies getan, weil man mir zuvor einmal gesagt hatte, daß die Geräte auch piepsen, wenn sie nicht geladen sind. An der Ausgabestelle der Gaswarngeräte hat mir der zuständige Thyssen-Mitarbeiter das Gerät umgetauscht, mit dem ich dann zum Arbeitsplatz zurückgegangen bin. Dort fing es jedoch sofort wieder zu piepsen an, weshalb ich noch einmal mit dem Gerät zur Ausgabestelle zurückgegangen bin. Dort hat mir dann der gleiche Thyssen-Mitarbeiter das Gerät noch einmal umgetauscht, angeblich weil es defekt sei. Bei dem dritten Gerät piepste es am Arbeitsplatz immer mal wieder, wir sind deshalb auch zwischendurch mal weggegangen. Ich konnte die bestehende Gefahr nicht richtig einschätzen, weil mich niemand darüber aufgeklärt hat, wieviel ausströmendes Gas für uns zumutbar ist oder nicht. Der Geruch von Gas war jedoch während der ganzen Schicht deutlich spürbar.*

*Nachträglich bin ich der Auffassung, daß die Anlage während unseres Einsatzes nicht abgeschaltet war, weil wir uns bedingt durch die große Kälte mehrfach die Hände an einem in der Anlage befindlichen Rohr gewärmt haben. Außerdem konnte ich in dem Raum, wo das Rohr steht, deutliche Maschinengeräusche hören.*

*Ich erinnere mich auch, mindestens drei- oder viermal im Oxygenstahlwerk I gearbeitet zu haben, und zwar auf unterschiedlichen Bühnen. Meine Aufgabe bestand darin, herumliegenden Staub zusammenzufegen und in Plastiksäcke zu schaufeln, die dann später abtransportiert wurden. Ich bin niemals darüber aufgeklärt worden, was es mit den Warnsignalen auf sich hat, die sich in doppelter Ausführung auf den Bühnen befinden. Bei meinem allererersten Arbeitseinsatz im Oxygenstahlwerk habe ich mich bei Beginn des Blinkens der Warnschilder vom Arbeitsplatz entfernt und mich in einem abgeschlossenen Raum am Ende der Bühne in Sicherheit gebracht. Nachdem ich gesehen hatte, daß trotz blinkender Warnsignale im gesamten Bereich der Bühne weitergearbeitet wurde, bin ich an meinen Arbeitsplatz zurückgekehrt und habe weitergemacht. Während der weiteren Einsätze im Oxygenstahlwerk wurde ebenfalls während des Blinkens der Warnschilder auf der Bühne gearbeitet; irgendeine Absperrung eines bestimmten Bereiches auf der Bühne habe ich nicht gesehen und ist mir auch niemals gezeigt worden. Ich erinnere mich darüber hinaus, daß wir einige Male während des Blasbetriebs im Oxygenstahlwerk ohne Staubmaske durcharbeiten mußten, weil wir weder von Remmert noch von Thyssen Schutzmasken zur Verfügung gestellt bekommen haben. Ich glaube, daß ich auch einmal einen Magazinverwalter im Oxygenstahlwerk I nach Staubmasken gefragt habe und mir diese mit dem Ausspruch »Dafür muß eure Firma selbst sorgen!« verweigert worden sind.*

*Mülheim, den 18. 12. 1986*

Überhaupt zeigt sich, wie verallgemeinerbar Wallraffs Erlebnisse bei Thyssen sind: Es gibt mehr als 20 Zeugen, die gleiches oder ähnliches erlebt haben.

Es stellt sich auch heraus, daß Probleme mit funktionierenden Gaswarngeräten schon Wochen vor Erscheinen von »Ganz unten« auf die Tagesordnung einer Betriebsversammlung in der Duisburger Stahlhütte gebracht wurden: »Die Thyssen Stahl AG hat mit CO-Vergiftungen und Gastoten traurige Erfahrungen gemacht, und trotzdem wird die Sache immer noch nicht ernstgenommen.« Die Veröffentlichung von »Ganz unten« hat offensichtlich bewirkt, daß endlich von oben etwas getan wird. So berichtet der ehemalige Fremdfirmenmitarbeiter Karl-Heinz Stoffels:

*»Bis zum Erscheinen des Wallraff-Buches haben wir weder von der Thyssen Stahl AG noch von unserer eigenen Firma Gaswarngeräte bekommen, wenn wir zum Beispiel im Hochofenbereich eingesetzt wurden, wo es zu plötzlichen Gasausbrüchen kommen kann. Dies änderte sich wenige Tage nach Erscheinen des Buches ›Ganz unten‹ schlagartig. Von da an wurden uns vom Thyssen-Personal regelmäßig Gaswarngeräte zur Verfügung gestellt, die wir dann zum Arbeitsplatz mitnahmen, um uns vor Gefahren zu schützen.«*

296

*Stoffels Aussage, von einem Düsseldorfer Notar protokolliert, bringt Thyssen auch in einigen anderen Punkten ins Zwielicht, unter anderem wegen illegaler Leiharbeit. Kurz vor Prozeßbeginn wird der Zeuge von seinem früheren Arbeitgeber unter Druck gesetzt, weil er sich dem »Denunzianten Wallraff« als Informant zur Verfügung gestellt habe. Der gelernte Maurer ließ sich jedoch nicht einschüchtern, er revanchierte sich mit einer Strafanzeige gegen seine Ex-Firma – die Essener Staatsanwaltschaft hat inzwischen Ermittlungen begonnen. Im Prozeß gegen Wallraff bestreitet der Konzern später nicht, Stoffels ehemalige Firma informiert zu haben. Die Schilderungen des Zeugen über vorenthaltene Gaswarngeräte seien aber »völlig aus der Luft gegriffen«, im übrigen würde man allen Fremdfirmen solche Geräte zur Verfügung stellen, »sofern nur andeutungsweise die Gefahr eines Gasaustritts zu befürchten ist.« Wie weit man mit dieser Äußerung von der tatsächlichen Wahrheit entfernt ist, kann niemand zu diesem Zeitpunkt erahnen.*

*In der späteren Beweisaufnahme wird Thyssen allerdings eines Besseren belehrt, die Defizite bei der Versorgung mit Gaswarngeräten sind unübersehbar.*

Zum Thema der – laut Thyssen-Klage angeblich nicht vorhandenen – Doppel- und Dreifachschichten hat Günter Wallraff besonders viele Aufzeichnungen gemacht. Durch eine Reihe weiterer Informanten kann genau nachvollzogen werden, in welchem Umfang Fremdfirmenmitarbeiter bei Thyssen gegen die Arbeitszeitverordnung verstoßen haben. Wie schon in etlichen anderen Fällen sind es vor allem die ausländischen Kollegen, die unter den Illegalitäten am meisten zu leiden haben.

*Der türkische Arbeiter Sezer C. zum Beispiel war für die Firma Remmert wochenlang im Dauereinsatz. Gegen 5 Uhr morgens fand er sich auf dem Stellplatz der Firma in Oberhausen ein, wurde dann auf das Werksgelände von Thyssen gebracht, wo er – von geringfügigen Pausen abgesehen – bis 1 Uhr nachts durcharbeitete. Anschließend fuhr man ihn mit dem Bus zum Stell-*

*platz der Firma Remmert zurück und entließ ihn für zwei bis drei Stunden nach Hause. Mit Beginn der Frühschicht mußte der Türke wieder bei Remmert erscheinen, danach folgte wieder ein zirka 20stündiger Einsatz bei Thyssen. Nach eigenen Angaben hat C. in dieser Zeit oft nur eine Stunde geschlafen, in der restlichen Zeit war er für Remmert unterwegs. Um die Verstöße gegen die Arbeitszeitverordnung wenigstens etwas vertuschen zu können, wurde der Türke dazu angehalten, auf der Stempelkarte eines anderen Arbeiters mitzustempeln, damit es so aussah, als ob die Arbeitsleistung nicht von einem, sondern von zwei Fremdfirmenmitarbeitern erbracht worden sei.*

*Der Algerier Mohammed B. hat ähnliches erfahren. Neben seinen normalen Schichten arbeitete er samstags und sonntags zusätzlich, manchmal 12 Stunden, mehrere Male 16 Stunden und einmal sogar 24 Stunden hintereinander – fast ohne Pause. Im Gegensatz zum türkischen Arbeiter Sezer C. hielt man es bei dem Algerier nicht für notwendig, seine Arbeitszeiten »aufzuteilen«: Soweit sich B. erinnern kann, sind alle seine Stunden auf einer thyssen-eigenen Stempelkarte festgehalten worden, der Konzern könnte sie jederzeit überprüfen.*

*Der ehemalige Leiharbeiter Joachim H. arbeitete nicht nur »des öfteren« 16 Stunden hintereinander, er wurde in dieser Zeit auch mehrfach von thyssen-eigenem Personal überprüft: »Als ich bei der Hochofenreinigung eingesetzt war und 24 Stunden durchgearbeitet habe, bin ich in allen drei Schichten durch einen Thyssen-Meister kontrolliert worden, der für die Aufsicht über die Fremdfirmenmitarbeiter zuständig war. Obwohl man genau wußte, wie lange wir schon auf dem Werksgelände waren, hat man uns bis zum Schluß weitermachen lassen, die Arbeit mußte unbedingt fertig werden.« Einige Male kam es auch vor, daß der Deutsche seine Schicht einfach verlängern mußte, weil die Thyssen-Meister mit dem Ergebnis der Reinigungsarbeiten nicht zufrieden waren. H.: »In diesen Fällen mußten wir bis zu fünf Stunden zusätzlich arbeiten, bei einer Verweigerung der Mehrarbeit wurde sofort mit Entlassung gedroht.«*

Wallraffs eigene Tätigkeit als Leiharbeiter bei Thyssen war von Anfang an illegal; denn sein ehemaliger »Chef« Vogel hatte überhaupt keine Genehmigung zum Arbeitnehmerverleih. Er lieh seine Leute an seinen Geschäftspartner Remmert aus, der pro Mann und Stunde 30,– DM von Thyssen abkassierte. Für die meisten türkischen Arbeiter blieben davon 8,50 DM oder 9,– DM brutto übrig.

*Selbst wenn man unterstellt, daß Thyssen nichts von den Geschäften zwischen Vogel und Remmert gewußt hat, der Konzern kann sich nicht davon freisprechen, bei Remmert illegale Arbeitnehmer entliehen zu haben. Nach Ermittlungen des Düsseldorfer Landesarbeitsamtes waren solche Praktiken fast alltäglich. Neben Remmert gibt es vermutlich noch mehr als ein Dutzend weiterer Firmen, die ihre Arbeiter an Thyssen »verpumpten«. Die Bochumer Staatsanwaltschaft geht sogar davon aus, daß solche Geschäfte bei Thyssen schon mehr als zehn Jahre andauerten. Während dieser Zeit sei es vorgekommen, daß Fremdfirmen dem Konzern innerhalb von wenigen Stunden Hunderte von Arbeitnehmern zur Verfügung stellten, die Leute kamen zum Teil in T-Shirts und Turnschuhen auf der Hütte an. Nach Beendigung des Einsatzes standen die »fliegenden Kolonnen« wieder auf der Straße – zumindest solange, bis Thyssen oder ein anderes Großunternehmen erneuten Einsatz wünschten. Im Prozeß gegen Wallraff will Thyssen von alledem nichts mehr wissen, vom Einsatz illegaler Arbeitnehmer habe man keine Ahnung gehabt, den Rest möge die Staatsanwaltschaft aufklären.*

Aber nicht nur ehemalige Fremdfirmenmitarbeiter meldeten sich im Kölner Büro des Schriftstellers. Völlig überraschend nimmt auch ein langjähriger Subunternehmer Kontakt auf und hilft, »den Rest aufzuklären«:

*Mit seiner Firma »INDO Ofenbau KG« war Heinrich Nebelsiek sechzehn Jahre lang als Fremdunternehmer bei Thyssen tätig. Neben einer Reihe von Pauschalaufträgen erhielt er auch solche Offerten, bei denen die Arbeitsleistung nach Tagelöhnen abgerechnet wurde. Nebelsiek: »In der Praxis lief das so ab, daß ich*

*Arbeiter nach Thyssen geschickt habe, die dann dort unter Aufsicht von thyssen-eigenem Personal gearbeitet haben. Die Arbeiten wurden sowohl zwischen der Thyssen Stahl AG und mir als auch zwischen den Arbeitnehmern und mir auf der Basis der festgesetzten Stundenlöhne abgerechnet. Bei diesen Arbeiten handelte es sich nach meiner Auffassung um Arbeitnehmerüberlassung, für die ich aber keine Genehmigung des Landesarbeitsamtes hatte. Trotzdem wurde diese Form des Arbeitnehmerverleihs während der gesamten sechzehn Jahre praktiziert, in der meine Firma bei Thyssen tätig war.«*

*Aber nicht nur die illegale Beschäftigung von Leiharbeitern bringt Thyssen ins Zwielicht. Nachdem er seine Firma 1974 auf fünfzig bis sechzig Mitarbeiter reduziert hatte, bekam Nebelsiek des öfteren kurzfristige Aufträge, für die er bis zu 250 Arbeitnehmer zur Verfügung stellen mußte. Nebelsiek: »Manchmal kam es vor, daß Thyssen morgens um 8 oder 9 Uhr in meinem Büro in Gelsenkirchen anrief und für die Mittagsschicht um 14.30 Uhr dreißig bis vierzig Leute verlangte und für die Nachtschicht die gleiche Anzahl und entsprechend für die kommende Morgenschicht. Da meine Stammbelegschaft zur Durchführung dieser Arbeiten nicht ausreichte, war ich gezwungen, Arbeiter von anderen Subunternehmern auszuleihen, wobei diese Subunternehmer ihrerseits keine Genehmigung zum Arbeitnehmerverleih hatten. Bei der Durchführung solcher Eilaufträge habe ich dann bis zu 150 Arbeitnehmer ausgeliehen, um sie der August-Thyssen-Hütte zur Verfügung stellen zu können.«*

Aus den Abrechnungsunterlagen, die der 63jährige Ex-Unternehmer aufbewahrt hat, gehen noch weitere Illegalitäten hervor: »Manchmal kam es vor, daß die Arbeiter der Subunternehmer an einem Tag zwei Schichten abgeleistet haben. Die Arbeitszeiten dieser Leute wurden auf thyssen-eigenen Stempelkarten festgehalten, einige der Arbeiter haben mir ihre Zeitnachweise damals mitgebracht.«

Damit Nebelsiek seine Geschäfte mit Thyssen abwickeln konnte, mußte er – nach seinen Angaben – im Laufe der Jahre

300 000 bis 400 000 DM an Schmiergeldern und sonstigen Aufwendungen an Thyssen-Mitarbeiter aufbringen. »Nahezu vom Beginn meiner Tätigkeit für die Thyssen Stahl AG an bis zum Zusammenbruch meiner Firma im September 1984 habe ich an Verantwortliche der Firma Thyssen Schmiergelder zahlen müssen.« Das geschah in Form von privaten Benzin- oder Verzehrrechnungen, die er in bar zu begleichen hatte, oder in Form von Geschenken wie Uhren. Auch mußte er Thyssen-Meister und -Ingenieure zu abendlichen Barbesuchen einladen und deren Bordellbesuche finanzieren.

Am 29. Oktober 1986 beginnt der Prozeß. Das Presseaufgebot im Düsseldorfer Landgericht gleicht dabei einem politischen Großereignis. Schon zu Beginn der Verhandlung trifft die Kammer eine richtungsweisende Entscheidung: Man habe nicht vor, über sämtliche Vorfälle Beweis zu erheben, im übrigen wolle sich das Gericht darauf beschränken, vierzehn Zeugen zur Sache zu befragen. In einer persönlichen Stellungnahme weist Günter Wallraff im Gerichtssaal darauf hin, daß die von ihm benannten Zeugen Angst vor Entlassung haben. Bei einem aussagewilligen Subunternehmer hat man sogar kurz zuvor eingebrochen, einige Aktenordner sind verschwunden.

Nach anderthalb Stunden endet der erste Prozeßtag vorzeitig. Die Kammer beschließt, in sechs Punkten in die Beweisaufnahme einzutreten und die Verhandlung am 1. Dezember fortzusetzen:

*Verkündet am 29. Oktober 1986*
                 *Thron, JA als Urkundsbeamter*
                 *der Geschäftsstelle*


                 *Beweisbeschluß*


                 *In Sachen*
                 *Thyssen . / . Wallraff u. a.*


                          *I.*

*Es soll Beweis erhoben werden über folgende Fragen:*
*1) Wie hoch war in den Jahren 1974 bis 1985, gemessen an*
*der Gesamtzahl der bei der Klägerin im Produktionsbereich*
*beschäftigten Arbeitnehmer, der jeweilige Anteil von Fremd-*
*firmenarbeitern und Belegschaftsmitgliedern?*
*2) Wurden Fremdfirmenarbeitern während der Ausführung*
*von Reinigungsarbeiten in der Oxygen-Anlage und in der*
*Roheisenfähre von Angestellten der Klägerin Staubmasken*
*trotz entsprechender Anfrage verweigert?*
*3) Hat ein Sicherheitsingenieur der Klägerin, während der*
*Beklagte zu 1) gemeinsam mit dem Zeugen Hülsmann in der*
*Elektrogasreinigungsanlage im Hochofenwerk Duisburg-*
*Ruhrort arbeitete, unter Verwendung zwei verschiedener*
*Gasmeßgeräte ausströmendes Gas festgestellt und daraufhin*
*erklärt, die Geräte müßten defekt sein, im übrigen bestehe bei*
*dem angezeigten Wert noch kein Grund zur Panik, der Wind*
*blase ja das Gas weg?*
*4) Hat einige Wochen später, als Arbeiter der Fa. Vogel in der*
*Elektrogasreinigungsanlage arbeiteten, ein von einem Mei-*
*ster der Klägerin in diesem Bereich verwendetes Gasmeßge-*
*rät Signale abgegeben, woraufhin der Meister erklärt hat, es*
*werde weitergearbeitet?*
*6) Beziehen sich die in der Oxygenanlage vorhandenen*
*Warnschilder, die ein Betreten des Konverterbereiches wäh-*

*rend des Blasvorganges untersagen, auf den gesamten Büh-
nenbereich, in dem von dem Beklagten zu 1) und anderen
Fremdfirmenarbeitern Reinigungsarbeiten ausgeführt wurden, oder lediglich auf einen auf den Warnschildern genau
bezeichneten kleineren Bereich? Haben Fremdfirmenarbeiter während des Blasvorganges auch in dem als konkret gefährdet ausgewiesenen Bereich gearbeitet?*

Am 1. Dezember 1986 findet im Düsseldorfer Landgericht die
erste Zeugenvernehmung statt. Vorher gibt es noch einen
Streit um den Wunsch der Richter, sich von Wallraff einige der
heimlich gedrehten Video-Sequenzen im Gerichtssaal vorführen zu lassen. Thyssen-Anwalt Dr. Mes weist darauf hin, das sei
kein brauchbares Beweismittel, »da der Film insgesamt nicht
geeignet ist, die darin aufgestellten Behauptungen Wallraffs zu
belegen«. Das Gericht ist anderer Meinung und will sich die
Filmausschnitte als Beweismittel vorführen lassen. Am ersten
Tag der Beweisaufnahme sind vierzehn Zeugen geladen. Orhan T. berichtet über seine früheren Arbeitsbedingungen:
*»Als ich bei der Firma Vogel anfing, sollte ich Arbeitsschuhe und
nach Möglichkeit auch einen Helm mitbringen. Schuhe hatte ich
und habe sie auch mitgebracht, einen Helm konnte ich mir aber
nirgendwo besorgen. In der Waschkaue, wo wir uns umzogen,
habe mich die Kollegen dann gefragt, warum ich keinen Helm
habe. Ich habe dann dort einen gesucht und zufällig einen im
Mülleimer gefunden, der war aber zerbrochen. Mit diesem kaputten Helm habe ich dann etwa 14 Tage gearbeitet, danach bekam ich von der Firma Remmert einen anderen gestellt.«* T. be-
*tont, daß er mehrfach im Oxygenstahlwerk eingesetzt worden
sei, seine Aufgabe habe darin bestanden, Staub zusammenzufegen und abzutransportieren. Staubmasken seien bei dieser Arbeit immer Mangelware gewesen, trotz entsprechender Nachfrage habe man nur selten eine bekommen. Von den Thyssen-
Anwälten darauf angesprochen, warum er sich nicht in einem*

*der »Stützpunkte« um Staubmasken bemüht habe, erklärt T.:*
*»Ich wußte damals nicht, daß es bei der Firma Thyssen einen*
*Raum gibt, wo man sich Staubmasken holen kann. Davon habe*
*ich erst viel später erfahren.«*
*Sein türkischer Landsmann Hayrettin D. erklärt, daß er sechs*
*Monate lang ohne jede Staubmaske arbeiten mußte. »An mei-*
*nem ersten Arbeitstag – das war der 26. Juni 1985 – habe ich*
*verschiedene Leute um Staubmasken gebeten. Der Vorarbeiter*
*der Firma Remmert sagte mir, ich solle mich deswegen an mei-*
*nen Chef (Vogel) wenden, der müsse mir die Masken zur Verfü-*
*gung stellen. Dann habe ich mich an Arbeiter der Firma Thyssen*
*gewandt, weil ich in diesem Staub nicht arbeiten konnte. Die*
*haben mir gesagt, ich bekäme keine Maske. Im Oxygenstahl-*
*werk I habe ich auch den Mann im Magazin um Staubmasken*
*gebeten, er hat mir verschiedene Fragen gestellt und dann er-*
*klärt, daß er mir keine Staubmasken geben könne.« D. betonte,*
*daß er danach nie wieder wegen einer Staubmaske nachgefragt*
*habe, »es erschien mir sinnlos«.*

Bei der Vernehmung der nächsten Zeugen geht es um die im
Buch beschriebenen Arbeiten unter Gasgefahr, der sich die
meisten Fremdfirmenarbeiter nicht bewußt waren.
*Sie wurden weder darauf hingewiesen, sich vor Schichtbeginn in*
*ein ausliegendes »Meldebuch« einzutragen, noch wurde ihnen*
*erklärt, wie man die zur Verfügung gestellten Gaswarngeräte*
*handhabt. Der ehemalige Leiharbeiter Joachim H. betonte so-*
*gar, daß er bei seinem Einsatz in der Gasreinigungsanlage über-*
*haupt kein Gaswarngerät gesehen habe. Nach seiner Auffassung*
*sei die Anlage sogar weiter in Betrieb gewesen, »sie war nämlich*
*warm, und wir haben uns noch die Hände daran gewärmt«.*
*Wallraffs türkischer Kollege Nedim P. erinnert sich bei seiner*
*Vernehmung daran, daß die Gasreinigungsanlage mit einer*
*Kette abgesperrt sei und dort auch Schilder angebracht seien,*
*wonach der Zutritt für Unbefugte in diesem Bereich verboten sei.*
*»Bei Beginn unserer Arbeit in dieser Anlage kam ein Mitarbeiter*
*von Thyssen vorbei und stellte ein kleines Gerät dorthin, wo wir*

# Zeuge: Bei Thyssen ohne Schutzmaske im dicksten Eisenstaub

## Wallraffs Darstellung wurde bestätigt

Von HANS-JÜRGEN PÖSCHKE                    waz DÜSSELDORF

Filmstunde vor Gericht war angesagt. Von dem, was „Ganz unten"-Autor Günter Wallraff als „Türke Ali" bei der Duisburger Thyssen Stahl AG erlebt und auf Videoband gebannt hatte, sollte am Montag vor der 12. Zivilkammer des Landgenchts Düsseldorf ein 3-Minuten-Ausschnitt die Beweislage erhellen helfen. Er tat es mitnichten: Ein Blinklicht im „Nebel", schemenhaft hantierende Schatten... „Viel zu sehen", kommentierte Kammer-Vorsitzender Winterberg, „war da nicht."

*Westdeutsche Allgemeine (WAZ), Essen,* 2.12.1986

arbeiteten. Das Gerät hat etwa jede halbe Stunde gepiept. Ich habe meine Kollegen gefragt, was das Piepsen bedeutet. Sie haben erklärt, das Gerät piept, wenn es lebensgefährliches Gas gibt. Der Vorarbeiter von Remmert hat von uns verlangt, daß wir trotz der Signale weiterarbeiten, die Arbeit müßte bis zum Schichtschluß fertig sein.«

Auf entsprechende Anfrage der Thyssen-Anwälte versichert P., daß er nichts von der Existenz eines »Meldebuches« bei Thyssen wisse. »Ich habe mich nicht in ein solches Buch eingetragen und weiß auch nicht, ob uns jemand irgendwo eingetragen hat.«

Der schon mehrfach erwähnte Rací Helvali wird bei seiner Vernehmung noch deutlicher. »Als ich für die Firma Vogel bei Thyssen gearbeitet habe, mußten wir an einem Tag auch Schlamm in der Gasreinigungsanlage entfernen. Als wir morgens anfingen, ist mir nicht aufgefallen, daß es dort ein Gaswarngerät gab. Das habe ich erst bemerkt, als es dort piepste. Kurz darauf kam ein Meister der Firma Thyssen, der uns auch beaufsichtigte. Ich habe ihn gefragt, was das Piepsen bedeutet. Er hat mir erklärt, wenn es piepst, bestünde normalerweise Gasgefahr. Er meinte

305

*aber, das Gerät könne auch kaputt sein. Er hat dieses Gerät dann mitgenommen und kam nach zehn bis fünfzehn Minuten mit einem Gerät zurück, von dem ich annahm, daß es ein anderes war. Auch dieses Gerät piepste jedoch. Der Meister hat es dann wieder mitgenommen und später ein weiteres Gasgerät gebracht, das dann nicht mehr gepiepst hat.«* – Von Wallraffs Anwalt Dr. Senfft darauf angesprochen, ob er keine Angst gehabt habe, trotz der Warnsignale weiterarbeiten zu müssen, antwortete Helvali: *»Der Thyssen-Meister hat auf Befragen ausdrücklich erklärt, wir könnten weiterarbeiten. Ich hatte damals schon Angst um meine Gesundheit – der Meister hat aber erklärt, das Signal hätte nichts zu bedeuten, er würde Bescheid sagen, wenn es wirklich gefährlich wird.«* – Die Zeugenaussage des 23jährigen Türken wirkt sehr überzeugend, das Gericht betont später, daß es nicht die geringsten Zweifel an der Glaubwürdigkeit des Zeugen habe. Auch ein letzter Versuch der Thyssen-Anwälte, Helvalis Glaubwürdigkeit zu erschüttern, schlägt fehl: Der Türke erklärte, daß man nicht am Arbeitsplatz geraucht habe, aus diesem Grund hätten die Gaswarngeräte auch keinen »Fehlalarm« auslösen können. Außerdem – so Helvali – sei ihm während der Arbeit in der Gasreinigungsanlage mehrfach übel geworden. *»Wenn ich gefragt werde, ob ich Gas gerochen habe, so kann ich nur sagen, es ist mir in den Hals gestiegen – ich kann dieses Gefühl nicht beschreiben. Ich habe jedenfalls deutlich etwas gemerkt.«*

Nach mehr als zehnstündiger Zeugenvernehmung vertagt das Gericht den Prozeß auf den 26. Januar 1987. Thema des zweiten Beweisaufnahmetages sind die fehlenden Staubmasken. So berichtet der frühere Remmert-Mitarbeiter Ralf G.: *»Die Mitarbeiter der zentralen Reparaturabteilung haben mir oft erzählt, daß die Staubentwicklung in diesem Bereich doch nicht so schlimm sei. Das lag aber daran, daß sie nur ganz kurze Zeit zum Kontrollieren kamen, während wir nach einer vollen Schicht von Staub überkrustet waren und noch tagelang schwarzen Auswurf beim Husten hatten.«*

Als der Baustellenleiter der Firma Remmert, Armin H. (in »Ganz Unten« Zentel genannt), in den Zeugenstand gerufen wird, soll plötzlich alles ganz anders gewesen sein: Staubmasken habe es in Hülle und Fülle gegeben – jeder, der danach gefragt habe, habe auch eine bekommen, versicherte H. – Ähnlich sei es auch bei der Ausgabe von Schutzkleidung gelaufen, wer keine gehabt habe, sei von der Firma Remmert mit Helmen und Handschuhen ausgestattet worden. H.: »*Ich habe auch darauf geachtet, daß unsere Leute, und die von Vogel, nur in Sicherheitsschuhen gearbeitet haben. Wenn jemand in Turnschuhen gekommen wäre, hätte ich ihn sofort nach Hause geschickt. Man erkennt schon, ob jemand Sicherheitsschuhe trägt oder nicht.*« – Wallraffs Anwalt Lothar Böhm beantragt, den Zeugen mit einer der über 100 von Wallraff heimlich aufgezeichneten Video-Kassetten zu konfrontieren. Mit Zustimmung des Gerichts wird die Filmszene vorgeführt, die anwesenden Journalisten erleben plötzlich einen ganz anderen Baustellenleiter: – In einem Kleinbus auf dem Thyssen-Gelände sitzend, regt sich H. darüber auf, daß wieder einmal Vogel-Mitarbeiter ohne Helm zur Arbeit erschienen sind. »Es ist wie im Kindergarten, ich versteh das nicht. Ihr müßt euch Helme, Schuhe, Handschuhe mitbringen – das sage ich jetzt schon mittlerweile ein Jahr hier.« Ali/Wallraff versucht, einen türkischen Kollegen ohne Helm zu verteidigen: »Aber Vogel gibt uns doch keine...« H.: »Das interessiert mich nicht. Wenn ihr morgen keine habt, geht ihr nach Hause. Wie ihr das macht, ist mir doch egal, ich habe keine Lust, mich jeden Morgen über diese Scheiße zu unterhalten.«

Auf Antrag der Thyssen-Anwälte wird auch Thyssen-Mitarbeiter Udo Markert noch einmal vernommen. Der schon aus den Sendungen von »Report München« bekannte »Vorzeigearbeiter« – einen echten Kollegen Ali/Wallraffs zu gewinnen bzw. umzudrehen, war Thyssen nämlich nicht gelungen – hielt es nunmehr für ausgeschlossen, jemals um eine Staubmaske gebeten worden zu sein. Vielmehr habe er bei seinen Kontrollgängen wiederholt gesehen, »daß Mitarbeiter der Firmen Remmert und Vogel entsprechende Staubmasken trugen«. Dem widerspricht Wallraffs Anwalt Lothar Böhm. Er zitiert einen Bericht der SPD-Wochenzeitung »Vorwärts« vom 2. November 1985, wonach Markert auf einer Vertrauensleute- und Betriebsräteversammlung bei Thyssen genau das Gegenteil gesagt hatte:

## „Davon haben wir alle gewußt"

Von Waltraud Bierwirth

Keiner der 450 Thyssen-Vertrauensleute und -Betriebsräte, die sich am Mittwoch mit dem ehemaligen Kollegen Ali alias Günter Wallraff aussprachen, mochte sich herausreden. „Davon haben wir alle gewußt", sagten die vom Hochofen.

Und das sagten auch die von der Werksfeuerwehr, die zuständig sind für die Ausgabe von Staubmasken und Atemschutzgeräten – allerdings nur für die knapp 30 000 Leute, die die Thyssen Stahl AG in Duisburg als ihre eigenen Arbeitnehmer beschäftigt.

Nicht zuständig ist Thyssen für die rund 3 500 Arbeitnehmer, die zwar bei Thyssen arbeiten, dort aber nicht beschäftigt sind. Bis an die 400

selbständige Unternehmer wickeln bei Thyssen im Rahmen von Werkverträgen regelmäßig „Spezialaufträge" ab.

„Wir müssen ohnmächtig zusehen, wie Subunternehmen, die ihre Leute bei uns arbeiten lassen, gegen die Arbeitszeitordnung und gegen Sicherheitsbestimmungen verstoßen", sagt Thyssen-Betriebsrat Heinz Sowa.

Die Thyssen-Betriebsräte sehen sich einer schier undurchdringbaren Grauzone gegenüber. Für Arbeitnehmer fremder Firmen sind sie nicht zuständig. Arbeiten diese Arbeitnehmer aber im Grunde wie Thyssen-Beschäftigte, sind sie rechtlich gesehen Leiharbeiter. Besitzt der vermeintliche Fremdunternehmer dann noch keine Verleihlizenz, ist der Arbeitnehmer

dem Gesetz zufolge eigentlich doch Thyssen-Arbeitnehmer, mit allen Pflichten für Thyssen und allen Rechten für den Betriebsrat.

Deshalb fordern die Thyssen-Vertrauensleute jetzt auch, „sämtliche Leiharbeiter fest einzustellen und Werkverträge mit Fremdunternehmen auf ein Minimum einzuschränken".

Vielleicht bleiben Udo M., der bei Thyssen für die Kontrolle von Fremdfirmen zuständig ist, Konflikte wie damals, bei der Aufsicht von „Ali" alias Günter Wallraff, künftig erspart. „Natürlich habe ich gesehen, daß bei den Reinigungsarbeiten in der Sinteranlage ohne Staubmaske gearbeitet wurde", erinnert er sich. „Ich drückte aber beide Augen zu, weil ich wußte, daß der Kumpel rausfliegt, wenn ich ihn dabei erwische ..."

Am 23. Februar 1987 schließlich verkündet das Düsseldorfer Landgericht das Urteil im Prozeß Thyssen gegen Wallraff. Die Kammer gibt dem Thyssen-Konzern in 1⅔ Punkten recht, in 5⅓ Punkten wird die Klage abgewiesen. 24% der Verfahrenskosten werden Wallraff und seinem Verlag aufgebürdet, die restlichen 76% hat Thyssen zu tragen. Damit hatte der Stahlkonzern praktisch verloren. Die bereits hergestellten Exemplare von »Ganz unten« dürfen weiterhin verkauft werden; bei Neuauflagen müssen lediglich zwei Stellen geringfügig geändert bzw. präzisiert werden.

Der Prozeß Thyssen/Wallraff macht etwas deutlich, was die gesellschaftliche Stellung kritischer Literatur in diesem Land ins-

# Ein Teilsieg für Wallraff

## Zwei Passagen „Ganz unten" müssen geändert werden / 76% der Prozeßkosten trägt Thyssen

**Von Jakob Sonnenschein**

Düsseldorf (taz) — Im Prozeß Thyssen gegen Wallraff verurteilte die 12. Zivilkammer am Montag in Düsseldorf den Kölner Schriftsteller Günter Wallraff dazu, künftig zwei in seinem Buch „Ganz unten" aufgestellte Behauptungen über Thyssen zu „unterlassen". Zwar darf Wallraff die wesentlichen Passagen seines Thyssen-Kapitels unbeanstandet weiter verbreiten, in zwei von sieben Klageanträgen folgte das Gericht aber teilweise dem Antragsteller Thyssen. Wallraff darf nun nicht mehr behaupten, daß Thyssen „schon seit längerer Zeit die Stammbelegschaft abbaut und über Subfirmen billigere, willigere und schneller zu heuernde und auch zu feuernde Leiharbeiter einstellt".

Ferner muß es Wallraff zukünftig unterlassen, zu schreiben, daß Leiharbeiter „in Kenntnis verantwortlicher Thyssen-Mitarbeiter... unter gesundheitsbedrohender Staubbelastung ohne Atemschutzmasken, die ihnen überdies von verantwortlichen Thyssen-Mitarbeitern verweigert würden, arbeiten".

Die kontroversen Zeugenaussagen zu diesem Thema bewertete das Gericht zugunsten von Thyssen. Von einer „Verweigerung" könne nicht die Rede sein. Zwar hätten Zeugen ohne Staubmasken gearbeitet, aber dies sei ihnen selbst zuzuschreiben, denn an 65 Ausgabestellen habe man sich Masken auf dem Werksgelände abholen können. Daß einige der türkischen Zeugen über diese Ausgabestellen nichts wußten, komme keiner „Verweigerung" gleich. Die von Wallraffs ehemaligen Kollegen vor Gericht wiedergegebenen Äußerungen von Thyssen-Mitarbeitern, Staubmasken seien überflüssig und es ginge auch ohne, könne man ebenfalls nicht als systematische Verweigerung durch Thyssen-Verantwortliche darstellen.

Mit einer ähnlichen Argumentation gab das Gericht auch dem ersten Klageantrag statt. Man könne nicht behaupten, Thyssen habe systematisch die Stammbelegschaften abgebaut und durch Leiharbeiter ersetzt, sondern der Belegschaftsabbau sei Folge der allgemeinen Stahlkrise gewesen. Weiter verbreiten darf Wallraff dagegen, daß Leiharbeiter bei Thyssen gegen alle Schutzvorschriften ohne Helme, Sicherheitsschuhe und Handschuhe arbeiten mußten und oftmals zu verbotenen Doppel- und Dreifachschichten „bewegt" wurden. Auch die Passagen zu den „krankmachenden Arbeitsbedingungen" im Oxygenstahlwerk blieben unbeanstandet.

Thyssen-Sprecher Lutz Dreesbach bewertete den Ausgang des Prozesses noch im Gerichtssaal als „Halbe-Halbe"-Entscheidung, obwohl das Gericht während der Urteilsbegründung ausdrücklich auf die 76:24 %-Kostenentscheidung zugunsten Wallraffs verwiesen hatte. Wallraff bemängelte die „soziale Phantasie" des Gerichtes und sprach von einer „Verhöhnung meiner türkischen Arbeitskollegen". Allein die deutschsprachige Ausgabe des Buches, das inzwischen in 18 Sprachen übersetzt wurde, hat sich bis heute 2,5 Mio mal verkauft. Das Verbot gilt nur für noch nicht hergestellte Exemplare.

# Nicht justiziabel

## Im Wallraff-Prozeß ist das Urteil gefällt

Das Urteil im Wallraff-Prozeß ist gestern gesprochen worden: 5 zu 2 für den Schriftsteller. Ein anderes Urteil, und aus dem um Authentizität bemühten Enthüllungsautor wäre ein Märchenerzähler geworden.

So werden gemeinhin Gerichtsurteile interpretiert. Trotzdem — über die „Wahrhaftigkeit" eines Buch sagen Gerichtsurteile nichts aus. Wer, wo, wann richtet ist entscheidender als jede Beweiserhebung. Wallraff hätte ebensogut in allen Punkten verlieren oder gewinnen können. „Wahrheit"? Sie ist nicht pur zu haben. Da hat jeder Leser — und Richter — eine andere Fassung.

Natürlich ist es richtig, vom gezielten Abbau der Stammbelegschaften bei Thyssen und der Stahlindustrie überhaupt zu schreiben. Gezielt und systematisch haben sie ihn betrieben, weil der Konkurrenzkampf die „Japanisierung der Produktion" gebot. Thyssen wird demnächst, wie andere Stahlproduzenten zuvor, ein sechsstelliges Bußgeld vom Landesarbeitsamt aus eben diesem Grunde gegenwärtigen. Das ist „wahr", auch wenn das Gericht gegenteilig entschied.

Und es ist auch „wahr", daß Thyssen-Verantwortliche Staubmasken im Wortsinn nicht „verweigert" haben. Sie „vergaßen" lediglich, die Leiharbeiter — zumeist Ausländer — über Gefahren der Nichtbenutzung und über die entsprechenden Ausgabestellen ausreichend zu informieren.

Sind die Passagen im Buch deshalb „unwahr"? Bei dieser Frage sind Richter überfordert. Die Leser müssen schon selbst entscheiden.                    *Jakob Sonnenschein*

*Die Tageszeitung*, 24. 2. 1987

gesamt betrifft: Erst der publizistische Erfolg, der sich in entsprechend hohen Auflagen auch honorarmäßig niederschlägt, ermöglicht es, gegenüber einem Weltkonzern wie Thyssen mit seinen weitreichenden wirtschaftlichen und politischen Verbindungen recht zu bekommen. Wie wäre der Prozeß ausgegangen, wenn auf der Anklagebank ein jüngerer Autor gesessen hätte, der noch ganz unbekannt gewesen wäre?

Ein knappes Jahr später wurde es für Thyssen noch einmal unangenehm: Die von Wallraff behaupteten und vom Landesarbeitsamt geprüften Vorwürfe wegen illegaler Leiharbeit bestätigen sich. Hinter den Kulissen und von der Öffentlichkeit unbemerkt einigen sich der Konzern und die Behörde auf einen Bußgeldbescheid über 1,2 Millionen Mark – das Geld wird von Thyssen ohne Widerspruch und ganz ohne Pressemitteilung in aller Stille überwiesen.

## Der Punktsieg

Eine Nachbetrachtung von Hans-Ulrich Jörges [1]

Als das Urteil verkündet ist, am 23. Februar 1987, sind sich wohl alle Prozeßbeobachter im Gerichtssaal einig – Anhänger wie Gegner Günter Wallraffs: Der Kölner Schriftsteller hat in seinem Rechtsstreit mit dem Thyssen-Konzern um den Bestseller »Ganz unten« einen klaren Sieg errungen, wenn auch nur nach Punkten...

Lassen sich Presse und elektronische Medien nicht zu stark von den schillernden Seifenblasen der Bonner Politik und den professionell inszenierten Kampagnen der Werbestrategen jener angeblich »gesellschaftlich relevanten Kräfte« faszinieren, die die Themen der öffentlichen Debatten in der Bundesrepublik

---

1 Korrespondent der »Süddeutschen Zeitung«, aus einem Essay, der zuerst in Frank Berger, »Thyssen gegen Wallraff«, 1988, erschien.

bestimmen? Ist die Literatur der Gegenwart, von wenigen Ausnahmen abgesehen, nicht der Tendenz zur intellektuellen Selbstbespiegelung erlegen und damit politisch weitgehend wirkungslos geworden? Wer nimmt noch die schwierige, unbequeme Arbeit auf sich, in jene dunklen Nischen hineinzuleuchten, deren sich Günter Wallraff immer wieder annimmt? Und wer verschafft noch denen Gehör, die sich keine hochbezahlten Verbandsgeschäftsführer oder Pressesprecher halten können – den Ausländern etwa, aber auch den Arbeitslosen, den Sozialhilfeempfängern etc.?...

Wie kein anderes nach dem Krieg erschienenes Buch löst »Ganz unten« eine lebhafte öffentliche Diskussion über skandalöse gesellschaftliche Mißstände aus – und damit auch weitreichende praktische Veränderungen in der Arbeitswelt. ...

»Ganz unten« wird im aufgeklärten bürgerlichen Milieu ebenso interessiert gelesen wie von Arbeitern, die ansonsten Bücher dieses Genres nicht in die Hand nehmen...

Der Thyssen-Stahlkonzern, immerhin der Branchenführer in der Bundesrepublik, muß wegen der geschilderten Arbeitsverhältnisse für seine türkischen Leiharbeiter einen Sturm von Kritik abwehren und um seinen Ruf bangen. Die Duisburger Taxi-Innung fordert bei Thyssen gar ein ausführliches Argumentationspapier an, weil die ratlosen Droschkenfahrer immer wieder von auswärtigen Besuchern der Stahlstadt auf die Zustände in dem Werk angesprochen werden. Bei Thyssen wird nun durchgegriffen: Die Kontrolle über die sogenannten Fremdfirmen wird verschärft, allein vom 1. Dezember 1985 bis zum 30. September 1986 werden 668 mündliche und 17 schriftliche Abmahnungen ausgesprochen. In 174 Fällen werden die Arbeiten von Fremdfirmen wegen grober Verstöße gegen Sicherheitsbestimmungen abgebrochen – etwa weil Leiharbeiter in Turnschuhen oder ohne Schutzhelm angetroffen wurden –, in neun Fällen werden Fremdfirmen sogar endgültig gefeuert. Für die Werksmeister läuft ein spezielles Schulungsprogramm an: Arbeitnehmerüberlassungsgesetz, Fremdfirmeneinsatz. Sicherheitsbestimmungen etc. Die Leiharbeitsfirmen werden vorsichtiger. Die Zahl der festgestellten Unregelmäßigkeiten sinkt drastisch von ehedem 50 auf zuletzt nur noch drei pro Monat. Neue Terminals an den Werkstoren erlauben nun eine lückenlose Kontrolle der Arbeitszeiten. Extremfälle wie der eines Arbeiters, der laut Wallraff 39 Stunden am Stück schuftete, sollen nun der Vergangenheit angehören. Nach dem Erscheinen des Buches wurden etwa ein Dutzend der ehemaligen Leiharbeiter-Kollegen Wallraffs von Thyssen in feste Arbeitsverhältnisse übernommen.

Dem nordrhein-westfälischen Arbeits- und Sozialminister Hermann Heinemann (SPD) gelingt es im Mai und Juni 1986 – gestärkt von dem politischen Rückenwind, den Wallraffs Buch entfacht hat –, nicht nur mit der Thyssen Stahl AG, sondern auch mit dem Düsseldorfer Arbeitgeberverband Eisen- und Stahlindustrie sowie mit Mannesmann für dessen Hüttenwerk Huckingen schriftliche Vereinbarungen über die schärfere Kontrolle von Arbeitszeiten, Sicherheitsstandards und ordnungsgemäßer Sozialversicherung der Fremdfirmen-Arbeiter abzuschließen. Grundsatz bei Thyssen: »Auf dem Gebiet des Arbeitsschutzes kein Unterschied im Sicherheitsstandard zwischen Fremdfirmen- und eigenen Mitarbeitern.« Leiharbeiter dürfen zudem nur noch mit einem vom Werkschutz ausgestellten Berechtigungsschein das Werksgelände betreten, wobei dieses Papier an die Bedingung geknüpft ist, daß die Fremdfirma die Anmeldung bei der Sozialversicherung schriftlich garantiert. Verstöße gegen die Arbeitszeitordnung werden »unter Androhung von Konsequenzen gerügt«, wiederholte oder gravierende Verstöße mit Sanktionen geahndet. Ähnlich ist das Abkommen mit dem Arbeitgeberverband angelegt, der für seine Mitgliedsfirmen »zusätzliche Kontrollmaßnahmen« zusichert: »Die Unternehmen der Eisen- und Stahlindustrie legen Wert darauf, daß die zu Arbeitsschutz und Arbeitssicherheit ergangenen Gesetze und Vorschriften auf ihren Werksgeländen auch von Fremdfirmen eingehalten werden.«

Heinemanns Pressesprecher Manfred Oettler: »Wir haben das mühsam mit den Unternehmen ausgehandelt. Ohne das Wallraff-Buch wären wir nicht zu einer Vereinbarung gekommen. Das hat durchaus eine reinigende Wirkung gehabt. Ich glaube, die Verhältnisse haben sich gebessert.«

Der Düsseldorfer Arbeitsminister läßt es allerdings nicht bei den wohlmeinenden Absichtserklärungen bewenden, sondern veranlaßt darüber hinaus umgehend rigorosere Kontrollen des Leih- und Werkvertrags(un-)wesens. Beim Gewerbeaufsichtsamt Duisburg wird Anfang 1986 eine mobile Sondereinsatzgruppe von sechs Beamten gebildet, die, verstärkt durch örtliche Kollegen, Zug um Zug das ganze Land durchkämmt. Hans-Egon Glomster, stellvertretender Amtsleiter in Duisburg: »Solche Zustände, wie sie Wallraff beschrieben hat, haben wir auch anderswo festgestellt. In 60 Prozent der Fälle haben wir Verstöße gegen die Arbeitsschutzvorschriften aufgedeckt. Die Firmen sind erst vorsichtiger geworden, als sie gemerkt haben, daß die Kontrollen verschärft werden.« ...

Günter Wallraffs Buch löst jedoch – über die Verschärfung der Kontrollen hinaus – auch eine grundsätzliche politische Diskussion über die »Japanisierung« des deutschen Arbeitsmarktes aus – das heißt das Abschmelzen der Stammbelegschaften in den Betrieben und die rasante Vermehrung von Verleihfirmen, die die Lücken dann wieder mit billigeren, jederzeit zu feuernden Aushilfskräften auffüllen. Beschäftigt werden diese Randbelegschaften, deren miserable Existenz Günter Wallraff beschrieben hat, im Rahmen von Werkverträgen mit den Subunternehmen oder aber auf der Basis legaler oder illegaler Arbeitnehmerüberlassung. Montage- und Wartungsarbeiten, Reparaturen und Instandsetzungen, Reinigungsarbeiten, Ofen- und Kesselbau sowie die Beseitigung von Schlacken und Abfällen sind die klassischen Einsatzbereiche der zumeist ausländischen Leiharbeiter. Wie einfach deren Handhabung für die Großunternehmen ist, verdeutlicht Arbeitsminister Hermann Heinemann mit einem konkreten

Beispiel: »Ein renommiertes Großunternehmen in unserem Land trennte sich während einer schwierigen konjunkturellen Phase binnen weniger Wochen von mehr als 3300 Arbeitnehmern – unbemerkt von der Öffentlichkeit, ohne Massenentlassung, ohne Sozialplan. Dies lag ganz einfach daran, daß es sich ausschließlich um auf dem Werksgelände beschäftigte Angehörige von Fremdfirmen handelte.« Nach Erhebungen der IG Mctall hat sich dic Zahl der legalen Verleihfirmen seit 1973 auf mehr als 2500 verdoppelt, die Zahl der legal überlassenen Arbeitnehmer kletterte von fast 35000 auf über 70000. Ein Drittel der Betriebe setzt nach den Untersuchungen der IG Metall inzwischen Leiharbeiter ein. Wie stark das Heuern und Feuern bei den Verleihfirmen gang und gäbe ist, wird daran deutlich, daß mehr als zwei Drittel der Leiharbeiter kürzer als drei Monate beschäftigt sind, bei 14 Prozent dauert das Arbeitsverhältnis sogar nicht einmal eine Woche.

Die Zahl der illegal beschäftigten Leiharbeiter liegt nach Schätzungen der Bremer Arbeitsverwaltung sogar um das Sechs- bis Zehnfache höher als die der »Legalen« – somit gäbe es in der Bundesrepublik 420000 bis 700000 illegale Leiharbeiter. Von den 146 Arbeitsämtern im Bundesgebiet sind 29 sogenannte Stützpunkt-Arbeitsämter, die sich speziell auf die Bekämpfung der illegalen Leiharbeit konzentrieren. In 5899 Fällen wurden 1986 von der Bundesanstalt für Arbeit wegen illegaler Arbeitnehmerüberlassung Strafanzeigen erstattet, Geldbußen verhängt oder Verwarnungen erteilt. Die Geldbußen schossen in den letzten Jahren (nach Erscheinen von »Ganz unten«) rasant in die Höhe: Von 3,7 Millionen Mark im Jahre 1984 über 10,4 Millionen im Jahre 1985 auf schließlich 15,5 Millionen im vergangenen Jahr. Dennoch wurde damit nach Überzeugung der Metaller der »Eisberg« allenfalls angekratzt. Der volkswirtschaftliche Schaden durch die illegale Leiharbeit dürfte in die Milliarden gehen. Allein in Nordrhein-Westfalen wird der jährliche Beitragsausfall für die Allgemeinen Ortskrankenkassen auf 250 Millionen Mark geschätzt. Hochgerechnet ergibt sich daraus ein Beitragsausfall in allen Sparten der Sozialversicherung von nicht weniger als 750 Millionen Mark. Der kriminelle Charakter der illegalen Leiharbeit wird indes nicht allein durch den Betrug der Sozialversicherung dokumentiert: Laut Heinemann haben die modernen Menschenhändler auch »Kontakt zum Rauschgifthandel, zur Falschgeldverbreitung, zur Prostitution und zum Glücksspiel.«

Um die Leiharbeit insgesamt zurückzudrängen – die legale wie die illegale – präsentiert der Düsseldorfer Arbeitsminister schließlich im Oktober 1986 einen Gesetzentwurf, mit dem über den Bundesrat eine drastische Verschärfung des Arbeitnehmerüberlassungsgesetzes aus dem Jahre 1972 erreicht werden soll. Die Kernpunkte sind neben härteren Strafandrohungen

– ein Kündigungsschutz für Leiharbeiter vom ersten Tag an,
– ein Verbot der Befristung von Arbeitsverhältnissen zwischen Verleihern und Leiharbeitern,
– ein Verbot für den Entleiher, denselben Arbeitsplatz länger als drei aufeinanderfolgende Monate mit Leiharbeitern zu besetzen,
– die Verlängerung des Mindesturlaubs für Leiharbeiter von 18 auf 24 Tage,
– die Entlohnung der Leiharbeiter »mindestens in der Höhe«, wie sie für Beschäftigte des Entleihers bei vergleichbarer Arbeit gewährt würde, und
– die Einführung einer Haftung des Entleihers für alle Zahlungsverpflichtungen des Verleihers gegenüber dessen Beschäftigten.

Doch Heinemann steht mit seiner Initiative von vornherein auf verlorenem Posten. Die Bundesregierung hat bereits am 5. November 1985, als sie auf dem Höhepunkt der öffentlichen Debatte in einer parlamentarischen Anfrage nach ihrer Wertung des Wallraff-Buches gefragt wurde, jeden gesetzlichen Handlungsbedarf verneint: »Das geltende Recht reicht zur Bekämpfung der aufgedeckten Mißstände aus.« Und kaum hat Heinemann seinen Gesetzentwurf vorgelegt, werden die Vorschläge auch schon vom Parlamentarischen Staatssekretär im Bundesarbeitsministerium, Wolfgang Vogt (CDU), als »zum Teil verfassungsrechtlich bedenklich, zum Teil unverhältnismäßig und unzumutbar« zurückgewiesen. Es gehe nur darum, die »tatsächliche Verfolgung« der illegalen Leiharbeit nach den besehenden gesetzlichen Vorschriften zu intensivieren. Der Vorstoß Nordrhein-Westfalens hat denn auch – ähnlich wie Initiativen der Bundestagsfraktionen von SPD und Grünen – nur politischen Signalcharakter: Der an dem Thema interessierten Öffentlichkeit soll zumindest demonstriert werden, welche Konsequenzen eigentlich aus Wallraffs Erfahrungen gezogen werden müßten und welche gesetzlichen Möglichkeiten bestünden, um den »Sklavenhaltern unseres Jahrhunderts« – so der zweite IG Metall-Vorsitzende Karl-Heinz Janzen – das Handwerk zu legen.

# Umsatzrückgang bei McDonald's
## Der »Rotz-Prozeß«

Der amerikanische Hackfleisch-Produzent McDonald's versuchte es prozessual durch die Hintertür. Weil man nicht so frontal gegen Wallraffs Buch vorgehen wollte, entschied sich der Konzern für eine »abgemilderte« Variante: Man klagte nicht gegen »Ganz unten«, sondern ausschließlich gegen den Autor. Im Wege einer Einstweiligen Verfügung sollten ihm verschiedene »geschäftsschädigende« Äußerungen untersagt werden, die im Erfolgsfall auch das Buch blockiert hätten. Erwartungsgemäß wurde nicht am Wohnort des Autors, sondern in München geklagt – bei der »Unabhängigkeit« der bayrischen Justiz naheliegend. Doch die Richter der 9. Zivilkammer nahmen ihre Aufgabe ausgesprochen ernst und erteilten dem Hackfleisch-Brater eine denkwürdige Niederlage: Wallraffs Behauptungen über mangelnde Hygiene bei McDonald's blieben fast durchweg unbeanstandet.

Dabei hatten es die Verantwortlichen des Konzerns gar nicht so dumm angestellt, den Autor in die Knie zu zwingen. Mit 62 vorformulierten gleichlautenden Erklärungen – den Mitarbeitern während der Arbeitszeit zum Unterschreiben vorgelegt –, man könne Wallraffs Beobachtungen selber nicht bestätigen, schoß McDonald's allerdings übers Ziel hinaus. Den Münchener Richtern erschienen die vorfabrizierten eidesstattlichen Versicherungen von abhängig Beschäftigten in ihrer Gesamtheit als »zu pauschal und vorformuliert«, sie würden auch nicht ausschließen, daß sich die von Wallraff geschilderten Mißstände tatsächlich ereignet hätten.

Im Kern der Klage ging es dabei eigentlich nur um zwei Vorwürfe – die gelegentliche »Rotze auf dem Grill« (von Wallraff selbst gesehen) und die von ihm beschriebene Verwechslungsgefahr der Reinigungslappen, mit denen die Tabletts und dann auch wieder die Toilettenbrillen geputzt wurden. Daß derlei Unappetitlichkeiten kein Einzelfall waren, ist dem Autor inzwischen in Dutzenden von Briefen bestätigt worden, so z. B. von Martin L., einem ehemaligen Arbeitskollegen aus der gleichen Filiale am Hamburger Gänsemarkt. »Wenn es mal zu irgendwelchen plötzlichen Störungen kam (Ausfall der Lüftung, Husten oder Schnupfen), konnte man seinen Arbeitsplatz nicht verlassen, weil es keinen Ersatzkollegen für solche ›Ausfälle‹ gab. So habe ich mehrfach gesehen, daß Kollegen, die plötzlich niesen mußten, entweder auf den Grill niesten oder sich im letzten Moment, wie ich auch, umdrehten und damit den Garniertisch ›trafen‹. Es kam auch vor, daß sich vom Niesen überraschte Kollegen den Nasenrotz am Ärmel oder Handgelenk abwischten, es stand ja kein Taschentuch zur Verfügung. Vom Manager der Filiale gab's eine Anweisung, daß der Eisberg-Salat, der für den Big Mäc verwandt wurde, auch dann wiederverwendet werden sollte, wenn er beim Garnieren daneben gefallen war und somit nicht in die Verpackung kam. Ich habe gesehen, daß einige neueingestellte Kollegen den manchmal bereits in den Abfalleimer geschmissenen Salat aufgrund der Anweisung des Managers wieder aus der Mülltonne rausholten und unter den ›frischen‹ Salat mischten. Dies war besonders unhygienisch, weil in der Mülltonne auch andere Küchenabfälle zusammenkamen, z. B. Ketchup-Reste oder Senf...«

Wenig Geschmackvolles erlebte auch der in Oldenburg tätige Frank B.: »Während meiner Zeit bei McDonald's wurde ich des öfteren zu Reinigungsarbeiten in der Lobby, auf den Toiletten und in den Gängen des Schnellrestaurants herangezogen. Meine Aufgabe bestand dann darin, Tische, Aschenbecher, Sitzbänke, Urinbecken, Klosetts und im Restaurant befindliche Mülltonnen abzuwaschen und ggf. zu desinfizieren. Im Regelfall standen mir dafür nur ein oder zwei Putzlappen zur Verfügung, die ich wegen der gleichen Form und Farbe nicht auseinanderhalten konnte und entsprechend vertauschte. So habe ich dann mehrfach mit demselben Lappen Urinbecken, Aschenbecher, Eßtische usw. in beliebiger Reihenfolge abgewischt. Mehrmals täglich kam es vor, daß bereits gebratene Hamburger-Patties durch hektischen Betriebsablauf auf den Boden fielen, dort aufgehoben und auf das fertig garnierte Brötchen zurückgelegt wurden. Als ob nichts gewesen wäre, kamen die Hamburger anschließend in den Verkauf, die Kunden hatten ja meist nicht gesehen, wie es auf dem Boden der Küche aussah. Neben abgelagertem Fett huschte manchmal auch eine Kakerlake vorbei...«

Neben dem juristischen Streit mit Wallraff agitierte McDonald's auch nach innen. Mit einem zig-fach verteilten Rundschreiben an die »lieben Mitarbeiter« wollte man den zunehmenden Zweiflern den Boden entziehen. Doch die hausinterne Propaganda (»hier soll ein erfolgreiches Unternehmen aus Neid und Mißgunst geschädigt werden«) führte nicht zum gewünschten Erfolg – weder bei der Belegschaft noch bei den heißumworbenen Kunden. Als sich bereits in einigen Filialen Umsatzrückgänge bemerkbar machten, zog McDonald's die Notbremse. In teuren Anzeigenkampagnen und vor Gericht wollte man das verlorene Terrain wieder zurückgewinnen. So wurde »Ganz unten« zum zweiten Mal zur Zielscheibe der Kritik – verbal und dann auch noch vor dem Münchener Oberlandesgericht. Doch auch dieser Versuch, Wallraff zum Schweigen zu bringen, scheiterte. Eine Berufungsverhandlung gegen das erstinstanzliche Urteil des Münchener Landgerichts fand gar nicht mehr statt. Dabei hatte sich der Autor gerade auf diesen Prozeß besonders sorgfältig vorbereitet und in zahllosen Kleinanzeigen in mehreren Städten nach ehemaligen McDonald's Beschäftigten »gefahndet«: Mehr als einhundert Betroffene meldeten sich, ungefähr siebzig von ihnen konnten die von Wallraff beschriebenen Hygiene-Mängel aus eigenem Erleben bestätigen und erweitern. Um das Oberlandesgericht auch quantitativ beeindrucken zu können, wollte der Autor einen Teil seiner Zeugen zur Verhandlung nach München mitbringen – ein Reisebus war bereits gechartert, da zog es McDonald's vor, den Prozeß lieber abzusagen.

P. S.: Auf Gewerkschaftsveranstaltungen fordert Günter Wallraff zum Boykott der McDonald's-Läden auf. Versuche, in einzelnen Filialen gewerkschaftliche Betriebsräte zu gründen, werden vom Konzern mit Repressalien beantwortet und scheitern fürs erste. Es gibt bisher nur drei Länder in der Welt, in denen sich das politische System stärker erwies als das MacDonald's-System. Nur in Schweden, Finnland und Nicaragua gelang es den Beschäftigten bisher, sich gewerkschaftlich zu organisieren und den Konzern zur Einhaltung von Tarifverträgen zu zwingen.

# McDonald's zieht Berufung zurück

## Wallraff-Kritik erlaubt

MÜNCHEN (dpa). Der Schriftsteller Günter Wallraff darf auch weiterhin behaupten, daß sich in den Küchen der Fast-food-Kette McDonald's zuweilen „Rotze" auf dem Grill befand. Das amerikanische Unternehmen zog jetzt seine Berufung gegen das erstinstanzliche Urteil des Landgerichts München I zurück, in dem die Klage von McDonald's auf Erlaß einer einstweiligen Verfügung gegen diese Passage in Wallraffs Buch „Ganz unten" zurückgewiesen worden war. Dies bestätigte das Landgericht am Donnerstag in München. Von McDonald's war keine Stellungnahme zu erhalten.

## Rechtsstreit beendet

Damit endete der seit Februar andauernde Rechtsstreit zwischen dem Kölner Autor und der Restaurant-Kette. In „Ganz unten" hatte Wallraff in der Rolle als Türke „Ali" außerdem behauptet, daß bei McDonald's „mit ein- und demselben Lappen" Tische, Tabletts, Aschenbecher und Toilettenbrillen geputzt worden seien, „und zwar in beliebiger Reihenfolge". Auch diese Äußerung, die der Konzern ebenfalls verbieten lassen wollte, kann weiterhin unverändert erscheinen.

## Zeugen zitiert

In den vergangenen Wochen haben sich nach Angaben des Aktionsjournalisten zahlreiche Mitarbeiter von McDonald's bei ihm gemeldet, die seine Beobachtungen bezüglich mangelnder Hygiene durch eigene Erlebnisse bestätigten. Günter Wallraff am Donnerstag: „Bei manchen Verunreinigungen, die mir da eidesstattlich versichert worden sind, wurde mir schon beim Zuhören übel. Die Schilderungen über unappetitliche Vorkommnisse gingen nämlich weit über das hinaus, was ich selbst bei McDonald's erlebt habe."

*Augsburger Allgemeine* 6. 6. 1986

# Der Prozeß
# gegen Vogel und Remmert

Am selben Tag wie der Thyssen-Prozeß, am 29.10.1986, beginnt auch die Verhandlung der Wirtschaftsstrafkammer des Duisburger Landgerichts gegen Vogel und Remmert wegen Betrugs, Steuerhinterziehung und Verstößen gegen das Arbeitnehmerüberlassungsgesetz. Wallraffs ehemaligem Chef wirft Oberstaatsanwalt Walter Otto vor, er sei hinter der Fassade eines Montageunternehmers einer »gewerbsmäßigen und grob eigennützigen Verleihertätigkeit« nachgegangen; in zahllosen Fällen habe er zudem Ausländer ohne Arbeitserlaubnis bei sich beschäftigt. So hat der Subunternehmer 16jährige Türken bei Thyssen Doppelschichten fahren lassen und sie anschließend mit Bruttolöhnen von allenfalls 8,50 DM je Stunde abgespeist. Aus Arbeitsverträgen, die die Staatsanwaltschaft bei Vogel sichergestellt hat, geht ferner hervor, daß es für die Leiharbeiter weder Urlaub noch Überstunden- oder Erschwerniszulagen gab.

Nach sechs Verhandlungstagen kommen die beiden Angeklagten mit einer relativ milden Strafe davon: Vogel wird zu 15 Monaten Freiheitsentzug auf Bewährung verurteilt, außerdem zu einer Geldstrafe von 3600 DM. Bei Remmert hält das Gericht eine Geldstrafe von 35000 DM für angemessen, dazu ein Bußgeld in Höhe von 24000 DM. Die Staatsanwaltschaft legt in Sachen Vogel kurze Zeit danach Revision beim Bundesgerichtshof ein.

Vogel selbst scheint nach seiner Verurteilung nichts dazugelernt zu haben. Er schickt an Günter Wallraff folgendes Stellenangebot:

# VOGEL

### INDUSTRIEMONTAGEN KG

Elsternstraße 26
**4200 OBERHAUSEN**
Telefon (02 08) 67 10 03
Telefon 02 03 / 05 / 4 06 25
Telex 8 56 001 hvo

V.I.M-VOGEL-KG · Elsternstraße 26 · 4200 Oberhausen

Herrn
Günter  W a l l r a f f
Thebäerstr. 20
5  K ö l n  30

D I E N S T L E I S T U ...
— Industriemontagen
~ Rohrleitungsbau
- Behälterbau
- Stahlbau
Entrostung und Anstrich

| Ihre Nachricht | Ihre Zeichen | Unsere Zeichen | Datum |
|---|---|---|---|
| | | HV/GR | 7.8.1986 |

Betr.: Stellenangebot

Sehr geehrter Herr Wallraff!

Wie Sie sicherlich noch wissen, betätigen wir uns u.a. im Dienstleistungs-
bereich mit der Reinigung und Entsorgung von Groß-Toiletten.
Seinerzeit hatte ich vor, daß Sie diesen ganzen Bereich managen sollten.
Für einen "Türken" doch eine bemerkenswerte Karriere.
Nachdem Sie uns so einfach verrassen haben, mußte ich anderweitig disponieren.
Mittlerweile hat sich aber dieses Geschäft so ausgehnt, daß wir noch zu-
sätzlich Leute hierfür einstellen müssen.
Da wir Sie nach wie vor einfach für prädestiniert halten, mit Fäkalien um-
zugehen, stehen wir auch heute noch zu unserem damaligen Angebot.
Falls Sie ebenfalls noch Interesse an einer sicheren Lebensstellung haben,
bitten wir um kurzfristige Nachricht.

Ihre Aufgabe wäre:
täglich die Stellen abfahren an denen sich die Groß-Toiletten befinden und
von Hand mit Eimern und sonstigen Geräten säubern und entsorgen.
Wir stellen Ihnen anheim, bei dieser Gelegenheit ebenfalls täglich die
Toilette der Fa. Remmert zu reinigen und entsorgen, da gerade diese Toilette
sich ja gem. Ihrem Buch in einem katastrophalen Zustand befinden muß.
Ihre früheren türkischen Kollegen würden Ihnen bestimmt dankbar sein.

Der Stundenlohn ist, wie Sie wissen                    DM 6,--
tägliche Arbeitszeit von 6,00 h  bis  20,00 h, also 14 Stunden.
Überstundenprozente werden, wie Sie ebenfalls wissen, nicht gezahlt.
Nach 3-monatiger Probezeit sagen wir Ihnen schon jetzt eine kräftige Lohn-
erhöhung zu.
Ob Sie ganz, teilweise oder überhaupt nicht bei der AOK angemeldet werden,
können wir in einem persönlichen Gespräch abklären.

Wir hoffen sehr, Ihnen eine ansprechende Tätigkeit, entsprechend Ihren
Fähigkeiten angeboten zu haben und sehen Ihrer Nachricht mit Interesse
entgegen.

Mit freundlichen Grüßen
VOGEL-Industriemontagen KG

Betrieb:                    Bankverbindungen:                    Rechtsform:                    Persönlich h...

Landgericht Duisburg, Urteil Vogel (2. von links), Alfred Remmert (2. von rechts)

So makaber und skurril Vogels »*Verscheißerung*« auch klingt, so hat sie doch einen realistischen Hintergrund. Wie bereits in »Ganz unten« auf Seite 174 oben von Ali prognostiziert, betreibt Vogel in einem Nebenzweig seines Gewerbes eine lukrative Entsorgung von Fäkalien.

Häufig beruft er sich auf seinen Freund, einen hochkarätigen NRW-Kommunalpolitiker, Alfons M.[1], um ins Geschäft zu kommen oder auch zur Herstellung gesellschaftlicher Kontakte, die sich in diesen Kreisen leicht in geschäftliche transformieren lassen. Noch einen Monat vor Erscheinen von »Ganz unten« drängt es ihn – sicher weniger zur sportlichen Betätigung – in den exklusiven Düsseldorfer Golfclub, unter Berufung auf seinen »Bürgen« Alfons M. (Aufnahmegebühr

1 Name geändert, da kein Einzelfall.

324

10000,– DM, damit sich von Anfang an nicht die Falschen dahin gezogen fühlen.)

Über seine besonderen Beziehungen zieht Vogel einen »Entsorgungs«-Großauftrag bei der Lufthansa in Düsseldorf an Land. Freundschaftliche – in diesen Kreisen zugleich geschäftliche – Kontakte unterhielt der Menschenhändler zu Erwin S., der für den Wahlkreis Kempen für die SPD im Bundestag saß und 1978 zum parlamentarischen Staatssekretär im Bundesministerium für Forschung und Technologie avancierte. Über ihn wurde dann auch das eine oder andere Geschäft bei der Ruhrkohle AG eingefädelt. Auch bei der Steag in Voerde stand man Vogel aufgeschlossen gegenüber. In der Kraftwerksbekohlung und beim Pommesfrites-Verkauf fiel so mancher Auftrag für ihn ab. Ein Vorstandsmitglied und ein im Hintergrund tätiger Betriebsrat hielten des öfteren bei Vogel die Hand auf. Einem Journalisten gegenüber sprach der Seelenverkäufer von bis zu 3000 DM Schmiergeld im Monat. Es sei eine Art »Vermittlungsgebühr« gewesen, damit er seinen Imbißwagen auf dem Kraftwerksgelände aufstellen konnte. Zumindest bei diesem Deal spielte dann wohl auch die Politik eine kleine, aber wichtige Rolle: Der »Zahlungsempfänger« gehörte wie Vogel der SPD an – und unter Parteifreunden läßt sich eben so manches viel einfacher regeln.[1]

Regelrecht komödienreif wurde es, wenn sich Vogel mit seinem Duz-Freund Alfons M. traf. Der ließ sich nicht nur gerne zu einer Wochenendtour auf Vogels Yacht in Holland überreden, er war auch ein leidenschaftlicher Spieler. Nicht nur Vogel machte sich diese Neigung gern mal zunutze; auch einen Teil seiner Geschäftsfreunde zog es auf die Yacht, wenn sich Alfons dort angesagt hatte. Bei Gelagen mit Champus, Kaviar, Köpi und Genever wurde dann das Geschäftliche nebenbei erledigt. Und Alfons half, wo er konnte: Für den Oberhausener Unter-

---

1 Nach Erscheinen von »Ganz unten« wurde Vogel übrigens aus der SPD ausgeschlossen.

nehmer Theo Remmert setzte er sich für eine Befreiung von der Gewerbesteuer in Höhe von 320 000 DM ein, in Emmerich konnte ein Unternehmer einen 2000 qm großen Supermarkt hochziehen – die Stadt und auch ein Großteil der Bürger waren dagegen.

Viel hätte nicht gefehlt und Alis ehemaligem Chef wäre noch ein weiterer Coup geglückt: Gemeinsam mit seinem Geschäftspartner Alfred Remmert war er an einer Genehmigung zur Errichtung einer weiteren Müllkippe (z. B. für aggressive Thyssenabfälle) interessiert. Alfons sollte die Sache wieder mal in die Hand nehmen – da kam ihm Wallraff und sein Buch »Ganz unten« dazwischen.

In den Bereich der Real-Satire fällt auch das folgende Vogel-*Geschäft*:

## Gerücht beim Fest mit Wallraff in Marxloh:

# Der „Menschenhändler" säumt den Papst-Weg mit Klobuden

### Erfolgsautor feierte mit ehemaligen Leiharbeitern

„Wenn das alles vorbei ist, machen wir ein großes Fest!" Auf dem Höhepunkt der Prozeßwelle gegen Günter Wallraff machte der Kölner Schriftsteller seinen türkischen und deutschen Leiharbeiter-Kollegen Mut, wenn sie immer wieder vor Gericht als Zeugen aussagen mußten. Vor ziemlich genau zwei Jahren waren sie zusammen mit Ali Levent Sinirlioglu alias Günter Wallraff vom Oberhausener Leiharbeiter-Vermittler Hans Vogel an Thyssen ausgeliehen worden.

Über seine Erfahrungen als Türke Ali hat Wallraff den Weltbestseller „Ganz unten" geschrieben. Am Wochenende trafen sie sich im Marxloher Restaurant „Ankara" wieder. Bei türkischer Musik und türkischem Essen feierte man bis weit nach Mitternacht.

Der Schriftsteller, für das Fest aus seinem selbstgewählten holländischen Exil zurückgekehrt, fragt nach diesem und jenem und ob alle Arbeit haben.

Einige von ihnen hat Thyssen inzwischen aufgrund von Gerichtsurteilen fest einstellen müssen, andere sind bei Mannesmann oder anderswo untergekommen.

„Weiß einer, was mit Vogel ist?" Ungläubigkeit macht sich breit, als sie erfahren, daß „der moderne Menschenhändler" (Bürgermeister Reinhard Bulitz) vom Veranstalter des Papst-Besuches den Großauftrag für das Aufstellen hunder-

ter von Toiletten-Häuschen entlang der Papst-Wegstrecke bekommen haben soll.

Das japanische Fernsehen NHK, das an diesem Abend kurz hereinschaut, läßt sich von Wallraff vor laufender Kamera dessen Video-Tasche demonstrieren, aus der heraus er die Dokumentaraufnahmen vor zwei Jahren bei Thyssen gemacht hat. Der Wallraff-Film wird demnächst in Japan gezeigt – zusammen mit einem Bericht über Leiharbeit in Deutschland.

*Westdeutsche Allgemeine Zeitung*, 13. 4. 1987

Vogel erlitt durch seinen Auftragsentzug keineswegs einen wirtschaftlichen Schaden. Er wurde voll entlohnt, ohne die eigentliche Leistung erbringen zu müssen. Hatte er doch im-

50 Toilettenhäuschen für Kevelaer

# Vertrag mit Vogel wurde gelöst

**zuk KREIS KLEVE.** Die katholische Kirche hat gestern einen Vertrag mit der Hans Vogel KG in Emmerich („Gesellschaft für Umweltschutz und Dienstleistungen") gekündigt. Vogel, von Wallraff in seinem Buch „Ganz unten" als Arbeiter-Verleiher enttarnt, sollte zum Papst-Besuch in Kevelaer 50 Toiletten-Häuschen aufstellen.

Wie die Pressestelle des Bistums Münster dazu gestern der NRZ auf Anfrage mitteilte, wa-

Hans Vogel hat sich wieder in Emmerich niedergelassen.
NRZ-Foto: Archiv

*Neue Ruhr Zeitung*, 15. 4. 1987

ren die Organisatoren vor Ort in Kevelaer nicht über die Vorgeschichte des Firmeninhabers Vogel, der sich in Emmerich niedergelassen hat, informiert. Dr. Graf (Münster): „Die Vertragsauflösung findet die volle Zustimmung des Bistums. Der Zustand wäre einfach untragbar gewesen."

Aus Kevelaer war von Dechant Schulte-Staade zu hören, daß mit der Vogel KG der Vertrag deshalb unterzeichnet worden sei, weil das Unternehmen der preiswerteste Anbieter gewesen sei.

Hans Vogel war im Dezember letzten Jahres in Duisburg u.a. wegen illegaler Arbeitnehmer-Überlassung, betrügerischem Bankrott und Steuerhinterziehung zu einem Jahr und drei Monaten Freiheitsstrafe verurteilt worden. Die Strafe wurde gegen eine Bewährung von vier Jahren ausgesetzt.

Alle Unterlagen und Akten werden von der politischen Polizei registriert und fotografiert.

merhin schon 50 in weißem Schleiflack gespritzte Toilettenkabinen mit der Aufschrift »Toi – toi« anfertigen lassen, für das Oberhaupt der katholischen Kirche sogar eine Luxus-Sonderausstattung mit Messingarmaturen.

Neuerdings, so rühmt sich Vogel jetzt Journalisten gegenüber, ist er verstärkt in Bayern ins Geschäft gekommen, u. a. mit Aufträgen für die dortige US-Armee. Vielleicht ein »Entsor-

Ein Vollzugsbeamter eröffnet Wallraff die durchzuführenden Maßnahmen.

gungsauftrag« leckgewordener Behälter mit US-Kampfstoffen wie Nervengasen und ähnlichem? Wie lautet doch noch Vogels Geschäftsdevise: »Wir machen alles mit!« Und in gewissen Kreisen und für gewisse Geschäfte war für ihn die Porträtierung in »Ganz unten« die beste Werbung und Empfehlung...

Schon im Vorfeld des Thyssen-Prozesses, nämlich im Frühjahr / Sommer 1986, hatte Vogel von sich reden gemacht. Günter Wallraff schreibt dazu in »Akteneinsicht«:
*»Im Juni 1986 ließ die bayerische Justiz dann gegen mich und meine Freunde Jörg Gfrörer und Peter Kleinert vorgehen. Aufgrund mehr oder weniger gleichlautender Durchsuchungsbeschlüsse wurden unsere Wohn- und Geschäftsräume im Zuge einer ›Amtshilfe‹ von den zuständigen Landespolizeidirektionen durchsucht.*

*Hintergrund dieser konzertierten Aktion war ein Ermittlungs-
verfahren der Staatsanwaltschaft München, das durch eine Anzeige von Hans Vogel, im Buch ›Ganz unten‹ Adler genannt,
ausgelöst wurde. Vogel (Adler) und die bayerische Justiz finden,
daß durch die Tonaufnahmen in unserem Film gemäß § 201
Strafgesetzbuch eine ›Verletzung der Vertraulichkeit des Wortes‹
vorliege. Daraufhin nahm zeitgleich frühmorgens im Juni 1986
die Gerechtigkeit ihren Lauf... Man suchte, was man schon
hatte, die Tonaufnahmen von Vogel zum Film. Dabei vergaß
man zwar, den Justizminister von Nordrhein-Westfalen von der
Aktion zu unterrichten, ließ sich aber ansonsten auf Ukas aus
München von nichts abhalten.*

*Bei ihrer Suche spukten sicherlich auch andere Sachen in ihren
Köpfen herum. In Berlin durchsuchten sie in Abwesenheit von
Jörg Gfrörer dessen Wohngemeinschaft, in Köln die Filmproduktion KAOS-Film des Produzenten Peter Kleinert, vielleicht
mit der Wahnvorstellung, Beweismaterial für Kontakte zur Dro-
gen- oder Terrorszene zu finden...*

*Bei mir wurde alles durchsucht, meine Aktenordner wurden ge-
filmt, nichts blieb verschont. Einigen Beamten sah man an, daß
ihnen nicht wohl war dabei. Einer entschuldigte sich später sogar
bei mir und sagte, er hoffe, man würde sich unter angenehmeren
Umständen noch einmal wiedertreffen. Ich konnte ihn nicht davon freisprechen, daß er sich dazu hergegeben hatte. Wir haben
diese Polizeiaktion als Hausfriedensbruch empfunden...*

*Die Aktion erbrachte für die Ermittlungen gar nichts. Das, was
es zu suchen galt, war im Film zu sehen. Außerdem bin ich ein
geständiger – was nicht heißt: reuiger – Täter; ich habe immer
gesagt, daß die Aufnahmen heimlich entstanden sind, aus der
Arbeitstasche heraus.*

*Nicht einzuschätzen ist die aus dem polizeilichen Vorgehen re-
sultierende Gefährdung meiner Arbeit. Vertrauliche Dokumente, Zeugenaussagen, Niederschriften von Informanten, alles
wurde durchgeschnüffelt und findet gegebenenfalls auch seinen
Weg in die Hände von Unternehmern und Vorgesetzten...«*

# Amtsgericht München

**Abt. für Allgemeine Straf- und Bußgeldsachen**

### Ermittlungsrichter

Geschäfts-Nr. (Bitte bei allen Schreiben angeben)

~~112 Js 3454/86~~    II G 1092/86

8000 München 35, den   27. Mai 1986
Justizgebäude Nymphenburger Straße 16
Zimmer 114/I
Telefon (089) 52 04 - 1
Durchwahlnummer (089) 52 04 - 4448
Telex 5 22 339
Nachtbriefkasten für fristgebundene Anträge.
Justizpalast, Haupteingang; Prielmayerstraße 7
und Strafjustizzentrum, Eingang Sandstraße.

Ermittlungsverfahren
gegen   Hans-Günter WALLRAFF, Jörg GFRÖRER,
Peter KLEINERT u.a.

wegen   Verletzung der Vertraulichkeit des
Wortes gemäß § 201 StGB

 

### I. Beschluss:

Die Durchsuchung der Wohnung und Geschäftsräume des
Hans-Günter   W a l l r a f f , geboren 01.10.1942 in Burscheid,

in   Thebäerstraße 20, 5000 Köln 30,
nach folgenden Gegenständen:

Tonbänder über Gespräche mit dem Kaufmann Hans Vogel aus Oberhausen
und weiteren Personen, die im Film "Ganz unten" gezeigt werden,
sowie
nach Filmmaterial, aus dem der Film in seiner Endfassung hergestellt
worden ist,

sowie die Beschlagnahme dieser Gegenstände wird angeordnet, wenn die Gegenstände nicht freiwillig herausgegeben werden.

#### G r ü n d e :

Die angeführten Gegenstände sind als Beweismittel für
das anhängige Ermittlungsverfahren von Bedeutung. Es
ist zu vermuten, dass sie bei der Durchsuchung aufge-
funden werden.

(§§ 94, 98, 102, 103, 105, 162 StPO).

II. Abtragen
III. An das
    Polizeipräsidium München
    zum Vollzug.

Die Richtigkeit der Abschr...
...en, den 27. Mai 1986
Amtsgericht München

*[Unterschrift]*

AG-Nr. 888 b / E StP AGM Abt. 14 c 40.7.2...

                         (         )
                  Richter    am Amtsgericht

                S 110 / 18

P.S. Nachdem das erstinstanzliche Urteil gegen Vogel vom Bundesgerichtshof als zu milde aufgehoben wurde, urteilte die Duisburger Justiz am 22.11.88 erneut über Vogel:

»Wegen Verstoßes gegen das Arbeitnehmerüberlassungsgesetz (AUG) in besonders schwerem Fall, betrügerischen Bankrotts, Betrugs und Steuerhinterziehung erhielt er 22 Monate Freiheitsentzug, ausgesetzt auf 3 Jahre Bewährung.«

Das hindert Vogel nicht daran, seine Geschäfte unter anderen Namen weiterzubetreiben und zusätzlich eine neue politische *Karriere* aufzubauen. Er ist Gründungsmitglied und Spitzenkandidat der Republikaner am Niederrhein:

ein wahrhafter *Experte* für *Ausländerfragen*.

# Leserreaktionen

In den Wochen und Monaten nach Erscheinen von »Ganz unten« erreichten mehrere tausend Briefe die Kölner Adresse des Autors. Jede Hörfunk- und Fernsehsendung brachte noch einen zusätzlichen Schub. Viele gaben als Adresse lediglich **Günter Wallraff, Köln** an: sogar ein Brief aus der Türkei, adressiert an ›**Ali**‹ **Günter Wallraff Almanya** wurde von der Post befördert; ebenso Drohbriefe, von Neo-Nazis adressiert **An das Türkenschwein Günter Wallraff, Köln** oder **An den getürkten Ali alias Wallraff, Köln** oder eine mit SS-Runen verzierte Karte **An Autor (ganz unten) Waldaft oder so, Köln-Ehrenfeld**, erreichten ihr Ziel:

Ali hau ab!
du bist in unsere
Todesliste aufgenommen
worden!
Die Kugel/Bombe für dich
ist schon bereit!
Wir faschisten wollen
keine deitschou Türken
uns genügen schon die
echten zur Unterentwicklung
Allah il akba!

Drohbriefe und Beschimpfungen machten allerdings weniger als 1 % der Zuschriften aus. Die meisten Briefeschreiber/innen hatten spontan geschrieben, um ihren Empfindungen bei der Lektüre des Buches Ausdruck zu geben. Im folgenden eine kleine Auswahl der am häufigsten mitgeteilten Argumente und Reaktionen:

»Ich habe Ihr Buch mit Schmerzen und Wut im Bauch gelesen«, gestand eine Tschechin, die schon seit Jahren in München lebt und aus eigenem Erleben den Ausländerhaß kennt.

Eine Frau aus Völklingen stellte fest:

»Nie hätte ich geglaubt, daß soviel Schindluder mit Ausländern getrieben wird, obwohl ich seit ca. zwei Jahren in Völklingen sozusagen Tür an Tür mit ihnen wohne.«

Karin S., eine 16jährige Schülerin, zog, wie viele andere auch, den Bogen von der heutigen Fremdenfeindlichkeit hin zur NS-Zeit:

»Ich schäme mich, einem Volk anzugehören, das aus seinen Fehlern nichts, aber auch gar nichts gelernt hat.«

Eine Berliner Studentin entdeckte durch das Buch den Zusammenhang von Wohlstand und Reichtum bei den Deutschen einerseits und Armut sowie Ausbeutung bei den ausländischen Arbeitern andererseits:

»Ich fühle mich mitschuldig an dieser Ausbeutung, denn auch ich benutze im täglichen Leben unzählige Gegenstände, bei deren Produktion Arbeiter wie Ali ausgebeutet und gesundheitlich ruiniert wurden. Aber noch wichtiger ist mir eigentlich, daß Du mir meine eigene Ausländerfeindlichkeit bewußt gemacht hast. (...) Warum habe ich Angst vor Türken und anderen Ausländern, setze mich im Bus nur im Notfall neben sie und reagiere sauer, wenn sie mich ansprechen?«

»Wir sind doch irgendwo auch ein Entwicklungsland in Sachen Mitgefühl, Menschlichkeit und Liebe gegenüber anderen Menschen«, so eine Hamburger Schülerin.

»Ganz unten« wurde zu einem Bestseller an den Schulen. Kaum ein Tag verging, ohne daß Schülerinnen und Schüler beim Verlag und beim Autor nach Zusatzmaterialien für Referate oder Facharbeiten anfragten. Aber nicht nur im Deutschunterricht beschäftigte man sich mit »Ali«, sondern vor allem im Sozialkundeunterricht und auch in Religion. So schrieb der ganze Sozialkundekurs einer Realschule in Köln-Porz einen Ermutigungsbrief an Günter Wallraff, gerade nach den Anfeindungen, die er von seiten des Fernsehmagazins »Report München« erfahren hatte. Von anderen Klassen gingen Unterschriftenlisten ein.

Eine Unterschriftenliste anderer Art war an den Stadtdirektor von Oelde geschickt worden, von Schülern und Lehrern des Städtischen Gymnasiums Lengerich, die darüber empört waren, »daß Sie die Bücher von dem Schriftsteller Günter Wallraff nicht in der Stadtbücherei Oelde dulden!« Initiiert von der Schülerin Bettina K., hatte die Kampagne Erfolg. Günter Wallraff kam selbst und brachte gleich eine Auswahl seiner Bücher mit, die er der Stadt gratis anbot. Die etwas zerknirscht dreinblickenden Stadtväter willigten vor den laufenden Kameras notgedrungen ein.

Eine weitere »Aktion« wurde in der Presse erwähnt, auch wenn sie weitaus weniger spektakulär war: Nach Lektüre von »Ganz unten« und gemeinsamem Besuch des Films entschloß sich die Abschlußklasse einer Aachener Hauptschule (18 Jungen und Mädchen, 7 Ausländer, vier davon Türken) spontan, die Schulabschlußfahrt in die Türkei zu machen. Da die Schüler eine solche Reise nicht aus eigener Tasche finanzieren konnten, wandte sich die Lehrerin auch an Günter Wallraff.

Günter Wallraff hat einmal gesagt: »Ich glaube nicht, daß Literatur die gesellschaftliche Wirklichkeit auf direktem Wege verändert. (...) Sie ist Katalysator, und ihre Sprengkraft zeigt sich oft erst viele Jahre später.« (*Mein Lesebuch*, Vorwort) Für unsere Zeit gilt die vorsichtige Formulierung Wallraffs erst recht; das liegt an der Struktur der Medien. Trotzdem ist festzuhalten, daß angesichts der – vielleicht nur scheinbaren –

# Oelde: Wallraff wieder im Regal

*Heftiger Streit in der Kleinstadt Oelde um Wallraffverbot in der Stadtbücherei*

*Rat hebt Zensur des Stadtdirektors auf*

Aus Oelde Petra Bornhöft

„So hat Heinz das nicht gemeint", beschwichtigte der Oeldener SPD-Sprecher Meier. Sein Fraktionskollege, der 70jährige Ratsherr Heinz Sibbert, hatte kurz zuvor der Union einen massiven Verstoß gegen die Meinungsfreiheit vorgeworfen und an die von ihm miterlebte Bücherverbrennung durch die Nazis erinnert — vor großem Publikum und surrenden Fernsehkameras.

Anlaß: Seit acht Jahren untersagt der Oeldener Stadtdirektor Dr. Friedrich Schmänk (CDU) konsequent alle Wallraff-Bücher in der Stadtbücherei. Konnte dies das Kleinstadtidyll jahrelang nicht stören, so tobte gestern ob dieser Zensur ein heftiger Streit im Rat des westfälischen Städtchens.

Das Ergebnis: Die beiden Wallraff-Bücher werden unverzüglich wieder in die Ausleihe genommen. Günter Wallraff dazu auf einer parallel zur Ratssitzung stattfindenden Veranstaltung des Vereins der Bibliothekare an Öffentlichen Bibliotheken (VBB): „Eine ganze Stadt hat es durchgesetzt, daß ein Buch nicht verbannt wird. Der Stadtdirektor von Oelde ist keine Ausnahme. Er sagt nur offen, was andere denken und auch besorgen lassen."

Bereits 1977 hatte Stadtdirektor Schmänk die zwei vorhandenen Wallraff-Titel aus der Bücherei entfernt, weil sie „auf obskuren Wegen", sprich ohne seine Genehmigung, „in die Bücherei gekommen waren", und Wallraff „dem kommunistischen Lager" zuzuordnen sei.

Die selbstherrliche Zensur Schmänks blieb lange Zeit unbeachtet. Kritik einer Schülerzeitung 1981 fand kein Echo in der sauberen Kleinstadt mit satter CDU-Mehrheit. Die SPD bestätigte 1983 die „Rechtmäßigkeit des Vorgangs". Auch später beantragte die SPD nicht, die Zensur-Maßnahmen aufzuheben. „Wir wären mit 2:1 niedergestimmt worden", heißt es lapidar und echt sozialdemokratisch.

Der sensationelle Erfolg des neuen Wallraff-Buches und eine WDR-Radiosendung Ende Oktober brachten Oelde in die Schlagzeilen und die SPD auf Trab. Nach Presseberichten, Protesten des PEN-Clubs und einer Unterschriftensammlung des VBB richtete die SPD Ende November verschämt eine Kleine Anfrage an die NRW-Landesregierung zur Zensur in Stadtbüchereien. Stadtdirektor Schmänk wollte öffentlich nicht Stellung nehmen: Es handele sich um eine „von extremen Gruppen geschürte Debatte".

Nach dem Ratsbeschluß (einzige Gegenstimme von Schmänk), die zwei alten Wallraff-Titel vom Index zu nehmen, wollte die CDU zumindest die Schenkung des neuen Buches mit Hilfe eines Beschlusses über „grundsätzliche Ablehnung von Geschenken" erledigen. Der Hartnäckigkeit der Grünen ist es zu verdanken, daß der Stadtrat die Schenkung akzeptierte.

Günter Wallraff hat der Oeldener Büchereileiterin zwar am Montag ein Paket mit 40 Büchern übergeben, doch gestern war in der Bibliothek kein Wallraff-Titel zu bekommen — angeblich alle ausgeliehen.

*Die Tageszeitung (TAZ)*, 11. 12. 1985

Allmacht der elektronischen Medien der Erfolg von »Ganz unten« eine Sensation ist. Aber kann das, was durch ein Buch zu bewirken ist, an den Auflagenzahlen und am Medienspektakel gemessen werden? Die Frage ist vielmehr: Was hat Günter Wallraff mit dem Bericht über den Türken Ali bei den Lesern, den Deutschen bewirkt? Bei einem Teil der linken Intellektuellen war das Buch weniger »in«, das Thema galt als »ausdiskutiert«, und man warf dem Autor vereinzelt sogar vor,

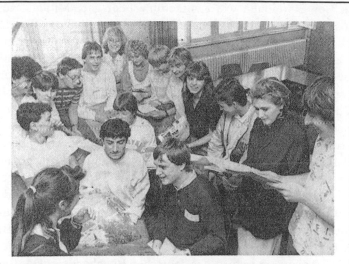

Studieren Karten und freuen sich schon riesig: die 16 Schüler der 10 B. Ganz hinten: Klassenlehrerin Ursula Jünemann.

Foto: Donner

# Die Türkei-Fahrt klappt
## Aachener halfen – Idee nach Wallraff-Buch

Von AXEL BORRENKOTT

AACHEN. — Ein kleines Wunder ist zu vermelden – und vielen Aachenern (sowie zwei Kölner) Bürgern ein riesiges Dankeschön auszusprechen. Mit ihrer Hilfe erfüllt sich ein Traum der Klasse 10b der Hauptschule Eintrachtstraße: Im Juli machen die 16 Schüler ihre Abschlußfahrt in die Türkei.

Es ist noch keine zwei Monate her, da griffen die „Nachrichten" eine spontane Idee der Hauptschüler auf. Die sechs Mädchen und zehn Jungen, die sich unter Anleitung ihrer Klassenlehrerin Ursula Jünemann seit langem für die Lebensbedingungen ausländischer Mitbürger interessieren, hatten sich nach Lektüre des Wallraff-Buches „Ganz unten" entschlossen, in die Türkei zu fahren.

Das Reisegeld wollte sich die engagierte Gruppe durch Jobs erarbeiten. Es hat geklappt! Auf den Aufruf in dieser Zeitung meldeten sich über 20 Aachener und heuerten die 15- bis 17jährigen für Haus- und Gartenarbeiten, zum Autowaschen und sogar zu kleinen Renovierungen an. Allen voran eine Finnin, die gleich meh-

rere Schüler ihren Garten umpflügen läßt – solange ihre knappen Mittel reichen. Ein Ehepaar hat eine Schülerin zweimal wöchentlich für Hausarbeiten engagiert, ein Student sich seine ordentlich „versaute" Küche wieder in vermieterfreundlichen Stand setzen lassen. Eine Kindergärtnerin hat einen Narren an einer türkischen Schülerin gefressen und setzt sie immer wieder ein.

Es gibt aber auch Spenden, ohne die es wohl nicht gereicht hätte: je 1000 Mark gaben Günter Wallraff selbst, die Textilfirma „Santex" und der Kölner Würstchenfabrikant „Egetürk". Mit 500 Mark sind die Aachener Unternehmerverband und der Karossieriebauer Gier dabei. Die Roetgener SPD spendete 100 Mark. Lehrerkollegen gaben ihre Jubiläumsprämien oder verzichteten zugunsten der Klasse auf Geburtstagskuchen.

Nicht zuletzt: Mit einem „guten Preis" senkte das Reisebüro „Elz-ki" die Flugkosten und kümmerte sich über den türkischen Kulturattaché sogar um kostenlose Unterkunft. Am 1. Juli soll es losgehen: eine Woche Istanbul. Die „Nachrichten" wünschen eine gute Reise!

daß er Emotionen wie »Mitgefühl« oder gar »Mitleid« auslöse, was Wallraff zu der Feststellung veranlaßte: »Was für eine seelische Verkümmerung, Vereisung und Erstarrung, wenn Gefühle wie Mit-Freude oder Mit-Leiden als negativ oder verwerflich angesehen werden.« Die Behauptung konservativer bis reaktionärer Kritiker, daß Wallraff fürs linke Publikum geschrieben habe, gilt für »Ganz unten« am allerwenigsten. Die Leserbriefe sowie die Zuschriften von Buchhändlern – vor allem aus Städten des Ruhrgebiets, die berichteten, daß sich nach Erscheinen von »Ganz unten« vor Buchhandlungen Schlangen bildeten wie in einem System der Mangelwirtschaft nach Lebensmitteln – zeigen, daß das Buch in der gesamten Bevölkerung Aufmerksamkeit erregte, junge und alte, männliche und weibliche Leser aller Schichten und Berufe erreichte.

Die Verbandszeitschrift des deutschen Buchhandels »Das Börsenblatt« kommt zu dem Ergebnis:

»In der Geschichte des deutschen Verlagswesens hat es noch nie einen sensationelleren Bucherfolg gegeben als den des Verlags Kiepenheuer & Witsch mit Günter Wallraffs Enthüllungsreportage *Ganz unten*: In weniger als 5 Monaten sind zwei Millionen Exemplare des Buches verkauft worden, die zahlreichen Auslandsausgaben noch nicht einmal mitgerechnet...

Das Buch hat offensichtlich Käufer mobilisiert, die zuvor kaum je eine Buchhandlung von innen gesehen haben...

Das für die gesamte Buchbranche unüberschätzbare Verdienst Wallraffs und seines Verlags ist allem Anschein nach, daß es ihnen gelungen ist, bis in die Schicht der Nur-*Bild*-Leser vorzudringen...«

In Betrieben wird »Ganz unten« anders als in bürgerlichen Kreisen als Gebrauchsliteratur angesehen. Kollegen leihen das Buch untereinander aus, und es kommt vor, daß ein Buch von 20 und mehr gelesen und entsprechend diskutiert wird. In türkischen Familien finden, bevor es 9 Monate später die türkische Ausgabe gibt, Lesungen im Familienverband statt. Sprachkundige Kinder übersetzen es ihren Eltern und reflektieren ihre eigenen Erfahrungen.

Die Mehrzahl derer, die Wallraff schrieben, waren Deutsche, die Ausländer nur aus der Distanz kannten. Mit Türken hatten sie am Arbeitsplatz oder in der Schule zu tun – oder auf der Straße, in öffentlichen Verkehrsmitteln, in Geschäften und Kaufhäusern. Meistens drückten sie ihre Betroffenheit aus, hatten oft nicht für möglich gehalten, was in »Ganz unten« geschildert wird. Es gab auch eine Menge Skeptiker darunter; wo die eigene Erfahrung fehlt, möchte man Schreckliches nicht glauben bzw. bezichtigt seine Darstellung der Übertreibung. Weniger schriftlich als mündlich zugetragen war der Vorwurf, Wallraff habe das Unternehmen »Ali« nur gestartet, um sich persönlich zu bereichern.

Solche und ähnliche Reaktionen dürften wohl zu den psychischen Entlastungsmanövern zählen, mit denen die Betreffenden ihrem schlechten Gewissen zu entkommen suchten. Auch sie werden gespürt haben, worum es in »Ganz unten« im Grunde geht: daß der enorme Reichtum der bundesrepublikanischen Gesellschaft, an dem auch die sog. Mittelschichten teilhaben, mit auf der unverhüllten Ausbeutung ausländischer Arbeiter und Arbeiterinnen gegründet ist; daß daher die sogenannte Dritte Welt unmittelbar in diesem Land stattfindet mit all ihren Symptomen: Armut, Rassismus, Unterdrückung, Verfolgung und Mord.

Die Perspektive von oben, von deutscher Seite, bringt Rosemarie F. sehr gut zum Ausdruck:

»Ihr Buch ist mir tief unter die Haut gegangen. Ich bewundere Ihren Mut, daß Sie unter dem Einsatz Ihres Lebens am Grunde des Mülls unserer ›Wohlstandsgesellschaft‹ gegraben haben, um das Schicksal von armseligen, hilflosen Menschen ans Tageslicht zu holen.«

Sehr viele Leser/innen bekundeten in ihren Briefen den Wunsch, etwas an den Verhältnissen zu ändern, wollten Adressen örtlicher Ausländerinitiativen bekommen oder gar private Kontakte zu Ausländern vermittelt haben.

Viele kamen mit eigenen Ideen:

»Ich habe daher beschlossen, meine passive Haltung gegenüber diesem Problem abzulegen, und habe im kleinen angefangen, aktiv zu werden. Daher helfe ich türkischen Nachbarskindern bei den Hausaufgaben und hoffe, damit einen, wenn auch bescheidenen Beitrag zu leisten.«

Die Verhältnisse bei sich selbst und in der Nachbarschaft zu ändern, war ein sehr oft geäußerter Wunsch:

Monika Z., Bad Feilnbach, Schülerin:

»Wenn ich irgend etwas machen kann, um Ausländern zu helfen, wäre ich froh, wenn Sie es mir mitteilen würden. (...) Ich werde versuchen, weiter daran zu arbeiten, meine Vorurteile abzubauen und auf Ausländer zuzugehen.«

Christian W., Offenbach:

»Nun, da ich die Wahrheit mit eigenen Augen gesehen habe (den Film), merke ich, wie in mir eine Stimme sagt, daß auch ich helfen *muß*, daß *wir alle* helfen müssen.«

Eine Rentnerin beschrieb ein Erlebnis:

»Vor ca. zwei Monaten sprach mich auf der Straße ein Gastarbeiter an, ein Türke, wie er mir sagte. Er wollte zu einem Wohnheim, das von meiner Wohnung ca. 30 Min. entfernt ist. Ich ging mit ihm ein Stück Weg und beschrieb ihm dann genau, wie er gehen müsse. Der Mann umarmte mich und sagte, daß ich eine gute Frau sei. Dabei ist es selbstverständlich, daß man hilfsbereit ist.«

Der 29jährige Arbeiter Hans B. aus Monheim bekennt sich als praktizierender Christ:

»Ich glaube, daß ihr Buch nicht nach Schuldigen wie dieser ›Adler-Mutation‹ sucht, sondern vielmehr dazu geeignet ist, uns allen – mir – einen Spiegel vorzuhalten. Adler, Remmert, Thyssen, AKW etc. können doch nur so handeln, weil wir, die wir drinnen sitzen, nicht unsere verdammte Schnauze aufmachen und unseren ausländischen und sozial schwachen Brüdern helfen.

Im Industriezeitalter sind wir geschult worden, ein Volk von Egoisten zu werden – nicht, was meinem Nächsten gut tut, sondern ausschließlich, was ich selber für mich Gutes tun kann, ist gut. Ich kann alles, ich bin alles – Selbstverwirklichung ist die Prämisse.

Daß unter diesem Umstand zwangsläufig Personen ignoriert, ja verachtet werden müssen, die nicht so sind und denken wie wir, ist selbstverständlich. Schließlich müssen wir uns in dieser Gesellschaft behaupten – und an den ›unkultivierten‹ Ausländern kann jeder seine Ellenbogen auslassen.

Sie haben mich getroffen mit Ihrem Buch. Manchmal bin ich froh, daß ich Ihnen als Ali während ›der Recherchen‹ nicht begegnet bin. Heute freue ich mich über jeden Türken, dem ich begegnen darf – lache ihn an und bin glücklich, wenn er noch zurücklachen kann.«

Bettina Z. aus Tuttlingen:

»Gegenüber von mir wohnen seit ein paar Wochen zwei jungverheiratete Türken. Sie stinken nicht, sie lassen keine überlaute Musik laufen wie manche Deutschen und fallen auch sonst nicht aus der Reihe. Trotzdem werden sie schief angeschaut. Ich gebe zu, daß ich ihre Namen noch nicht kenne und noch nicht viel mehr als ›Tag‹ mit ihnen geredet habe. Aber seit ich Ihr Buch lese, werden sie mir immer sympathischer, und ich werde etwas dransetzen, damit sie nicht als schwarze Schafe in der Nachbarschaft gelten, denn mein Vater ist wegen seines Nebenberufs sehr einflußreich.«

Gleich mehrere berichteten, daß sie ihr Verhalten gegenüber Ausländern in öffentlichen Verkehrsmitteln geändert und zum Beispiel ihren Sitzplatz älteren Türkinnen angeboten hätten.

Thomas Hoffmann, junger Arzt aus Reichenberg, erklärte, bis zu seiner Einstellung Türkisch lernen zu wollen:

». . . da ich einerseits das Gefühl habe, das in meinem Beruf gut brauchen zu können, andererseits der Meinung bin, daß gerade unter den Ärzten in dieser Hinsicht recht wenig getan wird.

Nicht zuletzt auch, um meine Haltung zur Ausländerfeindlichkeit zu demonstrieren.«

Ein Sozialversicherungsfachmann fragte an, wie er effektiv Ausländern helfen könne.

Für Schüler und junge Leute war ein Kapitel in »Ganz unten« wichtig, das wenig mit der Ausländerproblematik, aber um so mehr mit ihrer unmittelbaren Erfahrung zu tun hatte, das Kapitel über McDonald's. Hier gab es eine Reihe von Initiativen:

Gerd Cremer, Claudia Hering, Heidelberg:

»Angeregt durch Dein Buch wollen wir eine Anti-McDonald's-Aktion starten. Hierzu sollen 6 Seiten Deines Buches fotokopiert werden und mit einem Begleittext vor einigen Shit-Burger-Filialen Heidelbergs und näherer Umgebung verteilt werden. Und zwar an Personen, die im Begriffe sind, diese Filialen der amerikanischen Food-Culture-Subkultur zu betreten.«

Alexandra A., München:

»In meinem Freundeskreis wurde das Buch heftig diskutiert... Wir beschlossen, ab sofort nie mehr ein Fast-Food-Lokal aufzusuchen. Viel wichtiger jedoch in meinen Augen ist, wir wurden hellhöriger und treten ein, wenn wir merken, daß jemand benachteiligt wird.«

Florian N. ging weiter. Er wollte selber erleben, wie es bei McDonald's zugeht und jobbte dort einige Wochen – »um festzustellen, was dran ist an deinen Schilderungen. Es hat mich fast umgeworfen, als sich herausstellte, daß sich alles beinahe wortwörtlich, Szene für Szene, so abspielt, wie von dir beschrieben«.

Etliche Frauen hatten einschlägige Erfahrungen im Fast-Food-Gewerbe gesammelt:

»Der Tee war am Morgen aufgegossen worden, versehentlich, obwohl keiner ihn bestellt hatte. Der Teebeutel war mit anderen Worten unbezahlt verbraucht worden. Das durfte nicht sein! Da gerade ein Tee bestellt worden war, fischte Frau N.

den aufgeweichten Teebeutel ohne zu zögern aus dem Müll, hängte ihn in ein Kännchen, goß heißes Wasser auf und ließ den ›Tee‹ für 3,60 DM servieren. Alles hat seine Ordnung.« (Eine Studentin)

»Aber Schnupfen ist kein Krankheitsgrund. Auch nicht für die Frauen in der Küche, bis jeder vom Personal angesteckt ist. Niemand denkt, es könnte die Leute abschrecken, wenn ich meine Bakterien von Teller zu Teller trage.« (Waltraut M. in R.)

Günter Wallraff wird schon seit Jahren von Menschen angeschrieben, die besonders schwerwiegenden Formen von Ausbeutung ausgeliefert waren oder die in ihrem Leben gescheitert sind, aufgrund von Unfällen, Krankheiten, Gefängnis usw. Die Veröffentlichung von »Ganz unten« brachte eine hohe Zahl solcher Zuschriften. Die Absender, Deutsche und Ausländer, sind Menschen, denen weder Behörden noch andere zuständige Instanzen, nicht einmal die Kirchen mit ihrer institutionalisierten Nächstenliebe mehr zuhören.

Das Buch hatte eine große Zahl türkischer Mitbürger/innen ermutigt, an Wallraff zu schreiben. Türken, die schon länger in Deutschland leben, verfaßten ihre Zuschriften auf deutsch – die meisten darunter Türkinnen der zweiten Generation. Nilüfer N., eine junge Türkin, schrieb aus Hamburg über ihren Anfang hier:

»Habe mir Deutschland schönste Paradies vorgestellt. Dachte: Glücklichste Mädchen auf der Welt zu sein ...

Ich mußte zu Hause alles machen. Wenn nicht: Kriegte ich Schläge, die nicht normal waren. Aber mein Hose durfte ich nicht waschen, Waschpulwer wurde auch gespart. Baden durfte ich einmal in der Woche, in einem plastik Becken in der Küche.

So wurde in der Schule mein Name – stinkende Türkin – und ich konnte zwei Worte mehr als Mutter: Stinken, waschen, Ausländerin, arm, dumm. Hatte mit der Zeit die Schule geschwenz, jetzt ohne Haupt(schul)abschlus. (...) Bis jetzt habe ich niemandem gesagt, weil ich mich: Schämte. Jetzt habe ich Mut Ihnen zu schreiben.«

In ihrer Geschichte gibt es auch zwei Selbstmordversuche. Eine Sozialarbeiterin aus Troisdorf berichtete zu diesem Thema: »Es ist (in dem Jugendzentrum) zu beobachten, daß viele der ausländischen Jugendlichen an Magengeschwüren, psychischen Störungen u. ä. leiden.«

Ein ehemaliger kurdischer Student, Memet A.:

»Das Leben in der BRD hat mich oftmals zu psychischen Depressionen gebracht. Die unheimlichen Schwierigkeiten bestanden und bestehen aus vielfältigen Stellen wie z. B. Ausländeramt, Schulen, Arbeitsstellen, Nachbarn, Freunde, Lehrer, Professoren usw.«

Die Gründe für Depressionen sind nicht immer solche vordergründigen wie die vielfältigen Benachteiligungen im beruflichen und sozialen Leben hierzulande. Harald S. aus Ingolstadt ist in seiner Zuschrift auf die Konflikte eingegangen, die sich aus der Konfrontation der traditionellen türkischen mit der modernen permissiven Kultur hierzulande ergeben. Er hat miterlebt, was seine türkische Freundin wegen ihrer Beziehung zu ihm in ihrer Familie durchmachen mußte. Zu den psychischen Krankheiten türkischer Jugendlicher:

»Meiner Meinung nach kommen die Störungen größtenteils daher, daß türkische Eltern ihren Kindern eine türkische Erziehung einzuprügeln versuchen, in einem Land, in dem diese Söhne und Töchter von der Umwelt ständig Gegenteiliges vorexerziert bekommen.«

»Längst veraltete türkische Moralvorstellungen versuchen die älteren Gastarbeiter in Deutschland aufrechtzuerhalten und sind nicht zu dem geringsten Kompromiß bereit. Sie können mir glauben, daß ich sehr genau weiß, wovon ich schreibe. In den meisten Gastarbeiterfamilien spielen sich Tragödien ab, die Sie nie recherchieren können, weil (ältere) Türken nur oberflächliche Kontakte mit deutschen Bürgern zulassen.«

Viele Briefe bestätigten oder übertrafen das, was in »Ganz unten« thematisiert worden ist. Eine Jugoslawin, im Gaststättengewerbe tätig, schrieb:

»Ich kam hier mit 18, eine fröhliches, lustiges Mädchen, mit vielen Wünschen, großer Hoffnung. Heute bin ich 32, traurig und ohne Hoffnung, ein abgenutztes Wrack. Träume sind wie Seifenblasen geplatzt, es ist die bittere warheit geblieben. Nach hause zurük kann man nicht mehr, es ist zu spät. Unsere alle Züge sind abgefahren, wir haben sie verpaßt, ich habe Angst das wir nicht hängen bleiben zwischen hier und dort. Was nutzen uns jetzt die paar schweer verdienten mark, damit können wir uns nicht kaufen was wir hier verloren haben. Ich würde alles hergeben nur für etwas menschlichkeit.«

Hinter solchen allgemeinen Formulierungen verbergen sich oft schlimmste Erfahrungen, die aus Scham nicht konkret beim Namen genannt werden. Eine junge Griechin, Evangelia T., schickte einen Bericht über ihren Start in Deutschland, den Beginn einer Odyssee mit Vergewaltigungen und mehrjährigen Aufenthalten in psychiatrischen Einrichtungen:

»Mein Vater geriet ins Träumen und hoffte, daß das Arbeitsparadies Deutschland ihm und seiner Familie ein besseres und reicheres Leben ermöglichte. Er entschloß sich, dorthin aufzubrechen. Meine Mutter war sofort damit einverstanden. (...)

Meine Eltern fanden sofort Arbeit bei einer Baufirma. Wir hatten aber keine Wohnung, und so vermietete uns die Firma eine Baubaracke auf der Baustelle, wo meine Eltern von nun an arbeiten mußten. (...) Die Scheißbaracke war nicht größer als etwa 15 qm. Ein Raum zum Schlafen, Essen und Wohnen. Als Toilette diente uns der Scheißkasten auf der Baustelle, den außer uns auch die Arbeiter benutzten. Zum Duschen gingen wir ins Hallenbad und Hauptbahnhof. (...)

Während meine Eltern arbeiteten, war ich im Kindergarten und meine Schwester ging zur Schule. Wir waren oft krank, konnten aber nicht zu Hause bleiben, weil auf der Baustelle gearbeitet wurde.«

# Türken in der Stadt erkennen sich im Buch von Wallraff wieder

Übersetzt Wallraff kostenlos ins Türkische: Dolmetscherin Yildiz El-Toukhy

## Verkauf auf Hochtouren

VON ASTRID KUCHENBECKER

HANNOVER. Günter Wallraff's neues Buch „Ganz unten" steht bei den Türken in Hannover ganz oben. Kaum eine Woche auf dem Markt und bei Yildiz El-Toukhy (45) steht das Telefon nicht mehr still. Sie ist Journalistin und Dolmetscherin für das Landgericht Hannover, arbeitet ehrenamtlich für den Islamischen Verein: „Ständig werde ich von meinem Landsleuten um eine Übersetzung des Buches gebeten."

Kein Wunder. Die merkwürdigen Machenschaften von Leiharbeitsvermittlern, schwere und gefährliche Arbeiten ohne Schutzkleidung, wie in Wallraff's Buch geschildert, das haben viele von ihnen selbst erlebt. Den Übersetzungsauftrag bekam Yildiz gestern vom Islamischen Verein. Die Journalistin: „Das mache ich selbstverständlich ohne Bezahlung."

Teoman Atalay, Ex-Vorsitzender der türkischen Gemeinde hat das Buch bereits gelesen: „Ich bin sehr betroffen." Auch im Türkischen Generalkonsulat wurde „Ganz unten" den Mitarbeitern als Pflichtlektüre verordnet.

Berrin Gürbasak (24), Kellnerin im Weinpavillon: „Ich habe das Buch zwar noch nicht gelesen, was ich aber darüber gehört habe, ist für mich nichts besonderes. Aus meinem Freundeskreis und Bekanntenkreis kenne ich viele ähnliche Fälle."

Illyas S. (32): „Von meiner Arbeit in Großunternehmen im Raum Hannover weiß ich, daß das, was Wallraff beschreibt, richtig ist. Gut, daß die deutsche Bevölkerung endlich einmal wachgerüttelt wird."

Auch gestern war das Buch wieder Renner in den Geschäften. Rohbani's Buchladen in der Limmerstraße meldete Ausverkauf. Heide Wach: „Wir haben sofort neu geordert. Aber der Verlag kann wegen der starken Nachfrage nicht sofort liefern."

Auch in der Buchhandlung Leuenhagen & Paris lief der Verkauf weiter auf Hochtouren. Ein Verkäufer: „Allein gestern setzten wir 40 Bücher ab."

Betroffen vom Inhalt: Ehemaliger Vorsitzender der türkischen Gemeinde, Teoman Atalay.

Hat keinen neuen Wallraff mehr im Regal: Buchhandlungsgeschäftsführerin Heide Wach. Fotos: Stoletzki

Kennt ähnliche Fälle aus dem Freundeskreis: Berrin Gürbasak.

Der türkische Arbeiter Mehmet N. aus Oberhausen über seine Erfahrungen unter Tage:

Liebe Günter....

(Darf ich dich so nennen...O.k.Danke)

Ich habe deine Buch "Ganz unten" in Deutsche und in Türkische
spreche gelesen..Es war eine einmalige und Fantastische buch..
Du hast eine teil von unsere leben in Deutschlend geschrieben..
Dafür möchte ich bei dir im nahmen alle meine Landsleute herzlich
bedanken..Günter,Ich bin seid 1968 in Deutschlend wo demals keine
Auslaenderfeindlichkeit gab.. ir führten demals eine friedliche
leben als jetzt..Seid 1977 im Bergbau AG Niederrein als ner mann
unter tage Beschaeftig..Es gibt auch im Bergbau menschen veraentung .
Auslaendische arbeit nehmer werden vom Steiger(Aufsichts person)
wie eine Sklave behandelt,Sie werden geschrien und geschimpft..
Ich möchte dir über eine tötliche Arbeits unfall  schreiben,wie das
passiert war,Und wer an diesem tötliche unfall schuld hatte..
In zeche Sterkrade(in Oberhausen) in einem kohlen Kevier,wurde eine
Türkische arbeiter duruch Arbeits unfall( Wie man so genant hat)
umgekommen..Ich wollte wiesen,wie das passiert ist..Sofort habe
ich eine Türkische kummepel gefragt (Er war,augenzeuge).Er sagte zu
mir.." Bevor der Steiger kam haben wir unsere Arbeit in ruhe ohne
viele Risiko weiter geführt..Als der Steiger kam,ist er sofort
angefangen zu schrein," Mach da.Mach da..Bewegt eure aersche,meter
muss kommen (Meter heist abbau der kohlen schicht).Sonst ziehe ich
von euch jeden paar mark ab" usw.usw..Da durch sind wir alle durcenand
er gekommen,keine wuste was er tut..Wir waren so nervös,und da bei
haben wir unsere sicherheit nicht geachtet..Und so kam eine dicke
Procken von oben auf ihm..Er war innerlich schwerverletz..Wir alle
haben arbeit nidergelegt ,und sofort unsere kummpel nach über tage
gebracht...Wir müssten ganze strecke in eine schtaub wolke lören,
wo normale weise alle  förder baende stillgelegt werden müsste..
Unsere kummpel,der schwerverletzt war musste ganze strecke nur
kohlen-Steinstaub aufartmen..An diesem unfall war nur der Kevier
steiger alein schuldiger..Aber der war auf der stelle weg.kr hat
nicht mal gefragt,wie es ihm ,eht.der war schon weg..Als wir
6.Sohle ereich haben,kam auch der betrieb artt ..Er musste unführen
weil der verletzte nicht vorgeschriebenen zeit zu ihm kam..
Aber ,jeder hilfe war zuspaet..Der Hümoyin war tot..Meine letzte
worte war..Ich fühle mich gut..Wie ist das bloss passiert..Gib mir
schluck wassor.."
Als meine kummpel mit seine Erzaehlung fertig war,bin ich sofort
zur Betriebsrat gegagen..Ich wolte mehr davon wissen..Weil ich
Vertraunsmann war ..Der Betriebsrat vorsitzender hat alle aussagen
die vor der bergböherde (Vom Oberbergamt) gesagt worden und xkunter-
schrieben ist gezeigt.. Ich konnte jetzt überhaubt nichts unternehmen,weil die augenzeugen einstimmig waren...Ich habe gefragt
warum die förderbaender nicht still gelegt worden ist,werend eine
schwerverletzte transport...Und er xxhxixxx schweigte...

Günter,als eine Deutsche kummpel,seine arm gebrochen hate,den ich
selbst transportiert habe,glaub mir ganze Kevier still gelegt ..

347

Ein Angestellter der Arbeitskräfteverleihfirma »idemo« schickte anonym folgendes vertrauliche Schreiben zu:

Geschäftsbrief (Offerte) einer der größten Arbeitskräfte-Verleihfirmen der BRD, **idemo** (Filialen in zahlreichen Städten) an mittlere und größere Firmen:
Der Abbau der von der Arbeiterschaft über jahrzehnte erkämpften Rechte und Sozialleistungen wird hier völlig *legal* von heute auf morgen aufgehoben:
»Die Vorteile einer Zusammenarbeit mit unserem Unternehmen lassen sich in jeder Beziehung ›rechnen‹ ... Viele der in den vergangenen ›fetten‹ Jahren angehäuften Privilegien für Ihre Mitarbeiter werden bei uns ausgeschaltet. Das ebnet Ihnen den Weg, Schritt für Schritt, eine Annäherung an unsere Personalhandhabung zu erlangen.
Einige Beispiele:
– keine zusätzlichen Pausen
– keine kostenlose Arbeitskleidung
– keine kostenlose Reinigung der Arbeitskleidung
– keine Kantinenzuschüsse
– keine Fahrgeldzuschüsse
– keine Kosten für Gesundheitszeugnisse und ärztliche Untersuchungen
– keine Kosten für Jubiläen, Hochzeiten u. a.
Durch unsere Mitwirkung wird Ihren Arbeitnehmern bewußt, daß sie ersetzbar sind. Dieses senkt, das können wir nachweisen, Ihre Krank- und Fehlzeiten.
Sie erreichen durch unsere Mitarbeit eine im Grunde unbezahlbare Flexibilität. Wir versorgen Sie auf der einen Seite, auch in Spitzenzeiten, kurzfristig mit zusätzlichem Personal und geben Ihnen auf der anderen Seite die Sicherheit, daß Sie bei einem eventuellen Verlust eines Ihrer Großauftraggeber kein überflüssiges Personal halten müssen.
Erwähnt haben wir, daß Sie nur die produktiv, in Ihrem Betrieb geleistete Stunde bezahlen, dies bedeutet u. a.:
– keine Lohnfortzahlung im Krankheitsfalle, wie auch bei Kuren u. ä.
– keine Urlaubs- und Weihnachtsgelder mehr
– keine Altersversicherungen
– keine Vorruhestandsregelung
Weitere Vorteile sind leichtere Trennung von ›mitgeschlepptem‹ Personal ...«

Bei sehr vielen Leserbriefschreibern ging es um Erfahrungen, die denen in »Ganz unten« glichen. Die Absender waren Ausländer und Deutsche. Großen Raum nahm das Thema Leiharbeit ein. Aus Warendorf erreichte Günter Wallraff ein Bericht von Helmut K., der in einem landwirtschaftlichen Betrieb in Lünen/Westfalen gearbeitet hatte:

»Dort waren mindestens 80% türkische Aushilfskräfte beschäftigt. Dies waren zum Großteil Frauen, aber auch minderjährige Mädchen, die zum Teil für einen Stundenlohn (Netto = Brutto) von 3,50 DM dort im wahrsten Sinne des Wortes schuften mußten. Die Frauen wurden, wie in Ihrem Buch »Ganz unten« beschrieben, heute geheuert und morgen gefeuert. Auch waren Krankenversicherung, Urlaubs- und Weihnachtsgeld etc. für den Großteil nur Fremdwörter.

Der Lohn wurde jeweils wöchentlich ausgezahlt, wobei in den Briefumschlägen, die meist dienstags nach Feierabend nach namentlichem Aufrufen verteilt wurden, häufig Beträge von 5 bis 20 DM fehlten. Proteste dagegen gab es in der Regel nicht, da dann sofort mit Rausschmiß gerechnet werden mußte. Für diesen Lohn wurde dann vor allem im Sommer ein bis zu 12 Stunden langer Tag verlangt ohne größere Pausen (einzige Pausen eine halbe Stunde Mittag). Bei Temperaturen von ca. 35 °C wurden dann teilweise von den Frauen Pflanzenschutzarbeiten durchgeführt. Notwendige Schutzanzüge, Masken etc. wurden nicht gestellt bzw. standen auch gar nicht zur Verfügung.«

Ein Teil der Belegschaft durfte den Betrieb nicht aufsuchen, als eine Steuerprüfung anstand.

Aus Gesprächen konnte H. K. erfahren, daß auch in anderen landwirtschaftlichen Betrieben im Münsterland und auch im Alten Land bei Hamburg Ausländerinnen, vorzugsweise Türkinnen, als Billigstarbeitskräfte und häufig illegal arbeiteten.

Den illegalen Arbeiterverleihern das Handwerk zu legen, überstiege in Rheinland-Pfalz die Ermittlungsmöglichkeiten der Polizei, schrieb ein betroffener Polizeibeamter:

»...habe auch längere Zeit in Mainz gearbeitet, wo ich öfter mit dem Problem der illegalen Leiharbeit bzw. der Verleihung von Arbeitskräften konfrontiert wurde. (...) Und hierbei habe ich bemerkt, wie schwierig es ist, in einem solchen Fall gegen einen Unternehmer Beweise anzuführen, die hieb- und stichhaltig sind. Man kann ruhig sagen, daß es eine schier unlösliche Aufgabe für die Polizei ist.«

Manfred Schmidt, Bönen, schrieb:

»Als Gewerkschafter, ehemaliger Betriebsratsvorsitzender eines Baubetriebes (...) habe ich mich schon seit 1980 für ein Verbot der Leiharbeit eingesetzt. Denn wir wurden fast täglich mit dem Einsatz von Leiharbeitern unter Druck gesetzt.«

Ein Mitarbeiter der Stadtverwaltung Münster:

»Wer die Augen offenhält, kann jedoch nicht übersehen, daß Stellenabbau im öffentlichen Dienst und Wachstum der Leiharbeitsfirmen in der privaten Wirtschaft nur verschiedene Ausdrücke einer einheitlichen Tendenz und Bewegung sind.«

Stephan B. aus Göttingen:

»Wie ich bei einigen Einsätzen für die Firma WIG erfahren habe, bangen die Stammarbeiter in den Betrieben um ihre Arbeitsplätze, weil immer häufiger WIG-Leute in die Betriebe kommen, um dort an Arbeitsplätzen zu arbeiten, die vorher Stammarbeiter inne hatten. Da beweist sich ganz deutlich die Wahrheit des WIG-Werbeslogan »Wir instandhalten billiger«. Der Trend geht hier in Göttingen dahin, daß immer mehr Studenten ›in den Leiharbeiterpool sich stürzen‹ (müssen), aus dem Firmen wie WIG dann schöpfen können.

WIG versucht, da die Fluktuation der Leute relativ groß ist und somit wenig Informationsaustausch zwischen den Leuten existiert, die Stundenlöhne zu senken. Das führt dazu, daß an Wochenenden, wo der Andrang auf Arbeit besonders groß ist, die Stundenlöhne auf 8 DM/Std. sinken.«

Eine ganze Reihe von Berichten betrafen spezielle krankmachende Arbeitsbedingungen. So schrieb Norbert G., München, über seinen Semesterferienjob bei Schering/Bergkamen:

Dort in der Östrogenproduktion »werden die Arbeiter auch so gemein verheizt«. Es war eine sehr »saubere« Arbeit. »Es ging um die Anwendung von Lösungsmitteln... wie Benzol, Methanol, Toluol, Tetraphydrofuran etc.« und um den Umgang mit Hormonen. Ein Lehrling hatte dort »mit 18½ Jahren bei Schering Hodenkrebs, fast die Hälfte der Belegschaft hier unten hatte schon mal Brustansätze. Ich bekam nach 2 Wochen meine erste Prostataentzündung..., die mich 3 Monate lahmlegte.«

Anton S. aus Brunsbüttel hatte persönlich einen ganz bestimmten Ausschnitt aus dem Diskriminierungsalltag bei Thyssen erlebt:

»Vor drei Jahren arbeitete ich als Redakteur bei ›Gesundheit aktuell‹, deren Redaktion zufällig im Thyssengebäude in Hamburg-Horn... untergebracht war. Mittags aßen wir in der Thyssen-Kantine, fünf Stockwerke tiefer. (...) Was ich dort erlebte, spottete jeder Beschreibung! ...Nicht nur allein der Schlangenfraß, der dort Hunderten und Aberhunderten türkischer Gastarbeiter serviert wurde, zum Wahnsinnspreis von 5 DM, obwohl das Essen regelmäßig zum Kotzen war, viel zu teuer und viel zu schlecht gekocht – nein, den Koch selber hätten Sie erleben bzw. hören müssen! ...Schlimmer als Heydrich und Goebbels zusammen! Und niemand, der ihn bremste. Manchmal wurde er sogar gewalttätig, wenn einer aufmuckte und zu ihm sagte: ›Wir freitags nix Schweinefleisch, Du uns geben was andres.‹ Dann schrie er durch die eiskalte Riesenkantine, die mehr einer Fabrikhalle aus dem Manchester der Jahrhundertwende glich: ›Soooo – Du Schwein nix essen Schweinefleisch? Du erst mal lernen richtig Deutsch, bevor Du kommen zu uns nach Deutschland und hier abkassieren Sozialhilfe!‹«

In zahlreichen Fällen haben Mitarbeiter von Günter Wallraff konkret helfen können, etwa durch Vermittlung geeigneter Rechtsanwälte, wobei teilweise oder ganz der Rechtshilfefonds Wallraffs deren Kosten übernahm. Sehr oft genügten konkrete Hinweise oder Ratschläge.

Das Buch hat auf jeden Fall dazu beigetragen, daß auch Ausländer sich zu Worte meldeten, wie an einigen Beispielen schon deutlich wurde. Dazu ein Bericht von Yilmaz G. aus Nürnberg, der das ganze Erfahrungsspektrum eines Türken hier abdeckt:

»Lieber Kollege Wallraff, falls es dir nichts ausmacht, möchte ich dich in diesem Brief duzen, weil du der erste Deutsche bist, den ich auch nur durch dein Buch ›Ganz unten‹ kennengelernt habe, der sich für Ausländische Mitbürger engagiert hat, und dessen Probleme an die Öffentlichkeit vorgetragen hat... Ich kam 1968 im alter von 8 Jahren mit meiner Mutter und drei Geschwistern als Sohn eines Gastarbeiters nach Deutschland. Mein Vater lebt seit 1963 hier...

Ich habe zu Hause das Abschlußzeugnis der Hauptschule und der Mittleren Reife die ich 1980 erworben hatte und jetzt nur so rumliegen, weil sie mir gar nichts nützen. Denn als Ausländer bekam ich keine Lehrstelle. So fing ich bei der Firma nach langer Arbeitssuche an. Inzwischen hatte ich auch geheiratet...

Ich bekam 1980 einen Arbeitsvertrag mit einer Probezeit über 5 Monate, bei einem Stundenlohn von 7,15 DM Brutto. Meine Arbeit war Eimer und Deckel etc. zu verpacken die aus den Maschinen produziert wurden. Ich arbeitete mit vollen Überstunden, und bekam bei einer Arbeitszeit von 220 Stunden im Monat ca. 1000,– DM Netto. Ich mußte so viele Überstunden machen, weil sonst das Geld vorne und hinten nicht gereicht hat... In der Firma hatten wir drei Schichten. Als ich auf Nachtschicht war, fiel mir ein Kollege auf, daß er dauernd Nachtschicht arbeitet. Ich fragte ihn, ob das nicht anstrengend sei. Er, auch ein Türke, antwortete er müsse Dauernachtschicht arbeiten, weil er Schwarzarbeiter ist und bei Tagesschicht nur 4,50 DM bekommt, aber auf Dauernachtschicht 5,00 DM Netto bekommt. Ich sagte, das ist zu wenig, denn ich bekam als normaler Arbeiter immerhin 7,15 DM. Doch er meinte, das wäre Brutto, und davon müßte ich Abgaben leisten an die Steuer und Krankenkasse und Arbeitsamt und Rente. Er selbst würde keine Abgaben machen, weil er Schwarzarbeiter ist und keine Arbeitserlaubnis hat und erst in Drei Jahren, nach der Wartezeit AE erlangen könne. Ich frage ihn, ob noch mehr Schwarzarbeiter hier beschäftigt seien, er antwortete ich müsse nur auf die Stempelkarten gucken, da seien sie alle mit einem Buchstaben ›A‹ versehen. Ich ging hin und sah daß ein Drittel der etwa 50 Beschäftigten diesen Buchstaben auf ihrer Stempelkarte hatten, darunter zwei Deutsche, der eine als LKW-Fahrer, er war Rentner und der andere als Werkzeugmacher, er war Ausbilder in einer Militärkaserne. Die anderen waren alle Ausländer, die keine Arbeitserlaubnis hatten…

Ich wurde inzwischen gekündigt, da ich auf der Vorschlagsliste zur Betriebsratswahl stand. Es ging vors Arbeitsgericht. Der Chef nahm die Kündigung zurück.

Ich werde jetzt immer da eingesetzt wo der Meister mich einteilt. Mal muß ich Lager saubermachen, mal in der Mühle arbeiten, wo kaputte Eimer wieder vermahlen werden. Die Mühle ist kalt und sehr laut, und wenn ich mahlen tue fliegen die Plastikkörner mir um die Ohren und in die Augen. Auch muß ich als Fahrer arbeiten, mit einem Transporter und den Kunden Ware anliefern. Zuerst wollte ich es nicht doch der Meister sagte das wäre Arbeitsverweigerung und gleichzeitig Kündigungsgrund. Und ich kann mir eine Kündigung nicht erlauben, ich vier Kinder habe, wie soll ich sie ernähren? Dabei habe ich mich für die Firma so verausgabt: 1. Ich hatte einen Betriebsunfall, eine Palette fiel mir auf den Fuß und die Wunde wurde genäht, obwohl ich 15 Tage krankgeschrieben war mußte ich arbeiten, weil der Chef es wollte, er meinte, ich müßte ja auch nur mit den Händen arbeiten und nicht mit dem Fuß, also kam ich humpelnd und verbundenem Fuß arbeiten und als Belohnung kaufte der Chef mir zum ersten Mal Arbeitsschuhe mit Stahlkappe. 2. An Feiertagen, wo der Betrieb nicht arbeiten durfte, auch sonntage, mußte ich 16 Stunden ganz alleine im Betrieb arbeiten, wo nur zwei bis drei der insgesamt 30 Maschinen liefen, und mußte die Tore verschließen und ganz leise sein, damit der Betrieb von außen so aus-

**1.** WURDE GÜNTER WALLRAFF. Für sein neues Buch „Ganz unten" schlüpfte er in die Rolle de illegalen Leiharbeiters Ali aus der Türkei. Das Buch erschien am 21. Oktober und erreichte in nerhalb von drei Monaten eine Auflage von rund einer Million.

## Staatsmann, Forscher und Sportler

GESCHÄTZT als Staatsoberhaupt: Richard von Weizsäcker.

VIEL ANERKENNUNG gibt es für Nobelpreisträger von Klitzing.

GEMOCHT wird Boris Beck wegen seiner Natürlichkeit.

# Menschen des Jahres"

## „...weil Herr Wallraff mutig war und uns die Augen geöffnet hat"

### Michail Gorbatschow und Frau Raissa wurden „Ehepaar des Jahres"

Die Persönlichkeit „Nummer eins" des Jahres 1985 ist für die Leser der WAZ Schriftsteller Günter Wallraff. Viele hundert Briefe erreichten die Redaktion auf unseren Aufruf, den „Menschen des Jahres" zu wählen. Auf den Türken Ali alias Günter Wallraff entfielen 36 vH der Stimmen. In der Beliebtheitsskala folgten: Bundespräsident Richard von Weizsäcker (15 vH), Nobelpreisträger Klaus von Klitzing (12 vH), der sowjetische Generalsekretär Michail Gorbatschow und seine Frau Raissa (10 vH) und Tennis-Star Boris Becker (9 vH). 15 vH der Leser, die uns schrieben, wählten niemanden aus unserer Vorschlagsliste, sondern andere Prominente oder Menschen, die nicht im Rampenlicht der Öffentlichkeit stehen, sie aber sehr beeindruckt haben. Recht glücklos schnitt das „Schwarzwald-Paar" Klausjürgen Wussow und Gaby Dohm ab. Auf beide Schauspieler kamen nur 3 vH unserer Leserstimmen.

Ich wähle Günter Wallraff zum „Menschen des Jahres", weil er zwei Jahre seines Lebens und seine Gesundheit geopfert hat, um eindringlich und glaubhaft deutlich machen zu können, in welcher Gesellschaft wir leben und zu welchen Auswüchsen blinder Ausländerhaß führt.

**Liesel Marwig, Gelsenkirchen**

Günter Wallraff sieht die Benachteiligung der Schwächsten, redet aber nicht nur davon, sondern durchlebt es und belegt es, um uns alle und die Verantwortlichen wachzurütteln.

**E. Bohle, Duisburg**

„Mensch des Jahres": Herr Wallraff, weil er so mutig war und uns die Augen geöffnet hat, wie oft der Arbeiter so schamlos ausgenutzt wird.

**Mia Mikfeld, Bottrop**

Dieser Mann hat sich mehr Verdienste um den arbeitenden Menschen erworben als die meisten unserer Politiker.

**Erich Brettschneider, Essen**

Mensch des Jahres sollte der sein, der schon seit Jahren Mißstände in dieser unserer Republik aufdeckt und mit Sicherheit das Bundesverdienstkreuz nicht erhalten wird: Günter Wallraff.

VIEL SYMPATHIE bringen WAZ-Leser dem sowjetischen Generalsekretär Gorbatschow und seiner Frau Raissa entgegen.

Günter Wallraff, dieser Mann hätte bestimmt auch sein Leben geopfert, um Menschenunwürdigkeiten aufzudecken.

**Helga Körner, Herne**

Redlichkeit ist die erste Voraussetzung für das lebenswerte Zusammenleben mit Nachbarn, Völkern, Staaten und Rassen. Wallraff setzt sich dafür ein. Alle Politiker sollten sich ihn als Vorbild nehmen.

**Reinhard Liebe, Duisburg**

Die Frau des Jahres ist Raissa Gorbatschow. Grund: gutes Benehmen, Charme und Ausstrahlung.

**Ernst Binner, Essen**

Endlich einmal eine russische First Lady.

**Erika Jedanski, Gelsenkirchen**

tschow aus, weil das Ehepaar m.E. als Hoffnungsträger für alle Menschen gelten kann, die es ernst mit dem Frieden meinen.

**Lotte Goldschmidt, Essen**

Für mich besteht kein Zweifel daran, daß Gorbatschow es in Genf ernst und ehrlich gemeint hat mit seinem eindringlichen Appell an Präsident Reagan, den Weltraum für jegliche Form der Militarisierung vertraglich zu verschließen. Unter all denen, die heute auf der Schaubühne des großen Welttheaters ihre Stimme erheben, zählt Herr Gorbatschow zu der recht kleinen Zahl der Vernünftigen.

**Konrad Hemmerling, Mülheim**

Ich wähle Michail Gorbatschow und seine Frau Raissa, weil sie für Frieden und Abrüstung sind.

355

sah als liefe sie nicht, natürlich ohne Zuschuß zu normalem Lohn...

Unsere Toilette hat drei Kabinen, wovon zwei jetzt Schlösser haben und die Schlüssel bei den vier Deutschen sind. Die dritte Kabine ist für die Ausländer, von denen etwa 20 da sind...

Bei meinem Vater sag ich nur kurz, daß er in einer Gießerei und Bergwerk eine Staublunge sich zugezogen hat und eine Rente von 450 DM bekommt weil die Hälfte der Lunge kaputt ist, jetzt malocht er in einer Glasfabrik weiter, weil ich noch kleinere Geschwister habe. Er ist seit 22 Jahren in der ›Bundesrepublik‹.

Ich selbst habe keine deutschen Freunde, obwohl ich gerne mal in eine deutsche Kneipe gehe und akzentfrei deutsch rede. Leider sehe ich eben wie ein Türke aus.

Durch dein Buch habe ich neuen Mut gefunden mich in Deutschland durchzuschlagen, denn ich sehe nur hier eine Zukunft für mich, in der Heimat fühle ich mich irgendwie beschissen, weil sogar die Verwandten dort in mir einen Deutschen sehen und es auch sagen: *Almanci*.«


Betroffene, unmittelbare und mittelbare, waren es, die keinerlei Zweifel an der Glaubwürdigkeit von »Ganz unten« hatten. Die Kampagnen, die von 1985 bis 1987 gegen das Buch geführt wurden, von verschiedenen Seiten, um dessen Wahrheitsgehalt und die Integrität seines Autors zu erschüttern, prallten an ihnen ab. Denn sie kennen alles aus eigenem Erleben. »Ali« war eine Zeitlang so berühmt, daß Günter Wallraff mit dieser Figur identifiziert wurde. Die Leser der WAZ, der größten Ruhrgebietszeitung, wählten den Türken »Ali« zum Mann des Jahres 1985.

»Natürlich liest sich Ihr Buch sehr gut, ich meine, Ihr Stil ist locker und lustig, aber ich sehe halt nur das Problem dieser gequälten Massen... Ich selbst als Kind habe 18 Jahre Folter und Erniedrigungen des eigenen Vaters verkraften müssen. Deshalb kann ich die deutsche, kalte Atmosphäre nicht vertragen.« So schrieb Eva D. aus Frankreich, die sich aus der mitteleuropäischen Kultur verabschiedet hatte, zum Islam übergetreten war und in islamischen Ländern gelebt hatte. Wie so viele sah sie in »Ali« eine religiös zu verstehende Figur – für sehr viele Türken war er von Allah geschickt.

Daß »Ali« auch komische, satirische Züge hatte, hatten nur wenige Leser erkannt, meist Kinder, die vor allem Alis Streiche verstanden. So zitiert Karin G. aus dem Brief ihrer Nichte (12 J.):

»Ich habe das Buch von Wallraff auch gelesen und fand es sehr gut, manchmal richtig lustig. Als ich das dem Papa sagte, meinte er, dann hätte ich es nicht richtig verstanden. Ein paar Tage später haben wir Günter Wallraff im Fernsehen bei Elstner gesehen, wo er gesagt hat, daß nur Kinder manchmal darüber lachen könnten. Da hat der Papa ganz schön doof geguckt.«

Werner Schramm aus Itzehoe meint:

»Hätten Sie in Ihrem Buch nur über Staub, Dreck, Qualm, lauernde Gefahren, im mörderischen Tempo malochende Sklaven, Lug, Betrug, dunkle Machenschaften etc. berichtet, so würden die Leser nach beendigter Lektüre vielleicht in eine niedergedrückte Stimmung verfallen. Es spricht ja auch wirklich nur wenig dafür, daß sich die desolaten Zustände ändern. (...) Aber Sie verstehen es, den Leser zum herzhaften Lachen zu bringen. Es ist mir vielleicht noch nie passiert, daß ich bei der Lektüre eines im Grunde tiefernsten Buches etliche Male vor Lachen nicht weiterlesen konnte. Die Zitate, die Sie in die Erzählung einflechten, sind eine ungewollte Selbstenthüllung der Zitierten...«

# Und zum Schluß noch ein Brief von »ganz oben«: Ein Thyssen-Edelstahldirektor »*tut sein Mögliches*«:[1]

DR.-ING. GERHARD RIEDEL
Werksdirektor

THYSSEN EDELSTAHLWERKE AG

Sitz Witten 1 · Auestraße 4 · Telefon (02302) 58243 4

14. 11. 85

Liebe Studierende des Schumann-Instituts!

Am Freitag vergangener Woche habe ich beim Eisenhüttentag eines Ihrer Flugblätter erhalten und auch aufmerksam gelesen. Ich finde Ihre Einstellung und ideelle Auffassung bemerkenswert und freue mich darüber. Gleichwohl drängt es mich, Ihnen ein paar Sätze dazu zu sagen:

Wir haben in Deutschland eine Reihe sozialer Probleme, die uns Verantwortlichen der heutigen Zeit keine Ruhe lassen sollten. Neben meiner beruflichen Tätigkeit bemühe ich mich als Mitglied des LIONS-Clubs hier das mir Mögliche zu tun. Im Umgang mit ausländischen Arbeitnehmern habe ich über 20 Jahre eine vielseitige Erfahrung - mein Solidaritätsgefühl basiert nicht zuletzt auf der Tatsache, daß ich fast 5 Jahre als Kriegsgefangener verbracht habe, mithin also auch sehr gut weiß, was "Sklavenarbeit" ist. Für die Masse der bei uns lebenden Ausländer trifft dies auch nicht im entferntesten zu!

Sie haben das Glück ein so schönes Studium absolvieren zu können, mit welch finanziellen Problemen das immer verbunden sein mag. Denken Sie doch bitte nur einzig an das Heer der arbeitslosen Jugendlichen, das hier bei uns heranwächst und dem zu helfen bisher noch nicht voll gelungen ist. Es kann nicht Ihre Aufgabe sein in dieser Situation Ausländer zu unterstützen, die jederzeit das volle Recht haben, in ihre Heimatländer zurückzukehren, falls sie hier sich nicht in den Arbeitsmarkt eingliedern können.

Und was Herrn Wallraff betrifft: ich weigere mich, einem Mann Anerkennung zu erteilen, dem es offensichtlich nicht um die Beseitigung ungesetzlicher Zustände, sondern erstrangig um Erstellung eines best-sellers ging. (Wobei offensichtliche Mißstände nicht beschönigt werden sollen!)

Ich wünsche Ihnen allen einen schönen Studienverlauf (ich unterstütze u.a. die Junge Deutsche Philharmonie hier in Witten), zu Ihrer selbstlosen Aktivität wünsche ich Ihnen viel Glück- vielleicht bedenken Sie nochmal das Ziel!

Mit freundlichen Grüßen!

1 Vorausgegangen war eine Flugblattaktion von Technik-Studenten, die »Ganz unten« zum Anlaß nahmen, ihrer Empörung über die geschilderten Zustände öffentlich Ausdruck zu verleihen.

2 Nobelvereinigung für Angehörige der höchsten Einkommensschichten zwecks Pflege gesellschaftlicher und geschäftlicher Kontakte.

**Aus einer Neujahrsrede**
(Günter Wallraff hielt sie in der protestantischen Johanniter-kirche Hannover-Wettbergen am 1. Januar 1986.)[1]

...Wir dürfen uns nicht verlassen auf die Behörden, auf den Staat, auf unsere Politiker, wir müssen bei uns selbst anfangen, jeder in seiner Nachbarschaft, am Arbeitsplatz. Wir müssen auf den ausländischen Kollegen zugehen, der durch Sprachbarrieren gehemmt ist, verunsichert ist, in Isolation, einem Ghetto-Dasein sich befindet.

Jeder einzelne ist gefordert, die ersten Schritte zu tun, bei sich zu überprüfen: Wo gibt es Freundschaft mit Ausländern, wo kann man sich näherkommen, wo sich kennenlernen? Dies nicht etwa aus einer Haltung der Barmherzigkeit und Mildtätigkeit, sondern vielmehr auch aus einem ganz egoistischen Prinzip heraus: Man bereichert sein eigenes Leben, wenn man fremde Kulturen kennenlernt. Man kann auch erfahren, was sie der eigenen Kultur manchmal voraus haben, was sie einem geben können.

Gerade in letzter Zeit stellen sich verstärkt auch aktive Christen Ausländern zur Verfügung, die Schwierigkeiten mit Behörden haben, die ausgewiesen werden sollen. Man erlebt hierbei immer wieder, daß Behördenvertreter oft viel vorsichtiger werden, falls Deutsche – besonders wenn sie Amt und Ansehen haben – Ausländer zu Behörden begleiten.

Drohende Ausweisungen – das Ausländerrecht ist oft ein Gnadenrecht, kann so oder so ausgelegt werden! – können so doch noch verhindert werden, Behördenvertreter dahingehend beeinflußt werden, sich an die bestehenden Gesetze zu halten oder sie sogar unter menschlichen Gesichtspunkten anzuwenden.

Wir haben das im Ruhrgebiet zuletzt häufiger erlebt, daß Gewerkschaftsfunktionäre aktiv wurden, daß Ausweisungen ab-

---

1 Gekürzt. Aus: »Macht euch die Erde untertan. Ein Widerrede«, Steidl, 1987.

gewendet werden konnten, daß Wohnungen geschaffen wurden, daß sogar in einzelnen Fällen Festeinstellungen erfolgen konnten.

Ich war vor kurzem mit einer Gruppe in Stuttgart – auch protestantische Christen dabei – beim Ausländeramt. Wir haben ein freundliches, vorweihnachtliches Go-in gemacht, haben den Leiter des Ausländeramtes zur Rede gestellt. Es ging um fünf Familien, die von der Ausweisung bedroht waren. Wir haben es leider nur in einem Fall geschafft, eine Ausweisung abzuwehren: ein sehr drastischer Fall, bei dem eine akute Selbstmordgefährdung eines Kindes vorlag – das Mädchen ging hier zur Schule, eine sehr gute Schülerin, eine Türkin; sie sprach kaum noch Türkisch, wie man es oft erlebt. Sie weigerte sich absolut, mit ihren Eltern zwangsweise in dieses fremde Heimatland abgeschoben zu werden. In diesem Fall konnte die Ausweisung verhindert werden. In zwei anderen Fällen konnte sie wenigstens bis zum Frühjahr aufgeschoben werden und mußte nicht jetzt in der kalten Jahreszeit erfolgen.

Es gibt in einzelnen Städten Initiativen der protestantischen Kirche, die – wie ich finde – nachahmenswert sind: Wenn es sich um drastische Härtefälle handelt, wo Menschenleben unter Umständen in Gefahr sind, auch bei Asylsuchenden, die aus politischen Gründen dann doch nicht anerkannt werden und denen Folter und Verfolgung drohen in ihren Heimatländern, in solchen Fällen versteckt man diese Menschen; diejenigen, die es sich leisten können, brechen formales Recht bewußt, um Menschenrechte durchzusetzen. Denn das Recht – zu Ende gedacht – ist immer auf seiten der Opfer, ist auf seiten der Schwächeren und ist nicht nur das, was auf dem Papier steht. Die Durchsetzung von Menschenrechten kann oft nur durch bewußtes Brechen und Verletzen formaler Rechte und Polizeiverordnungen erfolgen.

Ich möchte einen Auszug aus einem der vielen Briefe, die ich täglich bekomme, vorstellen, weil es ein ganz typischer, ein normaler Fall ist. Ein türkischer Arbeiter hier aus der weiteren Umgebung schreibt: »Wir arbeiten in einer Firma, deren Arbeitnehmer fast ausschließlich aus ausländischen Arbeitnehmern – davon der größte Teil aus der Türkei – bestehen. Von diesen haben zwanzig Prozent eine Arbeitserlaubnis, und deren Verdienst beträgt sieben bis zehn Mark pro Stunde. Die anderen 80 Prozent werden von der Firma schwarz beschäftigt und bekommen als Stundenlohn zwischen fünf und sieben Mark. Obwohl wir Mitglied der Gewerkschaft sind und hier unsere Interessen geäußert haben, ist von seiten der Gewerkschaft noch nichts gegenüber der Firma unternommen worden. Da sowohl die Polizei, das Arbeitsamt als auch die Gewerkschaft weiß, daß bei dieser Firma Schwarzarbeiter beschäftigt werden, geschieht nichts. Da wir gerne unsere Situation an die Öffentlichkeit bringen wollen, fragen wir Dich, ob Du uns in dieser Angelegenheit helfen kannst?«

Er schlägt vor, daß ich mich noch einmal kurzfristig dort in die Rolle eines Ausländers begebe, um von innen her ihre Lage zu erleben. Vielleicht kann das aber auch einmal ein anderer tun.

Ich will aber auch noch eine weitere typische Reaktion mitteilen Ich bekomme selbst nur wenige Drohbriefe, ich kann sagen eins zu hundert. Nun gibt es zwar auch Briefe an das »Türkenschwein Günter Wallraff«, es gibt jedoch viele Briefe an einen mir bekannten engagierten Gewerkschafter, der gerade in letzter Zeit Ausweisungen verhindert, Festeinstellungen in Duisburg durchgesetzt hat. Dieser bekommt zu Tag- und Nachtzeiten anonyme Anrufe.

In diesem Fall nun hat sich eine junge türkische Arbeiterin mit einem Leserbrief an die »Westdeutsche Allgemeine Zeitung« gewandt und geschrieben: »Ich lebe nun 15 Jahre in Deutschland, in dieser Zeit ist Deutschland meine Heimat geworden. Ich habe viele deutsche Freunde, die mich als Türkin genauso achten wie ich sie als Deutsche, aber immer wieder werde ich mit Menschen konfrontiert, die mir Verachtung und Haß entgegenbringen.« Und dann beruft sie sich noch auf das Buch »Ganz unten« und schreibt, es habe ihr geholfen, mit dem Haß und der Verachtung fertig zu werden. Dieser Leserbrief, den sie mit ihrer Adresse kennzeichnete, provozierte folgenden anonymen Drohbrief. Das ist ein Drohbrief, wie ihn mir Ausländer, in gleichem Tenor abgefaßt, immer wieder zeigen. Es gibt welche, die haben eine Schublade damit voll.

Sie bekam folgenden Brief: »Ihre Heimat ist die Türkei und nicht Deutschland. Diese deutschen Freunde sind alle Volksverräter. Ein deutscher Mann spricht nicht mit einer Türkin, ebenso eine Frau. Wir sind keine Herrenmenschen, aber ob Türkin oder Türke, dieses Volk gehört dahin, wo es hergekommen ist. In ihrem Land kannten sie weder Telefon noch Fernsehen. Sie wissen nicht einmal, wie alt sie sind. Ein Volk der untersten Stufe. Was alle Türken gut können, ob Mann oder Frau, ist, die Deutschen auszubeuten. Nichts arbeiten, aber viele Kinder in die Welt setzen, ist auch Arbeit auf Türkenart. Viele Kinder, viel Kindergeld auf Deutschlands Kosten. Noch einen Artikel in der Zeitung und es gibt 100 Stockschläge auf den Arsch. Unsere Truppe findet alle und raus mit dem Volk der Knoblauchfresser. Aber wie gesagt, vorher gibt es noch blaue Flecken an Euerm Körper.«

So etwas ist keine Ausnahme, und auch da, wo sich der Fremdenhaß in physischer Gewalt entlädt, ist es eigentlich immer nur Ausdruck einer ganz alltäglichen Gewalt, wie sie immer und überall – neben uns, unter uns – stattfindet. Und wenn diese alltägliche Gewalt überwunden, widerlegt ist, dann findet auch nicht mehr statt, was in Hamburg gerade wieder einen jungen Türken das Leben gekostet hat, der von verhetzten neofaschistischen jugendlichen Skinheads überfahren und dann zu Tode geprügelt wurde. Für jede solcher extremen Gewaltanwendungen finden sich Zigtausende alltäglicher Gewaltakte, bei denen keine Presse mobil wird, die wir selbst aufspüren müssen.

Ich möchte zum Schluß ein Gedicht vorstellen, das dem Ausdruck verleiht, was meine früheren Arbeitskollegen gespürt, gefühlt haben, nur so nicht in Worte fassen konnten. Ich habe dabei eigentlich nur Formulierungshilfe geleistet für die jungen Ausländer der zweiten Generation, die sich im Grunde als Deutsche fühlen, aber nicht akzeptiert, nicht aufgenommen werden. Vielleicht auch deshalb, weil sie sich vom Aussehen her noch unterscheiden, obwohl es unter ihnen welche gibt, die das retuschieren möchten und sich die Haare blond färben, um äußerlich nicht aufzufallen. Es gibt welche, die fast perfekt Deutsch sprechen und die, wenn sie sich am Telefon um eine Wohnung oder um eine Arbeit bemühen, zunächst durchaus Zusagen bekommen. Wenn sie dann auftauchen und ihr Äußeres sie als Ausländer verrät, dann heißt es: Ist schon vergeben.

Zur Zeit versuchen gerade die Bundesländer, die sich gern besonders christlich aufspielen, das Ausländerrecht am rigidesten, am schärfsten auszulegen. Ich bekomme die meisten Zuschriften – überproportional – aus Baden-Württemberg und Bayern, also den Ländern, die das C glauben geradezu gepachtet zu haben. Man muß sich fragen: Wenn Christus heute leben würde, würde er dann nicht mit einer Einstweiligen Verfügung »seiner« Partei untersagen, dieses C und seinen Namen aus Tarnungs- und Geschäftsgründen mißbräuchlich zu verwenden?

In diesen Ländern also fängt man jetzt an, mit dem Metermaß an die Wohnungen der Ausländer heranzugehen, man verlangt eine bestimmte Quadratmeterfläche, einen Mindestwohnraum, und droht mit sofortiger Abschiebung. Früher, als die Arbeitsmarktlage noch anders aussah, hat keiner danach gefragt, hat man sie in Massenquartiere hineingestopft – plötzlich aber entdeckt man, daß Menschen einen bestimmten Wohnraum brauchen, auch wenn sie in der Regel gar keine größeren Wohnungen finden. So kommt es vor, daß eine vierköpfige Familie ausgewiesen wird, weil ihre Wohnung 47 Quadratmeter hat und nicht, wie vorgeschrieben, 60.

Die Statistik besagt, daß junge Türken, junge Ausländer überhaupt, zu mehr als einem Drittel psychisch krank sind, daß sie mit psychosomatischen Erkrankungen reagieren, weil sie das meiste in sich hineinfressen, fast alles schlucken, weil sie es nicht wagen, etwas zurückzugeben. Ich habe mich am Arbeitsplatz oft gefragt, warum nicht jede Woche einer von ihnen Amok läuft bei dem, was man zu ertragen hat. Die Kriminalstatistik zeigt, daß bei vergleichbaren Jahrgängen – ganz anders, als die Boulevardpresse uns glauben machen will – die Gewalttaten junger Ausländer zahlenmäßig geringer sind als bei ihren deutschen Altersgenossen. Das liegt daran, daß sich jemand um so mehr gefallen läßt, je größer seine Angst ist, ausgewiesen zu werden. Beim geringsten Ausfälligwerden gibt es Ämter, die mit Abschiebung schnell bei der Hand sind.

Ich stelle Ihnen nun zum Schluß dieses Gedicht vor, in dem ich versucht habe, die Empfindungen meiner ausländischen Kollegen wiederzugeben:

> 1. Wir haben nichts
>    und alles
>    zu verlieren.
>    Sie nehmen uns
>    das bißchen noch
>    vom Leben
>    und geben uns
>    den Rest.
>
> 2. Wir sind ihre Müllschlucker
>    ihre Fußabtreter
>    ihr Menschenschrott.
>
> 3. Solange wir uns alles gefallen lassen
>    kriegen wir keine Prügel
>    aber wehe, wir mucken auf

und sagen, was wir denken
oder fordern Rechte
dann zahlen sie es uns
doppelt und dreifach heim
und sagen, geht dahin
wo ihr hergekommen seid
aber da können
wir nicht hin zurück
da sind andere
an unserer Stelle
wir sind schon zu lange hier
unsere Sprache, Freude und Kraft
haben sie uns geraubt.
Und ihre Art zu leben
macht uns frieren
und die Heimat unserer Eltern
ist für uns die Fremde.

4. Sie hören uns nicht zu
auf unsere Fragen geben sie uns
keine Antworten.
Wir haben keinen Namen mehr
wir haben keine richtige Heimat
wir sind niemand
wir sind nichts.

5. Wir klagen euch an:
ihr habt uns
unsere Seele gestohlen.
Jetzt sind wir eure Roboter
seit Jahren ist Stromausfall
unsere Akkus sind leer.
Einige Ältere von uns
erinnern sich noch
wir waren einmal
Menschen.

# Reaktionen Kernkraft

Was Wallraff als »Alptraum einer möglichen Realität« durchgespielt hat (den Einsatz von Leiharbeitern während einer AKW-Panne), erwies sich im nachhinein als immer wieder vorkommende Alltagspraxis. Neueren Recherchen zufolge gibt es solche »Stoßtrupps« in deutschen Kernkraftwerken weit häufiger als angenommen – beschafft von windigen Subunternehmern und immer dann eingesetzt, wenn sich in Würgassen oder anderswo die Pannen häufen. Das lukrative Geschäft solcher Revisionen läuft dabei stets nach demselben Schema ab: Ganz oben sitzen die Großen, und ziemlich am Schluß bemühen sich Firmen wie Vogel, ein Stückchen vom Kuchen mitzubekommen.

Wer sich in der AKW-Materie auskennt, wird dort häufig auf die Siemens-Tochter KWU stoßen – als Generalunternehmer vergibt sie Unteraufträge an die AEG, an Babcock und nicht zuletzt an den Mannesmann-Anlagenbau. Kommen die hier genannten Firmen mit ihren eigenen Arbeitskräften nicht aus oder drängen die Termine, wird häufig noch ein weiterer Subunternehmer mit hereingenommen – die Betzdorfer Heinrich Nickel GmbH gilt da bei vielen Unternehmen als eine der ersten Adressen. Nickel wiederum – das ist belegt – griff im Bedarfsfall auch auf Vogel-Leute zurück. Der Seelenverkäufer »pumpte« ihm dann streckenweise bis zu 15 Mann je Auftrag.

Kriminell wird es, wenn die vorgesehenen Leiharbeiter ihre jährliche Strahlenhöchstdosis (5 rem) längst erreicht haben, aber weiter eingesetzt, d. h. verheizt werden. Ginge es nach Vorschrift, müßte dann so manche Revision in deutschen Kernkraftwerken ausfallen, die Stromerzeugung auf Monate eingestellt werden. Doch die Realität sieht anders aus – seit Jahr und

Tag reisen fast immer dieselben Kolonnen von AKW zu AKW. Anfängliche Mutmaßungen, daß es dabei nicht immer mit rechten Dingen zugeht, haben sich inzwischen erhärtet.

Etwas überraschend war es ausgerechnet Hans Vogel, der mit seinem Wissen über Manipulationen im AKW-Bereich als erster herauskam. Bereits vor Jahren – vertraute er einem französischen Journalisten an – habe er vor der Alternative gestanden, die Strahlenpässe seiner Mitarbeiter zu fälschen oder einen gut dotierten Auftrag im Kernkraftwerk Neckarwestheim sausen zu lassen.[1] Gerade die Manipulation der Strahlenpässe – so Vogel – sei auf einfache Weise machbar. Der Grund: Der im Betrieb tätige »Strahlenschutzbeauftragte«[2] (häufig der Unternehmer selbst) brauche nur die von amtlichen Stellen gelieferten Strahlenwerte falsch in die Pässe einzutragen, und der mit mehr als 5 rem Verstrahlte ist wieder einsatzfähig. Wenn die Leiharbeiter dann noch in einem anderen als dem bisherigen Kernkraftwerk eingesetzt würden, reichten fast immer die für die Mitarbeiter vorgelegten Strahlenpässe, »da wird doch kaum noch nachkontrolliert«.

Weitaus gefährlicher sei aber der Einsatz von schlecht geschultem Personal, die schnell beschafften Leiharbeiter könnten häufig nicht mal ein Schweißgerät bedienen. Vogel in einem Geständnis gegenüber einem französischen Journalisten: »Die Leute von meiner Firma waren da keine Ausnahme. Ich erinnere mich an einen Auftrag im AKW Würgassen, da sollten wir mal von heute auf morgen fünf Schweißer für die Firma Nickel stellen. Zu dem Zeitpunkt hatte ich aber nicht genügend Leute mit gültigem Strahlenpaß frei, und weil ich den Auftrag nicht verlieren wollte, entschloß ich mich schließlich zu einer Notlö-

---

1 Vogel hat inzwischen gestanden, nicht nur für das AKW Würgassen, sondern auch regelmäßig für etliche andere Kernkraftwerke, z. B. Neckarwestheim, gearbeitet zu haben.

2 Um Strahlenschutzbeauftragter zu werden, muß man einen »Strahlenschutzkursus« bei der Industrie- und Handelskammer absolvieren. Mit der Teilnahmebescheinigung erhält man vom Gewerbeaufsichtsamt den Ausweis.

sung: Zwei Leute vom Fach und der Rest... na ja, das war ein ehemaliger Bäcker und ein Bergmann und so. Als der Einsatz beendet war, habe ich anstandslos mein Geld bekommen – wie der Bäcker mit dem Schweißgerät klargekommen ist, wird mir ewig ein Rätsel bleiben. Das Beispiel zeigt aber schon, wie es in dem Innenleben der AKWs aussieht, da werden die Schweißnähte häufig von ungelernten oder auf die schnelle Angelernten ausgeführt.« Und mit der Zeit können bei Materialermüdung im heißen Bereich die Nähte aufreißen, und Katastrophen à la Tschernobyl wären auch bei uns unvermeidbar.

Was Wallraffs ehemaliger Chef nur als »kleine Notlösung« beschrieben hat, läßt sich auch durch andere Fakten belegen. So recherchierte der »Spiegel« zwei Monate nach dem Erscheinen von »Ganz unten« für seinen Artikel »Wallraff und der ›Mord auf Raten‹«, daß sich die Arbeitskräfte des Frankfurter Verleihers »Manpower« bisweilen schon nach zwei oder drei Tagen weigern würden, an ihren Einsatzort zurückzukehren – aus Angst vor der »schleichenden Gefahr«, u. a. in der Hanauer Nuklearfabrik »Alkem«. Bereits Ende 1984 kam es in dem Atombetrieb zu einem ernsthaften Zwischenfall, als der Schutzhandschuh eines Fremdfirmenmitarbeiters aufriß und seine rechte Körperseite radioaktiv verstrahlt wurde. Der Vorfall erregte nur begrenzte Aufmerksamkeit, vor allen Dingen deshalb, weil der Betroffene (noch) nicht die vom Gesetzgeber vorgeschriebene »Höchstbelastungsdosis« erreicht hatte. Inzwischen mehren sich aber die Stimmen, die diesen Höchstwert für »unvertretbar« halten und eine drastische Reduzierung fordern – nicht nur in der Bundesrepublik, sondern auch anderswo.

Amerikanischen Untersuchungen zufolge führt nämlich die mäßige, aber kontinuierliche radioaktive Bestrahlung zu weit mehr Schäden, als dies bislang angenommen wurde. Gerade der strahlenbedingte Krebs ist demnach oft erst nach zwanzig oder dreißig Jahren feststellbar – einer Zeit also, nach der die schnell herbeigeschafften »Stoßtrupps« wohl kaum mehr an ihre AKW-Einsätze zurückdenken werden. Bei den ausländischen Hilfskräften sind die Aussichten gar noch finsterer. Irgendwann in ihr Heimatland zurückgekehrt, werden sie ihren Subunternehmer kaum mehr mit Regreßansprüchen konfrontieren können. Hinzu kommt, daß manche Firmenchefs bewußt auf die Ahnungslosigkeit ihrer Mitarbeiter setzen, da kann man die Leute beruhigt aus dem Nachtasyl abholen. In Baden-Württemberg ist diese Horror-Vision inzwischen zur Wirklichkeit geworden – ohne jede Skrupel wurden Obdachlose und Alkoholiker zum Bodenschrubben ins Kernkraftwerk gebracht.

Der Deutsche Gewerkschaftsbund hat deshalb zu Recht auf die zum Teil völlig unzureichende Einweisung der Fremdfirmenmitarbeiter in Kernkraftwerken aufmerksam gemacht: »Die bislang bestehenden Kontrollen bieten in dieser Hinsicht keine Garantie für den dringend notwendigen Arbeitsschutz!« Und so geht das Geschäft mit der Ware ›Arbeitskraft‹ immer weiter – Insider-Informationen zufolge dürften bereits mehr als zehntausend Leiharbeiter »auf dem heißen Boden« arbeiten. Ihre Zahl nimmt sogar noch stetig zu – die Strahlenbelastung für das Stammpersonal muß möglichst gering gehalten werden, da versucht man die anfallende Arbeit soweit wie möglich auf Hilfskräfte zu verteilen.

In welchem Umfang »Leiharbeiter und illegal Beschäftigte für gefährliche Reparatur- und Wartungsarbeiten in Kernkraftwerken eingesetzt werden« und dabei »besonderen gesundheitlichen Gefahren ausgesetzt sind«, war Gegenstand einer Anfrage des SPD-Abgeordneten Rudolf Dreßler am 11. 7. 86 an den Bundesminister für (Umwelt, Naturschutz und) Reaktorsicherheit. Aus dem Hause Wallmann erfolgten die üblichen Dementis, ebenso auf die Frage, »in welchem Umfang mangelnde Sprachkenntnisse und unzureichendes Wissen über die Sicherheits- und Schutzvorschriften ausländischer Arbeiter ausgenutzt werden, um sie in unverantwortlicher Weise z. B. Strahlenbelastungen auszusetzen«.

Schon am 7. November 1985 brachte der Grünen-Abgeordnete Franz Jakob das Thema Leiharbeiter in den Hanauer Nuklearbetrieben in eine Ausschußsitzung des Hessischen Landtages ein. Auf die Fragen nach der Informiertheit und der Gesundheitsgefährdung der Leiharbeiter wich der zuständige Wirtschaftsminister aus und zog sich auf den Buchstaben des Gesetzes (Atomrecht) zurück.

Was nicht sein darf, das nicht sein kann!

# Wallraff und der „Mord auf Raten"

SPIEGEL-Report über Fremdarbeiter
in westdeutschen Atomkraftwerken

**In den strahlungsbelasteten Gefahrenzonen von Atomkraftwerken werden Fremdarbeiter beschäftigt, um das Gesundheitsrisiko für die deutschen Stammbelegschaften zu verringern. Enthüllungsautor Günter Wallraff behauptet in seinem jüngsten Buch, die zum Teil kaum ausgebildeten und schlecht ausgerüsteten Arbeiter würden systematisch „verheizt" – nach Ansicht von Atom-Managern ein „Horrorbild". Doch auch seriöse Experten bemängeln „erhebliche Schwachstellen" bei den Arbeitsschutzvorkehrungen in Nuklearbetrieben.**

**Enthüllungsautor Wallraff als Türke Ali\*:** „Angst vorm Dahinsiechen"

»Der Spiegel« bestätigte durch eigene Recherchen den rücksichtslosen Einsatz von Leiharbeitern in Atomkraftwerken.

*»Die Firma Manpower handelt mit einer Ware besonderer Art – sie verleiht Arbeitskräfte en gros...*

*Diese Manpower-Kräfte werden an keine gewöhnliche Firma verliehen. Einsatzort ist die Hanauer Nuklearfabrik Alkem, in der Brennelemente für die meisten westdeutschen Atommeiler fabriziert werden. In dem Atombetrieb (...) hantieren die Aushilfskräfte mit gefährlichem Material. Sie wiegen Plutonium, kehren strahlenden Staub zusammen oder packen radioaktive Substanzen für Brennelemente ab. Der Hanauer Leiharbeiter-Einsatz ist kein Sonderfall. Weit mehr als 10000 Arbeitskräfte verdingen sich jährlich zusätzlich zum Stammpersonal für Wochen oder Monate in den knapp 20 westdeutschen Kernkraftwerken und Nuklearfabriken...«*

Laut »Spiegel« haben sich auf dieses Geschäft mit »Fremdarbeitern« (Branchenjargon), die in die Zonen mit hohem Strahlenrisiko geschickt werden, mehrere hundert Unternehmen eingelassen, darunter auch Firmen, die schon in »Ganz unten« genannt werden:

*»Heinz Kupfer, Chef einer süddeutschen Nuklear-Entsorgungsfirma, läßt seine 120 Mitarbeiter ›von Kraftwerk zu Kraftwerk wandern‹, um radioaktive Rückstände abzuräumen. Kupfer: ›Wir sind Spezialisten für alles, was Sie wollen.‹ Für einen Bruttostundenlohn von rund zehn Mark läßt die Hanauer Reinigungsfirma Böhm Hilfskräfte, zumeist türkischer Nationalität, als Putzfrauen und Saubermänner für strahlenden Glanz in den Atomfabriken Nukem und Alkem sorgen. Per Zeitungsanzeige suchte die Bremer Firma Jaffke vor geraumer Zeit Arbeitskräfte für ›Hilfsdienste‹ in den Kernkraftwerken Esenshamm und Stade. Geboten wurden ›hoher Verdienst‹, ›Überstundenzuschläge‹ und*

›*Unterbringung in Arbeitsstellennähe*‹.« Solche nuklearen Wander- und Gelegenheitsarbeiter gibt es in allen Ländern, wo AKWs in Betrieb sind. In Japan sollen es 100000 sein. In den USA hat sich eine Gruppe hochbezahlter Desperados zusammengefunden, die »als eine Art Feuerwehr für die Kernkraftindustrie« fungiert. Dort werden, anders als hierzulande, auch systematische Untersuchungen strahlengefährdeter Personen durchgeführt. So wurde »der Gesundheitszustand von 146000 Atomarbeitern über Jahrzehnte regelmäßig überprüft«. Das Resultat war erschreckend: »*Kernkraftler sterben* ›*deutlich häufiger*‹ *als die übrige Bevölkerung an Leukämie, Lungen- und Gehirnkrebs, Magen- und Darmkrebs, Prostatakrebs sowie der Hodgkinschen Krankheit.*

*Überdies können schon bei kleinsten Strahlendosen genetische Schäden auftreten. Es gebe keine* ›*unschädliche Dosisgrenze, unterhalb derer kein Effekt zu erwarten ist*‹, *faßt die Bremer Professorin Inge Schmitz-Feuerhake, Expertin für medizinische Physik, den derzeitigen Wissensstund zusammen. (...) Geringfügige, aber andauernde radioaktive Bestrahlung, haben US-Wissenschaftler herausgefunden, ist wesentlich schädlicher, als jahrelang angenommen.* ›*Jede Strahlendosis, egal wie klein*‹, *resümiert Strahlenforscherin Schmitz-Feuerhake, könne* ›*strahlenbedingten Krebs*‹ *verursachen; die Folgen würden oft* ›*erst nach zwanzig, dreißig Jahren*‹ *spürbar. Vor einer* ›*Verharmlosung der genetischen Strahlenfolgen*‹ *warnen Wissenschaftler wie der Konstanzer Physiker und Biologe Professor Gerold Adam. Die durch Strahlen bedingten Erbschäden seien zwar* ›*bislang nicht ausreichend erforscht*‹, *um die Gefahr exakt einschätzen zu können. Dennoch ist Adam sicher:* ›*Das Risiko, daß Kinder von Atomarbeitern an Mißbildungen und Erbkrankheiten leiden werden, ist für diese erheblich größer als für andere Kinder.*‹

*Unter den Fremdkräften ist ohne Zweifel die Gruppe der*

*Gelegenheitsarbeiter gefährdet, insbesondere Ausländer, die*
*nicht richtig Deutsch verstehen. Viele sind froh, überhaupt*
*ein paar Mark verdienen zu können, und wissen gar nicht so*
*recht, was sie eigentlich tun. (...)*

Mangelnde bzw. keine Aufklärung führen bei den »Fremdarbeitern«, zusammen mit naivem Glauben an die Sprüche der AKW-Manager, zu einer völligen Unterschätzung der Gefahren. Sein Job sei »bestimmt nicht gefährlich«, meinte ein junger Türke zum »Spiegel«. »Wenn ›ab und zu mal ein Behälter platzt‹ und ›da was rausläuft‹, glaubt die Vorarbeiterin einer Putzfirma, dann hänge ›das Zeug ja an den Schuhen, nicht am Menschen‹. Und wenn einer doch mal zuviel Strahlung abbekomme, werde ›das Zeug einfach abgeduscht‹.«

Dazu paßt dann auch, daß Hilfskräfte die Dosimeter manipulieren, wenn sie befürchten, wegen zu hoher Strahlenbelastung ihren Job zu verlieren. Ein Augenzeuge zum »Spiegel«:

*»Wenn es für Arbeiten im besonders heißen Bereich Stundenzuschläge von 30 oder 40 Mark gibt, ist es schon vorgekommen, daß Arbeiter, die nach zwei Stunden ›abgefüllt‹ waren, ihr Strahlenmeßgerät einfach auf den Boden haben fallen lassen. Dann konnte die tägliche Strahlendosis eben nicht mehr kontrolliert werden, und die gut bezahlte Schicht ging weiter.«*

Auch die Strahlenpässe werden manipuliert, zuweilen, wenn die zulässige Höchstjahresdosis von 5 rem überschritten ist, einfach weggeworfen. Manche hantieren gleich mit mehreren Strahlenpässen.

Mit dem Einsatz von »Fremdarbeitern« verfolgen die AKW-Betreiber ein einziges Ziel: *»das Strahlenrisiko weiter auf das Fremdpersonal«* zu verschieben, vor allem bei *»planbaren dosisintensiven Arbeiten«*. Ein Beispiel:

*»Während der 45 Tage..., in denen das Kernkraftwerk Stade überholt wurde, arbeiteten 1716 Arbeiter, vorwiegend von*

*Fremdfirmen, gut 427000 Stunden lang in den Gefahrenzo-*
*nen. Im Kernkraftwerk Obrigheim, listet die Werksleitung*
*auf, waren 1984 mehr als 600 Personen aus 92 Fremdfirmen*
*und Institutionen ›im Kontrollbereich im Einsatz‹.*
*Auf diese Weise gelingt es den Kraftwerksbetreibern, die*
*eigene Mannschaft zu schonen und zu verhindern, daß sich die*
*festangestellten Mitarbeiter allzu schnell eine hohe Strahlen-*
*belastung einfangen (...). Die Kraftwerksleitungen nehmen*
*dafür in Kauf, daß, wie zum Beispiel bei den Revisionsarbei-*
*ten in Biblis, so Betriebsratsvorsitzender Christian Rettweiler,*
*fremde Arbeiter einer ›bis zu 20 Prozent höheren Strahlen-*
*belastung‹ als die Eigenkräfte ausgesetzt werden. In den Kern-*
*kraftwerken Stade und Unterweser wurde das Fremdpersonal*
*gar fünfmal so stark verstrahlt wie die Stammbesatzung.«*

# Die katholische Amtskirche
# gibt den Segen...
# und Reaktionen von unten

Die Stellungnahme der katholischen Amtskirche ließ an Deutlichkeit nichts zu wünschen übrig. Auch im nachhinein keine Spur von Reue oder auch nur Nachdenklichkeit. In unerschütterlicher bürokratischer Starrheit und unchristlicher Selbstgerechtigkeit wird die schnöde Abkanzlung von Ali im nachhinein gerechtfertigt.

Praktizierende katholische Christen hatten sich schriftlich an ihre Kirchenoberhäupter gewandt und um Auskunft nachgesucht. Wie in diesem Schreiben eines katholischen Gläubigen an seinen zuständigen Oberhirten:

```
An den Erzbischof von Köln ,
Herrn Kardinal Höffner

5000 K ö l n


                                    Höxter , 03.11.1985


      Sehr Geehrter Herr Kardinal Höffner ,

ich wende mich an Sie mit der Bitte um Klärung einer , mir sehr
wichtigen Frage :

Sicherlich haben Sie von dem , im Oktober d.J. erschienenem , Buch
Günter Wallraffs " Ganz unten " gehört , es evtl. schon gelesen ?
Herr Wallraff schildert darin ( auf den Seiten 50 bis 70 ) seine
Erlebnisse , die er - als Türke verkleidet - mit katholischen
Geistlichen Ihres Zuständigkeitsbereichs erfahren mußte .
Und zwar bemühte sich Herr Wallraff ( alias Herr Ali Levent ) um
eine christliche Taufe , d.h. um die Aufnahme in unsere katholische
Glaubensgemeinschaft.
Sehr Geehrter Herr Hüffner , ich gestehe , daß ich äusserst betroffen
und erschüttert bin über die , von Herrn Wallraff dabei erfahrene
Ausländerfeindlichkeit Ihrer geistlichen Würdenträger .
```

Die Antwort erfolgt prompt. Mit Briefkopf vom »Sekretär der
deutschen Bischofskonferenz«:

«Sehr geehrter Herr Schwenne,
für Ihren Brief darf ich Ihnen im Auftrag von Herrn Kardinal Höffner danken. Er ist zur Zeit in Rom bei der außerordentlichen Bischofssynode und hat mich daher gebeten, Ihnen zu antworten.
Die von Herrn Wallraff, als verkleideter Türke, angespro-
chenen Priester haben sich, soweit man dies aus den Darstellungen ersehen kann, *richtig verhalten*. Die Taufe ist ein
Sakrament und keine Blitzaktion. Vor allem ist die Taufe
Zeichen des Glaubens, d. h. Zeichen der Bekehrung und
der Lebenswende hin zu Jesus Christus und des Bekenntnis-
ses zu ihm... *Die Kirche* hat die *strenge* Pflicht, jeden *Miß-
brauch der Taufe auszuschließen*... Da die Ausführungen
zur Taufe in diesem Brief zwangsläufig kurz ausgefallen
sind, erlaube ich mir, Ihnen auch eine Ablichtung aus dem
Katholischen Erwachsenenkatechismus über die Taufe bei-
zufügen.
Mit freundlichen Grüßen
Ihr Prälat Wilhelm Schätzler«

In der zehnseitigen fotokopierten Anlage findet sich gegen Schluß auch folgender Passus auf dem Papier:

»...Durch die eine Taufe sind alle Brüder und Schwestern. Diese grundlegende Einheit aller Getauften über alle natürlichen Schranken hinweg muß konkret werden durch gegenseitige Hilfeleistung, durch Austausch von *irdischen* wie geistlichen Gaben. Vor allem die Armen, Kranken, Behinderten und *Fremden* müssen einen Ehrenplatz in der Gemeinde einnehmen. Seit altchristlicher Zeit galt die Gastfreundschaft als wichtiger Ausdruck der gemeinsamen Verbundenheit in Christus durch die eine Taufe. In der Regel des hl. Benedikt heißt es: ›Alle ankommenden Gäste sollen wie Christus aufgenommen werden, weil dieser selbst einst sprechen wird: Ich war ein Fremder und ihr habt mich aufgenommen.‹«

Bis zu dieser Stelle sind der Kardinal und sein Sekretär aber wohl nicht mehr vorgedrungen.

Es gab aber auch Stellungnahmen einzelner Priester und Laienorganisationen wie diese:

Die Katholische Laienorganisation »Kirche von unten« schrieb aus München:

... Die Initiative »Kirche von unten« möchte Ihnen ihre Anerkennung und Hochachtung aussprechen, denn Sie haben konsequenter als die meisten von uns Christen hier in der Bundesrepublik das getan, was man in Lateinamerika von uns erwartet. Der brasilianische Kardinal Lorscheider fragt: »Habt ihr in Deutschland keine Unterdrückten? Ihr müßt anfangen, denen bei der Befreiung beizustehen, die bei euch in Deutschland unterdrückt werden. Wenn ihr die Befreiung bei euch erfahrt, dann könnt ihr uns damit die beste Solidarität erweisen.«

Die gleiche Einschätzung erfolgt von einem betroffenen katholischen Priester, der sein Christentum in einem Dritt-Welt-Land praktiziert:
»Gerade habe ich die Lektüre Ihres Buches ›Ganz unten‹ beendet. Auch wenn Sie selbst es nicht anerkennen mögen, sehe ich in Ihrem Eintreten für die Mitmenschen eine konkrete Realisation der Frohen Botschaft, die Christus verkündigt hat, die aber uns Christen eigentlich recht wenig beeinflußt.
Ich selbst bin katholischer Priester in der Dritten Welt – jetzt auf Heimaturlaub – und versuche, mich konkret mit einer Volksgruppe zu identifizieren, die sich in Sprache und Kultur von der herrschenden Schicht und dem Volk unterscheidet und die, wie die Türken hier, immer benachteiligt, betrogen und verheizt werden.«
Die in Stil und politischem Inhalt der »Bild«-Zeitung nachempfundene katholische »Neue Bildpost« (Auflage über 300000), die in zahlreichen katholischen Kirchen ausliegt, wirft dem Buch »Ganz unten« pauschal vor, daß die »Beweger der Wirtschaft verteufelt« werden:

# Der Mann, der aus dem Nichts kam

# Ganz oben – ganz unten

In den USA sind die Lebenserinnerungen eines Managers und Unternehmers, des Chefs der Autofirma Chrysler, ein Bestseller. Zeitweise wurden pro Tag 15 000 Exemplare verkauft.

Die Nation ist fasziniert von diesem Mann mit dem für Europäer so schwer aussprechlichen Namen Lee Iacocca:

Er kam förmlich aus dem Nichts — sein aus Süditalien stammender Vater verkaufte Würstchen. Der Sohn war wegen chronischen Rheuma-Fiebers im Zweiten Weltkrieg vom Wehrdienst freigestellt, ließ sich als Ingenieur ausbilden, aber wurde Autoverkäufer bei Ford, dann Ford-Verkaufsleiter. 1978 setzte man ihn an die Luft.

Ein Jahr später, 1979, holten die total verschuldeten Chrysler-Werke den arbeitslosen Manager an die Spitze des Konzerns — ohne Gehalt. Innerhalb von vier Jahren verzeichnete das Werk den größten Gewinn seiner Geschichte.

Ganz Amerika bewundert den Mann und seine unternehmerische Leistung. Ein Buch voller Optimismus: der amerikanische Traum von Leistung und Erfolg.

Zu gleicher Zeit ist in der Bundesrepublik Deutschland das Buch Günter Wallraffs „Ganz unten" der Bestseller; ein Buch, das „in die Hölle dieser Republik führt". Pessimismus, menschliches Versagen ist sein Inhalt. Es verstärkt den Klassenkampf und das von den Klassenkämpfern entstellte

Klassenkämpfer Wallraff. Seine Darstellung des Arbeitgebers ist verzerrt.

Bild vom Unternehmern. Es verstärkt die Entwicklung, Erfolge zu verschleiern und sich unternehmerischer Leistungen zu schämen.

Schon jetzt hat keine Branche mehr den Mut, sich ihrer guten Zahlen zu rühmen. Jeder Wirtschaftszweig bemüht sich, alles möglichst negativ zu schildern und pessimistische Stimmung zu erzeugen.

Während in den USA der Milliarden-Zugewinn durch Lee Iacocca dahin führte, daß sein Name jetzt sogar als Bewerber für das Präsidentenamt gehandelt wird, werden in Deutschland die Beweger der Wirtschaft von den Neidern verteufelt.

Die Frage, wo die Zukunft liegt: aus diesen beiden unterschiedlichen Büchern kann man die Antwort herauslesen.

Sie lautet: In den USA ganz oben, in Deutschland ganz unten.                    Kurt WINTER

*Bildpost*, 19.1.1986

381

Die nur in kleiner Auflage erscheinende katholische Wochen-
zeitschrift »Christ in der Gegenwart«, herausgegeben von dem
fortschrittlichen Theologieprofessor Mario v. Galli, der der katholischen Amtskirche gegenüber schon mal mit ketzerischen
Thesen entgegentritt, beurteilt »Ganz unten« genau entgegen-
gesetzt und übt Selbstkritik:

»Um die von Günter Wallraff geschilderten Zustände zu ändern, genügen Gesetze und mitmenschliches Verhalten re-
gelnde Paragraphen nicht. Verlangt sind unkonventionelles
Verhalten, das bürokratische Barrieren durchbricht, eine Zivilcourage, die Unrecht beim Namen nennt und demaskiert, wo
und wie immer es auftritt. Oder einfach eine Menschlichkeit,
wie sie das Evangelium Jesu nahelegt: ›Was ihr denen da ganz
unten getan habt, das habt ihr mir getan.‹

Dem Verfasser liegt das Christentum fern, wie er selbst
schreibt. Doch wo von Menschwerdung Gottes die Rede ist,
erscheint sein Buch dennoch wie eine Illustration dazu: ›Er ent-
äußerte sich und wurde wie ein Sklave und den Menschen
gleich. Sein Leben war das eines Menschen, und er erniedrigte
sich . . .‹ (Phil 2). Könnte, ja müßte Menschwerdung heute nicht
so aussehen, wie Günter Wallraff sie hier vorexerziert? Ich
denke, wäre Jesus heute Mensch geworden, dann als Gastarbeiter, wo auch immer in der Welt. Denn solche Gastarbeiter-
Schicksale – und noch schlimmere – gibt es überall in der Welt,
nicht nur in Deutschland.«

Jörg Gförer (r.) zu Besuch im Hinterhof von Alis Wohnung, Dieselstraße. Der Regisseur Gfrörer hatte es geschafft, 14 Tage lang als deutscher Leiharbeiter bei Thyssen zu arbeiten.

# Der Film

*Die Filmfassung von »Ganz unten« entstand aus dem heimlich aus »Alis« Arbeitstasche gedrehten Videomaterial, worin sowohl die unmenschlichen Arbeitsbedingungen im Thyssen-Konzern wie auch die kriminellen Geschäftspraktiken des Menschenhändlers Vogel festgehalten sind. Aus über 100 Schwarz-weiß-Videokassetten »Ali« (Wallraffs) gestaltete der Regisseur Jörg Gfrörer einen eigenständigen Film. Zusätzlich führte er Interviews mit »Ali« und seinen Arbeitskollegen unmittelbar nach*

383

*den Arbeitseinsätzen und schuf Stimmungsbilder im Wohnum-*
*feld »Alis« in Duisburg.*[1]

Am 20. Februar 1986 wird der Film »Günter Wallraff – Ganz
unten« auf der Berlinale zum erstenmal öffentlichem Publikum
vorgestellt.
Noch am gleichen Tag startet der Filmverleih Neue Constantin
»Ganz unten« mit über 100 Kopien in allen größeren Städten
im Bundesgebiet.
Radio Bremen, der kleinste, aber vielleicht auch mutigste Sender, der geholfen hatte, diesen Film fertigzustellen, will den
Film schon am 1. Mai in der gesamten ARD ausstrahlen.
Nur wenige Tage nach den Filmfestspielen wird der Film in der
Duisburger Mercatorhalle vor über zweitausend türkischen
und deutschen Arbeitskollegen gezeigt. Trotz heftigen Protests
der ebenfalls erschienenen Thyssen-Direktoren werden die im
Film dargestellten Mißstände bei Thyssen von den Kollegen
bestätigt. Viele erklärten, an ihrem Arbeitsplatz sei es noch
schlimmer, als im Film dargestellt.
Schon zu Beginn der Arbeit hatten sich das holländische und
schwedische Fernsehen für die heimlich gedrehten Aufnahmen interessiert und die Ausstrahlung eines 45-Minuten-Bei-
trags angeboten. Das war kein Zufall. Bereits unser erster
gemeinsamer Film, den wir 1977 während Günters Arbeit als
»Bild«-Reporter in Hannover gedreht hatten, war von denselben Fernsehanstalten, der Vara in Holland und dem TV 2
in Schweden, ausgestrahlt worden, nachdem unser Auftrags-
produzent WDR den Film wenige Tage vor der angekündig-
ten Sendung auf Druck des Springer-Konzerns aus dem Programm strich. Bis heute ist es keinem Fernsehmagazin
erlaubt worden, auch nur Ausschnitte aus diesem Film zu

1 Auch die anderen Kapitel des Buches (wie z. B. Die Umtaufe, Das Begräbnis) hat Ali Wallraff weitgehend durch Videomaterial dokumentiert. Geplant ist ein zweiter Videofilm mit dem Titel »Der andere Ali«, der die mehr
grotesken und clownesken Ali-Szenen zeigen wird.

zeigen. Die Geschichte des »Bild«-Films sollte sich nun wiederholen.

Ich erinnere mich noch, wie der Fernsehdirektor der holländischen Vara seinem Publikum den Film »Ganz unten« mit den Worten ankündigte, dieser Film gehöre eigentlich ins deutsche Fernsehen und er hoffe, daß ihn eines Tages nicht nur die Grenzbewohner im Fernsehen empfangen könnten.

Im März '86 wird der Film auf einer Programmkonferenz der ARD in Saarbrücken auf Verlangen des Bayrischen Rundfunks gezeigt. Dem Antrag, den Film wieder aus dem Ersten Programm zu nehmen, stimmen die Programmdirektoren der CDU- bzw. CSU-regierten Länder mehrheitlich zu. Die Programmdirektoren der SPD-regierten Länder sind für die Ausstrahlung.[1]

Diesmal haben die Bayern sich nicht damit zufriedengegeben, sich bei einer sozialkritischen Sendung aus dem gemeinsamen Programm auszuschalten, wie es schon vorkam. Wir erfahren später von der Existenz eines Briefes des ehemaligen CSU-Generalsekretärs Tandler an den Intendanten des Bayrischen Rundfunks, Reinhold Vöth. In diesem Brief ist von *journalistischer Fairneß* und *kriminellen Methoden* die Rede. Damit sind allerdings nicht die Praktiken der modernen Sklavenhändler gemeint, sondern die Methoden, diese Zustände mit einer versteckten Kamera beweiskräftig zu machen, werden verurteilt.

Auch später gelingt es dem persönlich engagierten Programmdirektor von Radio Bremen, Hans-Werner Conrads, nicht, die anderen Sender für eine Ausstrahlung des Films im gemeinsamen Dritten Programm zu gewinnen. Was bleibt, ist eine Sendung im Regionalprogramm, die auf die Hansestadt beschränkt bleibt.

10. März 1986. Der Film erhält von der Filmbewertungsstelle das Prädikat »besonders wertvoll«.

---

1 Statt dessen wird dem Zuschauer am 1. Mai eine Jux-Show mit Harald Juhnke vorgesetzt.

**Gutachten der Filmbewertungsstelle Wiesbaden:**
Der Bewertungsausschuß hat dem Film einstimmig das Prädikat »besonders wertvoll« erteilt.

Der Film stellt, unabhängig von dem Buch, das in diesem Zusammenhang nicht unerwähnt bleiben kann, ein eigenständiges Dokument der Verletzung der Menschenwürde in der Bundesrepublik dar. Er verarbeitet das unter außerordentlichen, äußerst schwierigen Umständen gewonnene Material in einer ungewöhnlichen Kombination von Erlebnisbericht, Kommentar und Interview. Der Film gewinnt allein schon durch die Aussagekraft der Bilder Dichte und Geschlossenheit. Dabei stellt sich heraus, daß die durch die besonderen Aufnahmebedingungen (versteckte Kamera) zu begründenden technischen und gestalterischen Mängel die Wirkung des Films keineswegs beeinträchtigen, sondern im Gegenteil die Basis für die Glaubwürdigkeit abgeben. Der Film gewinnt dadurch eine Intensität, die so mit literarischen Mitteln nur bedingt zu erreichen ist. Ein besonderes Verdienst sah der Ausschuß darin, daß der Film sich ganz konkret mit Mißständen in unserer Gesellschaft auseinandersetzt (skrupellose Ausbeutung von türkischen Arbeitslosen) und durch sein (nicht unumstrittenes, bewußt provozierendes) Vorgehen, das zwangsläufig nicht ohne Manipulation realisierbar ist, ein neues Problembewußtsein schafft.

Im Entwurf gezeichnet:
(Dr. Rudolf Lange)
Vorsitzender

27. Mai '86. Während ich die Haussuchung bei Günter Wallraff in Köln miterlebe, werden meine Berliner Wohnung und die Wohnung meiner Mutter auf Sylt durchsucht.

Wir alle, die an dem Film verantwortlich mitgearbeitet haben, erhalten von der bayrischen Justiz Vorverurteilungen ohne mündliche Verhandlung in Form von Bußgeldbescheiden zwischen 25 000 und 75 000 DM (ersatzweise bis zu 150 Tage Haft) wegen Aufzeichnens und Verbreitens des »vertraulich gesprochenen« Wortes. Auch der Filmverleih erhält einen Bußgeldbescheid.[1]

Obwohl die Aufführung des Films bis heute nicht verboten ist, unterwirft sich der Verleih dem politischen Urteil, zieht den Film sofort aus allen Kinos zurück und stellt seine Verleihtätigkeit ein. Drei Monate nach seiner Uraufführung ist der Film in der Bundesrepublik nicht mehr zu sehen, obgleich er bereits jetzt der meistgesehene Kino-Dokumentarfilm in der bundesdeutschen Filmgeschichte ist.[2]

1. Dezember '86. In Düsseldorf beginnt die Beweisaufnahme im Prozeß Thyssen AG gegen das Buch »Ganz unten«.

Das Gericht läßt zu, einige wichtige Videoaufnahmen im Gerichtssaal als Beweismittel vorführen zu lassen. Einige Zeugen, von der Gegenseite benannt, die sich vor Gericht an nichts mehr erinnern wollen, werden nun per Video mit ihren eigenen Aussagen konfrontiert und überführt.

Während es in der Bundesrepublik gelungen ist, den Film aus Kino und Fernsehen zu verdrängen, indem man ihm *kriminelle Methoden* vorwirft, gewinnt er im Ausland immer mehr

---

1 Aufgrund des Einspruchs gegen diese Geldstrafen wurde die bayerische Justiz gezwungen, eine öffentliche Verhandlung anzuberaumen. Die Kriminalisierung von Wallraffs Arbeitsmethode war bei diesem Gericht so gut wie besiegelt.
Zur großen Überraschung und zum Entsetzen des Gerichts zog Vogel wenige Tage vor Prozeßbeginn seinen Strafantrag zurück.

2 Der Dokumentarfilm »Ganz unten« ist jetzt in einer 106-minütigen Fassung im Videoverleih Unidoc, Braunschweigerstr. 20, 4600 Dortmund 1 erhältlich.

Beachtung. »Ganz unten« wurde u. a. vom belgischen, schwedischen, dänischen, norwegischen, englischen, spanischen, sowjetischen, jugoslawischen, bulgarischen, japanischen und zuletzt jordanischen Fernsehen ausgestrahlt.

In Frankreich erhielt er den höchsten europäischen Fernsehpreis, den Grand Prix International 1986, von einer internationalen Jury zugesprochen, womit eine Ausstrahlung im 1. französischen Fernsehen verbunden ist.

20. März '88. Als erster deutscher Film überhaupt wird »Ganz unten« mit dem Preis für die beste ausländische Filmproduktion des Jahres '87 von der »British Academy of Film and Television Arts« ausgezeichnet. Der Film wird jetzt im englischen Fernsehen wiederholt.

Auch auf den Filmfestspielen von Leipzig und Valladolid (Spanien) wird der Film ausgezeichnet. Engagierte Verleihfirmen übernehmen den Kinoverleih in Frankreich, Schweiz, Belgien, Dänemark und der Türkei.

In São Paulo bildet sich bei der Premiere vor dem Kino eine Warteschlange von über 200 Metern. Im Anschluß an die Vorführung wird in einer Podiumsdiskussion nicht nur über den Film, sondern auch über die Unterdrückung der Schwarzen durch deutsche Großunternehmen in Brasilien diskutiert: Leiharbeiter gibt's auch dort.

In Frankreich läuft der Film seit Monaten, oft in direkter Zusammenarbeit mit Anti-Rassismus-Organisationen, die den Film gegen die wachsende Ausländerfeindlichkeit und rassistischen Parolen der Nationalen Front von Le Pen einsetzen.

Auch bei Vorführungen in Italien fordert der Film immer wieder die Diskussion um den eigenen Rassismus heraus, der sich einmal in der Ablehnung des Südens durch den Norden und zum anderen in der Feindlichkeit der Süditaliener gegenüber den Zuwanderern aus Afrika manifestiert.

Nur die ARD hält nach wie vor an ihrer Zensurmaßnahme fest, da »Ganz unten« lt. bayrischer Sprachregelung angeblich nicht

# Ganz unten

## Wallraffs Erfahrungen als Leiharbeiter jetzt auch im Kino

Ganz unten – das ist dort, wo man sonst selten hinguckt. Es geht dort zu, wie etwas weiter oben auch: einigermaßen skrupellos. Aber ganz unten trifft es die allerärmsten Hunde, und die trifft es besonders hart; weil sie sich am allerwenigsten wehren können, zeigt sich die Skrupellosigkeit hier am deutlichsten.

Ganz unten schuften die, die keine Chance haben: Türken und andere Ausländer zwischen Arbeitslosigkeit und der Angst vor der Abschiebung. Sie lassen sich anwerben von gewitzten Menschenhändlern und werden von diesen an Betriebe weitervermietet, wo gerade eine riskante Dreckarbeit anfällt, die sonst keinem zuzumuten ist. Ohne Sozialversicherungsschutz, versteht sich, und auch vielfach unter Mißachtung der üblichen Sicherheitsbestimmungen am Arbeitsplatz.

Die Verhältnisse dort ganz unten hat einer erkundet, der schon immer mit seinen ungewöhnlichen Recherchemethoden für Aufregung gesorgt hat: Günter Wallraff hat sich als Türke verkleidet und als Leiharbeiter verdingt, um die Realität einer modernen Sklavenexistenz am eigenen Leib zu erfahren und so authentisch dokumentieren zu können. Sein Buch über diese Erfahrungen („Ganz unten") hat innerhalb weniger Monate bereits eine Auflage von fast zwei Millionen verkauften Exemplaren erreicht. Nun ist in vielen Städten gleichzeitig auch der Film angelaufen, den Wallraff während seiner Sondierungsarbeit im Bodensatz der Gesellschaft gedreht hat („Ganz unten"; Regie und Kamera: Jörg Gfrörer, Produktion: Kaos Film, Verleih: Neue Constantin).

Die Produktionsbedingungen waren ungewöhnlich. Versteckt in einer Tasche hat Wallraff Kamera und Mikrophone bei seinen wechselnden Arbeitseinsätzen und bei Verhandlungen mit dem „Subunternehmer" Vogel mitgeschleppt oder mitschleppen lassen. Was so entstand, liegt abseits aller gewohnten Kino-Ästhetik: Das Bild ist meist unscharf und schief, manchmal erwischt die Kamera statt des Gesichts des Interviewpartners bloß die Wand oder die Tischplatte; der Ton ist streckenweise so undeutlich, daß mit Untertitelung nachgeholfen werden mußte. Aber darauf kommt es nicht an. Die Bedeutung des Filmes liegt im Dokumentarischen.

Was man sonst nur gelesen hätte, kann man hier sehen: wie die fremdländischen Leiharbeiter ohne Schutzmaske eine Industrieanlage von gesundheitsgefährlichem Metallstaub zu säubern haben; wie sie sich manchmal vergeblich mühen, ihren Billigstlohn auch tatsächlich ausbezahlt zu bekommen; wie der „Türke" Wallraff bei gefährlichen Reinigungsarbeiten den Befehl erhält, seinen Schutzhelm (der sein persönliches Eigentum ist) an einen deutschen Kollegen abzugeben (und sich fügen muß, wenn er nicht gefeuert werden will); wie er sich in einer Versuchsreihe für ein Pharma-Unternehmen ein Medikament injizieren läßt, dessen bedenkliche Nebenwirkungen längst bekannt sind; wie er mit einem fingierten Auftrag für Reinigungsarbeiten im angeblich strahlenverseuchten Atomkraftwerk Würgassen beim Subunternehmer Vogel die latente Bereitschaft hervorlockt, auch aus einem wahren Todeskommando Profit zu schlagen (das Strahlenrisiko sei so hoch, wird Vogel gesagt, daß nur Leute in Frage kämen, die anschließend sofort in die Türkei verschwinden). Alles dies sieht man also. Und das Bild scheint ja allemal mehr Authentizität zu verbürgen als das Wort.

Man muß sich wundern, daß es überhaupt möglich war, alle diese Szenen unbemerkt zu drehen. Aber es war offenbar möglich. Wallraffs Methode ist umstritten, seit er sie übt: sie enthält ein Moment der Unaufrichtigkeit, denn er arbeitet mit falschen Identitäten, mit Vorspiegelungen. Insofern kann man seine Funde erschlichen nennen, darf dabei freilich nicht übersehen, daß sie Tatbestände betreffen, die sonst verschwiegen oder geleugnet werden; er setzt Unaufrichtigkeit bewußt ein, um ein Stück gesellschaftlicher Unaufrichtigkeit zu enttarnen (und hat damit, nach seinem Abenteuer als „Bild"-Reporter, auch vor höchsten Gerichten Recht erhalten). Im Film ist die Problematik dieses Einschleichens noch unmittelbarer erlebbar als im Buch. Am problematischsten wird die Methode dort, wo Wallraff nicht nur vorgefundene, normalerweise verborgene Wirklichkeit abbildet, sondern Wirklichkeit erst inszeniert wie bei dem Scheinauftrag der Atomfabrik. Handelt er damit nicht ähnlich wie jener gewissenlose Fernsehreporter, der bei einer Demonstration zum Steinewerfen ermuntert, um aufregende Szenen filmen zu können?

Der Unterschied liegt nicht nur im Motiv, sondern auch in der Vorgehensweise: Wallraffs Wirklichkeits-Inszenierung (er selber nennt es so) stimuliert nicht zu Taten, sondern lockt latente Tatbereitschaft aus der Reserve, um sie erkennbar zu machen (vielleicht allerdings mit dem Risiko, solche Tatbereitschaft zu enthemmen). Das Ergebnis ist erschütternd; auch Wallraff selbst beteuert, so viel menschenverachtenden Zynismus, wie er zutage förderte, habe er nicht erwartet. Diesen Zynismus klar zu erkennen, ist notwendig; ebenso notwendig sind Konsequenzen aus Wallraffs Erkenntnissen. Dennoch bleibt auch an der Arbeitsmethode einiges sehr nachdenkenswert. Warum nimmt ein Mensch all diese Risiken auf sich: seine Lunge mit Metallstaub zu vergiften, von glühenden Erzbrocken verbrannt zu werden, seinen Körper mit schwer verträglichen Medikamenten möglicherweise dauerhaft zu schädigen? Und wie hält er ohne seelischen Knacks die Selbstverleugnung aus, die es für ihn bedeuten muß, die rollenbedingte Unterwürfigkeit als vorgeblicher Türke noch über das unbedingt erforderliche Maß hinauszutreiben, um den Subunternehmer Vogel vertrauensselig zu stimmen?

Ohne eine starke Fixierung an das Negative bringt wohl keiner die Energie auf, Wahrheitsfindung mit dem Risiko physischer und psychischer Selbstbeschädigung zu erkaufen. Wallraff ist offenbar ergriffen von einem Furor des Ertappens und Entlarvens und von einem Pathos des stellvertretenden Leidens; das Leiden und der versteckte soziale Unrat ziehen ihn magisch an. Wer will, mag darin einen querulatorischen Zug sehen, muß sich allerdings, ehe er ihn etwa psychopathologisch qualifiziert, schon auch der Frage stellen, ob Abge-

stumpftheit für Leid und Unrecht wirklich ein Zeichen seelischer Gesundheit ist. Man kann ja auch andere Vergleiche ziehen. Werner Forßmann etwa, der Herzspezialist und Chirurg, riskierte ebenfalls Leben und Gesundheit, als er sich selbst über die Armvene einen Herzkatheter anlegte und so im Selbstversuch die Angiokardiographie entwickelte; er erhielt den Nobelpreis, den Wallraff, ein Pionier des sozialen Katheters im Selbstversuch, noch nicht hat.

Wichtiger ist: Wallraffs Recherchen enthüllen ein Stück soziale Wirklichkeit, mit dem wir uns nicht abfinden dürfen. Das betrifft keineswegs nur der Arbeitswelt, sondern mehr noch bestimmte Denkstrukturen. Damit, daß die Firma Thyssen (auf deren Werksgelände ein großer Teil des Filmes gedreht wurde) erklärte, „alle von uns überprüfbaren Vorwürfe und Behauptungen im Zusammenhang mit unserem Unternehmen" seien „unzutreffend", ist der Fall nicht erledigt, auch nicht mit dem Nachweis einiger Schludrigkeiten in Wallraffs Buch. Der Subunternehmer Vogel ist gewiß nicht repräsentativ, aber er ist symptomatisch. Andererseits: der sensationelle Erfolg von Wallraffs Buch mag zu einem Teil auf einer Art von sozialem Voyeurismus beruhen, aber ein Zeichen für die Sensibilisierung des sozialen Gewissens ist er gewiß auch. *kr*

Bayrische Staatszeitung 28. 2. 1986

den besonderen Erfordernissen der *Fairneß* und *Ausgewogenheit* entspreche.

*Jörg Gfrörer*

**Interview zum Film**

*I: Der Film besteht zu einem großen Teil aus Aufnahmen, die du mit versteckter Kamera gemacht hast. Wie gelang es dir, diese Aufnahmen zu machen?*

GW: Über einen Freund, der Videotechniker ist, der eine Videokamera noch kleiner gebaut hat und in einer Aktentasche untergebracht hat. Sie war 7,5 Kilo schwer und das Objektiv durch eine durchsichtige Folie hinter dem Kofferschild versteckt. Ich habe die Tasche immer bei mir gehabt.

Ali nach 16-Stunden-Schicht im Remmert-Transporter.
aus: Videoselbstaufnahme aus der Arbeitstasche, Günther Wallraff,
Privatarchiv

Ali im Beerdigungsinstitut bereitet seine Überführung als Leiche vor (siehe
Kapitel: »*Das Begräbnis oder Lebend entsorgt*):
aus: Videoaufnahme Günter Wallraff, Privatarchiv

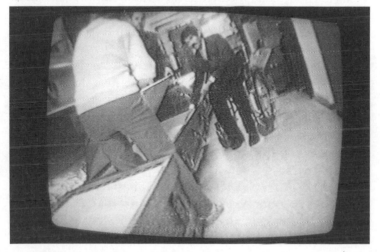

Zur Ablenkung habe ich eine Thermoskanne rausgucken lassen: verrostet, mit Kaffee drin. Vogel fragte oft: »Was, hast du wieder die Tasche da? Laß die Tasche im Wagen!« Ich sagte: »Wir Türk immer Spezialkaffee gut, hell Bohn, röst selbst, mach gut Kaffee, hier probiern.«

Er hat natürlich voll Ekel abgelehnt. So habe ich die Kaffeekanne gerechtfertigt. Ich hatte mir auch vorsichtshalber noch, falls es eine Kontrolle vom Werkschutz gegeben hätte, eine Pornokassette besorgen lassen. Die hatte ich da immer dabei, die hätte ich dem Werkschützer gezeigt: »Hier, wir Türk immer guck.« Da wäre dessen Klischee auf einer anderen Ebene bestätigt worden.

Aber ich habe Glück gehabt. Es hat keiner gemerkt, d. h. doch – ein junger türkischer Kollege hat's gemerkt, der im Buch Yüksel heißt. Der hat mich immer verwundert angesehen, schon mal zugezwinkert, und ich war immer sehr unsicher. Irgendwann wurden wir nach Hause gekarrt, und er saß neben mir – da sagte er plötzlich ganz karg und lakonisch: »Mit oder ohne Ton?« Ich bin unheimlich erschrocken und dachte: Jetzt ist alles zu spät. Aber er hat dichtgehalten, er hat mich sogar auf wichtige Sachen aufmerksam gemacht. Er sagte: »Das muß raus, das müssen alle erfahren.« Und er hat in einigen Stellen des Films eigentlich mit Regie geführt.

I: *Vogel wirkt im Film keineswegs eiskalt, sondern eher verbindlich und vertrauenerweckend. Was ist er für ein Typ?*

GW: Das macht ihn so gefährlich. Hätte man ihn literarisch fiktiv in einem Roman beschrieben, wäre er sicherlich ein ganz anderer Typ geworden. Das ist eben auch das, was in der Wirklichkeit einem immer wieder eigene Vorurteile und Klischees aufbricht. Der wirkt erstmal ganz moderat, kein Ausländerhasser – im Gegenteil, er weiß seine Türken zu *schätzen*. Er sagt: »Die Deutschen kannst du vergessen. Die machen doch nur Ärger. Die gehen auch vor Gericht.« Viele fallen auf ihn rein. Und lassen sich über Monate hinhalten. Sie sind nachher völlig rechtlos. Dann wird er eiskalt und sagt: »Wer Schwierigkeiten macht...« – Draht zur Ausländerpolizei, Abschiebung und so. Er ist jemand, der eine Vergangenheit hat. Er sagt auch immer: »Ich bin von Haus aus Sozialdemokrat«. Er war mal Jungsozialist. Es gibt von ihm einen klassischen Satz, den hat jetzt ein Journalist vom WDR ausgegraben. In einer Rede, die er als Juso-Vorsitzender gehalten hat, sagte er: »Es geht in der Politik nicht um rechts und links, es geht in der Politik um oben und unten, und wir haben uns verstärkt für die da unten einzusetzen.« Er befolgt diesen Leitsatz jetzt auf seine Art, er profitiert von ihnen. Er war mal Ratsherr in der Stadt Emmerich und im Bauausschuß der Stadt. Er hat sich mal um ein Bundestagsmandat beworben für die SPD. Das ist allerdings von kritischen Genossen verhindert worden. Er ist heute aus der SPD ausgeschlossen; er hatte aber einflußreiche Freunde – oder hat sie auch noch –, Oberbürgermeister, einen ehemaligen Minister, den Regierungsvizepräsidenten von Düsseldorf. Er ist eine Säule, eine Zierde dieser, unserer Gesellschaft.

I: *Du hast einmal gesagt, daß ein Buch ein relativ schwaches Medium ist. Machst du deshalb auch Filme zu deinen Büchern, oder gibt es noch andere Gründe? Ich denke z. B. an die vielen Prozesse, in die du verwickelt gewesen bist. Haben da Filme und Tonbandaufnahmen irgendeine Beweiskraft?*

GW: Wieweit sie juristisch nachher Beweiskraft haben, wird sich herausstellen. Aber sie haben Überzeugungskraft. Heute hatte ich mehrere Telefonate, in denen bestritten wurde, daß ich in lebensgefährlichen Bereichen gearbeitet habe. Das kann ich mit Videodokumenten belegen. Das war erst mal der Grund dafür, daß ich diese VHS-Bänder aufgenommen habe. Es hat aber allerdings noch eine Wichtigkeit für diejenigen, denen es an Vorstellungskraft mangelt, die nie das Buch lesen würden und die dann über so einen Film vielleicht auch die Darstellung im Buch authentischer und eindringlicher wahrnehmen. Ich halte das Buch für das

Wichtigere – auch für das tiefer Erlebte. Nicht immer und überall war die Kamera dabei. Oft war die Batterie leer, das Band war zu Ende oder der falsche Ausschnitt gezeigt. Das, was man erlebt, hat die stärkere Überzeugungskraft, aber der Film ist ein sehr wichtiges begleitendes Medium, nicht zuletzt auch Beweismittel.

I: *Welches Publikum wird deiner Meinung nach mit dem Film angesprochen? Wird er z. B. auch von Jugendlichen gesehen? Es ist ja kein Spannungsfilm im gewöhnlichen Sinne...?*

GW: Es gehen sehr viele Jugendliche in die Kinovorstellung, und man hat fast den Eindruck, daß sie übersättigt sind von den Knallerballer-Filmen – wo ein Gag den nächsten jagt und wo – in einem Farbrausch – auf gröbste Effekte abgezielt wird. In diesem Dokument, schwarzweiß, in einigen Bereichen verwackelt und improvisiert zustande gekommen, entdecken manche das alte Kino wieder. So hat's ja auch mal angefangen, wie z. B. mit den Dokumentarfilmen Flahertys in den 20er Jahren. – Man kann sicher nicht häufig solche Filme sehen – aber hin und wieder einen Film, der diesen Reizüberflutungen entgegenwirkt, die man jetzt sieht, das ist möglich. »Ganz unten« war nie als Kinofilm geplant, und ich hätte jede Wette abgeschlossen, daß so was nie im Kino kommen kann.

*Interview: Hjalmar Jess, März 1986, Aus: Begleitheft zum Deutschunterricht an dänischen Schulen, Sprogforlaget, Dänemark 1986*

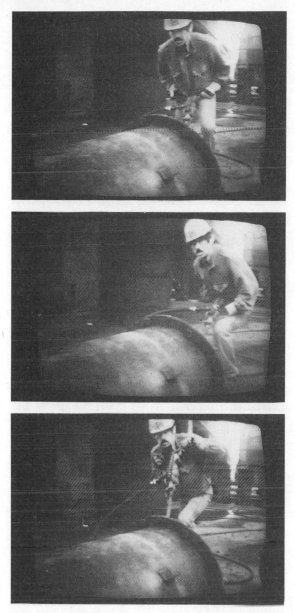

Ali mit Preßluft-
bohrer bei Thys-
sen. Aus:
Videofilm
»Ganz unten«

Ali beim Dreck-
entfernen auf
Thyssen-Dä-
chern. Aus:
Videofilm
»Ganz unten«

# »Ganz unten« im Ausland

Parallel zur bundesdeutschen Ausgabe erschien »Ganz unten«
auf holländisch unter dem Titel »Ik Ali«. Der engagierte holländische Verleger Rob van Gennep hatte sich die jeweils fertig
werdenden Manuskriptteile selbst in Köln abgeholt oder an der
Grenze übergeben lassen und eine Blitzübersetzung zustande-
gebracht. In nur einem Jahr erreichte die holländische Ausgabe
über 150000 Exemplare, gemessen an der Bevölkerungszahl
prozentual eine fast ebenso große Verbreitung wie in der Bundesrepublik. »Ik Ali« erweckte keineswegs antideutsche Ressentiments, die holländische Presse diskutierte recht bald Aus-
länderbenachteiligung in den Niederlanden. Auf Wallraffs Anregung erschien in seinem holländischen Verlag »Berichten uit
Hollands gastenboek« von Rudie Kagie mit einem Vorwort von
Günter Wallraff; eine Bestandsaufnahme im eigenen Land.
Auch die dänische Übersetzung löste Ähnliches aus:

**Wallraff bewirkt auch in Dänemark Enthüllungen**
Auch in Dänemark werden die schlechtesten und gefährlichsten Jobs unter Umgehung aller Arbeitsschutzbestimmungen ausländischen Arbeitnehmern angewiesen. Zu diesem Schluß kommt das dänische Arbeitsschutzdirektorat
nach einer eingehenden Untersuchung der Arbeitsbedingungen von »Gastarbeitern«. Die Studie kam als Folge des
äußerst großen Interesses zustande, das in ganz Skandina-
vien Günter Wallraffs Buch »Ganz unten« ausgelöst hat, in
dem dieser nach Selbststudium die Arbeitsverhältnisse türkischer Arbeiter in der Bundesrepublik beschreibt.
Die Beispiele, auf die das Arbeitsschutzdirektorat stieß,
hätten die schlimmsten Ahnungen der Behörde übertrof-

fen, auch wenn sie nicht so kraß seien wie die von Wallraff geschilderten Fälle, meint der Psychologe John Graversgard, einer der Autoren der Studie. Die Ausländer arbeiteten vornehmlich mit veralteten und gefährlichen Maschinen und seien über ihre Rechte nicht informiert. Ausländische Arbeiter als Sicherheitsbeauftragte gebe es nur in Ausnahmefällen. Häufig hätten Unternehmen niemanden, der für Arbeitsschutzfragen zuständig sei. In anderen Fällen behinderten Sprachprobleme die Einhaltung der Sicherheitsvorschriften. Da die Arbeitsschutzbehörde vor allem junge türkische Arbeiter in den gefährlichsten Jobs antraf, will sie die Türken nun mit Merkblättern auf türkisch auf ihre Rechte aufmerksam machen.

Auf einen Schwarzmarkt der Arbeitsvermittlung, wie Wallraff ihn beschreibt, stieß die Behörde in Dänemark nicht. Die Studie verzeichnet jedoch die Tendenz, daß ausländische Arbeiter freie Stellen eigenen Landsleuten zuschanzten. Häufig arbeitet die ganze Familie im selben Betrieb. Dies führe dazu, daß Arbeiter sich über Mißstände nicht beschwerten, um ihre Verwandten nicht dem Ärger des Arbeitgebers auszusetzen, sagt John Graversgard.

Die Studie beschäftigt sich mit den Arbeitsbedingungen im Bereich der Stadt Arhus. Die beschriebenen Zustände zeichnen nach Ansicht des Direktors der Arbeitsschutzbehörde, Per Andersen, jedoch ein treffendes Bild für ganz Dänemark: In einer Fischfabrik in Arhus arbeiten junge Türkinnen bei sechs Grad Wärme zum Mindestlohn für Jugendliche. Sobald sie 18 Jahre werden und den Normallohn bekommen müßten, werden sie entlassen. In einem Sägewerk wurde ein Arbeiter entlassen, weil er für sich und seine Kollegen Schutzhelme verlangte. Die türkischen Arbeiter essen in einer Kantine, in der man vor Sägemehl kaum atmen kann. Ihre dänischen Kollegen speisen im Büro des Arbeitgebers. In einer Baumschule gibt es für die 30 Gastarbeiter überhaupt keinen Aufenthaltsraum. Sie müssen ihre Mittagspause bei Wind und Wetter im Freien verbringen – bis auf vier, die dicht gedrängt in einem Schuppen Platz finden. Generell beschäftigten vor allem kleinere Betriebe mit schlechten Arbeitsverhältnissen ausländische Arbeiter, erklärt John Graversgard. »Wir hören oft Klagen der Arbeitgeber über mangelnde Sprachkenntnisse ihrer ausländischen Mitarbeiter«, sagt Graversgard, »doch es sind die Arbeitgeber, die die Verantwortung tragen, wenn sie Arbeitern gefährliche Arbeit anweisen, ohne zu kontrollieren, ob die Anweisungen richtig verstanden sind.«

Hannes Gamillscheg, Kopenhagen

*Frankfurter Rundschau*, 22. Januar 1986

Und auch in den anderen skandinavischen Ländern macht »Ganz unten« Schlagzeilen. Die angesehenste schwedische Zeitung »Dagens Nyheter« druckt noch vor der Buchveröffentlichung »Ganz unten« in Fortsetzungen ab, ebenso »Politiken« in Dänemark und »Dagbladet« in Norwegen.

In Schweden ist die Arbeitsmethode Wallraffs, sich als Schwächerer durch List, Phantasie und Tarnung Mächtigeren und Herrschenden gegenüber zu behaupten, seit langem akzeptiert und angesehen. Der Auslandskorrespondent der »Hannoverschen Allgemeinen Zeitung« berichtete kürzlich im Zusammenhang des Besuchs von Bundespräsident Richard von Weizsäcker in Schweden:

»Der Bundespräsident hörte in der königlichen Akademie Schwedens Kultusminister Bengt Goeransson den Einfluß deutscher Literaten auf Schwedens Kulturleben würdigen: von Peter Weiss – ›Ein junger Künstler auf der Flucht vor den Schergen der Barbarei‹ –, mit dem ›Europa nach Schweden‹ gekommen sei, bis zu Günter Wallraff, der die schwedische Sprache um zwei Wörter bereicherte: das Substantiv ›Wallrafferi‹ und das Verb ›wallraffa‹ für das durch Verkleidung begünstigte Einsammeln sonst unerreichbarer Informationen.«

In Island erreichte die Übersetzung von »Ganz unten« eine Auflage von immerhin 4000 Exemplaren, eine Massenauflage, gemessen an den 200000 Einwohnern. Obwohl es in Island keine Ausländerprobleme gibt, wurde »Ganz unten« in Zeitungen, Rundfunk und Fernsehen ausführlich diskutiert und Günter Wallraff vom isländischen Nobelpreisträger Halldór Laxness eingeladen.

In den skandinavischen Ländern erschienen neben den Buchausgaben von »Ganz unten« Sonderausgaben in Broschurform für den Deutschunterricht in den Schulen mit reichhaltigem didaktischem Begleitheft und Tonbandkassette.

In England kamen ebenfalls zwei Buchausgaben heraus. Die offizielle »Lowest of the low« als Pocket-Ausgabe mit einem vergleichenden Vorwort von dem indischen Autor A. Sivanandan und eine deutsch-englische für Studenten bei »Methuen's twentieth century texts« mit einer sehr ausführlichen und informativen 50seitigen »introduction«.

Ein Bestseller wird »Ganz unten« auch in Japan, und Günter Wallraff wird immer häufiger von japanischen Fernsehteams und Zeitungsjournalisten als »Experte« für Einschätzungen und Ratschläge der eigenen Situation konsultiert, wo Koreaner und Philippini zum Beispiel die diskriminierten »Türken« Japans darstellen und mafiaähnliche Gangs den Menschenhandel mit Illegalen betreiben. (In Japan leben ca. 50000 bis 100000 illegale Ausländer.)

Wallraffs Vorschlag einer Amnestie und damit Legalisierung der sogenannten »Gesetzlosen« wird z. Zt. in Japan öffentlich diskutiert. Ein japanischer Journalist beruft sich auf Wallraffs Methode und lebt eine Woche unerkannt unter illegalen Sklavenarbeitern und veröffentlicht in einer der größten Tageszeitungen eine aufsehenerregende Reportage über seine Erfahrungen.

Eine Nachfolgerin auch in Spanien. Dort erreicht »Ganz unten« (»Cabeza de Turco«) eine Auflage von über 100000 Exemplaren und löst in etlichen Fernsehsendungen und Zeitschriften eine große Debatte aus. Die spanische Journalistin Maruja

Torres nahm sich Wallraff als Vorbild. Sie schlüpfte in die Rolle einer Zigeunerin und stellte fest: Die spanischen Zigeuner vegetieren nur, auch in Spanien gibt es Rassismus.

In sogenannten Drittweltländern erreicht die »Ich-Ali-Figur« zuweilen Symbolkraft. Die Unterdrückungs- und Ausbeutungsstrukturen im eigenen Land werden übertragen und reflektiert. In Pakistan ist eine Übersetzung geplant, die brasilianische Ausgabe erreicht innerhalb von 2 Monaten mehrere Auflagen. Der Korrespondent der »Reviste Nacional«, eine der großen Zeitungen des Landes, teilt dem Autor mit:

>»Ihr Buch ›Ganz unten‹ ist neulich ins Portugiesische übersetzt und unter der Überschrift ›Cabeça de Turco‹ in Brasilien veröffentlicht worden. Nach kurzer Zeit wurde es zum großen Erfolg und einem der meistgelesenen Bücher eines ausländischen Autors in diesem Land. Vor allem zu einem Zeitpunkt, in dem die Entwicklung der brasilianischen Wirtschaft (Brasilien ist nach Schätzungen des Internationalen Währungsfonds das höchstverschuldete Land der Erde) den Bürgern jede Hoffnung auf Verbesserung ihres Lebensstandards innerhalb der nationalen Grenzen unglaubwürdig macht und als Ursache für die größte Auswanderungswelle der Brasilianer in Richtung Nordamerika und Europa gilt, ist das Erscheinen Ihres Buches sehr polemisch, weil es einen bitteren Tropfen Realität dem süßen Traum eines besseren Lebens als ausländischer Arbeitnehmer in einem reichen Land, mit der Bundesrepublik Deutschland als Beispiel, hinzufügt.*
> *Ihr Buch findet Aufmerksamkeit bei den Politikern, den Medien, der Intellektualität und der Jugend Brasiliens. Es schockiert und bremst diejenigen zugleich, denen ein Leben in Europa auf alle Fälle besser scheint. Es bringt aber, unabhängig von seiner psychologischen Auswirkung in der Bevölkerung, wichtige Informationen über ein Problem von gro-*

> *ßem Ausmaß, das Brasilien jedoch bisher insgesamt nicht bekannt war: die Situation vieler Immigranten vorwiegend ärmerer Länder in den Industriestaaten...«*

Eine kubanische und gleichzeitig nicaraguanische Ausgabe sind in Vorbereitung. Die russische Übersetzung hat im Zeichen von Glasnost und Perestroika den eigentlichen grenzüberschreitenden und in mancher Hinsicht auch systemsprengenden Kern der Wallraff-Methode freigelegt. Jewtuschenko plädiert in einem sowjetischen Fernsehinterview für die Freigabe der Arbeitsmethode auch im eigenen Land und fordert die Schriftstellerkollgen auf, in einer historischen Umbruchsituation die Schreibtische zu verlassen und sich der Realität auszusetzen, um unmittelbar verändernd mit einzugreifen.

Nach inzwischen über 30 Übersetzungen in West und Ost, in Sprachen wie Finnisch, Ungarisch, Slowenisch, Serbokroatisch, Griechisch, Bulgarisch, Hebräisch, Chinesisch usw., scheint in *einem* Land trotz mehrerer Anläufe eine politische Sperre für »Ganz unten« zu bestehen. Die USA sehen sich außerstande, sich dieses *fernen* Themas anzunehmen. Häufige Ablehnungsgründe von US-Verlegern waren, sie hätten in ihrem Land »kein Türkenproblem«. Und der Einwand, ob die sogenannten »Latinos«, mexikanische oder puertoricanische Tagelöhner und Erntearbeiter, nicht unter zum Teil noch elenderen Verhältnissen leben müßten, begegnet häufig Verständnislosigkeit oder Vergrätzung von wegen Einmischung in innere Angelegenheiten.

Eine mühsam zustande gekommene Lizenzoption mit dem renommierten Verlag Little Brown platzt aufgrund der Prozesse mit Thyssen und vor allem McDonald. Der amerikanische Verlag verlangt, juristisch in voller Höhe »schadensfrei« gestellt zu werden, »wegen zu befürchtender Millionen-Dollar-Schadenersatzforderungen«. Aber darauf können sich Autor und Verlag verständlicherweise nicht einlassen; sie bieten an, Schadensersatzforderungen bis zur Höhe anfallender Lizenzhonorare zu übernehmen, aber dies ist dem US-Verlag zu risikoreich.

402

Die liebste Auslandsausgabe ist Günter Wallraff – wie er öffentlich erklärte – die vietnamesische, eine Art staatlicher »Raubdruck«. Mehr zufällig erfuhr er von der Existenz dieser Ausgabe und über ihr sehr spontanes Zustandekommen. Ein vietnamesischer Dolmetscher, der seit Jahren mit Familie in Berlin lebt, erkannte in »Ganz unten« Leitmotive und Demütigungen der Unterdrückung seines eigenen Volkes und entschloß sich, ohne Auftrag und Finanzierung, zu einer Übersetzung in seine Heimatsprache. Er schickte die fertige Übersetzung ans dortige Kultusministerium und erhielt zu seiner eigenen Überraschung einige Monate später ein auf Packpapier gedrucktes Belegexemplar von einer 40 000er-Auflage, das er dem Autor auf einer Veranstaltung in Berlin überreichte.

## Ali Wallraff in der Türkei

**Kanzlers Logik**
Reporter: Haben Sie, Herr Bundeskanzler, »Ganz unten« von Günter Wallraff gelesen?
Bundeskanzler: Nein; aber ich weiß davon. Ich selbst habe es nicht gelesen.
Reporter: In dem Buch wird auch die schlimme Lage der türkischen Arbeiter geschildert, die illegal beschäftigt werden. Welche konkreten Schritte könnte die Bundesregierung dagegen unternehmen?
Bundeskanzler: Sie wissen, wir sind ganz entschieden gegen solche Praktiken. Es ist eine unmenschliche Erfahrung; ich kann es nicht akzeptieren.
*Aber zur Freiheit eines Landes gehört auch die Freiheit, gegen die Gesetze zu verstoßen.*
(Auszug aus einem Interview des türkischen Fernsehens TRT mit Bundeskanzler Helmut Kohl in Bonn, Mai 1986.)

Die vollständige türkische Übersetzung von »Ganz unten« erschien in der Türkei erst im Frühjahr 1986. Die türkische Öffentlichkeit war jedoch durch einen Teilvorabdruck und zahlreiche Veröffentlichungen an der Diskussion darüber bereits beteiligt.

Erneut war das »Deutschlandbild« vieler Türken ins Wanken geraten. Die vielerorts immer noch beschworene jahrzehntealte Brüderschaft war ohnehin in den letzten Jahren brüchig geworden. Zu viele Rückkehrer aus der Bundesrepublik berichteten aus erster Hand, wie »die Brüder« in Deutschland in der Regel mit ihnen umgingen, und zu viele deutsche Touristen, nicht einmal böswillig, offenbarten vor Ort in der Türkei, was sie von dieser von ihren Großvätern aufgezwungenen (Waffen-)Brüderschaft hielten: fast gar nichts.

Weit verbreitet (durch den Video-Boom und einschlägige TV-Serien) war auch das naziähnliche Bild der deutschen Herrenmenschen, die ihre wohlerzogenen Töchter um jeden Preis und mit aller Gewalt von ihren immer gutmütigen und gutaussehenden, aber mittellosen türkischen Liebhabern fernhalten wollten. Eine wahrheitsgemäße Berichterstattung über die Arbeits- und Lebensbedingungen der Türken im Ausland war Mangelware; nicht viel überzeugender fiel ihre literarische Verarbeitung aus, die in der Regel auf den Erfahrungen begrenzter Aufenthalte in der Bundesrepublik beruhte.

Der Vorabdruck der türkischen Übersetzung, »En Alttakiler«, war bereits Ende 1985 erfolgt. Die als liberal geltende Tageszeitung »Milliyet« brachte eine groß aufgemachte, vierzehnteilige Serie aus verschiedenen Kapiteln des Buches. Das Leserecho war ungewöhnlich: Das Medienereignis um das Buch in Europa hatte auch in der türkischen Presse Eingang gefunden, und die spektakulären Prozeßankündigungen von Thyssen, McDonald's, Strauß & Co. verfehlten ebensowenig ihre neugiererweckende Wirkung. Viele türkische Leser waren aber einfach froh, daß ein Autor, wenn auch in einem anderen Land, so doch auf der Seite der ihrigen, denen »da oben« mal kontern konnte. In der türkischen Presse, die seit dem Militärputsch 1980 eine ihrer schlimmsten Phasen durchmachte, wäre einem türkischen Autor weder die Methode der Recherche noch ihre Veröffentlichung erlaubt gewesen. Viele »Insider« der türkischen Presse waren auch der Meinung, daß nur die ungeheure Popularität des Buches in Europa und das Erscheinen der Übersetzung in der auflagenstarken »Milliyet« die türkischen Behörden von einem Verbot der Veröffentlichung abhielten.

Die »zuständigen Stellen« wußten am Anfang offenbar in der Tat nicht, wen sie mit diesem Wallraff vor sich hatten. Einen sich anbiedernden deutschen Türkenfreund, der endlich mal vorführte, welches Unrecht den Arbeitern auch in Ländern wie Deutschland zuteil wurde? Oder einen versponnenen Linken, der nicht nur die »bösen Deutschen«, sondern wirklich das ganze »System« meinte?

Trotz eindringlicher Warnung eines deutschkundigen Staatsministers, in dem Buch würden die Türken herabgesetzt, ließen sich in der anfänglichen Euphorie auch rechtsstehende Blätter und Autoren zu Lobliedern auf das Buch und den Autor verleiten, dem z. B. im »Tercüman« unterstellt wurde, er beabsichtige, zum Islam zu konvertieren. Ihr späteres Erwachen nach Erscheinen des Buches schützte aber ihre Leser nicht mehr davor, das Buch doch noch zu kaufen, um den einst hochgelobten, nunmehr verschmähten Autor gründlicher kennenzulernen.

Die rechtsgerichteten Kreise hatten nun das wahre Gesicht dieses Wallraffs endlich erkannt. Die auch in der Bundesrepublik erscheinende Zeitung »Tercüman«, die noch vor wenigen Monaten den Lesungen Wallraffs mit türkischen Arbeitern ganze Seiten widmete, druckte nun genüßlich ab, was der Faschisten-Führer Türkeş immer wieder über den Autor und seinen türkischen Übersetzer zu enthüllen wußte. Bilder von Türkeş[1] gingen durch die türkische Presse, als er vor einer aufgebrachten Versammlung seiner »Idealisten« (»Graue Wölfe«) in Istanbul

1 s. »Ganz unten« S. 26

die türkische Ausgabe von »Ganz unten« in der Hand hochhielt und in die Menge schrie: »Hier seht ihr das letzte Komplott der Kommunisten. Sie geben vor, unsere Landsleute in Schutz zu nehmen, aber ihre wahren Absichten werden allen Lesern klar« (»Hürriyet«, 2. Juni 1986). Ebenso ohne Folgen blieb seine wiederholte Ankündigung, er würde den »Ostberliner Agenten« Wallraff verklagen.

Aber auch die demokratische Opposition erkannte erst allmählich die politische Sprengkraft, die in dem Buch und in der schriftstellerischen Tätigkeit Wallraffs steckte. Bis dahin war er durch seine Industriereportagen nur einigen Germanisten bekannt gewesen. Und im Gegensatz zu der Gattung »Dorfliteratur« gibt es in der Türkei kaum vergleichbare Werke, die im Bereich der Arbeitswelt angesiedelt sind. Nach dem Erscheinen des Buches widmeten fast alle ernstzunehmenden Zeitungen und Zeitschriften Arbeiten und Methoden Wallraffs breiten Raum, und auch die erfolgreiche Kino-Einführung des Films in der Türkei nahmen sie zum Anlaß, ausführlich über den Stellenwert von »investigativem Journalismus« und »engagierter Arbeiterliteratur« zu diskutieren.

Die türkische Übersetzung von »Ganz unten« in Buchform erschien ebenfalls im Milliyet-Verlag. Der weitverzweigte Vertriebsweg, bedingt durch die Tageszeitung, und der selbst für türkische Verhältnisse günstige Preis (ca. 3 Mark) sorgten für eine rasche Verbreitung. Das Buch wurde außer in Buchhandlungen an Kiosken, im Supermarkt und auf Basaren verkauft. Mit 13 Auflagen und insgesamt mehr als 100 000 Exemplaren wurde »En Alttakiler« zu einem der größten Erfolge in der türkischen Verlagsgeschichte.

Einige jüngere Journalisten, die mit ähnlichen Methoden zahlreiche dunkle Bereiche im Wirtschafts- und Gesellschaftsleben der Türkei zu erhellen versuchten, mußten von vornherein mit extrem hohem Einsatz und unkalkulierbarem Risiko handeln. Die tiefe wirtschaftliche und politische Krise des Landes läßt engagierten Journalisten und Schriftstellern kaum Spielraum.

Aziz Nesin, der 73-jährige wohl bedeutendste lebende Autor seines Landes, ist zugleich Vositzender der türkischen Schriftstellergewerkschaft. Er befand sich im Sommer 1987, als im »Spiegel« und anderswo Angriffe gegen Wallraff lanciert wurden, auf einer Reise durch die Bundesrepublik. Nesin, der bis zum heutigen Tag von allen türkischen Regierungen verfolgt und verfemt wurde, genießt in der Türkei als scharfzüngiger Gesellschaftskritiker und produktiver Schriftsteller und Kolumnist (mit über 80 Büchern) eine ungeheure Popularität. Seine Bücher sind in 37 Sprachen, auch ins Deutsche, übersetzt. Sein Leserbrief an den »Spiegel« wurde nicht abgedruckt:

»... Die Attacken, die als Kritiken verkleidet sind, zeigen die Größe und Bedeutung der Arbeit, die Wallraff mit seinem Buch »Ganz unten« geleistet hat. Dieses Buch betrifft nicht nur die türkischen Arbeiter in Deutschland, sondern alle Arbeitsemigranten und bringt so eine wichtige Sorge der Menschen zur Sprache. Aus diesem Grund ist es ganz selbstverständlich, daß so manche Kräfte in der Bundesrepublik und die herrschenden Kreise durch das Buch beunruhigt sind. Diese Kreise und Institutionen, deren wahres Gesicht nun offenbar geworden ist, versuchen Wallraff durch Gerichtsverfahren und in jeder sonst denkbaren Art zu bestrafen, weil er die Wahrheit geschrieben hat...«

In der Türkei kann von einer freien Presse immer noch nicht die Rede sein; Werke von Voltaire, Sartre, Henry Miller und vielen anderen stehen auf dem Index. Ganze Auflagen von einst legal erschienenen und irgendwann unliebsam gewordenen Büchern wurden entweder verbrannt oder tonnenweise zu Toilettenpapier verarbeitet. Bemerkenswert ist auch die hohe Anzahl von Journalisten und Redakteuren unter den politischen Gefangenen, die in den Berichten von *amnesty international* erwähnt werden.

Der mit einiger Spannung erwartete Besuch Wallraffs in der Türkei steht noch aus, obwohl es an Einladungen seitens demokratischer Organisationen nicht fehlt. Maßlos übertrieben scheint die Befürchtung einiger türkischer Intellektueller in der Bundesrepublik, die »Massen in der Türkei« oder die Türken in der Bundesrepublik würden in Ali Wallraff den Messias erblicken, der sie im Handumdrehen in eine bessere Zukunft führen könnte.

Unbestritten ist die Tatsache, daß »Ganz unten«, gestützt durch eine teilweise unbeabsichtigte Werbekampagne, vielen Türken in der Heimat wahrheitsgemäße Einblicke in das Arbeitsleben ihrer Landsleute in der Bundesrepublik ermöglichte. Und nur wer sich in den Betrieben auskennt, hat auch die Wirkung unter den türkischen Arbeitern in der Bundesrepublik wahrgenommen, die ihren Argumenten an ihrem Arbeitsplatz endlich Gehör verschaffen konnten: Ali Wallraff mußte manchmal als Zeuge, manchmal als Drohung herhalten.

In bezug auf die Türkei scheint die These realistischer zu sein, daß die demokratische Bewegung des Landes Günter Wallraff und seine Arbeiten mit Genugtuung zur Kenntnis genommen hat – als einen einsatzbereiten Verbündeten im Kampf für Menschenrechte und Demokratie auch in der Türkei.

Deniz Orhan

# »Ganz unten« in Frankreich

»Hut ab vor diesem Schriftsteller, aber das lockt doch hier keinen Hund hinter dem Ofen hervor, was die Deutschen mit ihren Türken anstellen«, so ein angesehener Reporter von »France-Inter«, dem größten staatlichen Radiosender, zu einem Verlagsdirektor, der sich erkundigt hatte, ob »Ganz unten« »übersetzenswert« sei.

Als dann vier Monate später, im April 1986, die Übersetzung fertig war, stellte sich der Verlag La Découverte die Frage, ob man eine Startauflage von 20 000 oder nur 13 000 Exemplaren wagen solle. Man entschied sich sicherheitshalber für die letztere.

Daß dann »Tête de Turc« (wörtlich: Türkenkopf; sprichwörtlich: Prügelknabe, der, auf dem man alles abläd) monatelang die Bestsellerlisten anführen, in drei Buchklubs und dann auch noch als Taschenbuch eine Gesamtauflage von über einer halben Million Exemplaren erreichen und neben Sulizer und Süsskind »Das Parfum« das meistgelesene Buch der beiden letzten Jahre sein würde, damit hatte niemand gerechnet.

Der innenpolitische Kontext hat zu diesem Erfolg nicht unbeträchtlich beigetragen: Die »Wenderegierung« Chirac kündigte im Mai 1986 einen radikalen Wandel in der Ausländerpolitik an, das Gespenst Le Pen geisterte nicht nur in allen Köpfen, sondern erzielte handfeste, immer beträchtlichere (und alarmierende) Wahlerfolge.

Zuerst betroffen fühlten sich die Journalisten selbst. Den Mund wäßrig gemacht hatte ihnen das brillante Vorwort eines der wenigen »Investigationsjournalisten« in Frankreich, Gilles Perrault. Von zwei oder drei rechtsextremen Blättern abgesehen, die witterten, daß sich Wallraff zum antinationalen Staatsfeind No. 1 entwickelte, hoben alle Massenmedien den außergewöhnlichen Mut des Autors hervor, wunderten sich, daß so etwas in Deutschland möglich sei, ließen aber auch unterschwellig anklingen, daß ja auch das Dritte Reich möglich ge-

Eine Auswahl der verschiedenen Ausgaben von »Ganz unten«.

wesen sei. Sogar Hersant, die hiesige Taschenausführung von Springer, widmete den Auszügen aus dem Buch im »Figaro«, der auflagenstärksten Zeitung in Frankreich, eine ganze Seite.

Der Medienrummel flaute nach einem halben Jahr ab; gleichzeitig setzte aber eine immer größer werdende Bewegung dieses Buch in ihrem Kampf gegen Rassismus und Ausländerfeindlichkeit ein. Dutzende von Veranstaltungen fanden überall in Frankreich statt, insbesondere, nachdem der gleichnamige Film in den Kinos angelaufen war. Die Wellen, die vom Zentrum Paris ausgingen, erreichten z. B. noch die Ortschaft La Penne-sur Huveaune mit ihren 5782 Einwohnern im Süden Frankreichs, wo immerhin ca. 200 Personen nach der Filmvorführung an einer Diskussion teilnahmen.

Immer wieder wollte man erfahren, wie dieser Robin Hood des Journalismus die körperlichen Strapazen verkraftet hatte, was aus dem Menschenverleiher Adler/Vogel geworden war, kurz: wie die »story« für alle Beteiligten ausgegangen war. Doch sehr schnell rückten dann weniger personenbezogene Fragen in das Zentrum des Interesses: Hatte das Buch eine spürbare Verbesserung der Arbeits- und Lebensbedingungen der türkischen »Gast«arbeiter in Deutschland bewirken können? Handelt es sich um ein spezifisch deutsches Problem? Existiert Vergleichbares in Frankreich? Die unterschiedliche Beantwortung besonders dieser letzten Frage führte manchmal zu fast tumultartigen Szenen zwischen den leidenschaftlichen Diskussionspartnern.

Und genau um dieselbe Frage ging es auch in dem Aufruf unter dem Titel »Tête de Turc en France«, der (auf Anregung von Günter Wallraff, Gilles Perrault und dem französischen Verleger) von über 60 humanitären, antirassistischen und gewerkschaftlichen Organisationen kurz nach Erscheinen der französischen Ausgabe lanciert worden war: »Gibt es bei uns ebenso drastische und dramatische Situationen, wie sie in ›Tête de Turc‹ beschrieben werden?« hieß es dort. Eventuelle Hinweise und Zeugenaussagen würden vertraulich behandelt werden.

Drei Journalisten gingen den fast tausend Berichten im einzelnen nach und recherchierten vor Ort. Die Veröffentlichung der Ergebnisse ist vom Verlag La Découverte für Ende 1988 angekündigt worden. Demjenigen Teil der französischen Öffentlichkeit, der davon nichts wissen will, sich aber sehr wohl an deutschen Zuständen ergötzt, wird dann hieb- und stichfest nachgewiesen werden, daß ihren eigenen zwei bis drei Millionen »Gast«arbeitern – hauptsächlich aus Nord- und Schwarzafrika – in vielem nicht besser mitgespielt wird.

Eine nicht unbeträchtliche Wirkung hat dagegen schon eine junge französische Journalistin, Anne Tristan, erzielt, die sich von Wallraffs Methode inspirieren und von ihm beraten ließ, als sie sich 1987 in Le Pens rechtsextreme Partei Front National einschlich und ihre Erlebnisse unter dem Titel »Au Front« veröffentlichte.[1]

Nicht unerwähnt sollen einige der zahlreichen Preise bleiben, mit denen das Buch ausgezeichnet wurde: der »sozialistische Menschenrechtspreis«, 1985, zusammen mit James Baldwin (überreicht durch den Dichter, Philosophen und Ex-Staatspräsidenten Senegals, Leopold Senghor); der »Preis der freien Presse 1986« und der »Preis für Zivilcourage 1988« (verliehen im Senat, in Anwesenheit des Senatspräsidenten Poher, Simone Veills, der Repräsentanten der beiden deutschen Botschaften [!] in Paris sowie zahlreicher Persönlichkeiten des öffentlichen Lebens, nach einer Laudatio von Prof. Alfred Grosser).

Den leider nicht existierenden Preis für mangelnde Zivilcourage hätte man bei gleicher Gelegenheit der staatlichen Fernsehanstalt »Antenne 2« verleihen können. Die setzte Ende 1986 und (nach Protesten) im Frühjahr 1987 gleich zweimal eine 20-minütige Reportage mit dem Titel »Wallraff gegen

---

1 In deutscher Übersetzung bei Kiepenheuer und Witsch unter dem Titel »Von innen. Als Mitglied der Front National in der Hochburg Le Pens«, (1988). Vorwort und Interview von Günter Wallraff.

Thyssen« nach Intervention des Thyssen-Konzerns vom Programm ab. Dem Fernsehteam von »Antenne 2« war es nämlich gelungen, auf Thyssen-Gelände einiges von dem zu drehen, was man in Wallraffs Buch nachlesen kann.

Das engagierte Fernsehmagazin, dessen Zuschauern diese Sequenzen vorenthalten wurden, trägt bezeichnenderweise den Namen »Résistances« (»Widerstände«) und ist den Menschenrechtsverletzungen in aller Welt gewidmet...

*Klaus Schuffels*

# »Zusammen-Leben«

Die Grundidee entstand aus der Not der ausländischen Arbeitskollegen heraus. Ihre Wohnsituation war in der Regel trostlos und bedrückend. Enge, dunkle, manchmal feuchte Wohnverliese zu Wuchermieten mit Quadratmeterpreisen von 10 DM und mehr, die ihnen für die letzten Löcher unter Ausnutzung der Wohnungsnot abverlangt wurden. Nachdem Günter Wallraff über 300 000 DM für individuelle Hilfeleistungen über einen aus seinen Honoraren finanzierten »Ausländerhilfsfonds« zur Verfügung gestellt hatte (Wohnungen, Rechtsanwaltskosten bis zur Finanzierung von Autos und Reisen in die Türkei zwecks Familienzusammenführung und Ferienaufenthalten), entschloß er sich, über die individuelle momentane Hilfe hinaus ein langfristiges Konzept zu verwirklichen.

Gedacht war an ein integratives Wohnmodell, in dem Deutsche und Ausländer gemeinsam unter gleichen menschenwürdigen Bedingungen zusammenleben und sich von ihrer besten Seite her kennenlernen können. Die Idee stammte übrigens nicht von Günter Wallraff, sondern wurde von seinen ausländischen Arbeitskollegen an ihn herangetragen. Die Flurstraße in Duisburg-Neudorf[1] wurde von seinen ausländischen Kollegen mit ausgesucht. Eine architektonisch reizvoll angelegte alte Arbeitersiedlung, zentral gelegen, mit Grünflächen, in Uninähe. Allerdings total verwahrlost, baufällig, zum Teil rissige Kamine, kaputte Fenster, Ofenheizung, im Winter kalt und zugig und als Arbeits-Siedlung mit hohem Ausländeranteil stigmatisiert.

---

1 Ein anderes Projekt scheiterte, da die Eigentümerin des Gebäudes, des seit Jahren leerstehenden Bernardus-Stiftes am Hafen, die katholische Kirche, einen Rückzieher machte. (Ein Architektenbüro hatte die Pläne bereits bis ins Detail ausgearbeitet.)

Kindern der umliegenden »besseren« Siedlungen war es zum Teil verboten, mit »denen« von der Flurstraße zu spielen. Bevor man sich für die Flurstraße als Modell entschied, gab es von seiten des Besitzers, der städtischen Wohnungsbaugesellschaft GEBAG, Pläne, die ganze Straße wegen schlechter Bausubstanz abzureißen und an die Stelle seelenlose Neubau-Kästen zu setzen. Diese Pläne sind jetzt vom Tisch. Die künftige Belegung der renovierten Wohnungen soll nach dem »Reißverschlußprinzip« erfolgen, d. h. deutsche und ausländische Wohnungsbewerber sollen etwa im gleichen Verhältnis bei der Vergabe berücksichtigt werden.

Die folgende Situationsbeschreibung entstand *vor* Beginn der Renovierungs- und Restaurierungsarbeiten; Reportage aus der »Volkszeitung« vom 18. 9. 87:

*Willi T., Jahrgang 1916, geboren und aufgewachsen in der Flurstraße:*

*›Das war wirklich nur noch 'n ganz beschissenes Wohnen hier, die Straße war doch total veraltet, kein Bad, kein Strom, nichts gab's.‹*

*Viel scheint sich daran bis heute nicht geändert zu haben. Nur die Elektrifizierung der Flurstraße kam auch mit dem Wiederaufbau. Bewohnbarkeit aber haben die Mieter herstellen müssen, auch das sollte lange so bleiben.*

*Hans-Jürgen P. wohnt im Eckhaus Flurstraße, mit Blick auf Szenenkneipe und Finkenstraße. Herr P. arbeitet beim Bauordnungsamt, kann schon von daher präzise berichten: zum Beispiel über die immer noch feuchten Wohnungen in der Straße, über Dachrinnen, aus denen es vor die Haustüren gießt, Kellermauern, die einzustürzen drohen. Von seiten des Vermieters, der gemeinnützigen Gebag, versteckte man sich über Jahre dahinter, daß die Häuser sowieso bald abgerissen würden.*

*An einem Sonntagnachmittag sitzen wir mit Günter Wallraff in einem nahe gelegenen Biergarten an der Mülheimer Straße zusammen. Hans-Jürgen P. wartet darauf, daß die Wallraff-Stiftung »Zusammen-Leben« hilft und die Gebag unter den Augen*

# Wallraffs Wohnprojekt: Idee ist wahr geworden

Von AXEL SCHAPPEI

„Was lange währt, wird endlich gut", meinten Günter Wallraff und Dietmar Cremer, Chef der städtischen Wohnungsgesellschaft Gebag, gestern zufrieden. Nach nur halbjähriger Bauzeit sind die ersten Wohnungen an der Neudorfer Flurstraße modernisiert und von den zum Teil neuen Mietern bezogen worden. Hier sieht „Ganz-unten"-Bestsellerautor Wallraff des Beginn seines Wohnprojektes für Deutsche und Ausländer verwirklicht.

Mit Mitteln seiner Stiftung, in die 1,7 Millionen Mark aus dem Buchhonorar flossen, wurden der Gebag die ersten Umbaukosten ersetzt. Bis Juli wird die Modernisierung dreier weiterer Häuser an der Flurstraße voll in Gang kommen, bestätigt Gebag-Bauleiter Wulf Overhoff.

Die erste Idee dazu kam Wallraff unmittelbar nach seinen schlimmen Erfahrungen als „Türke Ali" Levent Sinioglu. „Ich wollte beweisen, daß es unter Deutschen und Ausländern keine Vorurteile und Probleme gibt, wenn sie unter menschenwürdigen Wohnverhältnissen miteinander leben." Böse Zungen zerredeten sein Wohnprojekt schon vor dem Beginn. Dies, bürokratische Hürden bei Gründung der Stiftung und persönlicher Kummer trafen Wallraff tief. „Das war die schlimmste Zeit meines Lebens", sagt er leise, und wirkt umso gelöster, wenn er von den jetzigen ersten Erfolgen spricht.

Anfängliche Sorgen der Mieter konnten bald ausgeräumt werden. „Jeder kann nach der Modernisierung seiner Wohnung in die Flurstraße zurückziehen, darauf haben wir eine Garantie gegeben" versichert

Günter Wallraff

Dietmar Cremer. Während der Modernisierung bietet die Gebag den Mietern gleichwertige Wohnungen an. „Ein ganz normales Verfahren beim Umbau. Wir haben hier mit Samthandschuhen nach Lösungen gesucht, um alle zufriedenzustellen."

Kosten die zum Teil übel heruntergekommenen Wohnungen vor der Modernisierung im Schnitt 3,30 Mark pro Quadratmeter, so liegt der Quadratmeterpreis nach dem Umbau bei 5,50 Mark. Alle renovierten Wohnungen – die letzten sollen in etwa fünf Jahren fertig sein – haben dann moderne Bäder und Fenster und Fernheizung.

● „Was die Mieter aus der neuen Struktur machen, liegt bei ihnen. Das wichtigste sind jetzt ihre Ideen. Ich komme hierher als Besucher, der Vorschläge macht und Anregungen bekommt. Deutsche und Ausländer sollen sich von ihren besten Seiten kennenlernen", meint Günter Wallraff zuversichtlich. Eine 100 Quadratmeter große Cafeteria bietet Platz und Gemütlichkeit zum Einander-kennenlernen: Bei gemeinsamem Essen, Kulturprogrammen und Festen.

Gebag-Chef Dietmar Cremer und Günter Wallraff (rechts) vor dem modernisierten ersten Bauabschnitt des „Wallraff-Wohnprojekts" an der Neudorfer Flurstraße. In ihrer Mitte steht die türkische Sozialarbeiterin Semra Arslan, die als Angestellte der Wallraff-Stiftung „Zusammenleben" das Programm der Cafeteria betreut und den Flurstraßen-Mietern bei sozialen Problemen zur Seite steht.

*der Öffentlichkeit in Zugzwang gerät. P. weiß, daß die Sanie-*
*rung der Straße etliche Jahre dauern wird. Er weiß auch von den*
*Vorwürfen gegen das Integrationsprojekt für deutsche und aus-*
*ländische Arbeitnehmer. Er glaubt aber den »fragwürdigen*
*Nachrichten« nicht, die Wallraff unterstellen, er wolle alle Deut-*
*schen »raussetzen«, damit in der Flurstraße Türken einziehen*
*können. Aus eigener Anschauung weiß er zu genau, daß auch*
*Reportagen lügen können. Z. B. jene, die verbreitet haben, daß*
*in der Flurstraße schon die große Idylle herrsche zwischen Deut-*
*schen und Ausländern, an die man besser nicht rühre.*
*Günter Wallraff spricht an diesem Nachmittag von Medien-*
*mauer, von Haßtiraden, die er schon lange erwartet hätte, deren*
*Heftigkeit ihn aber überrasche. Vorwürfe wehrt er ab. Eingriff in*
*bestehende Strukturen? Zwangsintegration? »Was passiert denn*
*jetzt? Daß eine Initiative dafür sorgt, daß ein Viertel erhalten*
*bleibt, daß menschenwürdiges Wohnen möglich wird, daß Kom-*
*munikations- und Spielräume geschaffen werden. Ich mache nur*
*Angebote. Ich sag' nicht, das und das soll hier abgehen. Die*
*Mieter sind jetzt diejenigen, die sich selber organisieren.«*

Im Juni 1988 kann das Kommunikationszentrum der Stiftung
»Zusammen-Leben« der Öffentlichkeit vorgestellt werden, das
von der türkischen Sozialarbeiterin Semra Arslan geleitet wird.
Arbeitsziel von Frau Arslan ist es, »das Zusammenleben zwi-
schen Ausländern und Deutschen zu fördern«. Dazu stehen
Räume zur Verfügung, die laut Stiftungssatzung sowohl
»a) der sozialen Begegnung verschiedener Gruppen,
b) der gegenseitigen Hilfestellung und gemeinsamen Aktion,
c) der Begegnung der Bewohner mit Bürgern aus dem nahen
Wohnumfeld dienen, um kulturelles Leben zu fördern«.
Diese Zielsetzung soll vor allem durch folgende Schwerpunkte
erreicht werden:
Arbeitskreise, Frauenarbeit, Hausaufgabenhilfe, Seminare,
Beratung unter Einbindung anderer Stellen und kulturelle Arbeit.

Ab 1. Oktober 1988 werden regelmäßig die ersten Kurse jeweils dreimal wöchentlich angeboten, und zwar Hausaufgabenhilfe, Türkisch für Deutsche, Deutsch für Ausländer[1] und ein Kurs für türkische Analphabeten.[2] Darüber hinaus steht Frau Arslan für Fragen und Beratung im sozialen Bereich an Wochentagen zur Verfügung.

Im Sommer fanden die ersten Veranstaltungen in den Räumen der Stiftung statt. Zum Thema Frauengesundheit beriet zu verschiedenen Terminen ein türkischer Arzt. Ein Malwettbewerb für türkische und deutsche Kinder steckt in der Vorbereitung. Leitthema: Wie sehen türkische Kinder ihre deutschen Freunde, ihre Umwelt, ihre Heimat? Und die umgekehrte Fragestellung bei den deutschen Kindern.

Die Stiftung kann und will nur erste Anregungen und Ideen in der Anlaufphase des Wohnmodells geben. Die Einrichtung soll mit der Zeit von den ausländischen und deutschen Anwohnern der Flurstraße und Umgebung selbständig fortgeführt werden. Für Nachbarschaftsfeste, Kulturabende stehen die technischen Einrichtungen von der komplett eingerichteten Küche bis zum Videorecorder zur Verfügung. Eine im Aufbau befindliche Videothek bietet türkische und deutsche Filme an. Außerdem können türkische und deutsche Bücher kostenlos ausgeliehen werden. Bei dem Wohnmodell handelt es sich um ein Langzeitprojekt, das behutsam in die bestehende Struktur hineinwachsen soll.[3]

1  zusammen mit der Arbeiterwohlfahrt Duisburg
2  dito
3  Stiftung »Zusammen-Leben«
   Flurstraße 31
   4100 Duisburg-Neudorf
   Bank für Gemeinwirtschaft, Duisburg
   BLZ: 350 101 11, Kto. Nr. 10 28 33 33 00

# Interview [1]

*Mehr als drei Millionen verkaufte Bücher in ganz Europa, Wallraff auf allen Kanälen und in allen Zeitungen – haben Sie mit diesem Erfolg gerechnet?*
Ganz und gar nicht, im Gegenteil. Bevor das Buch damals erschien, hatten mir journalistische Profis erklärt, das Thema sei »tot« und »ausdiskutiert«, über die Situation der ausländischen Arbeiter und ihre Familien sei schon zuviel berichtet worden, da sei »die Luft raus«. Selbst bei den Gewerkschaften war nur ein müdes Interesse vorhanden. Ich hatte einen mir bekannten höheren Funktionär, den ich als engagiert und nicht bürokratisch einschätze, in mein Vorhaben eingeweiht und ihm auch Originaldokumente und Teile des Manuskripts gezeigt, in der Hoffnung, daß ich ihn dazu bewegen könnte, eine Sonderausgabe in türkischer Sprache zu ermöglichen oder das Buch in den Gewerkschaftsorganisationen zu verbreiten. Was dann passierte, war für mich erst mal ein Schock. Er sagte nämlich: »Das ist kein Thema für uns. Die Stimmung in den Betrieben ist so, daß man die Ausländer weitmöglichst außen vor hält. Nicht einmal zu Schulungen, zum Beispiel zu Betriebsräteschulungen, werden sie in ausreichender Zahl geschickt. Dies deshalb, weil die Stimmung unter den deutschen Kollegen dagegen ist, absolut dagegen.« Das war nicht seine eigene Meinung, er sagte nur, wie es aussah, und meinte: »Damit kommen wir nicht durch.« – »Wenn du das als *deutscher* Arbeiter gemacht hättest, das wäre ein Thema, das könnten wir unterstützen«, meinte er abschließend.

---

1 Ein Extrakt aus Gesprächen mit Wolfgang Michal (*Die Feder*), Frank Berger (*Vorwärts*), *Spiegel*-Gespräch, *Züricher Tagesanzeiger*, *Stuttgarter Zeitung* u. Schülerzeitung *Sternschnuppe* (Göppingen)

Damals dachte ich, wenn mir das Thema selbst von denen nicht abgenommen wird, wo kann ich dann noch eine Wirkung erzielen. In dieser schwierigen Phase erhielt ich Ermutigung, das Thema weiter zu verfolgen, eigentlich nur vom Verlag. Was dann folgte, war für alle überraschend. Von der Auflage von »Ganz unten« sind wir dann regelrecht überfahren worden, und deshalb habe ich mich auch entschlossen, einen Teil des Honorars wieder an die, die Thema des Buches sind, zurückzugeben.[1]

*Das Buch scheint die Menschen tatsächlich aufgerüttelt zu haben. Behörden und Politiker haben noch am Erscheinungstag auf Ihre Enthüllungen reagiert. Ist da ein Umdenkungsprozeß in Gang gekommen?*

Es ist tatsächlich so, als sei eine schweigende Mehrheit wachgerüttelt worden, obwohl man immer glaubte, diese Gesellschaft hätte kein Gewissen mehr. Viele sind nachdenklicher geworden, was die Situation der Ausländer anbelangt. Sie haben umgedacht, darunter auch Leute, die vorher den »Ausländer-raus-Standpunkt« vertraten. Die Änderungen betreffen nicht nur die »großen« Dinge, zum Beispiel, daß bei Thyssen Kontrollen stattfinden, daß die Arbeitszeitordnung jetzt eingehalten wird, daß es bessere Sicherheitsvorkehrungen und Arbeitsschutzkleidung gibt und daß neue Arbeitsplätze geschaffen werden – es wurden sogar Sicherheitsingenieure neu eingestellt –, sondern es gibt auch sehr positive private Reaktionen. So habe ich – ein Beispiel von vielen – erfahren, daß die Besitzerin eines großen Bekleidungsgeschäftes in Bonn nach der Lektüre des Buches zwei türkische Praktikantinnen angestellt hat, was sie vorher, mit »Rücksicht« auf die Kundschaft, nicht getan hätte. Man muß sich in dem Zusammenhang klarmachen, daß seit der Wende, verbunden mit dem wirtschaftlichen Aufschwung, wieder ein nationales Überheblichkeitsgefühl entwickelt wurde. Ich denke da an die Schlag-

1 s. Kapitel »Zusammen-Leben«

zeile in der »Bild«-Zeitung: »Wir sind wieder wer!« Was soviel bedeutet wie: »Wer seid ihr denn schon?« Viele sehen Ausländer als Eindringlinge an. Dabei wird ihre Situation – man hat sie ja schließlich hergelockt, für diese Arbeiten angeworben – längst verdrängt. Dann gibt es die Parolen, daß die Ausländer »uns« Stellen wegnehmen. Die meisten wissen gar nicht, daß die Krankenkassen- und Rentenfinanzierung sowie die Arbeitslosenversicherung zusammenbrechen würden, wenn die Ausländer gehen würden. Die Gesellschaft will die Arbeit der Ausländer, sie braucht sie dringend, aber die ausländischen Arbeiter sollen unsichtbar bleiben.

Mir ist, von Deutschen, von einzelnen Kritikern und intellektuellen Strategen und politischen Gruppen vorgehalten worden, das Buch habe Mitleid ausgelöst. Ich finde das gar nicht negativ, denn in einer Gesellschaft, die sich sonst nur rational verhält und rein intellektuelle Abwehrmechanismen zuläßt, entstehen plötzlich Gefühle. Mir haben Leute berichtet, sie hätten bei der Lektüre des Buches gelacht und geweint und das Buch habe eine verändernde Kraft für sie gehabt.

Das Buch hatte eine solch große Wirkung erreicht, wie sie unsere Gesellschaft eigentlich nicht zulassen konnte, denn es hat eine moralische Dimension in eine eiskalte, nur am Profit orientierte Gesellschaft gebracht. Je größer die Kraft des Buches war, desto mehr wurde versucht, sie zunichte zu machen. Bis hin zu solchen Leuten, die mir, was die Wirkung angeht, eiskaltes Kalkül unterstellten. Wenn die wüßten, wie improvisiert hier die Sachen gelaufen sind. Die besten Ideen sind bei mir aus der Aktion heraus entstanden. Spontaneität fördert meine Kreativität und Phantasie am stärksten.

Wichtig ist, daß Deutsche und Ausländer angefangen haben, miteinander zu reden, daß sich Familien kennenlernen, einen Teil ihrer Freizeit zusammen verbringen. Dadurch sind Freundschaften entstanden. In den unzähligen Briefen, die nach Veröffentlichung des Buches bei mir eingegangen sind, habe ich das immer wieder mitgeteilt bekommen.

*Sie sind einigen Leuten sehr unbequem, die Macht in diesem Land haben. Bekommt man das zu spüren?*
Ich kann mich nicht beklagen. Wer an solche Machtblöcke herangeht, kann nichts anderes erwarten. Ich sehe auch eine ziemliche Ermutigung. Früher war es so, daß Staatsanwälte und Gerichte gegen einen losgingen. Jetzt gehen sie gegen die eigentlichen Täter vor. Sie sind sensibilisiert. Richter, die das Buch lesen, entwickeln soziale Phantasie. Seit Erscheinen des Buches sind die Bußgelder gegen solche skrupellosen Menschenhändler verzehnfacht worden. Es sind bundesweit 13 000 Verfahren eingeleitet worden. Selbst eine Bundesregierung, die selbst zwar keine Taten folgen läßt, stellt immerhin mißbilligend fest, in einer Studie, die jetzt der Öffentlichkeit vorliegt, daß bei Verleihfirmen von zehn Fällen in sechs bis acht – je nach Bundesland verschieden – kriminell gearbeitet wird. Von daher ist jetzt auch die Zeit da, eine Amnestie für die Illegalen zu fordern und sie als Zeugen zu hören gegen die Verursacher, gegen die Profiteure und Ausbeuter dieser Zustände.
Es ist befreiend für mich, daß ich endlich, erstmalig bei meiner Arbeit, mich nicht mehr verteidigen muß wegen der »so verwerflichen Methode«. Bisher hatte man es immer geschafft, sich damit aufzuhalten, um so von den geschilderten Zuständen ablenken zu können. Plötzlich kommt man zur Sache.
*Über die Reaktion der deutschen Leser von »Ganz unten« ist viel geschrieben worden, über die der Ausländer wenig. Welches Echo hatte denn das Buch bei den in der Bundesrepublik lebenden Türken?*
Eine starke Wirkung: Ich erhielt Besuche, ich bekam Tausende von Zuschriften. Mir wurden Schilderungen von Schicksalen zugeschickt, die weit über das hinausgehen, was ich erlebt habe und nur annähernd beschreiben konnte. Es sind oft Hilfeschreie. So habe ich auch nachträglich erfahren, daß bei Thyssen 16- und 17jährige, halbe Kinder noch, verbotene Schwerstarbeit leisten mußten, die sich älter machen mußten, um nicht

aufzufallen. Etliche von ihnen haben gesundheitliche Schäden – unter Umständen fürs Leben – davongetragen.

*Welchen Anteil hatten denn die Gewerkschaften am Erfolg von »Ganz unten«?*

Meine interessantesten Veranstaltungen waren die Gewerkschaftsveranstaltungen. Neben der Gewerkschaftsjugend waren es vor allem IG-Metall-Verwaltungsstellen, die mich einluden, aber auch die Eisenbahner-, Post- und Bauarbeitergewerkschaft. Bei den Veranstaltungen konnte ich eine deutliche Stimmungsänderung beobachten. Es kamen immer wieder Deutsche, die sagten: »Wir hatten vorher auch diesen ›Ausländer-raus-Standpunkt‹, und wir empfanden die Ausländer als Bedrohung. Aber jetzt, wo wir das nachvollziehen können, was Ausländer in dieser Gesellschaft einzustecken haben, hat sich unsere Einstellung verändert.«

Von Ausländern bekam ich immer wieder zu hören, daß das Buch eine Art Schutzfunktion für sie hat, daß es ihr Selbstbewußtsein stärkte. Plötzlich war eine Grundlage da, auf der diskutiert werden konnte. Sie konnten in aller Öffentlichkeit über ihre Situation berichten und wurden angehört, während sie vorher oft nur belächelt wurden oder sich von vornherein schämten, überhaupt etwas zu sagen.

Das Thema war ja bisher negativ besetzt mit dem Begriff »Schwarzarbeit«. Jetzt aber hatte sich die Aufmerksamkeit auf die eigentlichen Profiteure sogenannter Schwarzarbeit verlagert: die Verleiherbranche. Damit kam auch innerhalb der Gewerkschaftsbewegung etwas in Gang. Seitdem ist in den Medien von »Menschenhandel« bzw. modernen »Sklaven« die Rede.

Das Buch wurde auch über Lizenzausgaben bei den Gewerkschaften verbreitet. Da hat es seine Hauptwirkung gehabt. Ich kenne Fälle, wo ein Buch von 10 bis 20 Kolleginnen und Kollegen gelesen wurde, wo es von Hand zu Hand ging und vom letzten zerfleddert an den ersten zurückgegeben wurde. Es war Gesprächsthema in den Kantinen und Pausenräumen, wo sonst oft Witze auf Kosten der Ausländer gemacht wurden. Da war plötzlich eine Schamschwelle da, wo die Alleinunterhalter und Stimmungskanonen mit ihren ausländerfeindlichen Späßen nicht mehr rüberkamen. Anderen, die bisher keine Zivilcourage gezeigt hatten, weil sie nicht anecken wollten, machte das wiederum Mut, ihre Meinung offen zu vertreten. Die Gewerkschaften sahen es jetzt als ihre Aufgabe, den Kampf gegen die Leiharbeit verstärkt aufzunehmen und in den betrieblichen Alltag hineinzutragen.

Der DGB übernahm von der französischen Organisation SOS – RASSISME die Aktion »Touche pas a mon pote« – »Mach meinen Kumpel nicht an«. Die Plaketten und Aufkleber der gelben Hand wurden zum Symbol gegen Ausländerfeindlichkeit und für Solidarität mit den ausländischen Kollegen.

Wo die Ausländerproblematik bisher in Betrieben nicht thematisiert werden konnte, kommt es jetzt zu gemeinsamen Aktionen gegen Diskriminierung am Arbeitsplatz. In vielen Betrieben werden spontan Schmierereien mit ausländerfeindlichen Hetzparolen übermalt, wie u. a. bei Thyssen über Vertrauensleute und den Betriebsrat oder bei VW Baunatal sogar mit Einschaltung des Werkschutzes.

*Aus dem fast einjährigen Prozeß, den der Thyssen-Konzern gegen Sie anstrengte, sind Sie eigentlich als klarer Sieger hervorgegangen. Das Unternehmen mußte nahezu vier Fünftel aller Verfahrenskosten bezahlen. Nach allem, was man gehört hat, scheinen Sie mit dem Urteil aber nicht ganz zufrieden zu sein?*

Ich muß vorausschicken, daß die Zeugenaussagen meiner ehemaligen Arbeitskollegen in vielem vor Gericht weit über das hinausgehen, was ich selbst erlebt und aufgeschrieben habe. Jetzt, wo ich eine größere Übersicht besitze, ist mir klargeworden, daß ich vieles mit zu großer Zurückhaltung geschildert habe. Man muß auch die Schuld des Konzerns, seine moralische Schuld viel stärker beim Namen nennen, als ich dies bislang getan habe.

Was die verlorenen eineinhalb Punkte anbetrifft, so führe ich dies in erster Linie auf das fehlende Vorstellungsvermögen der Richter zurück – sie haben sich nicht die Mühe gemacht, einen Lokaltermin anzusetzen.

*Die Rolle als Ali bei Thyssen war ja eigentlich im doppelten Sinne riskant – einmal aus gesundheitlichen Gründen und dann natürlich auch deshalb, weil Sie sich ja nicht gegenüber Ihren Arbeitskollegen offenbaren konnten. Läßt sich ein solcher Konflikt auf Dauer lösen?*

Im Vergleich zu früheren Rollen mußte ich mich diesmal immer wieder neu tarnen und verstecken – da gab es etliche Situationen, bei denen die ganze Sache hätte auffliegen können. Von daher war es eine sehr nervenaufreibende Rolle. Ich hatte auch bei einigen Arbeitskollegen das Bedürfnis, sie ins Vertrauen zu ziehen. Die hätten sicherlich dichtgehalten, aber das hätte die ganze Rolle verschoben, dann wäre das eine andere Ebene gewesen, und sie hätten sich mir gegenüber anders verhalten.

Ich war in der Rolle auch sehr allein. Ich habe Sachen gemacht, die die anderen nicht verstanden haben. Als ich mich plötzlich befördern ließ zum Lakaien, zum Chauffeur, wollte Vogel mich auch zum Kontrolleur machen. Da bin ich zum Schein drauf eingegangen. Einige Kollegen haben das nicht verstanden. »Ach, der Ali, sieh mal an! Immer so groß geredet. Und jetzt? Aufstiegsleiter!« Ich habe durch Ironie versucht, es einigen klarzumachen. »Ich mach da was draus. Ihr erfahrt später alles, was hier passiert.«

Aber auch vor dieser Entwicklung mußte ich mich meinen Kollegen gegenüber tarnen, um genauso angesehen zu werden wie sie auch. Von daher habe ich am Anfang schon Schwierigkeiten gehabt, wie ich es mit der Sprache mache. Ich bin an einem Intensivkurs Türkisch total gescheitert. Deshalb habe ich erst mal angefangen, als taubstummer Türke aufzutreten, zusammen mit einem, der sich als mein Bruder ausgab – aber da kriegt man nichts zu hören. Dann habe ich versucht, politische Gründe vorzuschieben, daß diese Sprache nicht mehr meine

Heimatsprache ist, solange da Diktatur und Folter sind. Da wurde ich von sehr vielen Türken schief angesehen: Das galt als fanatisch. Tatsächlich gab es dann das Sprachproblem kaum noch, weil von den jüngeren Türken viele schlecht Türkisch und etwas besser Deutsch sprachen. Oder es waren so viele Nationalitäten zusammen, daß man sich allgemein in gebrochenem Deutsch unterhielt. Die Sprache war da plötzlich ein Sekundärproblem. Von daher kann man nicht alles restlos vorbereiten, starr wie ein Schauspieler eine vorgegebene Rolle angehen.

*In den Bestseller-Listen taucht Ihr Buch als Sachbuch auf. Reportage war aber immer auch eine literarische Form. Sind Sie mit der Zuordnung Sachbuch einverstanden?*
»Ganz unten« ist ein erlebtes, ein erfühltes, ein erlittenes Buch. Es ist gleichzeitig auch ein Sachbuch. Denn die Fakten müssen belegt sein und vor Gericht standhalten. Dafür ist es auch ganz bewußt subjektiv geschrieben. Es ist Non-fiction. Aber die Methode ist eine künstlerische. Das Buch soll an Ort und Stelle etwas verändern. Das ist das Wichtigste.[1]

*Sie benutzen in Ihrem Buch die Formulierung »Ich (Ali)«. Welche Bedeutung hat die Rolle für Sie gehabt?*
Das, was den Ali ausmacht, das ist ein Stück von mir, von meinem Ureigensten. Der Ali ist ja kulturell eigentlich kein Türke, sondern steht im Spannungsfeld zwischen verschiedenen Kul-

---

1 Bei diesem Argument meinte der Thyssen-Konzern intervenieren zu können. In einem Schreiben an die Zeitungen der jeweiligen Städte, in denen Günter Wallraff beabsichtigte, Veranstaltungen durchzuführen, wurde u. a. sein Bekenntnis zur Subjektivität aus Sicht der Schwerindustrie moniert: »Kann man die Thyssen Stahl AG für die Gefühle eines Autors verantwortlich machen? Diese Frage stellt sich um so mehr, als der Autor der industriellen Wirklichkeit offensichtlich mit großen Ressentiments gegenübersteht. Bei solchen emotional geprägten Vorstellungen werden nicht verstandene Technik, industrielle Prozesse und wirtschaftliche Zwänge zu allererst als bedrohlich empfunden. Die industrielle Wirklichkeit ist aber nicht so, wie sie Wallraff erfühlt hat. Sie wird auch von den dort arbeitenden Menschen überwiegend nicht so gesehen, wie der Autor seinen Lesern suggeriert.«

turen: türkisch, deutsch, und seine Mutter ist Griechin. Der Ali operiert als Traumfigur, und er träumt etwas vorweg, die Verständigung und Versöhnung zwischen verschiedenen Kulturen und Nationalitäten und auch das Widerstandspotential gegen Fremdherrschaft.

In meinem Buch sage ich wieder »ich«, indem ich mich angenähert habe an diese Figur namens Ali, darum habe ich im Buch auch dieses etwas holprige »Ich (Ali)« geschrieben, wobei man das »Ich« als Vornamen und das »Ali« als Nachnamen lesen muß. Ich war immer beides. Und das meine ich. Wenn man »ich« sagt, muß das immer in Verbindung stehen zu anderen Schicksalen, Existenzen, Identitäten... »Ich« ist das Durchgehen von vielen anderen. »Ich« ist auch immer zufällig. Innerhalb der Rolle zu leben, ist gleichzeitig Spiel, ein ganz befreiendes Moment, viel intensiver und authentischer. Es ist für mich immer wieder eine Suche nach Identität, eine Möglichkeit, mir meiner selbst bewußt zu werden, und es ist auch meine Neugierde: also neben allem Engagement auch ein egoistisches Prinzip, das ich damit verbinde.

Die Ali-Figur hat auch ihre literarische Dimension. Da ich nicht ernstgenommen wurde, da ich wie ein Kind, wie ein Narr behandelt wurde, konnte ich mir jede Frage erlauben. Das heißt, man konnte sich wie ein Kind die Welt wieder neu aneignen. Es ist eine wunderbare Sache, alles fragen zu dürfen. Als Journalist, als Schriftsteller, als ernstgenommener Staatsbürger bist du ja sehr schnell an Grenzen angelangt mit Fragen, die schicklich sind, die noch erlaubt sind. Ich aber konnte alle löchern mit Fragen. Auch auf einer Ebene, auf der du alles in Frage stellen kannst. Wo ich die bestehende Norm als absolut nicht akzeptabel hinstelle. Das ist auch die befreiende Kraft des Buches. Daß diese Figur alles hochwirbelt, nicht damit einverstanden ist und nicht alles schluckt. Ich glaube, das ist auch mit ein Geheimnis für den Erfolg des Buches. Ich stecke nicht nur ein. Ich gebe auch zurück. Das ist ein Widerstandspotential von unten.

*Manche behaupten, Ihre Methode inszeniert manchmal erst die Wirklichkeit, die Sie hinterher angreifen. Sie würden Reaktionen provozieren, die ohne Sie gar nicht stattfinden würden. Was unterscheidet Ihre Methode von der eines Agent provocateur oder eines Under-Cover-Agenten?*

Der grundlegende Unterschied besteht einmal darin, daß der Agent provocateur beauftragt ist, daß der mit allen Mitteln ausgestattet arbeitet und sich nicht in die Niederungen begibt, in die ich hineingehe. Solche Leute sollten sie mal zu Thyssen schicken; die stehen nicht um vier Uhr auf, lassen sich in diesem Dreck nicht sehen, sondern tummeln sich im Zuhälter-, Dirnen- und Drogenmilieu, wo sie die Puppen tanzen lassen; und sie machen ihre Arbeit in der Regel auch nicht aus Nächstenliebe oder für Menschen, für Kollegen, sondern meist für Geld. Die legen auch nicht anschließend ihre Karten auf den Tisch, sondern brechen ins Privatleben einzelner ein – und dort ist ja genau die Grenze meiner Rolle. Dort, wo es privat wird, ist für mich eine absolute Grenze. Ich zeige jemanden nur in seiner beruflichen Funktion, da, wo er Macht ausübt, wo er anderen Menschen dadurch Schaden zufügt, sie fertigmacht, wogegen sich andere auch nicht wehren können. Und von daher ist meine Arbeit genau das Gegenteil von der eines Under-cover-Agenten oder eines Agent provocateur. Das sind Begriffe, die gegen mich von denen ins Spiel gebracht werden, die selbst in ihrem Beruf keine soziale Verantwortung kennen und die eines Gags wegen letztlich jede Moral über den Haufen schmeißen.

Agent provocateur – das stimmt nicht einmal von der weitesten Auslegung des Begriffs her. Selbst das letzte Kapitel im Buch, wo ein Alptraum inszeniert wurde, um zu sehen, wie weit jemand geht, war aus der Sorge heraus entstanden, daß eine zum Teil abgestumpfte Medienöffentlichkeit das nicht als so tragisch ansieht, wenn man Menschen dem schleichenden Tod überführt. Wenn sie *nur* um ihre Gesundheit gebracht werden, würde man sagen: Na ja, sie leben ja noch. Im konkreten Fall war mir bekannt, daß Vogel in einem Atomkraftwerk, in Würgassen, Arbeiter drin hatte, zum Teil ohne, zum Teil mit gefälschten Strahlenpässen. Das wußte ich, konnte es aber nicht beweisen. Der Informant hatte Angst, es war eine nicht abgesicherte Vorgabe. Die Grundsituation war bekannt, und von mir war auf dem normalen Weg eingeleitet worden, in Würgassen zu arbeiten. Ich hatte mich beworben, unter anderem Namen vorgestellt, wurde aber nicht eingestellt. Daraufhin erst habe ich mich zur Inszenierung und zur Dramaturgie einer vorhandenen Realität entschlossen, um einen Anfangsverdacht, der mehr als ein Verdacht war, auf den Punkt zu bringen. Ich wußte nicht, daß er bereit war, Menschen in den Tod zu schicken. Die Tatsache, das durchzuspielen, hat vielen die Augen geöffnet. Das ist, glaube ich, auch mit eine der stärksten Szenen des Films, wo prototypisch rauskommt, was in der Realität längst möglich ist.

Man muß manchmal etwas zu Ende denken.

Auch die Antworten der katholischen Pfarrer waren nicht provoziert. Wenn die sich in dem Buch »Ganz unten« manchmal so lesen wie eine Mischung aus Karl Valentin und Dieter Hildebrandt, dann ist das nicht mein Verdienst, das ist deren Bigotterie und Verschrobenheit, deren Weltverständnis. Ich habe sie nicht provoziert. In Siegburg hatte ich eine Veranstaltung, bei der kam eine Sozialarbeiterin mit ihrem Ehemann – einem Inder – zu mir, die hatten das gleiche erlebt. Sie ist strenggläubig erzogen, katholisch aufgewachsen, und ihr Mann gehört heute noch nicht zur Kirche, obwohl er sich mit ihr auseinandergesetzt hat, sich dazugehörig fühlt; die sind mit den gleichen Argumenten abgespeist worden. Die Frau sagte: »Ich habe es fast wörtlich in ›Ganz unten‹ wiedergefunden.«

*Früher haben Sie oft befürchtet, daß Sie über Ihre Reportagen eine Art Alibi-Funktion in dieser Gesellschaft erfüllen. Mit der Veröffentlichung von »Ganz unten« haben Sie auch die rechtlichen Normen dieser Gesellschaft zum Maßstab Ihrer Kritik gemacht. Sind Sie jetzt »systemkonform« geworden?*

Ich glaube, die Betroffenen empfinden das anders. Das Rechtsempfinden dieser Gesellschaft, das vor dem Erfolg dieses Buches bestand, drückte sich darin aus, daß dieser angesehene Unternehmer, dem ich im Herr-Knecht-Verhältnis als Malocher und später als Chauffeur und Leibwächter zu Diensten war, daß er an dem Tag, als das Buch erschien, hocherhobenen Hauptes auf ein Kamerateam zuging, das vor seinem Haus wartete, mit ausgestrecktem Zeigefinger, und seine erste Reaktion war: »Wallraff ist der Verbrecher, er hat sogar eine falsche Lohnsteuerkarte benutzt, und das ist strafbar.« Dieser Mechanismus hat bis zu dieser Zeitrechnung immer gezogen. Was heißt schon systemkonform? Ich lebe in diesem Staat. Ich will in dieser Gesellschaft etwas verändern, ich gehöre zu dieser Gesellschaft, ich bin eine Antwort auf diese Gesellschaft. Wären wir eine gerechte demokratische Gesellschaft, bräuchte es mich vielleicht gar nicht zu geben.

Ich gehöre zu den Schwachen, meine Stimme ist nicht sehr stark, mein Auftreten auch nicht. Wenn ein Vertreter der Schwachen so etwas auslöst und in Bewegung setzt, scheinbar Allmächtige so durchsichtig, so durchschaubar macht und ihnen den Boden unter den Füßen wegzieht, so daß sie als lächerliche Figuren erkennbar sind – und wenn dann jeder das in seinen Bereich überträgt, dann merken viele, was für eine sonst brachliegende Stärke entsteht, wenn sich die Schwachen zusammentun, und was sie alles erreichen können, wenn sie sich nicht bevormunden lassen, sich nicht delegieren lassen, sich nicht von oben herab gängeln lassen. Und von daher ist meine Arbeit immer wieder ein Appell, sich nicht mit einer bevormundeten Situation abzufinden. Es ist eine Form der Aktion, die nachvollziehbar und auch von andern machbar ist.

*Wie haben Sie die Prozesse und monatelangen Auseinandersetzungen um das Buch überstanden?*

Die fortlaufenden Prozesse und Kampagnen, die von allen Seiten bis in mein Privatleben hinein geführt wurden, hatten mich innerlich aufgerieben – ich saß mehr mit Anwälten als mit

Freunden zusammen. Von daher war ich an der Grenze dessen angekommen, was ich verkraften konnte.

Inzwischen habe ich diesen Tiefpunkt überwunden, die Prozesse sind gewonnen, die einzelnen Kampagnen verbraucht, so daß ich jetzt wieder selbst agieren kann.

*Heißt das, daß Günter Wallraff auch zukünftig als David gegen Goliath weiterarbeiten wird, oder ist diese Epoche mit der Rolle des Türken Ali abgeschlossen?*

Ich habe gelernt, daß dieses Rollenspiel notwendig ist. Man muß sich dafür aber noch mehr Zeit nehmen. Die zweieinhalb Jahre, die ich für dieses Buch gearbeitet habe, reichen nicht aus. Die nächste Rolle werde ich langfristiger anlegen. Ich habe auch schon etwas vor. Es wird auch wieder in einem Bereich sein, wo ich dazugehöre, im Gegensatz zur »Bild«rolle, die die größte Schmutzrolle meines Lebens war. Die Ali-Rolle hat mich dagegen psychisch aufgebaut. Dies soll bei der nächsten Rolle auch wieder der Fall sein.

Ali beim Job zusammen mit Levent Direkoglu für einen Wuppertaler Bar- und Kinobesitzer.

Ali draußen vor im Kölner Karneval: Die rechte Stimmung will nicht aufkommen.

Ali auf der Baustelle, Köln Wohnpark Hohenstaufenring.

Ali privat. Zu Gast in einem Zirkus-Gauklerwagen am Stadtrand von Straubing.

Ali im Einsatz: als Leibwächter und Chauffeur (links).

Ali während der Arbeitspause: bei der Pflege und Wartung der Chef-Limousine (unten).

Günter Wallraff mit seinen ehemaligen Arbeitskollegen vor dem Verwaltungsgebäude der August-Thyssen-Hütte in Duisburg-Hamborn. Nach einem vom
Autor organisierten Go-in zum Personaldirektor, wo die ehemaligen Arbeitskollegen Wallraffs ihre Festeinstellung forderten. Inzwischen mußte die Mehrzahl der Kollegen nach Prozessen und auf Druck der Öffentlichkeit bei Thyssen
fest eingestellt werden.
In der zweiten Reihe links das Betriebsratsmitglied und Sprecher der IG Me-
tall-Vertrauensleute, Günter Spahn, der sich für die Interessen der Leiharbeiter persönlich engagierte und der infolgedessen Repressalien der August-Thyssen-Hütte ausgesetzt war.

Vogel auf der Raststätte Lichtendorf bei der »Einsatzbesprechung« für das AKW Würgassen, zusammen mit dem »Sicherheitsbeauftragten« Schmid, Heinrich Pachl.

Ali mit Vogel-Leuten nach der Schicht beim Stempeln vor Tor 6 bei Thyssen.

Günter Wallraffs Arbeitsweise gleicht in vielen
Augenblicken den Methoden eines Dramatikers, der selbst
zugleich Schauspieler ist.
Seine Bücher sind gerade auch dort, wo sie den Leser
erschüttern müssen, zuglcich so etwas wie
Schelmenromane. Sie sind nicht Erzeugnisse der
Einbildungskraft, ersonnen am Schreibtisch. Sie mußten in
einer schmerzhaften Wirklichkeit, unter dem Signum des
Opfers, erprobt werden. Vielleicht haben sie dadurch
gerade so viele Leser erreichen können, die es vorher noch
nie gedrängt hatte, einen Buchladen zu betreten und dort
etwas zu kaufen.
*Prof. Hans Mayer*

# Sargut Şölçün\*, »Ali Woyzeck«

Schon gegen Ende der 60er Jahre interessierte sich Günter Wallraff für das Leben ausländischer Arbeiter in der BRD, wie man aus seinen »Industriereportagen« ersehen kann. Sie waren aber damals für ihn noch kein ergiebiger Stoff, den man für eine »Randzonen-Literatur« hätte nutzen können. 1974 übernimmt er zum ersten Mal die »Gastarbeiter«-Rolle, arbeitet in deutschen Betrieben und geht auf Wohnungssuche. Die konkreten Erfahrungen aus diesen Jahren haben bei der Bewältigung dieser besonderen Aufgabe aber eher eine retardierende Wirkung gehabt. »Zehn Jahre habe ich diese Rolle vor mir hergeschoben. Wohl, weil ich geahnt habe, was mir bevorstehen würde. Ich hatte ganz einfach Angst.« (S. 11) Wallraff beginnt »Ganz unten« mit diesen Worten. Daß es sich hier um eine reale Angst handelt, lassen manche Szenen in »Ganz unten« deutlich erkennen: »Aber dort im Olympiastadion habe ich das deutsche Team angefeuert. Aus Angst.« (S. 22) »Ganz unten« spiegelt die Situation eines Landes, das praktisch zum Einwanderungsland geworden ist, ohne mit dieser Veränderung umgehen zu können.

## II – Bedrückte Seele und listiger Schelm in einer Person

Um Literatur zum Kontrapunkt der gesellschaftlichen Realität, die einer Veränderung bedarf, umzufunktionieren, braucht man nicht immer »bedrückte Seelen« (Gogol), auch Schelme und listige Gestalten können hingenommene Wirklichkeit in Frage stellen. Ali in »Ganz unten« ist beides zur gleichen Zeit. Er hat zwei Funktionen: Er existiert in Wirklichkeit nicht, wenigstens ist er nirgendwo registriert; aber gerade durch jene Art des »Nichtexistierens« macht er auf existierende Zustände aufmerksam. Das ist die passive Funktion einer bedrückten Seele, die der Leser schon von Gogols Roman »Tote Seelen«

\* Literaturwissenschaftler und Dozent an der Freien Universität, Berlin.
Der Essay von Sargut Şölçün erscheint demnächst in erweiterter Fassung in seinem Band *Sein und Nichtsein zur Literatur in der multikulturellen Gesellschaft*, Aristhesis Verlag, Bielefeld

her kennt. Die aktive Funktion wird da erfüllt, wo der Autor durch die Verstellung die Wirklichkeit selbst inszeniert, sie selber produziert, d. h. als Schelm auftaucht. Derjenige, der in diesem Fall die Initiative hat, ist Wallraff/Ali, der als Figur im Text auftretende Autor. Der Autor existiert, jedoch hat er in seiner literarischen Rolle nur eine bedingte Existenzform. Da er nicht ohne Ali zu denken ist, ist das Nichtexistieren von Wallraff/Ali die eigentliche Stärke des Autors. Diese Art des »Nichtexistierens« enthüllt zusätzlich die Wahrheit, aber diesmal mit humoristischen Motiven. Wallraff selbst sagt dazu: »Meine Verstellung bewirkte, daß man mir direkt und ehrlich zu verstehen gab, was man von mir hielt. Meine gespielte Torheit machte mich schlauer, eröffnete mir Einblicke in die Borniertheit und Eiseskälte einer Gesellschaft, die sich für so gescheit, souverän, endgültig und gerecht hält. Ich war der Narr, dem man die Wahrheit unverstellt sagt.« (S. 12) Im Wesen der Verstellung ist ohnehin das Komische enthalten; die Ausländer-Maske aber spitzt den Sachverhalt bis zum Satirischen zu. Der Dümmlimg ist nicht der wirkliche Dumme. Ein deutscher Arbeiter fragt ihn: »Hör mal, du bist doch nicht dumm?« Wallraff/Ali antwortet: »Kommt drauf an...« (S. 111) Da es jedesmal auf die Situation ankommt, schließt Ali seine Simplicissimus-Experimente ständig mit Gewinn ab.

Die Situationskomik, die durch Worte, Handlungen und Reflexionen erweitert wird, verwandelt Ausnahmen in Regeln. Solche Szenen (in der Kirche: S. 52 ff., 65 u. 66; im Bestattungsinstitut: 81 u. 83; bei der Polizei: 127 und auch nach der »Beförderung« als Adlers Chauffeur: 168 u. 174 ff.) zeugen von der Phantasiekraft des Autors, dienen als Instrumentarium, manche in hohem Ansehen stehenden Institutionen lächerlich zu machen, und rufen beim Leser ein neues Bewußtsein hervor. Die Bloßstellung der Intoleranz der Katholischen Kirche und die Täuschung der allmächtigen Polizei sind Folgen des subjektiven Einsatzes von Wallraff, der sich unmittelbar auf die objektive Realität bezieht. Die Verschärfung der Realität bewirkt einen Verfremdungseffekt; er »führt zu einer neuen Respektlosigkeit, das stärkt diejenigen, die sonst nur bevormundet, verachtet, belächelt werden, die es in dieser Gesellschaft eigentlich nicht gibt, die nicht repräsentiert werden, die nicht vorkommen, ja, die sich sogar versteckt halten müssen.« Die Bevormundeten können lachen, das Einzigartige gewinnt allgemeingültige Dimensionen. Die komödienhaften Bilder intensivieren sich, nachdem Ali Fahrer seines Chefs geworden ist. In diesem neuen Zustand kommt Ali seinem Herrn näher, beide sind fast täglich zusammen. Diese Nähe ermöglicht die Aufdeckung der sozialen Schizophrenie: »Fast bei Bier Nr. fünfundzwanzig angelangt, kriegt Adler einen ›Sentimentalen‹ und stiert mit glasigen Augen in Puntilamanier auf Ali: ›Der Ali, der hält zu mir. Der würde mich mit seinem Leben verteidigen‹. Und mit großartiger pathetischer Geste: ›Den hol' ich noch mal 'raus aus seinem Elend. Aus seinem Drecksloch in der Dieselstraße. Den kleide ich neu ein, daß er auch richtig in meinen Mercedes paßt‹.« (S. 190) Der in Trunkenheit human werdende Herr erinnert an Brecht (»Herr Puntila und sein Knecht Matti«); aber auch im nüchternen Zustand ist der Chef nicht immer Herr der Situation. Im anfänglichen Herr-Knecht-Verhältnis ist Adler der Bestimmende und Ali der Untertan; mit der Zeit aber werden die Positionen von Herr- und Knechtschaft im Sinne der Hegelschen Dialektik in der »Phänomenologie des Geistes« ausgetauscht. Verglichen mit Diderots »Jacques, der Fatalist, und sein Herr« nimmt diese Zusammenführung von Herr und Diener im Gesamtumfang von »Ganz unten« relativ wenig Platz ein, sie ist aber eine der wichtigsten Episoden, auch in ihrem literarischen Stellenwert.

### III – »Aber . . . wenn einem die Natur kommt.«
Eine Stelle in »Ganz unten« läßt an das allgemeingültige Naturrecht im 18. Jahrhundert denken: »Als ich (Ali), sein Chauffeur, wieder mal über eine halbe Stunde morgens in der Früh, 7.30 Uhr, vor seinem Haus auf ihn warte, verspürt Ali das dringende Bedürfnis, zur Toilette zu müssen . . . Adler (angewidert): ›Ja, mach mal draußen‹. Ich (Ali): ›Wo soll ich draußen?‹ Adler: ›Machste um die Ecke, irgendwo, geh schon‹. Ich (Ali): ›Wo in die Eck?‹ Adler: ›Eh, ist doch scheißegal‹. Er schickt Ali auf die Straße wie einen Hund . . .« (S. 147 f.) Der natürliche Anspruch ist zwar kein individueller, aber ein menschlicher Anspruch, und als solcher impliziert er auch den individuellen. Das klassische Naturrecht wurde in der Aufklärungszeit nicht ohne Grund zur revolutionären Kraftquelle. Die harmonische Einheit und Ordnung der Natur wird von ihren eigenen Gesetzen bestimmt, und die natürlichen Bedürfnisse dürfen danach nicht unterdrückt werden. Mit dieser Begründung hatten die Aufklärer das soziale Glück den Naturgesetzen untergeordnet und sich gegen die Herrschenden gestellt, die

die Existenz von Armut und Reichtum zur gott- und naturgewollten Ordnung erklärt únd ihren Moralkodex darauf aufgebaut hatten. Anfang des 19. Jahrhunderts unterstrich Büchners »Woyzeck« die aktuelle Allgemeingültigkeit des Naturrechts: »Doktor. ›Ich hab's gesehen, Woyzeck; Er hat auf die Straß gepißt, an die Wand gepißt, wie ein Hund! – und doch drei Groschen täglich und Kost! Woyzeck, das ist schlecht!‹ Woyzeck. ›Aber, Herr Doktor, wenn einem die Natur kommt‹.« Die Parallele der beiden Szenen in »Ganz unten« und »Woyzeck« ist überraschend. Allerdings wird Ali auf die Straße, ins gesellschaftliche Abseits geschickt, während Woyzecks Handlung moralisch beurteilt wird. Die tadelnde Ungeduld gegenüber dem »natürlichen Bedürfnis« ist aber in beiden Fällen unüberhörbar.

Die leidenden, unterdrückten Gestalten in »Ganz unten« und Ali selbst lassen uns Wallraffs Buch in der Tradition von Büchners »Woyzeck« erscheinen. Für die entwurzelten Menschen in »Woyzeck« wie in »Ganz unten« fungiert das natürliche Bedürfnis als potentielle Widerstandswaffe gegen die herrschende Moral. Sie ist Doppelmoral, der sich die Unteren beugen müssen – gestern wie heute. Die Doppelmoral im Früh- wie Spätkapitalismus kommt gerade da auf, wo die Starken für das Wohl der Schwachen etwas unternehmen. Woyzeck ärgert sich darüber, wenn man ihn »einen guten Menschen« nennt. Der Doktor mahnt: »Halt er sich brav!« Und der Hauptmann meint »es gut mit Ihm, weil Er ein guter Mensch ist…« In dem Augenblick, wo die Oberschicht an die Rechtlosen näher herankommt, mit ihnen Mitleid fühlt und sie lobt, wird die menschenverachtende Doppelmoral entlarvt. Adler sagt zu türkischen Arbeitern, die bei Säuberungsarbeiten eines AKW eingesetzt werden: »Die Schutzvorkehrungen sind da. Also, in erster Linie gilt bei denen, das werdet ihr auch merken, der Mensch!« (S. 237) Aber das Interesse der Starken an den Schwachen entsteht aus dem Eigeninteresse und dient letztlich der Verheizung. Der Gewaltausübende braucht jedoch eine Charaktermaske, die ihm das Leben erleichtern soll. Wenn es sich um Menschlichkeit handelt, macht Adler kein Hehl daraus, und zwar mit der Begründung: »Helfen, natürlich. Da bin ich gerne zu bereit gegenüber den Ärmsten. Ich bin selber von Haus aus Sozialdemokrat, das heißt SPD-Mitglied. Also ich bin für Arbeiter da.« (S. 236)

Unter den Bedingungen der »Leiharbeit« in der Wohlstandsgesellschaft werden die sachlichen Abhängigkeitsverhältnisse wiederum in

die persönlichen des Frühkapitalismus umgewandelt. Ali, der sich als Versuchsmensch in den Dienst der Pharmaindustrie gestellt hat, trägt – genauso wie Woyzeck, der zu wissenschaftlichen Zwecken »nichts als Erbsen« essen muß – zur Erläuterung der »wichtigen Frage über das Verhältnis des Subjekts zum Objekt« bei, indem er die Nebenwirkungen der Medikamente – »schwerste Benommenheit, … totales Wegtreten und schwere Wahrnehmungstrübungen« (S. 159) – erträgt. So wird dem Menschen nicht nur der Boden seiner sozialen, sondern auch der seiner biologischen Existenz entzogen. Die Umstände seines Lebens (Arbeitslosigkeit, Hunger, Erniedrigung, Haß und Eifersucht) treiben Woyzeck in die geistige Umnachtung, das Ergebnis ist Mord. Da die Hauptgestalt in »Ganz unten« der in Alis Rolle geschlüpfte Autor selbst ist, kann es nicht so weit kommen. Jedoch läßt eine ähnliche Konstellation manche Gestalten (türkische Arbeiter) an ähnliche Taten denken: »In solchen Situationen denkt man sich die schlimmsten Todesarten für Adler aus, und in solchen Situationen sind schon Entschlüsse gefaßt worden, alles auf eine Karte zu setzen, einen lohnenden Einbruch oder Banküberfall zu begehen.« (S. 144, 146) Wallraff/Ali braucht kein Verbrecher zu werden, denn er spielt den Dummkopf. Dies ist eine weitere Legitimationsgrundlage der Verstellungsmethode. Die anderen haben diese Möglichkeit nicht, sie sind machtlos, sie sind die »Verdammten dieser Erde«. Das gesellschaftliche Sein bestimmt auch das Vokabular für die zur Verdammnis Verurteilten. Ein deutscher Arbeiter in »Ganz unten« weist darauf hin: »Er (Adler) sagt nie ›kannst du‹, immer ›mußt du‹. Sagst du dann ›nein‹, dann weißt du, was es für dich bedeutet: Schluß aus raus.« (S. 198) In einem Brief von Büchner lesen wir eine ähnliche Resignation: »Das Muß ist eins von den Verdammungsworten, womit der Mensch getauft worden ist.«
Woyzeck und Ali verzichten auf Widerstand, damit die Machtlosigkeit eine Kraftquelle der Philosophie bleibt, die auf dem Ausgeliefertsein beruht. Erst nachdem Ali die Rolle der Machtlosigkeit bis zur äußersten Grenze gespielt hat, kann er die Achillesferse der bundesrepublikanischen Realität an den Tag bringen. In der Rekonstruktion dieser Realität muß jede Unfähigkeit zur Macht wie eine Widerstandswaffe wirken. »Sprachlosigkeit« der Fremden ist ein konkretes Beispiel dafür. Den Ausländern wird verboten, ihre eigene Sprache zu sprechen. (S. 92) Um sich den Beleidigungen und Demütigungen zu entziehen,

ziehen die Woyzecks unseres Zeitalters es oft vor, sich so zu verhalten, als verstünden sie kein Wort Deutsch; sonst gibt es entweder Ärger oder Hohn. (S. 82, 106f.) Der Verzicht auf einen natürlichen und sozialen Anspruch wird zu einem sprechenden Argument gegen den vielgepriesenen Wohlfahrtsstaat mit seiner freiheitlich-demokratischen Grundordnung, genauso wie die »Sprachunfähigkeit« des vom Hauptmann und Doktor terrorisierten Woyzeck ein sprechendes Argument gegen eine gewaltsame Umwelt ist.

In »Woyzeck« kulminiert die Gegengewalt in der Mordtat, Wallraff dagegen will mit List innerhalb einer nicht nur von ihm selbst inszenierten Realität »Lüge und Unwissenheit bekämpfen«. Er hat Mut, wählt sich »Kampfplätze« aus und verleiht »einer Sache Wichtigkeit«, die er selber ausgesucht hat. Zu seiner Mission gehört auch, »den Wörtern ihre faule Mystik (zu) nehmen« und für das Denken Propaganda zu machen. Durch sein Rollenspiel stellt er eine aktuelle Problematik in den Vordergrund – den Gegensatz zwischen der das Individuum teilenden Gesellschaft und dem ursprünglich unteilbaren Individuum. Hier wird die Mission von Ali deutlich. Verbunden mit dieser Widersprüchlichkeit der bürgerlichen Gesellschaft, die sich anhand eines umgekehrten Beispiels erkennen läßt, das seit seinem Ursprung im 18. Jahrhundert immer nur von Intellektuellen gelebt wurde, gilt die Identitätsfrage für Wallraff selbst. Er muß sich mit Alis Rolle völlig identifizieren, um seine Mission zu erfüllen: »...ich fühle mich so ziemlich am Ende, da ich mit der Rolle doch zunehmend identisch geworden bin und die beinahe aussichtslose Situation meiner Kollegen und Freunde mich selber mehr und mehr niederdrückt...« (S. 208) Jedoch brauchte das zweite Ich von Wallraff diese Identifizierung, um in ihr seine eigene gesellschaftliche Rolle zu finden. In diesem Spiel der Identitäten hat der Leser einen geistigen Freiraum, in dem er sich über die Verhältnisse, in denen er lebt, Gedanken machen kann. Wallraff macht keinen konkreten Lösungsvorschlag, konfrontiert aber den Leser ständig mit einem unerträglichen Leben. So wird die Notwendigkeit einer Lösung überzeugend. Man kann »Ganz unten« als einen Einspruch im Namen aller Bevormundeten bezeichnen, der zugleich einen Appell enthält. Es ist ein Appell an das Gemeinschaftsgefühl gegen eine Mentalität im Lande, die in den Worten eines Bauleiters im Buch artikuliert wird: »Das Denken überläßt du besser den Eseln, denn die haben größere Köpfe.« (S. 42)